OS HOMENS DO COFRE

IVAN COLANGELO SALOMÃO (ORG.)

OS HOMENS DO COFRE

O QUE PENSAVAM OS MINISTROS DA FAZENDA DO BRASIL REPUBLICANO (1889-1985)

PREFÁCIO ANTONIO DELFIM NETTO

editora
unesp

Direitos de publicação reservados à:

Fundação Editora da Unesp (FEU)
Praça da Sé, 108
01001-900 – São Paulo – SP
Tel.: (0xx11) 3242-7171
Fax: (0xx11) 3242-7172
www.editoraunesp.com.br
www.livrariaunesp.com.br
atendimento.editora@unesp.br

Dados Internacionais de Catalogação na Publicação (CIP) de acordo com ISBD
Elaborado por Vagner Rodolfo da Silva – CRB-8/9410

S173h

Salomão, Ivan Colangelo
Os homens do cofre: o que pensavam os ministros da Fazenda do Brasil Republicano (1889-1985) / organizado por Ivan Colangelo Salomão. – São Paulo: Editora Unesp, 2021.

Inclui bibliografia.
ISBN: 978-65-5711-045-4

1. História do Brasil. 2. Brasil República. 3. História Econômica do Brasil. 4. Economia. 5. Ministério da Fazenda. I. Título.

2021-1150 CDD: 981
CDU: 94(81)

Índice para catálogo sistemático:

1. História do Brasil 900
2. História do Brasil 94(81)

Editora afiliada:

Asociación de Editoriales Universitarias de América Latina y el Caribe

Associação Brasileira de Editoras Universitárias

Sumário

Prefácio

Antonio Delfim Netto

Fiquei muito honrado com o convite para apresentar este excelente livro *Os homens do cofre*, organizado pelo competente Ivan Colangelo Salomão. Trata-se de uma verdadeira história econômica do Brasil por meio de seus ilustres atores (com uma óbvia exceção). Apresenta ao mesmo tempo uma abordagem sintética e um ponto de vista muito original, porque, em lugar de longas narrativas, vai direto ao ponto: o que pensaram, propuseram e fizeram os *policymakers* com o que sabiam e com o que podiam (cada um é um ser sozinho e suas circunstâncias), com o conhecimento e o entendimento da realidade em que viviam.

Trata-se de uma breve história dos homens que foram distinguidos para a difícil e espinhosa tarefa de comandar a economia brasileira desde a proclamação da República, em 1889: uma democracia até 1930; uma ditadura de 1930 a 1944; uma nova democracia de 1945 a 1964; e uma nova ditadura até 1985. Homens com pensamentos diversos, poderes diferentes e um amplo espaço para experimentação.

Este livro cobre praticamente um século no qual, aos trancos e barrancos, testamos vários regimes políticos e múltiplas políticas econômicas: analisa o pensamento do liberal Rui Barbosa, ministro da Fazenda do Primeiro Governo Provisório que se instalou com a República em 1889, até o último ministro deste volume, o também liberal Ernane Galvêas, que foi ministro da Fazenda entre 1980 e 1985 durante o governo do presidente João Baptista Figueiredo.

Creio que, a despeito de tantas e tão variadas experiências, o Brasil não se saiu tão mal: o PIB real brasileiro cresceu, entre 1889 e 1985, aproximadamente 5% ao ano, mais do que a média mundial.

Todo cidadão brasileiro pode aprender muito com a leitura deste livro.

Apresentação

Ivan Colangelo Salomão

Diversos são os autores que já se dispuseram a analisar a reconhecida fragilidade das instituições públicas brasileiras. De historiadores a sociólogos, passando por cientistas políticos e economistas, à agenda de pesquisa dedicada a essa temática não faltam contribuições com robusto embasamento teórico e farta sustentação empírica.

Ainda assim, costuma-se delegar o tênue equilíbrio sobre o qual a nação brasileira erigiu-se como tal a pelo menos três instituições formalmente instauradas após a Independência: o Senado Federal (1824), o Conselho de Ministros (1840) e as Forças Armadas – sobretudo o Exército, cujo protagonismo na história do Brasil remete à sua participação na Guerra do Paraguai (1864-1870).

Se do ponto de vista político a construção do país deve, de fato, à estabilidade dessas três entidades, é igualmente defensável que, sob a ótica econômica, o Ministério da Fazenda, criado meses após o desembarque da família real no Rio de Janeiro, foi a âncora do desenvolvimento brasileiro. Gabinete sob o qual se pensou o país desde a ruptura com a metrópole e a consequente instauração do regime imperial (1822-1889), a Fazenda justificou a centralidade delegada a sua alçada ao acomodar os maiores nomes do horizonte político brasileiro do século XIX.

Ao advento republicano intercorreram diversas mudanças institucionais, como a adoção definitiva da designação "Ministério da Fazenda" (1891) e a inauguração de uma época em que determinados titulares do cargo foram posteriormente reconhecidos pelo aprofundamento inédito do poder que concentraram sob a pasta. Além da passagem de diversas figuras de peso da intelectualidade brasileira da República Velha, dois ministros da Fazenda daquele período se tornaram presidentes da República após a experiência à testa da economia do país.

Ainda que a complexificação da burocracia estatal a partir dos anos 1930 tenha contribuído para a desconcentração dos afazeres na administração pública – cujo símbolo maior foi a fundação do Departamento Administrativo do Serviço Público (1938) –, a criação de novos órgãos estatais não logrou sobrepujar a primazia da Fazenda na condução de assuntos econômicos. Foi sob o comando desse ministério que se arquitetou o processo deliberado de industrialização o qual viria transformar o futuro do país. Tratava-se da primeira das cinco décadas em que o Estado passaria a liderar os rumos da economia brasileira sob o projeto nacional-desenvolvimentista.

Data dessa época também o estabelecimento das primeiras escolas de economia no Brasil. Conquanto seu ensino fora oficialmente instituído quando da chegada da Corte portuguesa – ano em que D. João VI concedeu a cátedra da disciplina a José da Silva Lisboa, o Visconde de Cairu –, a cadeira manteve-se restrita às faculdades de Direito de São Paulo e de Olinda/Recife, estendendo-se, posteriormente, aos cursos politécnicos no decorrer do século XIX. Em 1926, homologou-se a instrução das ciências econômicas e comerciais como pré-requisito para os estudantes que seguiam a carreira de contabilidade. Duas décadas mais tarde, criou-se a Faculdade Nacional de Ciências Econômicas, vinculada à Universidade do Brasil, no Rio de Janeiro, pedra fundamental do primeiro curso de economia integrado a uma estrutura universitária do país (Viera, 1981).

Nesse momento, à medida que a máquina pública se diversificava, os economistas passaram a gerir o desenvolvimento da nação a partir de novos postos que não apenas os tradicionais cargos que ocupavam até então – Ministério da Fazenda, Banco do Brasil e empresas estatais. Assistia-se à criação de órgãos como a Superintendência da Moeda e do Crédito (1945), o Banco Nacional de Desenvolvimento Econômico (1952), a Superintendência do Desenvolvimento do Nordeste (1959), o Ministério do Planejamento (1962) e, já sob o regime militar, o futuro Instituto de Pesquisa Econômica Aplicada (1964) e o Banco Central do Brasil (1964).

Foi sob a presidência dos generais que economistas em geral, e o Ministério da Fazenda em particular, reassumiram a ascendência política na administração do país com *status* que, possivelmente, não haviam ostentado até então. No império dos tecnocratas – tido até hoje como a "era de ouro" da profissão no Brasil –, os ministros da Fazenda fizeram por levar o país da ilha de prosperidade prometida pelo "milagre econômico" (1968-1973) ao mar de turbulência na primeira metade dos anos 1980. Eis o fim de um dos mais importantes e dramáticos capítulos da nossa história contemporânea.

Nesse sentido, faz-se conveniente relatar uma – e não a – história do Brasil por meio de uma instituição que, há mais de dois séculos, baliza os caminhos do desenvolvimento brasileiro. Em um país de representatividade mosaica, interesses incoadunáveis e tecido social fragilizado, onde desde sempre o personalismo se sobrepôs ao primado das instituições, o Ministério da Fazenda representa a estabilidade de um órgão sob o qual, apesar de todas as vicissitudes que se lhe apresentaram, logrou-se edificar uma das dez maiores economias do planeta.

Muito embora se reconheça a supremacia das instituições sobre a soma da individualidade dos servidores que a compõem, o pensamento econômico dos principais ministros da Fazenda que atuaram entre a proclamação da República (1889) e a queda da ditadura militar (1985) oferece elementos para se contar uma narrativa menos conhecida, mas igualmente valiosa: a versão subjacente à trajetória intelectual de alguns dos homens responsáveis pela construção do Brasil republicano.

POR QUE AS IDEIAS ECONÔMICAS?

A relevância da gestão econômica para o desenvolvimento de um país extrapola o simples manejo dos instrumentos de política econômica de que dispõem os burocratas. A defesa e a consolidação do *ethos* que pretendem imprimir às suas gestões também fazem parte da incumbência dos governantes, de modo que a análise do pensamento econômico dos ministros selecionados contribui para aprofundar o entendimento de suas respectivas atuações à frente da economia brasileira.

O propósito de se organizar uma obra sobre as ideias econômicas de tais homens públicos surgiu, portanto, da percepção de que o assunto carece de análise pormenorizada e, sobretudo, de registro sistematizado. Pouco se conhece a respeito das biografias dos servidores que conduziram os rumos do Brasil no decorrer de seu primeiro século republicano; menos ainda sobre o que pensavam tais encarregados pelo cofre.

Se a maioria das ideias econômicas que circulavam pelo Brasil a partir do final do Oitocentos era, de fato, importada dos países desenvolvidos, é possível observar na leitura desta obra que os principais temas econômicos de que se ocupava a elite brasileira incorporaram, paulatinamente, traços da vivência nacional. Por mais recorrentes que aqui fossem os assuntos originalmente discutidos nas escolas europeias, percebe-se que o debate nacional ganhava tinturas tropicais ao se adaptar aquelas ideias às especificidades locais. Temas caros à sociedade brasileira à época da proclamação da República – como inflação, crédito, industrialização, questões fundiárias, tributação, diversificação produtiva, desemprego, política aduaneira etc. – fizeram do encontro da teoria econômica adventícia com a realidade brasileira um rico objeto de estudo para pesquisadores contemporâneos.

Ao se limitar aos mais representativos ministros da Fazenda entre 1889 e 1985, a escolha dos personagens cujas ideias foram perscrutadas procurou aproximar a obra do leitor não iniciado em assuntos econômicos. Selecionaram-se, assim, os dezessete ministros que granjearam maior destaque no cenário público brasileiro desse período, independentemente do tempo em que atuaram no cargo dos respectivos governos. Além disso, priorizaram-se nomes a respeito dos quais houvesse documentação disponível para ser pesquisada – tais como artigos, livros e discursos de autoria própria –, ainda que a expressiva maioria dos ministros não fosse formalmente diplomada em economia. Por fim, buscou-se distribuir a seleção de modo minimamente uniforme no transcorrer histórico desses noventa e sete anos: dois ministros da República da Espada (1889-1894), quatro da República Velha (1894-1930), três do primeiro governo Vargas (1930-1945), quatro do interregno democrático (1946-1964) e quatro do regime militar (1964-1985).

Desse modo, a relevância da obra reside não apenas no destrinchar das ideias político-econômicas dos homens que, de alguma maneira, comandaram os rumos do desenvolvimento brasileiro no primeiro centenário de nossa experiência republicana. Indo além, procurou-se cotejar o pensamento de tais autoridades com as medidas por elas adotas enquanto à frente do principal cargo público da República, trazendo à baila os mais significativos acontecimentos econômicos observados durante as respectivas gestões.

Assim, espera-se que, ao final do livro, o leitor se aproprie de outras dimensões da história de um país cujos *policymakers* pensaram, propuseram e levaram a cabo as mais distintas estratégias de desenvolvimento; ideias que nem sempre se mostraram condizentes com as possibilidades políticas, sociais e institucionais disponíveis para que fossem transferidas do plano intelectual para o material.

Dezembro de 2020

REPÚBLICA VELHA

(1889-1930)

1

Rui Barbosa

INTELECTUAL LIBERAL, POLÍTICO HETERODOXO[1]

Ivan Colangelo Salomão

INTRODUÇÃO

Rui Barbosa de Oliveira nasceu no ano de 1849 em Salvador, capital da Bahia. Recebeu educação espartana de seu pai, o médico João Barbosa de Oliveira, por quem foi enormemente influenciado ao longo de sua formação intelectual.[2] Além da rigorosa rotina de estudos seguida sistematicamente durante toda a vida, sua infância foi marcada por uma insólita introspecção social e pela fragilidade de sua saúde.[3]

---

1 Versão modificada e atualizada do artigo intitulado "Heterodoxia e industrialização em contexto agrário-exportador: o pensamento econômico de Rui Barbosa", publicado originalmente em *América Latina en la Historia Económica*, ano 22, n.1, p.150-178, jan.-abr. 2015.

2 A proficiência de seu reconhecido poder retórico remonta à tenra idade, quando seu pai lhe obrigava a praticar exercícios de oratória cotidianamente. Na formatura da escola secundária, proferiu longo discurso que impressionou todos os presentes, em especial, os líderes baianos do Partido Liberal que prestigiavam o rito do jovem prodígio (Amaral, 2001, p.60).

3 Na ausência de uma solução clínica para a doença que lhe fustigaria pelo resto da vida, seus pais o enviaram para a Europa em busca de uma possível cura. O diagnóstico recebido dos médicos franceses: fome (ibidem, p.72).

Político liberal forjado intelectualmente no liberalismo anglo-saxão, a trajetória política de Rui Barbosa (1849-1923) foi marcada pelas quatro candidaturas malsucedidas à Presidência da República. Ainda que não tenha tido êxito na tentativa de se tornar chefe do Executivo, o jurista baiano consagrou seu nome no panteão dos principais homens públicos brasileiros pela extensa obra jurídica, pela longa carreira de senador e, sobretudo, pela controversa passagem pelo Ministério da Fazenda.

Iniciou-se nos estudos superiores na escola de Direito do Recife, onde se aproximou de Castro Alves e, por consequência, da causa abolicionista. Concluiu sua formação, entretanto, na Faculdade do Largo de São Francisco, em São Paulo, após uma crise nervosa desencadeada pela reprovação em uma disciplina ter-lhe ameaçado a vida em Pernambuco.

Na capital paulista, fundou, ao lado de colegas universitários, os periódicos *Clube da Reforma* e *Radical Paulistano*, nos quais já se fazia notar seu pendor por ideias liberais. Sua carreira jornalística tomou corpo, porém, na redação do jornal soteropolitano *Diário da Bahia*, para onde havia retornado assim que se diplomara.

Dois fatos impactantes marcaram seu regresso a Salvador: o falecimento de seu pai, quando Rui havia recém completado 25 anos de idade, e o de sua primeira noiva, um ano mais tarde. Meses depois, casou-se com uma antiga amiga de infância, Maria Augusta, com quem se mudou para o Rio de Janeiro, em 1876, com o intuito de exercer a advocacia e, assim, honrar as dívidas contraídas por seu progenitor.

Durante a disputa da eleição para deputado provincial pelo Partido Liberal, em 1879, Rui Barbosa travou sua primeira batalha verbal contra um alto representante do Império, o então ministro da Fazenda Gaspar Silveira Martins. Foi a partir dessa ocasião que Rui passou a abandonar paulatinamente suas convicções monarquistas para, já no ocaso do regime, e ainda de forma um tanto hesitante, engrossar as fileiras republicanas. As crescentes rusgas surgidas entre o imperador e os líderes militares ao longo da primeira metade da década de 1880 embasaram sua primeira mudança de posicionamento político[4] – ou evolução, como ele muitas vezes tentaria eufemisticamente justificar: "Da República disto apenas uma linha", afirmava às vésperas da queda de D. Pedro II (apud Barbosa, 1949, p.80).

Ao longo da segunda metade dos anos 1880 – período em que não ocupou cargos públicos e que, por este motivo, amargou certo ostracismo político –, as principais bandeiras empunhadas por Rui foram a abolição e, principalmente, a federação. Sua atuação a favor da primeira causa, entretanto, foi marcada mais pelo brilho de seu poder oratório do que pela força de suas ideias propriamente ditas.

Destituído o monarca, o nome de Rui Barbosa – cuja participação no movimento revolucionário limitou-se a coadjuvar os republicanos históricos – foi praticamente aclamado para ocupar o Ministério da Fazenda, principal pasta do governo provisório. A hesitação demonstrada ante o cortejo dos líderes do novo regime baseava-se mais em um preciso cálculo político do que no seu conhecido compromisso com a causa federalista.

O desempenho da economia durante os quatorze meses em que Rui ocupou o cargo serão posteriormente analisados de forma mais detida; mas o fato é que a sua atuação na máquina do governo extrapolou as atividades inerentes à alçada do ministro da Fazenda. A confiança

---

4 Em 1884, Rui saiu derrotado da eleição para deputado federal, adentrando ainda mais o isolamento político a que a causa abolicionista o empurrara. A segregação dentro de seu próprio partido ensejou a radicalização de seu discurso e a decisão de finalmente bandear-se para as fileiras republicanas (Gonçalves, 2000, p.47).

que o marechal Deodoro depositava em sua capacidade de trabalho garantiu-lhe a nomeação ao posto não oficial de "vice-chefe" do governo provisório. Na prática, fazia as vezes do recém-extinto papel de primeiro-ministro: "Rui é o para-raio do governo provisório. Provê tudo, tudo prevê", atestou, certa vez Quintino Bocaiuva, então ministro das Relações Exteriores (apud Amaral, 2001, p.138).

Fruto de um caso comezinho,[5] o desentendimento pessoal com Deodoro, somado ao progressivo distanciamento entre eles – Rui reprovava o progressivo apetite do presidente por poderes dignos de um regime de exceção; ao passo que o marechal já não o isentava pelas crises cambial e inflacionária vivenciadas ao longo de 1890 – puseram fim à sua curta experiência como executor da política econômica.

Em 1893, já no governo Floriano Peixoto, Rui posicionou-se fervorosamente a favor dos marinheiros sublevados durante a Revolta da Armada, despertando a ira e a vingança do marechal de ferro. Temendo não apenas por sua liberdade, mas também pela integridade física de seus familiares, decidiu exilar-se no Chile, partindo, logo em seguida, para Buenos Aires, onde permaneceu por seis meses. Da capital argentina, seguiu para um retiro em Londres de aproximadamente um ano, período de grande influência para a cristalização de suas ideias econômicas.

De volta ao Brasil, elegeu-se novamente senador, cargo que ocupou por mais de duas décadas até renunciar ao mandato, pela segunda vez, em 1921. Além da senatoria e a da atuação como advogado, outros dois fatos marcaram-lhe a biografia política: a consagrada participação na segunda conferência da paz de Haia,[6] em 1907, e as quatro candidaturas fracassadas à Presidência da República. Faleceu em 1923, aos 73 anos de idade, na cidade de Petrópolis, vítima de paralisia bulbar.

---

5 De posse dos poderes que o cargo lhe outorgava, Rui colocara à venda um terreno público, localizado no cais do porto do Rio de Janeiro, por um preço considerado aquém do desejável pelo presidente, gerando a discórdia que levaria à exoneração coletiva do ministério em janeiro de 1891.

6 A sua mais conhecida alcunha, "Águia de Haia", foi-lhe conferida após a atuação na segunda Conferência da Paz, realizada na Holanda, durante a qual sustentou, em francês fluente, a tese da igualdade dos estados perante a ordem jurídica internacional.

A vida e a obra de Rui Barbosa tornaram-se, desde então, objeto de pesquisa de analistas, dos críticos aos entusiastas, pertencentes aos mais variados setores do conhecimento. A mitificação construída ao redor da sua vasta cultura por vezes extrapola a razoabilidade. A adjetivação sempre maiúscula a ele dirigida beira o panfletismo ao conferir-lhe capacidades sobre-humanas. Qualificações heroicas a exaltar o seu saber enciclopédico pululam entre os seus defensores: "Rui é um mundo" (Buzaid, 1973, p.6); "Impossível seria abarcar as múltiplas faces do colosso" (Barbosa, 1949); "Vivo, era o maior dos nossos homens. Morto, tornou-se o maior de nossos símbolos" (Mangabeira, 1999, p.354).

Por outro lado, e com paixão equivalente, não faltou quem se dedicasse a detratar-lhe a imagem.[7] Para seus desafetos, tratava-se de um homem de ideias pouco originais, sempre a procurar a imagem da Inglaterra no mapa do Brasil. Foi considerado, "sob vários aspectos, um desenraizado no ambiente político da sua pátria" (Belo, 1966). A vastidão de seus conhecimentos contribuiu para estigmatizá-lo como um típico representante do formalismo bacharelesco, definição que sua prosa intrincada, fértil em hipérboles, ajudou a reforçar. A erudição com que se pronunciava sugeria certo descolamento da realidade de um país composto majoritariamente por analfabetos, e concorreu para caracterizar sua longa vida parlamentar por uma atestada esterilidade. Para seus adversários, a arrogância indefectível, sua característica pessoal mais sobressalente, jamais o abandonou. Rui Barbosa era, de fato, um sujeito vaidoso e irascível. Nas palavras de um de seus principais biógrafos, tratava-se de um indivíduo "ácido, contundente, obsessivo, por vezes agressivo, pedante e pretensioso" (Amaral, 2001, p.105).

O orgulho não lhe acometia apenas a esfera privada, tendo dele feito a marca de sua estratégia de atuação política. Sempre que contrariado, não hesitava em colocar o cargo à disposição de Deodoro,

7 A obra de Magalhães Junior (1965) dispõe-se a desconstruir a imagem heroica de sua figura. A magnitude da pretensão deste autor é proporcional à envergadura do alvo a ser atingido e, também, às inúmeras réplicas que recebeu. Carvalho (2000) também apresenta uma apreciação um tanto depreciativa acerca da conduta ética de Rui Barbosa.

pois seguro estava de que o marechal arbitraria a seu favor, fortalecendo-o, assim, perante seus antagonistas.[8] Diversas outras críticas, das mais distintas naturezas, foram-lhe direcionadas durante e após a vida:[9] a ausência de uma visão ampla e segura da realidade social do país, o acobertamento de casos de corrupção,[10] a relutante negação do direito a voto aos analfabetos e a aderência tardia à causa republicana são alguns dos principais exemplos de que se utilizaram aqueles dispostos a demonstrar que se tratava, Rui, muito mais de um liberal do que de um democrata propriamente dito.

Se marcada pela vilania ou pelo heroísmo, sua trajetória foi, de fato, singular. Combatente político aguerrido e intelectual multifacetado, sua obra continuará servindo aos estudiosos dos mais variados campos das ciências sociais; para a historiografia econômica, ela foi suficiente para perenizar o seu nome na vanguarda do pensamento heterodoxo brasileiro.

FORMAÇÃO INTELECTUAL E A INFLUÊNCIA DO LIBERALISMO

A adoção de políticas conflitantes com as boas práticas sugeridas pela economia clássica não traduz a história de sua formação

---

8 Não foram raros os momentos que, em apenas quatorze meses, Rui utilizou-se deste estratagema. Para Mangabeira (1958), foram oito as vezes que tentou demitir-se; para Silva (2009), dez; Gonçalves (2000) contabilizou-as em sete; já Vasconcelos (1975), em onze. Independentemente do número exato, ao ter questionado o apoio que haveriam recebido suas medidas no seio do governo, exigiu que todo o gabinete publicasse uma nota conjunta em desagravo a seu nome (Barbosa, 1892, p.260).

9 Uma das medidas mais controversas por ele posteriormente adotada foi a queima de todos os arquivos referentes à escravidão existentes na sede do Ministério da Fazenda, em dezembro de 1890. Aplaudido pelos abolicionistas, justificou a decisão como meio de inviabilizar possíveis indenizações requeridas pelos ex-proprietários de escravos.

10 Os aviltamentos não se limitavam apenas à sua figura pessoal. Muito se especulou acerca dos supostos benefícios financeiros de que Rui teria desfrutado, sobretudo por sua proximidade do banqueiro Francisco de Figueiredo, a quem ele outorgara o monopólio de emissão em dezembro de 1890. A tentativa de defender sua honra revela, acima de tudo, o alcance de sua vaidade, refletida em comparação não casuística: "A presunção de igualar-me a Alighieri em engenho não mereceria sequer o qualificativo de loucura; mas em dignidade não me considero inferior a ninguém: *ma per cuore to non mi stimo secondo a nessuno*" (apud Amaral, 2001, p.173).

intelectual. A influência exercida por seu pai, um admirador fervoroso da civilização britânica, refletiu-se de modo direto em sua iniciação escolar, baseada, predominantemente, em autores liberais.

O fascínio pelo progresso material alcançado pela Inglaterra reforçou sua convicção teórica no liberalismo econômico de Adam Smith, David Ricardo e Jean-Baptiste Say. Transigiu *con gusto* de sua orientação livre-permutista, entretanto, ao assumir a pasta da Fazenda e corroborar a célebre e perspicaz ressalva eternizada por John Stuart Mill, segundo o qual o livre-escambo era plenamente defensável, exceto nos casos em que as leis econômicas se conciliam com o uso de medidas protecionistas.

Sua defesa do setor industrial não pressupunha, por exemplo, a simples proteção alfandegária como um fim em si mesmo. Ancorado nos economistas clássicos, Rui Barbosa apregoava os benefícios do livre-cambismo sem incorrer, entretanto, no vaticínio das vantagens ricardianas. Revela-se a parcimônia de suas ideias quando da crítica ao engodo do protecionismo comercial em detrimento do aumento da produtividade por meio da educação formal do trabalhador: "A indústria queixa-se, e definha. Que remédio lhe aconselham? A instrução? Não! O regime protetor; o protecionismo não passa de uma finta imposta ao consumidor em benefício de uma classe de produtores indígenas" (Barbosa, 1882, p.254).

Abrigava, ademais, teses caras aos simpatizantes do Estado mínimo. Ratificou, reiteradas vezes, a proficuidade de se manter um nível de tributação moderado, tido por ele como um "princípio inconcusso e definitivo": a renda disponível ao consumo interno e, mormente, ao investimento, deveriam ser os vetores mais apropriados para estimular o crescimento da demanda agregada. A recusa ao endividamento público levou-o a flertar, ainda, com a proposta do que hoje se conhece por superávit primário, a fim de aliviar as contas do governo republicano de encargos não produtivos.

Embebido nos exemplos ingleses, reforçados *in loco* após o período em que lá se autoexilou, deslumbrava-se com o nível de civilização alcançado por este país: "A Inglaterra é a melhor das nações atuais. [...] Este país é minha pátria espiritual" (apud Pires, 1942, p.13), atestou certa vez. A exaltação do modelo inglês e, por transbordamento histórico, do norte-americano, residia, em primeiro plano, na concretização do ideal liberal exibido nesses países. Descomedido, afirmava Rui Barbosa que a "Inglaterra é o país entre todos onde a humanidade tem a sua maior glorificação, porque é aquele onde a liberdade é mais perfeita, onde o direito é mais seguro, onde o indivíduo é mais independente, onde por isso mesmo, o homem é mais feliz" (apud Pires, 1942, p.8). Orgulhoso de sua formação internacionalista, afirmava que sua "livraria inglesa é a maior entre nós. Ninguém estudou mais do que eu, em nossas terras, as coisas inglesas" (apud Pires, 1942, p.20).

Em sua leitura, o desenvolvimento da cultura institucional britânica perpassava pelo seu avançado arranjo social. O espírito de ordem, exatidão e regularidade não presidiam somente a vida política e econômica daquele país. Para ele, o homem inglês era também um mecanismo da mais alta precisão, e dele Rui Barbosa se deixou igualmente impressionar: "Na casa, como na sociedade, não se sente quase a necessidade do governo. A distribuição dos deveres (lei imposta, escrita ou não) atua, por assim dizer, *da se*. O fenômeno desta disciplina moral é, a meu ver, o aspecto mais notável da civilização inglesa e o segredo do seu vigor" (apud Pires, 1942, p.9).

A inspiração no exemplo saxão e, em particular, no modelo de industrialização levado a cabo nos Estados Unidos, refletiu-se nas medidas adotadas quando da ascensão do governo republicano. Barbosa participou ativamente da criação dos primeiros decretos do governo provisório, sendo de sua autoria a sugestão para o nome oficial do novo país: Estados Unidos do Brasil (Gonçalves, 2000). A tentativa de transpor a experiência norte-americana extrapolou a importação do mesmo epíteto designativo: "Dei à minha pátria a adaptação das instituições americanas. Tenho sido, durante trinta anos, um laço entre o Brasil e os homens dos Estados Unidos da América" (apud Pires, 1942, p.6).

A simpatia de Rui Barbosa pelo modelo anglo-saxônico não se limitava à funcionalidade que o liberalismo havia encontrado nesses países. A arquitetura descentralizada de governo consagrada pela Constituição norte-americana de 1787 vinha ao encontro de sua mais cara aspiração política: o federalismo. A explicação por ele oferecida à sua vacilante adesão à causa republicana repousava sobre a insistente negativa dada pelo Império aos anseios federalistas que havia muito se faziam notar pelo país.

Nesse sentido, a posição moderada de Rui Barbosa compactuava com alguma centralização administrativa, uma vez que as diferenças e os desequilíbrios regionais traduzir-se-iam em proficuidade apenas se mantidos sob um governo coeso. De modo que a defesa regular da causa federativa acompanhou toda a sua trajetória política, tendo destaque especial na formulação de sua política monetária, instrumentalizada pela famigerada reforma bancária de janeiro de 1890.

Naturalmente, o ministro inseria-se no debate econômico do século XIX, o qual, importado das tradicionais escolas britânicas, circunscrevia a questão da conversibilidade da moeda. Conforme destacam Fonseca e Mollo (2012), os políticos de formação liberal (metalistas) tendiam a abraçar as medidas preconizadas pelo padrão-ouro – com ênfase na estabilidade cambial e monetária –, ao passo que aqueles de algum modo relacionados às atividades produtivas procuravam deslocar o eixo da controvérsia para outra variável (papelistas): o nível de liquidez mais condizente com o ânimo dos negócios, atribuindo à taxa de juros (e não de câmbio) a centralidade da política econômica.

Assim, entende-se que a heterodoxia do pensamento de Rui Barbosa não se singularizou apenas pelo combate aos ditames estabelecidos pelo padrão-ouro ou pela defesa de políticas fiscais anticíclicas em momentos de retração da atividade econômica. Indo além, o papelista Rui também ofereceu uma precoce defesa da industrialização e da necessidade de "construção nacional", motivo pelo qual pode ser considerado como um dos precursores da política desenvolvimentista levada a cabo a partir da Revolução de 1930.

RUI BARBOSA NO MINISTÉRIO DA FAZENDA (1889-1891)

A reformulação do sistema financeiro empreendida por Rui Barbosa, dois meses após assumir o Ministério da Fazenda, não apenas discriminou a transição econômica entre os regimes imperial e republicano, como também permitiu que lhe fosse postumamente outorgada a distinção de vanguardista entre os "czares econômicos" do Brasil, em reconhecimento ao que talvez mereça ser tomado como o primeiro grande plano econômico do período republicano (Franco, 2005).

Os dois principais pontos da reforma – a emissão inconversível e a pluralidade bancária – não podem ser caracterizados pelo seu ineditismo, uma vez que já haviam sido largamente empregados durante o Império. Concorreram para que a gestão de Rui fosse estigmatizada pela historiografia econômica como o primeiro e mais célebre ensaio papelista o sentido, a consciência, a significação e a motivação oferecidos pelo formulador da política.

A conjuntura econômica

Uma atmosfera de otimismo recaía sobre a economia brasileira ao final dos anos 1880. O volume dos investimentos ingleses aumentara de forma substancial devido à solução "pacífica" oferecida à questão escravista e à quantidade de capitais ociosos, os quais havia muito já aportavam na vizinha Argentina. Tal onda inesperada de prosperidade representava uma verdadeira dádiva para os desígnios do governo imperial, mas trazia consigo um antigo problema prático: o limitado desenvolvimento do sistema bancário nacional e a sua incapacidade de apoiar o crescimento da economia.

A economia brasileira estava às vésperas do apogeu do modelo de desenvolvimento voltado para fora, o que se refletia na formulação da política econômica e em seus dilemas conjunturais. Dentre estes, destacaram-se o equilíbrio do balanço de pagamentos e a prioridade oferecida pelo governo a questões que influenciassem diretamente os termos de troca. Mesmo ciente da baixa elasticidade-preço da demanda dos produtos que compunham a pauta de exportações brasileira, poucos instrumentos se lhe restavam além da condução de uma política cambial que favorecesse o comércio dos produtos nacionais no mercado estrangeiro.

Do ponto de vista cambial, a paridade legal mantinha-se constante e inalterada, à taxa de 27 *pence* de libra esterlina por mil-réis, desde 1846. Contudo, a flutuação cambial era a verdadeira regra observada na prática, devido, primordialmente, aos constantes déficits em transações correntes resultantes da enorme dependência de produtos manufaturados importados. Imobilizado, o governo via-se incapaz de agir no sentido de atenuar essas oscilações, na maioria das vezes, para abaixo do par, ou seja, desvalorização.

O entesouramento, hábito corrente para a maior parcela da população brasileira, somado à baixa velocidade de circulação da moeda, faziam com que o atrofiado aparelho de intermediação financeira brasileiro não cumprisse a contento o seu dever de financiar o desenvolvimento da economia do país. O recorrente problema de escassez de numerário, agravado em época de colheitas afastadas da praça do Rio de Janeiro, levou o primeiro-ministro João Alfredo a constituir, em maio de 1888, um comitê bipartidário – liderado pelo conservador visconde de Cruzeiro e pelo liberal visconde de Ouro Preto – com o objetivo de elaborar uma lei que restabelecesse a emissão de moeda inconversível pelos bancos. Os líderes da comissão não defendiam, por princípio, a adoção da moeda fiduciária, mas atentavam para os problemas decorrentes da tentativa de se atingir a conversibilidade plena em um contexto de baixa liquidez.

A breve gestão do visconde de Ouro Preto, que assumiu o último gabinete imperial em 7 de junho de 1889, caracterizou-se pela adoção de medidas econômicas ousadas. Em primeiro lugar, o novo governo surpreendeu ao fixar a taxa de câmbio àquela paridade legal definida em 1846, permitindo, consequentemente, a restauração dos bancos de circulação metálica.

Por motivos alheios a qualquer empenho deliberado das autoridades brasileiras, a situação favorável do balanço de pagamentos permitiu que, em outubro de 1888, fosse restabelecida a equivalência cambial perseguida havia décadas: "Inesperadamente, por obra e graça da pujança das nossas contas externas, e da entrada de capitais em particular, a taxa de câmbio apreciou de modo a atingir os mágicos 27 *pence* por mil-réis" (Franco, 2005, p.11). De modo que, em 6 de julho de 1889, o ministro aprovou uma nova regulamentação autorizando bancos privados a emitirem papel-moeda conversível em ouro, àquela paridade, na razão do triplo do capital subscrito em moeda metálica.

A medida recebeu julgamento mordaz de Rui Barbosa não pelo seu mérito inegável, mas pelo suposto embuste a ela subjacente. De fato, fazia-se notório o oportunismo do arranjo de Ouro Preto, o qual se valia de condições excepcionais e efêmeras do balanço de pagamentos para propagandear um feito caro à sociedade. Implícita à crítica de Rui Barbosa, portanto, havia mais motivos de natureza política do que conceitual. Tratava-se, com efeito, da via rápida para o estabelecimento do curso forçado, ou, nas palavras de Franco (2005, p.12), de um "sacrifício de uma virgem ao altar das convenções". Levando-se em consideração que a reforma por ele levada a cabo meses depois representou exatamente a consagração da emissão inconversível, sua diatribe contra Ouro Preto deve ser assaz relativizada. Na realidade, ambos chegariam à moeda fiduciária por diferentes caminhos e, sobretudo, a partir de distintos apelos simbólicos.

Além disso, tratou-se o empréstimo contraído em Londres em 27 de agosto – a título de indenização aos fazendeiros dos quais a abolição havia subtraído importantes "ativos" – da segunda medida adotada por Ouro Preto a ser hostilizada por Barbosa. Sua condenação não se assentava apenas na reprovação moral que este tipo de ação evocava, mas no ônus fiscal e cambial por ela acarretado. Em primeiro lugar, os "auxílios à lavoura" envolveram quantias da ordem de 100.000 contos, valor que representava quase três quartos da receita tributária do Império, caracterizando um vasto programa de clientelismo político à custa do dinheiro público. Além disso, implicava encargos cambiais sobressalentes, uma vez que "recebíamos em libra para pagarmos em ouro", política veementemente repudiada por Barbosa enquanto esteve à frente da pasta da Fazenda.

O terceiro ponto de dissensão entre Barbosa e Ouro Preto concernia à fundação do Banco Nacional do Brasil em sociedade com o *Banque de Paris et des Pays Bas*, em outubro de 1889. Os privilégios concedidos a esta instituição financeira outorgavam-lhe uma condição que beirava o monopólio no setor, uma vez que seu capital alcançava a cifra de 90.000 contos, sendo-lhe permitido, portanto, uma emissão de 270.000 (sobre um total em circulação, à época, de 200.000 contos). Mais uma vez, Rui Barbosa abraçaria a contradição tendo-se em vista que ele próprio viria a adotar medida muito assemelhada ao final de seu mandato, a despeito de todo o esforço retórico de que se utilizou para negar a evidente similitude entre os casos.

Foi nesse contexto, pois, que, em 17 de janeiro de 1890, o já ministro da Fazenda Rui Barbosa promulgou a mais importante medida de sua passagem fugaz pelo poder executivo: a reforma do sistema bancário, cuja análise contribui para esquadrinhar o que pode ser considerado o mais controvertido ensaio político do pensamento heterodoxo brasileiro do século XIX.

A emissão lastreada em títulos públicos

Apesar da paulatina e incipiente incorporação de traços da realidade nacional, a política econômica empreendida pelos governantes brasileiros do século XIX era absorvida, em grande medida, do estrangeiro. A esta regra não fugiu a emissão de papel-moeda sem lastro em metais preciosos. A experiência internacional estava repleta de casos – até certo ponto, bem-sucedidos – de países que adotaram este expediente na ausência de uma situação favorável de suas contas externas.

Tendo-se por premissa que, em termos monetários, a normalidade respondia pela emissão ao par estabelecido em 1846 (27 *pence* de libra esterlina por mil-réis), era inevitável que se associasse o fracasso de se recorrer ao curso forçado a um drama maior: claro estava que apenas por acidente, ou por improváveis progressos nas tecnologias de mineração, a natureza forneceria ouro e prata no exato tamanho das necessidades de moeda de uma economia em rápido e volátil crescimento.

No Brasil do século XIX, portanto, tratou-se o padrão-ouro de um paradigma de enorme carga doutrinária, mas que raramente foi adotado na prática em função da enorme escassez de lastro em que constantemente o país se encontrava. Foi nesta condição de penúria que, segundo Franco (2008, p.8), "os apologistas da exceção encontraram uma atmosfera especialmente hospitaleira" para materializar o primeiro ensaio de política heterodoxa.

Rui Barbosa não negava, por princípio, as vantagens da emissão sobre o metal. A sua restrição ao padrão-ouro atentava, apenas e tão somente, para a impossibilidade prática de esta instituição perdurar em um país cuja normalidade, no que se referia ao câmbio, era a instabilidade. Quando da desvalorização cambial, havia sempre uma corrida aos bancos para a troca das notas ao par, resultando em prejuízo para as instituições financeiras até que este ciclo de baixa se encerrasse.

Se o recurso ao "papel" já havia sido largamente empregado durante o antigo regime, a justificativa e o propósito oferecidos por Rui ao seu empreendimento financeiro é que fizeram de seu nome o maior ícone da heterodoxia econômica do Brasil oitocentista: a consciência da necessidade de emissão monetária incorporava-se, de forma inédita, aos discursos de um *policymaker*:

> Por mais triste que seja a história do curso forçado, em todos os países, ainda naqueles que tragaram até às fezes a taça de calamidades acumuladas pelo seu abuso, impossível seria desconhecer-lhe, não diremos só a utilidade, mas a imprescindibilidade fatal em emergências das mais melindrosas na existência dos povos modernos (Barbosa, 1892, p.205).

A reforma da estrutura bancária levada a cabo por Barbosa baseou-se, desse modo, na criação de caixas regionais de emissão de moeda lastreada em apólices da dívida pública. A decorrência imediata de sua iniciativa foi um aumento de liquidez responsável por um vultoso crescimento da atividade produtiva, bem como dos níveis de inflação, provavelmente sem par na história imperial.

A primeira justificativa para a permissão de emissão lastreada em títulos públicas concedida aos bancos residia sobre a necessidade latente de numerário que abarcasse a nova realidade econômica do país, reconhecido por sua cultura de entesouramento, em um novo contexto pós-abolição:

> Um vasto afluxo de empresas e transações, que a revolução surpreendera, corriam risco iminente de esboroar-se em vasta catástrofe, assinalando com o mais funesto *crash* a iniciação da República. Foi entre essas perplexidades e sob o aguilhão desses perigos, que recorri à única salvação possível, em semelhante conjuntura: assentar, como os Estados Unidos tinham feito, em circunstâncias análogas e sob a força de iguais necessidades, a garantia do meio circulante sob os títulos da dívida nacional (Barbosa, 1891a, p.53).

Se a consagração da inconversibilidade não era, para Barbosa, um fim em si mesmo, sua funcionalidade não escapou ao ministro da Fazenda. Na tentativa de eximir-se pela consumação da moeda inconversível, afirmou que não fora "o governo republicano que matou a circulação metálica. Ela era apenas um embrião incapaz de vida, e morreu pela impossibilidade orgânica de viver" (Barbosa, 1891c, p.185). Tratava-se, afinal, de uma inovação revolucionária, pois somente o "papel" permitiria um crescimento da oferta de moeda além do autorizado pelo extrativismo mineral. Como tantos outros políticos de sua geração, Rui enxergou a vantagem da moeda fiduciária apoiando-se reiteradamente no caso norte-americano, cujo governo já havia recorrido ao curso forçado durante a Guerra de Secessão: "Para remediar a crise, lembrou-se Chase de um sistema monetário que consistia na emissão de bilhetes bancários garantidos por títulos da dívida pública" (Bormann, 1945, p.24). O plano do ministro se inspirava fortemente nesse modelo iniciado em 1863 e que vigorou até a inauguração do *Federal Reserve System*, em 1913.

Convencido da inevitabilidade do curso forçado, Barbosa fornecia, assim, o combustível ao desenvolvimento que o setor produtivo havia muito reclamava. Uma década após a sua saída do Ministério da Fazenda, reconheceu que "a circulação inconversível era fatal, como era fatal, que, em vez de espécies metálicas, assentasse a sua base em títulos do Estado" (Barbosa, 1900, p.202). O apoio efusivo angariado nos mais distintos e improváveis segmentos da sociedade reforçou a sua já solidificada convicção de que equivocados estavam os que lhe impunham censura. Mesmo se, para tanto, estes se utilizassem dos mesmos argumentos por ele anteriormente empunhados.

É nesse sentido, portanto, que se faz simbolicamente eloquente o laconismo da justificativa oferecida por Rui Barbosa para a expansão da base monetária ao longo de sua gestão: "Forçoso era abaixar a taxa de juros" (Barbosa, 1891a, p.198). A conversibilidade não deixara de ser um objetivo a ser perseguido; àquele momento histórico, porém, a adoção de uma política monetária condizente com o crescimento econômico far-se-ia mais adequada às aspirações do novo governo. Era a atuação consciente e deliberada do poder público com vistas à expansão do crédito, criando uma praxe na qual caberia, agora, ao Estado a determinação da taxa de juros.

A pluralidade bancária

Se o debate entre metalistas e papelistas permeou a opção pela emissão inconversível, a segunda grande medida contida na reforma bancária ruiana esteve balizada pela contenda travada entre os chamados monopolistas e pluralistas. Tratava-se, como sugerem as designações, da maneira de se organizar a estrutura do mercado bancário no que concernia à prerrogativa de emitir moeda.

Conquanto sua posição tenha variado ao sabor da conveniência política, Rui Barbosa subscrevia, por asserção teórica, a tese dos primeiros: "Pluralidade bancária na emissão de papel inconversível é invenção que nunca teve foros de teoria entre os economistas." (Barbosa, 1891a, p.55). A campanha por ele promovida na redação do *Diário de Notícias* contra a economia de Ouro Preto corroborava a suposta incoerência:

> Então combati o monopólio emissor, com que se agraciara o banco Figueiredo. Mas como o combati? Negando acaso a superioridade da monoemissão, em teoria, ao sistema da pluralidade? Não. Demonstrando simplesmente que não estava nas mãos da Coroa substituir pela forma de sua preferência a que o legislador estabelecera, e o governo regulara. Nunca discuti a questão de doutrina (Barbosa, 1892, p.210).

Tal como o curso forçado, o expediente da pluralidade já havia sido largamente utilizado durante regime imperial. A própria lei que então vigorava quando Rui Barbosa assumiu o ministério, promulgada em novembro de 1888, sob o gabinete conservador de João Alfredo, já previa a adoção deste regime emissor.

Ainda que os diversos experimentos pluralistas observados mundo afora, com destaque para o caso norte-americano, não tivessem sido particularmente bem-sucedidos, o século XIX terminava sem demonstrações irrestritas de confiança no monopólio bancário, devido, em grande medida, à natureza privada de praticamente todas as instituições financeiras: aquela que fosse agraciada com a exclusividade emissora gozaria de vantagens injustas em relação a seus concorrentes. É nesse sentido que a pluralidade desfrutava de certo perfume libertário, verdadeiro deleite aos pendores federalistas da República recém-instaurada.

A sua formação teórica, entretanto, não se traduziu em política pública quando de sua ascensão ao Ministério da Fazenda. Por certo, a necessidade de consolidação do novo regime fê-lo sucumbir declaradamente ao pragmatismo político para usufruir, ainda que temporariamente, dos proveitos expansionistas imanentes à pluralidade.

O cerne de sua justificativa para a aparente incongruência em relação à sua própria pregação de épocas não muito longínquas repousava sobre a imperiosidade do momento histórico. A necessidade latente de aumento do numerário, oxigênio indispensável para a sobrevivência do edifício republicano, exigia celeridade e realismo por parte do gestor público: "Para solver esta questão, não devemos pairar na região abstrata das teorias, mas descer ao terreno raso da história, da prática, da experiência acumulada. Ela é decisiva" (Barbosa, 1891a, p.277).

Na ausência de um corpo teórico de vulto que sustentasse a plausibilidade das teses papelistas, recorria-se à concretude de experiências bem-sucedidas. A certeza de que o pragmatismo dos homens do mercado deveria sobrepor-se à abstração de autores alheios ao cotidiano da gestão pública fez-se capital no pensamento econômico de Rui Barbosa – para quem a prescrição de políticas ortodoxas supostamente universais seria "acreditar que uma grande nação possa governar-se por academias de teoristas, e que o segredo dos grandes problemas políticos, perdido nos debates dos parlamentos, fosse imergir a sua incógnita na facúndia espumosa dos postres" (Barbosa, 1892, p.59).

Subjazia a utilização daquele expediente econômico com vistas à legitimação do regime, portanto, o desígnio consciente de se "vulgarizar o crédito" (Barbosa, 1891a, p.56). Não se tratava, porém, de um cálculo permeado apenas por variáveis políticas. A expansão da liquidez requerida pela nova conjuntura econômica do país fazia do sistema financeiro peça fundamental na engrenagem vislumbrada por Barbosa: "Quem ajudou a expansão inglesa, francesa, alemã?

O Rei? Não, foram os Bancos da Inglaterra, da França e do Reich, espalhando o crédito, criando indústrias, alargando o comércio" (apud Bastos, 1949, p.183).

Mais uma vez, destituído de uma matriz teórica que corroborasse o seu empreendimento, Rui Barbosa recorreu exaustivamente a exemplos estrangeiros passados – em especial, os dos países industrializados da Europa ocidental – para chancelar as suas medidas. Novamente, o caso mais eloquente, porém, era o ainda recente processo de industrialização observado nos Estados Unidos. As afinidades históricas incitavam-no à constante analogia entre a realidade econômica alcançada por esse país e o potencial de desenvolvimento, ainda contido, do Brasil. No que concernia à arquitetura financeira norte-americana, Rui demonstrou, em seu relatório do Ministério da Fazenda, como a adoção da unidade bancária, estipulada em 1811 por Hamilton e Madison, resultou em uma crise fiscal sem precedentes, da qual os Estados Unidos se recuperariam somente uma década depois.

Nota-se, diante do exposto, que a opção inicial pela pluralidade bancária calcou-se em uma clara consciência da necessidade emergencial de se expandir a base monetária. Para tanto, não haveria estrutura mais engenhosa do que a de se delegar aos caixas regionais a tarefa de suprir os agentes econômicos com o numerário condizente com a nova realidade do país.

A política fiscal do governo revolucionário: investimento público e desenvolvimento

A política econômica do primeiro gabinete republicano não se limitou a confrontar a normatização monetária sugerida pelo padrão-ouro. O debate que circunscreveu a estruturação financeira da nova Constituição – e, de forma mais específica, a articulação parlamentar que antecedeu a aprovação da proposta orçamentária de 1891, jamais executada por Rui Barbosa – revelam algumas de suas principais ideias acerca da potencialidade e das limitações da política fiscal.

O ministro da Fazenda empenhou-se pessoalmente para tentar demonstrar que os dispêndios realizados em sua gestão mantiveram-se em níveis equivalentes aos dos últimos gabinetes do Império. Rechaçado pelos fatos, procurou imprimir uma aura de inevitabilidade à sua política fiscal, a fim de inocentá-la em nome da sustentação do regime encetado a partir de 15 de novembro de 1889.

A conjuntura em que esteve envolvida a votação do orçamento federal para o ano de 1891 contribui para elucidar o raciocínio anticíclico de que dispunha o ministro. Convencido de que a conjuntura política exigia esforços excepcionais para legitimar o novo regime, Barbosa conferiu a tais dispêndios o predicado de "inadiáveis", sugerindo que a austeridade colocaria sob risco a viabilidade do movimento republicano.

A imperiosidade revolucionária prestou-se, portanto, a justificar a política fiscal expansionista de Rui Barbosa. Valendo-se da analogia com acontecimentos históricos – como as realidades da França pós-napoleônica e da Itália recém-unificada de 1870 –, certo estava de que o futuro promissor absolveria as despesas "incertas e incalculáveis" efetuadas ao longo de 1890: "Os governos revolucionários não são, não podem ser governos econômicos" (Barbosa, 1891a, p.18).

O triunfo político do novo regime também lhe serviu, *a posteriori*, como argumento para justificar os excessos de sua expansão fiscal. Pacífico e ordeiro, o advento republicano isentaria historicamente os eventuais abusos do Tesouro:

> A despesa descomediu-se; mas esse mal, de que ainda nenhuma revolução saiu indene, era o preço de benefícios, com que ainda nenhuma revolução se recomendou; era o mais benigno de todos os resgates, que se podiam estipular pela transição instantânea entre duas formas opostas de governo; era o prêmio pago pela preservação de todos os direitos através de uma comoção, que transformava pelos fundamentos a política do país; era o tributo necessário da paz, primeira vítima de todas as revoluções e conquista magnífica da revolução de 15 de novembro (Barbosa, 1892, p.161).

A argumentação oficial extrapolava as causas de cunho político. A concepção fiscal do agora gestor público Rui Barbosa não se coadunava com o comedimento sugerido pela teoria liberal abraçada, desde cedo, pelo então jurista. Pelo contrário: ao assumir o cargo executivo, Rui Barbosa ensaiou uma atuação econômica mais aprofundada do Estado. Ao contrapor-se à austeridade reclamada pelo parlamento para aprovar o projeto da nova carta magna, o ministro transpunha a conjuntura hodierna para responsabilizar a inelasticidade dos gastos públicos pelo não atendimento de demandas futuras, àquele momento, imprevisíveis.

Cabe ressaltar que, paralelamente aos gastos por ele classificados como "inerentes a governos revolucionários", observou-se uma significativa priorização das rubricas relacionadas aos investimentos. Não se deve negligenciar esta condição quando se considera que este tipo de despesa – com destaque para os recursos destinados à melhoria da rede de transporte e da geração de energia – visava à redução dos custos e ao aperfeiçoamento do sistema produtivo nacional. Em comparação aos investimentos realizados pela gestão Ouro Preto, Bormann (1945, p.76) quantifica os esforços do governo revolucionário nos seguintes termos: "Rui teve a peito, quando ministro, ampliá-los em alto grau. [...] Em dispêndios desta natureza aplicou Rui – afora a verba orçamentária – 20.491 contos de réis, isto é mais do dobro da quantia desembolsada por Ouro Preto. Empregou tão apreciável porção das rendas públicas em promover a construção de vias férreas e o prolongamento de muitas outras". Depreende-se, diante do exposto, que a reconfiguração da política fiscal executada pelo ministro Rui Barbosa baseou-se, em larga medida, no deslocamento dos gastos correntes para os investimentos em infraestrutura.

Ainda assim, a despeito do esforço contracionista a que se propusera, o governo republicano assentiu deliberadamente na dilatação dos dispêndios para além daqueles reclamados pela legitimação do novo regime político, evidenciando a sua intenção de sustentar a demanda agregada e, a longo prazo, fomentar o desenvolvimento da produção nacional.

INDUSTRIALIZAÇÃO E NACIONALISMO

Para além da política econômica instrumental, a premência com que Rui Barbosa aspirava à industrialização da economia brasileira pode ser aferida pela frequência com que a questão foi evocada em seus discursos e escritos. A este tema, contudo, o autor não imprimiu o radicalismo manifestado em outras arenas, uma vez que o modelo de desenvolvimento por ele vislumbrado pressupunha uma complementaridade harmônica entre os setores agrícola e industrial: "Na adiantada civilização dos nossos tempos, a indústria é inseparável da agricultura" (Barbosa, 1882, p.255).

No momento em que surgiam os conceitos de indústria natural e artificial, Rui Barbosa defendia, em um estágio inicial, o estabelecimento de empresas relacionadas ao setor primário, como um transbordamento espontâneo de suas atividades. Entusiasta das vantagens de que dispunha a produção agrícola no Brasil, combateu, ainda assim, o exclusivismo oferecido à cultura cafeeira, condenando veementemente os recorrentes auxílios financeiros concedidos à lavoura paulista.

Para se atingir o patamar superior de desenvolvimento em que se encontravam as economias centrais, entretanto, far-se-ia imprescindível, em sua opinião, a atuação deliberada do poder público. O privilégio dedicado à agricultura ao longo de todo o regime imperial oportunizara, a partir de então, a intervenção do Estado com vistas à industrialização, cujos proventos concorreriam para legitimar o governo recém-instaurado: "O desenvolvimento da indústria não é somente, para o Estado, questão econômica: é, ao mesmo tempo, uma questão política. [...] A República só se consolidará, entre nós, sobre alicerces seguros, quando as suas funções se firmarem na democracia do trabalho industrial, peça necessária no mecanismo do regime, que lhe trará o equilíbrio conveniente" (Barbosa, 1891b, p.143).

Ratifica a intencionalidade de seu projeto o fato de que o seu posicionamento pró-industrialização antecedia sua ascensão frente ao ministério republicano. Por ocasião da inauguração do curso profissionalizante do Liceu de Artes e Ofícios de Salvador, Barbosa proferiu, ainda em 1882, um famoso discurso no qual perpetuou de forma cristalina a sua visão acerca da relevância do desenvolvimento industrial para a economia brasileira:

> Mas somos uma nação agrícola. E por que não também uma nação industrial? Falece-nos o ouro, a prata, o ferro, o estanho, o bronze, o mármore, a argila, a madeira, a borracha, as fibras têxteis? Seguramente, não. Que é, pois, o que nos míngua? Unicamente a educação especial, que nos habilite a não pagarmos ao estrangeiro o tributo enorme da mão d'obra. *Nenhum país, a meu ver, reúne em si qualidades tão decisivas para ser fecundamente industrial, quanto aqueles, como o nosso, onde uma natureza assombrosa prodigaliza às obras do trabalho mecânico e do trabalho artístico um material superior, na abundância e na qualidade* (Barbosa, 1882, p.255, grifo nosso).

Ao ser nomeado para o mais importante cargo do primeiro governo republicano, sete anos mais tarde, Rui Barbosa recorreria a instrumentos de política econômica os quais outrora condenara para lograr tais objetivos, como uma reforma tarifária protecionista e a cobrança em ouro dos impostos de importação.

A reforma alfandegária

O interesse que Rui dedicou à questão industrial adquiriu contornos ainda mais persuasivos quando, para além do seu discurso, se analisam os feitos por ele realizados. A reforma alfandegária aprovada durante a sua passagem pelo Ministério da Fazenda evidencia o deslocamento da prioridade do gabinete revolucionário em direção à manufatura nacional.

Com exceção da estrutura tarifária aprovada em 1879, a política aduaneira fora, durante todo o Império, um instrumento meramente fiscal. Nesse sentido é que a reforma empreendida por Rui Barbosa consagrou-se na literatura por auferir, pela primeira vez, um caráter econômico com vistas ao fomento da produção nacional.

Intelectual de formação ortodoxa, o *policymaker* Rui Barbosa aproximou-se de políticas posteriormente associadas ao desenvolvimentismo ao utilizar-se de meios tarifários de clara manifestação protecionista – instrumento utilizado, vale frisar, havia muito por sucessivos gabinetes no decorrer do Império. Mudava-se, destarte, o sentido da intervenção. Com intuito declarado de "naturalizar indústrias peregrinas, inteiramente adaptáveis às circunstâncias do país", o ministro da Fazenda buscava atenuar a lógica da própria teoria clássica do comércio internacional em nome do pragmatismo de curto prazo (Barbosa, 1891b, p.127).

Assim sendo, o governo outorgou o Decreto 836, em outubro de 1890, o qual balizaria o novo *ethos* da política tarifária, cujos principais objetivos podem ser sumarizados em três pontos inter-relacionados: (1) estimular a produção nacional e, assim, despressurizar a balança comercial; (2) promover maiores rendas alfandegárias, eximindo o tesouro público de novos empréstimos externos; e, por fim, (3) criar um poder de barganha suficiente para negociar com maior altivez junto aos distintos parceiros comerciais.

A reforma almejava, primordialmente, facilitar a entrada de matérias-primas empregadas na incipiente produção nacional, mormente as cadeias de alimentação e vestuário. Seu caráter seletivo revela o objetivo de, apenas e tão somente, embaraçar a entrada de artigos que competiam com similares nacionais – tais como mobílias, colchões, cobertores, espanadores, redes e vassouras (Bastos, 1949, p.141) –, sem vislumbrar, porém, o estabelecimento de setores "artificiais" à economia brasileira, como a siderurgia ou a metalurgia.

Nesse sentido, Aguiar (1973, p.177) corrobora o entendimento de que o ministro estruturou a reforma "buscando retificar a corrente importadora, mediante uma política seletiva dos bens a adquirir e um estímulo à produção substitutiva daquilo que aqui se pudesse obter". De modo que o seu inegável viés protecionista justificar-se-ia na medida em que a experiência adquirida pelos países de industrialização precoce conferiu-lhes produtividade contra a qual não se poderia competir sem a introdução de mecanismos de defesa comercial:

> Nenhum país reúne, nos seus recursos naturais, proporções tamanhas e tão variadas, como este, para o desenvolvimento de indústrias poderosas e opulentas. Mas outros, principiaram muito antes de nós; e, para esmagar a nossa concorrência, ou dificultá-la, condenando-a à inferioridade, à atrofia e ao marasmo, bastam-lhes as vantagens inerentes a essa prioridade. Impossível será, pois, estabelecer-se a concorrência em condições equitativas, proporcionar-se ao trabalho nacional esse *fair play*, em que, aliás, consiste o

> objeto e o atrativo do regime livre, se não buscarmos ressarcir um pouco as desvantagens da nossa tardia entrada na arena da competência industrial mediante certa dose de proteção, moderada, temporária, mas compensadora (Barbosa, 1891b, p.128).

Para mitigar a evidente contradição entre a política adotada e as suas (antigas) convicções teóricas, Rui Barbosa valeu-se, como de costume, das mais distintas experiências internacionais. O relatório do Ministério da Fazenda apresentado em 1891 discorreu longamente acerca do desenvolvimento europeu, bem como do mais profícuo caso de industrialização recente, o norte-americano. Para ele, a pujança do recente órgão industrial estadunidense repousava, primordialmente, sobre sua política tarifária protecionista: "À aspereza de suas taxas se deve incontestavelmente a enorme acumulação de recursos financeiros" (apud Bastos, 1949, p.129). Ademais, delegou a própria recuperação econômica daquele país após a guerra civil ao exitoso funcionamento de seu aparelho protetor: "A União Americana refez as suas finanças, aboliu o curso forçado, converteu a sua imensa dívida pública, e em grande parte a extinguiu, apoiando-se nas alfândegas" (Barbosa, 1891b, p.142).

O modelo de fomento à industrialização concebido por Rui Barbosa continha outras medidas além dos estímulos fiscais, creditícios e alfandegários. Intrinsecamente relacionada à reforma tarifária, a controversa exigência de recolhimento dos impostos de importação em ouro perfazia a outra face de sua estratégia de proteção à manufatura nacional.

O direito de importação em ouro

A política substitutiva de importações do primeiro governo republicano não se limitou à simples elevação de algumas tarifas aduaneiras. A obrigatoriedade de se liquidar o direito de importação em ouro atuou como a segunda perna de uma mesma pinça, cujo objetivo final era revalorizar a taxa de câmbio por meio da arrecadação tributária em divisa conversível, revertendo, assim, o déficit do balanço de pagamentos: "O móvel dessa medida estava, evidentemente, na intenção de auxiliar o governo a reunir no erário público a soma de moeda metálica indispensável às despesas, cuja satisfação não se pode realizar noutra espécie" (Barbosa, 1891b, p.155).

O depósito compulsório em metal precioso – medida à qual já se havia recorrido em outras ocasiões, como na crise cambial de 1867 – operou, além disso, como um "moderador das importações", atenuando os efeitos nocivos que a especulação com base na constante variação da taxa de câmbio trazia à economia brasileira: "Essa reforma se destinava precisamente a acabar com a mais perigosa e a mais poderosa classe de especulação: a que se exerce no comércio importador, provocada, fomentada, autorizada pela arrecadação dos impostos de consumo em papel" (Barbosa, 1892, p.129). No que concerne ao seu efeito substitutivo, Rui assegurava que a cobrança em ouro não constrangeria as importações. "Não é protecionismo barato", afirmava o ministro.

O próprio Rui Barbosa não excluía a possibilidade de esta obrigação trazer algum tipo de embaraço às importações. Neste caso, o efeito colateral seria, ainda assim, duplamente positivo, pois além de preservar as divisas em território brasileiro, atuaria no sentido de fomentar a produção nacional: "Suponhamos, todavia, que se dá a redução (das importações): a prosperidade do país, estimulada pelo desenvolvimento de outras fontes de renda, a suprirá. A indústria nacional, assim fomentada, poderá tributar-se de modo a compensar a diferença" (Barbosa, 1891b, p.165).

Faz-se claro, desse modo, o intuito protecionista da política levada a cabo por Rui Barbosa. Seja através da reforma da alfândega, seja por meio da exigência de recolhimento do tributo de importação em ouro, o governo agia deliberadamente para incentivar as plantas industriais que aqui já haviam se estabelecido.

Nacionalismo em Rui Barbosa

A retórica nacionalista subjacente ao discurso de Rui Barbosa traz à baila outro elemento não convencional de seu pensamento. O sempre presente anseio de "construir" economicamente a nação caberia, agora, ao regime republicano: "O Império fora prudência. A República será a audácia", prometia o jurista (apud Viana Filho, 1965, p.197). Baseado no já citado exemplo norte-americano de desenvolvimento, o ministro da Fazenda procurava aqui reproduzir, com um século de atraso, o feito de Alexander Hamilton.

Erudito de vivência cosmopolita, Barbosa não se utilizava de elementos xenófobos para estruturar a sua ação. Ainda que tenha entrado em litígio financeiro com os países europeus – em especial, a Inglaterra –, seu projeto de desenvolvimento não excluía a participação do capital estrangeiro; buscava apenas enaltecer e proteger a soberania do novo país que emergia a partir do 15 de novembro: "Mas o que lhe importa é que dê começo a governar-se a si mesmo; porquanto nenhum dos árbitros da paz e da guerra leva em conta uma nacionalidade adormecida e anemizada na tutela perpétua de governos, que não escolhe" (Barbosa, 1921, p.50).

A própria defesa da industrialização estava intimamente relacionada à tal necessidade de "edificação nacional". Em nome dos interesses do país, Rui atestava que "a expansão da indústria tem que representar [...] um papel da maior importância, assegurando ao país a conservação dos capitais desenvolvidos pela exploração de sua natureza e da atividade dos seus habitantes" (Barbosa, 1891b, p.180).

No seu entendimento, defender a nação era, antes de tudo, fazê-la crescer, ou seja, desenvolvê-la. Para tanto, fazia-se *sine qua non* a ruptura do monopólio comercial praticado por casas estrangeiras. Em um país em que a taxa de câmbio estava fortemente atrelada ao desempenho de suas exportações – baseadas em praticamente dois ou três produtos agrícolas –, o poder de especulação desses comissários internacionais fazia drenar para o exterior a renda aqui gerada:

> Ninguém ignora que o comércio das nossas praças mais importantes reside, na sua maior parte, em mãos de estrangeiros. Esses acumuladores de riqueza reservam-na para a pátria, onde concentram as suas aspirações, e para onde retiram o capital adquirido, que, até hoje, não foi convenientemente taxada, ao menos para salvarmos, a benefício do país, uma quota módica dessas fortunas amontoadas à custa dele. Essa tendência constitui um fator permanente de depauperação nacional, invertendo contra nós a

proporção real entre o ativo e o passivo das nossas relações comerciais com o estrangeiro (Barbosa, 1891b, p.218).

Em momentos de não rara pungência retórica, advogava medidas que retivessem os lucros no país – ponto fulcral do discurso nacionalista de setores da elite política latino-americana do século XX –, pois somente assim cessaria "o monopólio da exportação dos nossos produtos, exercitada privativamente pelas casas estrangeiras no Brasil, as quais exploram o comércio dos frutos da nossa cultura a preços ditados pelo arbítrio dos interesses de uma especulação sem corretivos" (Barbosa, 1891b, p.218).

Tal postura um tanto contenciosa – e insólita para os primeiros-ministros da época imperial – fez com que os países centrais se indispusessem com o novo governo brasileiro. Diversas foram as demonstrações da pouca vontade demonstrada pelos chefes de Estados europeus em relação aos planos econômicos preconizados por Rui Barbosa, a começar pela repulsa com que o golpe republicano havia sido recebido no velho continente.[11] Conforme salienta Aguiar (1973, p.173), com essas medidas, Barbosa criava contra si "uma forte atitude de desconfiança por parte da finança alienígena", a qual contribuiu decisivamente para a manutenção do baixo afluxo de capitais para a economia brasileira ao longo da década de 1890.

A experiência acumulada ao longo da vida não se lhe traduziu em complacência para com os países desenvolvidos. No papel de orador convidado para a formatura dos estudantes da faculdade de Direito de São Paulo, em 1921, o jurista, aos 72 anos de idade, desviou da temática doutrinária em mais de uma ocasião para, novamente exaltar, em tom chauvinista, a necessidade de se romper a dependência em relação às economias centrais:

11 De fato, a transição de regime não havia sido bem recebida na Europa. O contrato estabelecido por Ouro Preto para financiar a dívida brasileira, no valor de 5 milhões de libras esterlinas, fora cancelado logo após a proclamação da República: "O mercado estrangeiro, a City, o Sr. Rothschild tinham-nos declarado fechadas as suas portas, enquanto a constituinte não desse organização legal ao novo regime" (Barbosa, 1900, p.199).

> Não busquemos o caminho de volta à situação colonial. Guardemo-nos das proteções internacionais. Acautelemo-nos das invasões econômicas. Vigiemo-nos das potências absorventes e das raças expansionistas. Não nos temamos tanto dos grandes impérios já saciados, quanto dos ansiosos por se fazerem tais à custa dos povos indefesos e mal-governados. Tenhamos sentido nos ventos, que sopram de certos quadrantes do céu. O Brasil é a mais cobiçável das presas; e, oferecida, como está, incauta, ingênua, inerme, a todas as ambições, tem, de sobejo, com que fartar duas ou três das mais formidáveis (Barbosa, 1921, p.50).

Ainda assim, não se poderia caracterizar o pensamento, e nem mesmo a ação de Rui Barbosa como abertamente beligerante em relação ao capital estrangeiro. A guinada nacionalista que passou a permear a retórica do novo governo era naturalmente explicável se contextualizada no momento histórico do final do século XIX: o de nascimento da República, aliado ao início da industrialização do país. Litigiosa ou não, a manifestação ativa e altiva de um alto representante brasileiro – mais precisamente, o vice-chefe do movimento revolucionário – impunha-se pela primeira vez no cenário internacional, revelando uma ousadia inédita para o governo de um país periférico e subalterno.

CONSIDERAÇÕES FINAIS

A atuação de Rui Barbosa no Ministério da Fazenda entrou para a história econômica brasileira como sendo a responsável pela crise do encilhamento. Posteriormente qualificada por uma série de historiadores e economistas, essa interpretação não perdeu totalmente a validade, ainda que nuances substanciais foram a ela incorporadas.

De todo modo, os catorze meses em que esteve à frente da economia do país foram marcados por uma mudança de vulto na condução da política econômica. Pela primeira vez de forma clara e deliberada, o gestor público passou a admitir o crédito e o déficit público como indispensáveis para desenvolver a economia. Ao Estado, portanto, não caberia apenas a tarefa de prover os bens públicos, como justiça e segurança, mas também a de utilizar-se dos instrumentos de política econômica para fomentar as atividades produtivas.

Homem de formação ortodoxa, Rui Barbosa abdicou de parte de suas convicções teóricas para empreender, na prática, um plano consciente de desenvolvimento econômico, naquele que pode ser considerado o primeiro ensaio desenvolvimentista no Brasil – antecipado, em quatro décadas, à revolução estrutural empreendida a partir do governo Vargas. No campo monetário, tal qual no alfandegário, o sacrifício de suas antigas propostas, em nome das necessidades do setor produtivo, demonstra a intencionalidade de se levar a cabo uma política de "desenvolvimento nacional", expressão por ele recorrentemente empregada.

A ação de Rui Barbosa não se limitou a materializar os princípios papelistas. A defesa consciente da industrialização, envolta a uma retórica nacionalista, evidencia a visão sistêmica de seu pensamento. Tratava-se o desenvolvimento, portanto, mais do que uma opção deliberada, mas um objetivo a ser atingido por meio da atuação ordenada do Estado. Por meio de apenas um de seus discursos – talvez o mais preciso e eloquente deles –, observam-se cenas explícitas do que viria a ser, décadas mais tarde, o cerne da política desenvolvimentista adotada por sucessivos governantes brasileiros ao longo do século XX:

> Não nos basta, porém, ser austeros. Carecemos, não menos imperiosamente, de impulsar o espírito de progresso. Não nos encerremos nas teorias estreitas de certos utopistas, notáveis pela intransigência do seu fanatismo e pela sua incapacidade na prática das coisas humanas, que pretendem modelar o mundo por fórmulas abstratas, nunca experimentadas, querem reduzir o papel do Estado a uma perpétua desconfiança contra as maravilhas das grandes organizações industriais, e negam a vantagem, para as nações, da interferência discreta da administração provocando, acoroçoando, favorecendo os empreendimentos do capital, da riqueza acumulada, das grandes aglomerações do trabalho ao serviço da inteligência, da fortuna e da ambição temperada pelo patriotismo. [...] *Ao Estado, nesta fase social, cabe sem dúvida um grande papel de atividade criadora, acudindo a todos os pontos onde o princípio individual reclame a cooperação suplementar das forças coletivas* (Barbosa, 1890, p.175, grifo nosso).

Nas palavras de Fonseca (2004, p.11) a importância desse experimento heterodoxo no final do século XIX para a origem do desenvolvimentismo deve-se ao fato de Rui Barbosa ter afrontado "dogmas consensuais, inaugurando uma concepção de política econômica que a tornava responsável pelo progresso material: o Estado poderia e **deveria** atuar como agente ativo". Com o desenvolvimentismo implementado a partir de 1930, ir-se-ia além: o objetivo passaria a ser o crescimento sustentado e de longo prazo, capaz de oferecer transformações estruturais e de encaminhar a sociedade a um nível superior de bem-estar: o desenvolvimento.

REFERÊNCIAS

Fontes primárias

BARBOSA, R. O desenho e a arte industrial. In: *Obras completas de Rui Barbosa*, v.IX, t. II, 1882. Rio de Janeiro: Ministério da Educação e Saúde, 1882.

BARBOSA, R. Organização das Finanças Republicanas. In: *Obras completas de Rui Barbosa*, v.XVII, t. I, 1890. Rio de Janeiro: Ministério da Educação e Saúde, 1890.

BARBOSA, R. Relatório do ministro da Fazenda. In: *Obras completas de Rui Barbosa*, v.XVIII, t. II, 1891a. Rio de Janeiro: Ministério da Educação e Saúde, 1891a.

BARBOSA, R. Relatório do ministro da Fazenda. In: *Obras completas de Rui Barbosa*, v.XVIII, t. II, 1891b. Rio de Janeiro: Ministério da Educação e Saúde, 1891b.

BARBOSA, R. Finanças e política da República: discursos e escritos. O papel e a baixa do câmbio. In: *Obras completas de Rui Barbosa*, v.XVIII, t. I, 1891c. Rio de Janeiro: Ministério da Educação e Saúde, 1891c.

BARBOSA, R. Finanças e política da República: discursos e escritos. À nação. In: *Obras completas de Rui Barbosa*, v.XIX, t. I, 1892. Rio de Janeiro: Ministério da Educação e Saúde, 1892.

BARBOSA, R. Liquidação final. In: *Obras completas de Rui Barbosa*, v.XXVII, t. V, 1900. Rio de Janeiro: Ministério da Educação e Saúde, 1900.

BARBOSA, R. *Oração aos moços*. In: *Obras completas de Rui Barbosa*, v.XXXII, t. II, 1921. Rio de Janeiro: Ministério da Educação e Saúde, 1921.

Bibliografia geral

AGUIAR, M. P. de. *Rui e a economia brasileira*. Rio de Janeiro: Fundação Casa de Rui Barbosa, 1973.

AMARAL, M. T. d'. *Rui Barbosa*. Cajamar: Três, 2001.

BASTOS, H. *Rui Barbosa:* ministro da independência econômica do Brasil. Rio de Janeiro: Casa de Rui Barbosa, 1949.

BELO, J. M. *Rui Barbosa*. São Paulo: [s.e.], 1966.

BORMANN, O. Prefácio. Relatório do ministro da Fazenda Ruy Barbosa em janeiro de 1891. In: *Obras completas de Rui Barbosa*, v.XVIII, t. II, 1891. Rio de Janeiro: Ministério da Educação e Saúde, 1945.

BUZAID, A. *Atualidade de Rui Barbosa*. Rio de Janeiro: [s.e.], 1973.

CARVALHO, J. M. de. Rui Barbosa e a razão clientelista. *Dados*, Rio de Janeiro, v.43, n.1, 2000.

FONSECA, P. C. D. Gênese e precursores do desenvolvimentismo no Brasil. *Pesquisa & Debate*, São Paulo, v.15, n.2 (26), p.225-256, 2004.

FONSECA, P. C. D.; MOLLO, M. de L. R. Metalistas x papelistas: origens teóricas e antecedentes do debate entre monetaristas e desenvolvimentistas. *Nova Economia*, Belo Horizonte, v.22, n.2, p.203-233, maio-ago. 2012.

FRANCO, G. H. B. Prefácio. In: BARBOSA, Rui. *O papel e a baixa do câmbio*: um discurso histórico. Rio de Janeiro: Reler, 2005.

FRANCO, G. H. B. Uma longa adolescência. Fases da história monetária brasileira. In: LEWIN, S. (Org.). *Ideias e consequências*. Porto Alegre: Editora Sulina, 2008.

GONÇALVES, J. F. F. *Rui Barbosa:* pondo as ideias no lugar. Rio de Janeiro: FGV, 2000.

MAGALHÃES JR., R. *Rui, o homem e o mito*. Rio de Janeiro: Civilização Brasileira, 1965.

MANGABEIRA, J. *Rui:* o estadista da República. Brasília: Senado Federal, 1999.

PIRES, H. As influências políticas anglo-americanas em Rui Barbosa. Rio de Janeiro: Laemmert, 1942.

SILVA, L. de A. *O discurso modernizador de Rui Barbosa (1879-1923)*. Juiz de Fora, 2009. Dissertação (Mestrado) – Universidade Federal de Juiz de Fora.

VASCONCELOS, J. *Rui*. Porto Alegre: Publicações OAB-RS, 1975.

VIANA FILHO, L. *A vida de Rui Barbosa*. São Paulo: Martins Editora, 1965.

2
Rodrigues Alves
UM POLÍTICO NA FAZENDA

Gustavo Pereira da Silva

INTRODUÇÃO

A história de Rodrigues Alves entrelaça-se ao embate político desenhado no final do Brasil Império e na formação da Primeira República. Paulista nascido na cidade de Guaratinguetá em 1848, tornou-se bacharel pela Faculdade de Direito de São Paulo em 1870. No decorrer de sua longa trajetória na política brasileira, assumiu diversos cargos públicos: foi eleito deputado provincial em 1871, reeleito em 1874 e 1878, eleito deputado geral – para a Corte do Império – em 1885, nomeado presidente da Província de São Paulo entre 1887-1888, eleito deputado constituinte por São Paulo em 1890, assumiu o Ministério da Fazenda de novembro de 1891 a agosto de 1892, eleito senador por São Paulo em 1893, tendo assumido novamente a pasta da Fazenda entre novembro de 1894 e novembro de 1896.

Na sequência, Rodrigues Alves foi reeleito senador em 1897, três anos depois elegeu-se governador do estado de São Paulo, cargo ao qual renunciou em 1902 para concorrer e ser eleito pela primeira vez à Presidência da República. Por fim, em 1912, foi reeleito ao governo do estado de São Paulo e, em 1918, o reconhecimento de sua obra política veio por meio da reeleição à presidência do Brasil em março

Representante do Partido Conservador no Império, o fazendeiro e bacharel paulista Rodrigues Alves (1848-1919) adaptou-se aos novos tempos, ingressou no Partido Republicano Paulista (PRP) e assumiu o Ministério da Fazenda em duas oportunidades: nos anos 1891-1892 e 1894-1896. O perfil conservador na política também lhe serviu de diretriz na pasta da Fazenda, vocalizado por suas fortes críticas às emissões monetárias e à desvalorização cambial geradas no período do Encilhamento e seus efeitos inflacionários.

daquele ano – feito único na Primeira República –, mandato que Rodrigues Alves não pôde cumprir, pois foi acometido pela gripe espanhola e faleceu na madrugada de 16 de janeiro de 1919 (Amaral; Franco, 2003; Faoro, 2000; Lang, 2016).

Conservador no Império, republicano de 16 de novembro de 1889 – como ficaram conhecidos os monarquistas que passaram a compor governo recém-criado – mas, sobretudo, Rodrigues Alves deve ser compreendido como um "político até a medula dos ossos; político dos bancos da Faculdade de Direito ao leito de morte, na hora da morte" (Franco, 2000, p.73). Neste sentido, suas escolhas e ações econômicas à frente do Ministério da Fazenda estão enredadas no principal traço político que Rodrigues Alves seguiu precocemente e que norteou toda a sua trajetória, de deputado local à Presidência da República: a de um *conservador*, ou seja, de alguém que almeja a mudança social sem uma ruptura política, que entende a necessidade do progresso como base para o desenvolvimento, contudo, sem lastreá-lo tanto na revolução quanto no reacionarismo (Faoro, 2001).[1]

A pugna entre as políticas econômicas neófitas – portanto, revolucionárias àquele momento – adotadas no início da República (1890-1891) *vis-à-vis* o ideário e as práticas conservadoras por ele adotadas nas duas oportunidades em que esteve à frente da economia (1891-1892 e 1894-1896) são o objeto de análise deste capítulo. Colocados em lados opostos, as figuras de Rui Barbosa e Rodrigues Alves ilustram, respectivamente, as medidas de política econômica enquadradas pela historiografia econômica como revolucionárias/heterodoxas e, no outro espectro, as opções mais conservadoras/ortodoxas.

Por meio da análise desta dicotomia, que se evidenciava desde a década de 1860, quando os dois atores acima citados encontravam-se na Faculdade de Direito de São Paulo, é que se clarifica as escolhas de Rodrigues Alves na pasta da Fazenda durante a década de 1890, sempre propalando a necessidade de corrigir os rumos financeiros equivocados iniciados pela passagem de Rui Barbosa no ministério.

Este enquadramento busca se diferenciar das análises exclusivamente políticas da figura de Rodrigues Alves, que valorizaram sobretudo seus dois períodos presidenciais (Ricardo, 1951; Silva, 1939). Ademais, intenta-se avançar em relação à grande obra de Afonso Arinos de Melo Franco (2001), que, lastreado no acesso aos arquivos de Rodrigues Alves, traça um grande panorama de toda a sua trajetória, apontando a importância da formação acadêmica e política que

---

1 Em *Dictionary of the History Ideas*, no verbete *Conservantism*, Rudolf Vierhaus define: "Conservador não se confunde com reacionário. O conservador não é o que busca trazer o passado de volta ou opor-se aos tempos novos, mas o que defende a herança material e cultural de um país, repele a revolução e aceita o progresso com a nota de desenvolvimento gradual do sistema político existente" (apud Faoro, 2001, p.53). Em que pese Afonso Arinos (Franco, 2000, p.120) ter denominado Rodrigues Alves como um "conservador progressista", entendemos que a união destes dois adjetivos – como aponta Bobbio, Matteucci e Pasquino (1998, p.245) – pode olvidar que, no século XIX, mesmo que o Conservadorismo defendesse como fim o desenvolvimento da humanidade, que era uma pauta originalmente progressista, esta defesa se dava tendo como meio o fato de que tal desenvolvimento deveria se pautar no estoque de conhecimento e experiências pretéritas, ao contrário do que propalava o Progressismo, que visava a superação da dialética do passado. Portanto, em concordância com Bobbio, Matteucci e Pasquino, trataremos Rodrigues Alves como conservador.

precedeu sua chegada à Presidência da República.[2] Em que pese o brilhantismo do texto de Afonso Arinos, pensamos ser necessário ajustar a análise que ele empreende sobre a passagem de Rodrigues Alves no Ministério da Fazenda.

Para tanto, buscamos eliminar uma certa hagiografia sobre suas ações ministeriais e encerrá-las no que era o debate sobre política monetária no Brasil republicano, que opunha *papelistas* como Rui Barbosa e *metalistas*, a exemplo de Rodrigues Alves. Como fontes primárias para o entendimento de seu agir econômico, utilizaremos os Relatórios do Ministério da Fazenda para os anos de 1891, 1894 e 1895, documentos que foram elaborados quando Rodrigues Alves estava à frente desta pasta.

AS ORIGENS FAMILIARES E A BASE ACADÊMICA DE RODRIGUES ALVES

Francisco de Paula Rodrigues Alves nasceu no dia 7 de julho de 1848, na fazenda do Pinheiro Velho, propriedade pertencente ao seu avô materno, localizada na cidade de Guaratinguetá, na porção paulista do Vale do Paraíba. Seu pai era o português Domingos Rodrigues Alves, que migrara ao Brasil em 1832, então com 14 anos de idade, e trabalhou inicialmente na Corte como comerciante na botica de Luís Manuel de Figueiredo – também português – até que, em 1837, mudou-se para Guaratinguetá.[3] Em 1843, Domingos casou-se com Isabel Perpétua de Marins, filha do mineiro Antonio José de Paula

2 Afonso Arinos de Melo Franco era casado com Ana Guilhermina Rodrigues Alves Pereira – neta do Presidente da República – fato que lhe possibilitou ter acesso aos nove cadernos de notas e registros deixados por Rodrigues Alves (Franco, 2000, p.74).

3 Em 1837, a vila de Guaratinguetá era uma localidade cuja economia apoiava-se na produção cafeeira, sendo a região do Vale do Paraíba responsável por 70% do café produzido na província de São Paulo. Naquele momento, o Vale do Paraíba era região paulista em que mais celeremente se dava a transição dos canaviais aos cafezais, marcada dos cafeeiros e da própria população em vilas como Areias, Guaratinguetá, Jacareí, Lorena e Pindamonhangaba, localidades que, com suas fazendas, permitiam ao café superar em valor a produção de açúcar em São Paulo, em um decênio em que o café já se tornara o principal produto de exportação do Brasil (Luna; Klein, 2005, p.88-112).

e Silva e de Maria Luísa dos Anjos Querido, de família da vila paulista de Cunha, onde parentes haviam participado da administração local. Antonio tinha o título de alferes e possuía como uma de suas propriedades a fazenda do Pinheiro Velho (Amaral; Franco, 2003; Moura, 2002).[4]

Do ponto de vista material, os relatos indicam que Rodrigues Alves teve uma infância tranquila, que se dividia entre estar na casa comandada pelo pai – que era comerciante e também se tornaria fazendeiro – situada no centro de Guaratinguetá e, por inúmeras vezes, fazer estada na fazenda do avô. Esta rotina foi quebrada em 1859 quando, depois de ter realizado os estudos primários nesta cidade, o pequeno Francisco de Paula foi enviado para a Corte para estudar no Colégio Pedro II, criado em 1838 e à época a principal instituição de ensino secundário no Brasil (Franco, 2000; Lang, 2016; Carvalho, 2007).

O tempo em que estudou no Pedro II ficou marcado para Rodrigues Alves em dois aspectos: seu elevado desempenho individual no colégio e o círculo de amizades com pessoas que moldariam o futuro político do Brasil – assim como ele próprio. Sobre o primeiro item, o colégio se notabilizava pelo rigor no ensino e a premiação aos melhores discentes de cada ano, posto que Rodrigues Alves alcançou nos anos de 1859, 1860, 1862, 1864 e 1865 – em 1861 e 1863, ele ficou no segundo lugar. De outra parte, o Pedro II tinha como uma de suas funções uniformizar a formação da elite imperial, o que atraía aos seus bancos filhos de famílias abastadas economicamente e influentes na esfera política, tendo como exemplo Joaquim Nabuco, colega de turma que se formou bacharel em Letras no ano de 1865, junto com Rodrigues Alves (Carvalho, 2007; Amaral ; Franco, 2003).

O caminho natural para os filhos de famílias com recursos, uma vez formados no colégio Pedro II, era ingressar no ensino superior em uma das diversas universidades europeias – como Coimbra (Portugal) – ou nas poucas faculdades do Império, como as Escolas de Direito criadas em 1827 em São Paulo e em Olinda, a qual, em 1854, seria transferida ao Recife. Estas duas instituições cobravam anuidades e voltavam-se à geração da elite política imperial, ofertando cursos que duravam cinco anos e em que constavam disciplinas como

4 No Exército brasileiro, alferes é uma antiga patente de oficial abaixo de tenente.

Economia Política, Direito Mercantil e Direito Marítimo. O objetivo era ir além da formação de juristas, mas contribuir ao Império com advogados, deputados, senadores, diplomatas e demais cargos de relevância no aparelho de Estado (Carvalho, 2007).[5]

A 5 de março de 1866, Rodrigues Alves ingressou na Escola de Direito de São Paulo (atual Faculdade do Largo do São Francisco, pertencente à Universidade de São Paulo) e, segundo Afonso Arinos (2001, p.94), passou a compor a "turma mais gloriosa que jamais cursou qualquer faculdade de direito brasileira". Os nomes são descritos por José Murilo de Carvalho:

> A turma de 1866 da escola de São Paulo incluía Castro Alves, o poeta abolicionista e de tendências republicanas; Joaquim Nabuco, futuro deputado, líder abolicionista e monarquista convicto; Afonso Pena, futuro ministro no Império e Presidente da República; Rui Barbosa, futuro deputado no Império, líder liberal e ministro republicano; Rodrigues Alves, futuro deputado no Império e depois Presidente da República, e Bias Fortes, um dos principais políticos de Minas Gerais na República. (Carvalho, 2007, p.83)

O período em que esteve na Escola de Direito, entre março de 1866 até sua formatura em novembro de 1870, proporcionou a base acadêmica e os primeiros traços políticos que norteariam a carreira de Rodrigues Alves.[6] Internamente, a Escola traduzia a divisão política que se estabelecera no Império durante a década de 1840:

---

5 A elite política do Brasil Império era altamente educada, pois no período de 1822-1889, 91% dos ministros possuíam curso superior e, no mesmo período, 76% dos senadores e deputados. Estes dados indicam o abismo educacional que havia com o restante da população, uma vez que no Brasil, em 1872, 82% das pessoas de 5 anos ou mais eram analfabetas (Carvalho, 2007, p.78; Ferraro; Kreidlow, 2004, p.182).

6 As avaliações nas disciplinas do curso de direito baseavam-se em dissertações escritas e defendidas pelos estudantes. Das sete dissertações que foram defendidas por Rodrigues Alves, somente duas foram descritas por Afonso Arinos, sendo uma sobre Direito Natural em que aborda a natureza do Estado e se há a possibilidade de se exercer o direito sem sua existência, utilizando autores como Kant, Rousseau e Hobbes. A outra dissertação trata da obrigatoriedade da proposição das ações em juízo. Diante disso, entendemos que a visão econômica que Rodrigues Alves apresentará no Ministério da Fazenda não é uma consequência de ideias econômicas defendidas nos tempos de faculdade, mas é decorrência da posição política que ele apresentou naqueles anos, posições estas de cunho conservador.

conservadores *versus* liberais.[7] Diante desta dicotomia, os estudantes dividiam-se em órgãos que defendiam um dos lados: Rodrigues Alves pertenceu ao jornal conservador *Imprensa Acadêmica*, enquanto liberais, como Rui Barbosa, integravam o *Radical Paulistano* (Franco, 2000).

> Em 1870, por ocasião de se proceder à eleição de redator-chefe da *Imprensa Acadêmica*, a Academia dividiu-se em 'liberais' e 'conservadores', pleiteando as candidaturas de Afonso Pena, liberal, e Rodrigues Alves, conservador. O pleito foi renhido. Houve empate no resultado e a Academia resolveu que, naquele ano, os redatores se riam os dois eleitos. Recordo-me de que fiquei muito desapontado. Os conservadores estavam, na Academia, em evidente minoria. Seria um despropósito fazer questão política da eleição e o empate se deu porque grande número de acadêmicos liberais aceitaram o meu nome. (Rodrigues Alves apud Franco, 2000, p.99)

Entretanto, havia uma organização engendrada dentro da Faculdade de Direito de São Paulo em que as diferenças entre conservadores e liberais se esvaíam: a *Burschenschaft* ou, como ficou conhecida, a *Bucha Paulista*. Criada por volta do ano de 1834 pelo professor alemão Julio Frank, a Bucha era uma sociedade com finalidades assistenciais, que buscava auxiliar financeiramente estudantes para que se mantivessem na Escola. Como uma sociedade secreta, seus membros – os *bucheiros* – eram escolhidos com base no desempenho acadêmico e na suposição de serem os de caráter mais reto (Lang, 2016; Santos, 2000).

A Bucha se assumia como uma sociedade de cunho liberal, abolicionista e republicana. Porém, a presença de membros como Rodrigues Alves – que era conservador, escravista e monarquista – indica que os laços entre os bucheiros eram mais robustos que suas diferenças políticas. Esta superação das querelas se mostrou fundamental ao papel futuro que os bucheiros desempenharam na Primeira

7 Do ponto de vista ideológico, o Partido Conservador defendia a centralização, era refratário às reformas, apoiava o Conselho de Estado, o poder moderador sem a tutela dos ministros e onipresença do Imperador. Por sua vez, os liberais, muitas vezes em contradição ao governo, eram partidários da descentralização, do senado eletivo, da soberania popular e favorável ao fim do poder moderador (Faoro, 2000, p.365).

República, quando liberais e conservadores se converteram em republicanos, vários deles membros da Bucha, bacharéis que em conjunto passaram a comandar a vida política do Brasil (Santos, 2000).

> Com efeito, seus dirigentes [da Bucha], daí por diante, em diversos postos, chamaram-se Francisco Otaviano, visconde de Ouro Preto, Rui Brasil, Assis Brasil, Rodrigues Alves, Afonso Pena, Barão do Rio Branco, Pinheiro Machado, Campos Sales, João Pinheiro, Afonso Arinos, Pedro Lessa, Venceslau Brás, Bernardino de Campos, Davi Campista, Washington Luís, Melo Franco, Antônio Carlos, Altino Arantes, Artur Bernardes, Vergueiro Steidel, Macedo Soares e numerosíssimos outros vultos preeminentes do Direito, das Letras e da política imperial e republicana. (Franco, 2000, p.106)

Ao formar-se bacharel em Direito no dia 5 de novembro de 1870, Francisco de Paula Rodrigues Alves reunia um elevado desempenho acadêmico, um rol de amizades e laços de confiança com figuras-chave no desenrolar futuro da política nacional e, não menos importante, a convicção de que as ideias conservadoras seriam sua diretriz na ação política e, consequentemente, na seara econômica.[8] No mesmo dia, o jornal *Opinião Conservadora* estampava o seguinte vaticínio sobre o jovem que havia sido um colaborador do periódico: "Caráter sisudo, inteligência cultivada, ideias sãs são elementos valiosíssimos que o Sr. Rodrigues Alves porá a serviço da pátria, se quiser dedicar-se à carreira política" (Franco, 2000, p.113).

O INÍCIO DA TRAJETÓRIA POLÍTICA DE RODRIGUES ALVES (1871-1889)

Uma vez graduado como bacharel em Direito, Rodrigues Alves retornou à Guaratinguetá, onde foi nomeado ao cargo de promotor interino a 11 de dezembro de 1870. Entretanto, a política logo

8 Rodrigues Alves foi o escolhido da turma para, no dia 25 de abril de 1870, proferir o discurso que saudou a volta dos Voluntários Paulistas que haviam lutado na Guerra do Paraguai (1864-1870) (Franco, 2000, p.79).

concentraria sua atenção, pois, em janeiro de 1872, ele assumia o cargo de deputado provincial (equivalente a deputado estadual). Sua eleição se deu pelo Partido Conservador, ao qual se filiara ainda nos tempos da faculdade; ademais, contou com os laços de parentesco com o visconde de Guaratinguetá, cuja neta Ana Guilhermina de Oliveira Borges tornou-se sua esposa em setembro de 1875. Doravante, a política seria o mote de sua vida profissional (Amaral; Franco, 2003; Lang, 2016).[9]

Na década de 1870, Rodrigues Alves, apoiado pela parentela do visconde, seria reeleito em Guaratinguetá para o cargo de deputado provincial em 1874 e 1878, sempre pelo Partido Conservador. Nas poucas vezes em que subiu à tribuna, abordou temas como a escassez de crédito e mão de obra à lavoura, o que era uma crítica geral dos cafeicultores paulistas no período. Como um homem do partido, defendia a bandeira conservadora da emancipação dos escravos, mas de maneira moderada, ao se colocar, por exemplo, contra a cobrança de um imposto provincial sobre os cativos, o que acarretaria um aumento nos custos da agricultura cafeeira (Franco, 2000; Queiroz, 2006; Salles, 2009).

O destaque nesta primeira passagem de Rodrigues Alves pela Assembleia Provincial de São Paulo deu-se a partir de março de 1873, quando ele se dirigiu à tribuna para debater seu projeto de tornar obrigatório o ensino primário na província. Em que pese o Ato Adicional de 1834 ter delegado às províncias a atribuição sobre o ensino primário, o que se notava em São Paulo era que as vilas e cidades tinham que pleitear a instalação de escolas, negociação política que era complicada e tornou-se uma das causas fundamentais de a província ter um índice de matrículas menor que a média nacional na metade do século XIX (Colistete, 2017). Neste sentido, o projeto de Rodrigues

9 Como o fio condutor é a atuação política de Rodrigues Alves, sobretudo no Ministério da Fazenda, não enfatizaremos outras atividades profissionais que ele teve no âmbito privado. Todavia, é importante mencionar que em 1873 foi nomeado juiz municipal e primeiro substituto do juiz de direito da comarca de Guaratinguetá. Em 1876-1877, associou-se à sogra e ao irmão Virgílio para explorar a fazenda de café Três Barras e abriu a firma Viúva Borges e Genros. Com o início da decadência da produção cafeeira na região, junto com o irmão abriu as fazendas São Manoel, Santa Ana e Santa Maria, entre os municípios de Jaú e Bauru, e criou a firma Rodrigues Alves e Irmão (Lang, 2016).

Alves, ao trazer como exemplo propostas semelhantes que haviam sido aprovadas na Alemanha, Portugal e França – apesar de críticas que o acusavam de ser socialista – foi apoiado por outros parlamentares e aprovado a fevereiro de 1874 (Amaral; Franco, 2000).

Após afastar-se da seara política no interregno 1880-1884, Rodrigues Alves foi eleito, em dezembro de 1884, para o cargo de deputado geral (equivalente a deputado federal) para representar São Paulo na Câmara Imperial. Naquele decênio, a grande questão nacional era a abolição da escravatura e, como membro do Partido Conservador e fazendeiro do Vale do Paraíba – região em que o braço escravo ainda era a principal fonte de mão de obra – Rodrigues Alves se posicionou na tribuna de maneira contrária ao projeto iniciado no ano anterior de libertação dos escravos com 60 anos ou mais – a Lei dos Sexagenários, que seria promulgada em setembro de 1885. Rodrigues Alves, acompanhado inclusive de membros do Partido Republicano Paulista, criado em 1873, alegava os eventuais distúrbios na ordem que a libertação poderia causar, além da inviolabilidade da propriedade privada: neste caso, os cativos (Schulz, 2013; Costa, 1998; Amaral; Franco, 2003).

A questão abolicionista era o grande tema nacional que novamente demandaria todos os esforços e atenção de Rodrigues Alves quando, em 8 de novembro de 1887, foi alçado ao cargo de presidente da província de São Paulo (equivalente a governador do estado). A nomeação se deu quando João Maurício Wanderley (Barão de Cotegipe), membro do Partido Conservador, era presidente do Conselho de Ministros do Império, no qual Antonio da Silva Prado – importante cafeicultor, empresário e político – era o responsável pela pasta da Agricultura, Comércio e Obras Públicas. De uma parte, a escolha de Rodrigues Alves para comandar a província de São Paulo vinha lastreada pela trajetória no Partido Conservador e pela defesa de seu ideário na Assembleia Provincial e na Câmara Federal. Por outro lado, Antonio Prado criara em 1881 a União Conservadora, uma ala dissidente que buscava aglutinar os jovens paulistas do Partido e fazer frente ao avanço do Partido Liberal na Província, tendo Rodrigues Alves aderido ao movimento desde o início (Franco, 2000).

Os dois relatórios que o presidente da Província apresentou à Assembleia Provincial – o primeiro a 10 de janeiro de 1888 para o início dos trabalhos da Assembleia, e o segundo a 27 de abril de 1888, quando solicitou demissão em solidariedade à queda do Gabinete Cotegipe – expõem a gravidade do momento de transição em que a economia e a sociedade paulistas se encontravam. Os relatos constantes de fugas de cativos das fazendas demandavam ações peremptórias das forças de segurança na tentativa de capturar os fugidios. Entre a busca pela liberdade encetada pelo movimento abolicionista na década de 1880, e a manutenção da ordem pública e o restabelecimento da propriedade privada, Rodrigues Alves se posicionou junto ao ideário comum dos políticos paulistas de então.[10]

> Não vos são estranhas as dificuldades que encontrei ao iniciar a minha administração e os graves acontecimentos que sucederam, consumindo todos os meus esforços a preocupação de assegurar a ordem pública, ameaçada em vários pontos da Província.
>
> A propaganda pacífica em favor da emancipação dos escravos, inspirada nos sentimentos de humanidade e patriotismo, desperta em todos os espíritos manifestações de franca adesão.
>
> *A liberdade, que surge sem a desordem, sem a desorganização do trabalho ou o tumulto das leis econômicas, é uma aspiração nobilíssima, a que o espírito público tem-se habituado em todas as zonas do País.* (Rodrigues Alvez apud São Paulo, 1888a, p.7; grifo nosso)

Para debelar a desordem, resolver a questão da mão de obra e sustentar a atividade produtiva na Província, Rodrigues Alves advogava uma transformação no trabalho – que inclusive ele já defendera anteriormente quando deputado: a maciça entrada de imigrantes. Dada a urgência do momento, uma de suas primeiras medidas quando da reabertura dos trabalhos na Assembleia Provincial foi, a 3 de fevereiro

10 "O PRP só apoiou abertamente a abolição um ano antes de sua efetivação, na mesma época em que o Partido Conservador de São Paulo, liderado por Antonio Prado, tomou decisão semelhante" (Carvalho, 2007, p.215). A corroborar esta citação de José Murilo de Carvalho temos o relato do próprio Rodrigues Alves sobre uma reunião de grandes fazendeiros na cidade de São Paulo, a 15 de dezembro de 1887, que visava direcionar o movimento abolicionista, pressupondo o fim da escravidão em prazo de três anos (São Paulo, 1888b, p.23).

de 1888, aprovar a lei nº 1, que autorizava o estabelecimento de contrato com a Sociedade Promotora da Imigração (SPI)[11] para viabilizar a chegada de cem mil imigrantes, sendo que, sessenta mil deveriam desembarcar em Santos até o final daquele ano (São Paulo, 1888a; São Paulo, 1888b).[12]

O custo desta operação imigratória, uma vez que as despesas da viagem eram financiadas pelo governo paulista, atingia tal monta que levou Rodrigues Alves a afirmar no relatório aos deputados que "conheceis os grandes sacrifícios que temos feito com o serviço da imigração" (São Paulo, 1988b, p.84). Para o exercício fiscal de julho de 1888 a junho de 1889, o orçamento provincial previa um saldo a favor de 515 contos de réis. Porém, para o mesmo exercício, os dispêndios com a imigração chegariam a 2.400 contos, déficit que, do ponto de vista orçamentário, justificava-se apenas pelo fato de o serviço da imigração não compor as despesas ordinárias do orçamento, sendo financiado por empréstimos e créditos extraordinários (São Paulo, 1888a; São Paulo, 1888b).

O período de Rodrigues Alves à frente do governo da província de São Paulo foi abreviado pela queda do Barão de Cotegipe – contrário à abolição da escravatura – que, pressionado pela decisão do Exército de não capturar escravos fugitivos e, também, pelas dificuldades de seu relacionamento com a Princesa Isabel, renunciou a 7 de março de 1888 – sendo substituído por João Alfredo Correia de Oliveira, também do Partido Conservador. Em solidariedade, Rodrigues Alves apresentou sua demissão três dias depois e reassumiu o cargo de deputado geral no Rio de Janeiro em meio aos debates sobre o fim da escravidão. A 13 de maio, ele foi um dos 83 deputados que votaram

11 Em julho de 1886 foi criada a Sociedade Promotora da Imigração (SPI), instituição presidida por Martinho Prado Junior e que contava com outros fazendeiros e empresários ligados ao café. A atuação da SPI, em associação com o governo de São Paulo, dava-se por meio de agências na Europa que recrutavam trabalhadores e subvencionavam seus custos de viagem até o Brasil com vistas a abastecer as lavouras cafeeiras com trabalhadores assalariados (Kugelmas, 1986).

12 Para se ter uma ideia do volume de pessoas que chegariam a partir daquele momento, entre 1877-1887 desembarcaram no porto de Santos 69.863 imigrantes e, entre 1888-1898, esta cifra atingiu a marca de 717.794 pessoas, principalmente composta de italianos (Rocha, 2007, p.74).

favoravelmente à abolição – apenas 9 foram contrários – fruto do ambiente que já fora açambarcado pelo movimento abolicionista, conseguindo convencer até membros do Partido Conservador (Carvalho, 2007; Lang, 2016).

> Há muitos anos, foi em novembro de 1887, coube-me a honra de presidir pela primeira vez a antiga Província de São Paulo. [...] Agitava-se, naquele tempo, a questão abolicionista, e os chefes do Partido Conservador, ao qual pertencia, estavam em divergência quanto ao modo de ser resolvido o momentoso problema. [...] Eu mesmo fui envolvido no movimento e dominado pela propaganda, concorrendo com o meu voto, na Câmara dos Deputados, para que fosse aprovada a lei que aboliu o elemento servil. (Rodrigues Alves, 1916 apud Franco, 2000, p.153)

Sem a base escravista, o Império sustentou-se por mais 18 meses, até a República ser proclamada a 15 de novembro de 1889 (Holanda, 2008). Neste ínterim, o deputado geral Rodrigues Alves, que mantinha o hábito de ser pouco frequente à tribuna, tornou-se relator da Comissão de Orçamento. Se, no Império, o egresso de Guaratinguetá não conseguira extravasar sua ascendência fora das hostes paulistas, bem diferente eram os rumos que o aguardavam na Primeira República.

O POLÍTICO NA FAZENDA: AS DUAS PASSAGENS DO MINISTRO RODRIGUES ALVES (1891-1892 E 1894-1896)

Proclamada a República, após o golpe civil-militar de 15 de novembro de 1889, instalou-se o governo provisório do marechal Deodoro da Fonseca. Um dos principais nomes a compor a nova equipe ministerial seria o jurista Rui Barbosa, nomeado ministro da Fazenda (Mattos, 2012).

Na seara econômica, a grande questão que se colocava era a de uma economia que ainda se encontrava na transição de um modelo escravista para a predominância do trabalho assalariado. Para tanto, a demanda por papel-moeda tenderia a aumentar, considerando um elemento novo: a necessidade de pagamento de salários a uma maior massa de trabalhadores – algo inexistente à condição de escravo (Franco, 1989; Schulz, 2013).

Expandir, ou não, o meio circulante era uma decisão que haveria de considerar o compromisso que o Brasil assumiu em 1846, ao definir o valor da moeda nacional (mil-réis) frente à moeda inglesa (libra esterlina), na paridade de 27 *pence* por mil-réis. Esta adesão marcava o atrelamento da economia brasileira ao sistema monetário vigente da segunda metade do século XIX até a I Guerra Mundial, o Sistema do Padrão-Ouro. A pedra angular dos sistema era que cada país deveria definir a cotação de sua moeda frente ao metal (preferencialmente o ouro) – como no caso da moeda inglesa – ou à moeda de referência que era a libra esterlina (caso do Brasil), dada a centralidade do Reino Unido na produção, comércio e finança internacionais. Uma vez definida a cotação, o sistema se sustentava no compromisso tácito da autoridade monetária de cada nação em perseguir esta paridade, pois o conhecimento prévio sobre o valor da unidade monetária de cada país tenderia a facilitar os fluxos internacionais de produção e capitais (Franco; Lago, 2012; Eichengreen, 2000).

Havia um consenso entre os formuladores de política econômica desde o final do Império sobre a necessidade de expandir a emissão monetária frente à transição a uma economia assalariada.[13] Este consenso se apoiava na conjuntura econômica daquele momento, que apresentava os maiores saldos na balança de pagamentos do Brasil, sobretudo devido à liderança nas exportações mundiais de café e borracha e à grande entrada de capital estrangeiro no biênio. Portanto, de acordo com o pensamento econômico do século XIX, o que garantia o papel-moeda emitido era o equivalente em metal guardado nos cofres bancários. Assim, abria-se uma oportunidade de expandir o meio circulante quando ao par com um maior ingresso metais preciosos na economia brasileira (Franco, 1988; Singer, 2006).

13 O próprio Leopoldo de Bulhões, que seria o ministro da Fazenda responsável pelo plano contracionista do *funding loan* (1898), admitiria em 1893 que era necessário expandir o dinheiro em circulação de 200 mil contos de réis para um patamar entre 250 e 300 mil contos (Schulz, 2013, p.190).

Todavia, qual seria o nível ótimo para se expandir a moeda? Esta questão colocava em polos opostos *papelistas* e *metalistas*. Do lado heterodoxo situavam-se os primeiros que, defendendo a necessidade de bancos e crédito em uma economia em transição, admitiam um relaxamento nas regras de emissão monetária, que poderiam contemplar, em alguns casos, a emissão de papel-moeda sem lastro, permitindo uma redução nas taxas de juro, favorecendo os investimentos. Já do lado ortodoxo, os metalistas, calcados nas regras do sistema monetário do padrão-ouro e confiando na taxa de câmbio, eram defensores da conversibilidade da moeda, o que limitava as emissões à existência de lastro metálico, denunciando os malefícios do excesso monetário que resultavam na desvalorização do câmbio e inflação (Fonseca; Mollo, 2012, p.215-218).

De modo geral, o campo metalista – cujos mais conhecidos defensores foram Francisco Belizário, Torres Homem e Joaquim Murtinho – teve maior êxito no tempo imperial, calcando-se no fato de apoiar seu discurso no que era a teoria econômica vigente na Inglaterra. O resultado deste predomínio, de uma parte, foi uma taxa de câmbio que não variou tanto na média desde 1846 – ficando no intervalo entre 20 e 27 *pence* por mil réis.[14] Entretanto, segundo Celso Furtado (2000, p.175), "o sistema monetário de que dispunha o país demonstrava ser totalmente inadequado para uma economia baseada no trabalho assalariado", pois a massa monetária em circulação – algo em torno de 200 mil contos de réis em 1889 – teria diminuído entre 1880 e 1889. Ademais, o crédito era caro e o sistema bancário concentrado no Rio de Janeiro (Franco, 1989; Fonseca; Mollo, 2012).

A chegada de Rui Barbosa – um papelista assim como Souza Franco, Barão de Mauá e visconde de Ouro Preto – marcaria uma guinada na política monetária nacional, ajustando-a ao ideário papelista que, por sua vez, apontava a experiência estadunidense – com

---

14 Fonseca e Mollo (2012) demonstram que o debate sobre a emissão da moeda e seus efeitos se originara na Inglaterra da segunda metade do século XVIII, e opunha a *currency school* do lado ortodoxo – defensores de um controle maior sobre a oferta monetária e apoiados nos escritos de David Ricardo – e a *banking school* – que pregava uma liberdade maior da emissão e dos agentes emissores. Transferida ao Brasil, esta disputa se fez entre metalistas e papelistas.

seu sistema de bancos pulverizados pelo país – como modelo. No dia 17 de janeiro, o ministro instituiu a lei bancária de 1890, criando três novos bancos de emissão (Norte, Centro e Nordeste), que foram autorizados a emitir até 450 mil contos de réis – valor que representava mais que o dobro do papel-moeda em circulação naquele momento – em papéis que seriam inconversíveis e lastreados em apólices da dívida pública. Junto à lei bancária e no intuito de canalizar a expansão creditícia à constituição de novas firmas, Rui Barbosa instituiu os decretos nº 164 e 165, também em 17 de janeiro de 1890, que facilitavam a formação de sociedades anônimas, pois possibilitavam a estas empresas que negociassem suas ações apenas com a integralização de 10% do capital subscrito pelos incorporadores – antes eram necessários subscrever 20% do capital (Levy, 1977; Levy, 1994; Franco, 1989; Marcondes; Hanley, 2010; Tannuri, 1981).

Os efeitos desta nova diretriz da política econômica brasileira foram sentidos ainda em 1890. Em outubro daquele ano, o governo federal se mostrou preocupado com o volume das novas emissões, que haviam aumentado em 40% em relação ao estoque de papel-moeda emitido a janeiro de 1890. A praça comercial da cidade do Rio de Janeiro era palco da formação incessante de novas empresas, em uma especulação bursátil que consistia em registrar a firma, lançar seus papéis ao público na bolsa de valores e lucrar com a venda das ações – apenas no ano de 1891 formaram-se 313 novas empresas na capital federal. Várias destas firmas eram empresas de fachada, mas que passaram a compor o ativo dos bancos emissores e servirem de lastro aos seus empréstimos junto ao governo, envolvendo o sistema bancário na crise que ficou conhecida como Encilhamento – em referência às apostas nas corridas de cavalo à época (Franco, 1989; Calógeras, 1960).

O final do ano 1890, quando se consolidara a crise do Encilhamento, ainda teria a ocorrência de uma crise no cenário externo, devido às dificuldades do banco inglês Baring com a Argentina, que gerou uma diminuição nos fluxos de capital estrangeiro que aportavam ao Brasil (Franco; Lago, 2012, p.186).[15] Rui Barbosa saiu do

15 A dificuldade na venda dos papéis da Sociedade de Água e Esgoto de Buenos Aires foi o estopim da crise do banco Baring no mercado londrino em novembro de 1890 (Lenz,

Ministério da Fazenda em janeiro de 1891 com um legado pouco lisonjeiro aos olhos de seus críticos contemporâneos e recentes: desvalorização cambial, excesso de moeda e uma crise especulativa gerada pela formação de empresas frágeis na Bolsa de Valores do Rio de Janeiro, as quais entrariam em falência nos anos posteriores (Taunay, 1923; Almeida; Croce, 2016; Furtado, 2000; Triner; Wandschneider, 2005; Triner, 2014; Schulz, 2013; Passananti; Gerber, 2015).[16]

Os membros do Partido Republicano Paulista (PRP), que expressavam os interesses do grupo dominante no complexo econômico cafeeiro do estado de São Paulo, demonstravam-se insatisfeitos com a desordem na vida econômica e política da República, principalmente após Deodoro da Fonseca fechar o Congresso Nacional, em 3 de novembro de 1891. A resposta por parte do PRP veio em uma aliança com militares oposicionistas que, a 23 de novembro, forçaram Deodoro a entregar a Presidência e, em seu lugar, assumiu o vice-presidente, o marechal Floriano Peixoto. Naquele momento, a oferta total de moeda alcançara 513 mil contos, uma majoração de 148% em relação a dezembro de 1889. Já a taxa de câmbio, que estava no patamar de 27 *pence* por mil réis, havia se desvalorizado para 13 *pence*, fato que encarecia a importação de bens básicos, como o trigo e insumos às ferrovias, dificultava a obtenção de cambiais para o pagamento de empréstimos externos e fazia com que os trabalhadores reivindicassem aumentos salariais para compensar a elevação no custo de vida (Saes, 2010; Souza, 1968; Ipeadata, 2019). Nos termos de Franco e Lago (2012, p.179): "A Primeira República testemunharia o apogeu do conservadorismo monetário que ficaria associado a homens como

2010, p.229). Triner e Wandschneider (2005, p.208-222) demonstram que, a partir daquele mês, houve aumento no prêmio de risco dos títulos soberanos do Brasil em Londres, indicando um contágio da crise argentina sobre o Brasil dado pela subida do custo de captação de recursos junto a Londres que, de modo geral, diminuiu na década de 1890.

16 Há trabalhos na historiografia econômica que tentam demostrar que os fenômenos que marcaram o Encilhamento não se devem unicamente às medidas de Rui Barbosa, pois devem considerar os efeitos da retração do capital estrangeiro com a crise Baring (Franco; Lago, 2012). Ademais, vários textos apontam que a expansão das emissões teria favorecido a formação de empresas, sobretudo no ramo industrial, marcando um primeiro avanço expressivo do crescimento manufatureiro no Brasil (Suzigan, 2000; Stein, 1979; Fishlow, 1972; Lobo, 1976; Versiani, 1980).

Rodrigues Alves, Joaquim Murtinho e Leopoldo Bulhões, entre muitos outros, talvez na razão inversa dos excessos dos primeiros anos da República".

A chegada de Floriano à Presidência da República e sua aliança com os PRP permitiu uma drástica mudança nos rumos da política monetária brasileira que, segundo Schulz (2013, p.193) pode ser chamada de "reação ortodoxa". O novo ministro da Fazenda era Francisco de Paula Rodrigues Alves, que recebera convite para se filiar ao PRP logo após o 15 de novembro de 1889 e havia sido eleito deputado constituinte pelo partido. Seu nome foi endossado ao cargo pelas mais importantes figuras do PRP, como Campos Sales, Bernardino de Campos e Prudente de Moraes (Saes, 2010; Franco, 2000).

No Relatório do Ministério da Fazenda para o ano de 1892, elaborado sob a gestão de Rodrigues Alves, delineiam-se seu diagnóstico sobre as causas dos males econômicos que afligiam o Brasil e as medidas que saneariam as contas nacionais:

> A fixidez e a valorização é, em matéria financeira, a principal questão de nosso país, como tendo sido em todas as nações que se viram obrigadas a lançar mão da moeda fiduciária.
>
> Dada a flutuação e depreciação do valor da moeda, todas as relações do crédito se alteram; a fortuna particular desce e sobe na frase dos economistas, como a coluna de mercúrio à ação da temperatura; as transações internacionais se perturbam; o capital estrangeiro deixa de afluir ao nosso mercado; finalmente, grandes quantias são destinadas no Orçamento ao pagamento de diferenças de câmbio pela passagem do numerário ao estrangeiro, a fim de ali serem satisfeitas as despesas com pessoal, compras de material e obrigações do Estado.
>
> Entre nós, a depreciação da moeda nacional nunca atingiu aos limites destes últimos tempos.
>
> Entre as causas a que geralmente se atribuem no país e no exterior às nossas dificuldades financeiras e econômicas, e sobretudo essa depreciação, é assinalada com insistência como a principal: o excesso das emissões bancárias, agravado pelas desconfianças de que não repousam em garantia e pelo receio de novas emissões. (Fazenda, 1892, p.24)

A visão da perniciosidade das emissões de papel-moeda no período recente estava em consonância com as ideias ortodoxas defendidas pelos representantes do metalismo na questão da política monetária nacional. Enquadrar Rodrigues Alves neste espectro do debate significa considerar sua trajetória pretérita, a qual, mais do que opiniões sobre pensamento econômico, destaca-se pela defesa do conservadorismo em sua vasta atuação política, que iniciara como deputado provincial e o levara a comandar o estado de São Paulo por um breve período. Desde os bancos da Faculdade de Direito, ele sempre se posicionou no campo conservador que, trasladado ao embate sobre a moeda no Brasil no século XIX, significa que o político Rodrigues Alves, em matéria econômica, era um ortodoxo metalista.

Com tal visão, o plano de ação descrito no Relatório da Fazenda buscava restabelecer a ordem econômica nacional por meio da interrupção das emissões, começar o recolhimento do papel-moeda em excesso e negociar com os bancos a retomada pelo Tesouro do monopólio de emissão. Ademais, Rodrigues Alves buscava reduzir as despesas públicas e aumentar as receitas, questionava a efetividade de recentes medidas econômicas, como os auxílios à lavoura – indicando que estes créditos não chegavam aos fazendeiros mais necessitados – e, também, de pleitos de grupos como os industriais, que, dada a conjuntura do Encilhamento e a retração de alguns bancos, alegavam falta de crédito e, por isso, buscavam um auxílio junto ao governo federal (Fazenda, 1892).

As medidas para a interrupção das emissões e retirada do papel-moeda em circulação dependiam de aprovação da Câmara e do Senado, sendo que havia oposição dos senadores ao projeto de Rodrigues Alves. Por outro lado, a objeção do ministro aos auxílios financeiros demandados pelos industriais colocava-o em colisão, inclusive, com o presidente da República, tido como defensor desse setor. Diante das dificuldades políticas para efetivação de suas medidas econômicas, a primeira passagem de Rodrigues Alves na pasta da Fazenda se veria abreviada, terminando após nove meses no cargo. Em 29 de agosto de 1892, ele apresentou sua demissão a Floriano Peixoto, sendo substituído pelo industrialista Serzedello Corrêa (Franco, 2000). Sua saída desagradou os círculos mais conservadores da economia nacional, bem como os credores externos do Brasil – sobretudo os Rothschild – que viam nele a possibilidade de o país retomar a austeridade financeira e, assim, manter-se no cumprimento das obrigações da dívida externa (Schulz, 2013).[17] Em carta enviada ao mineiro Afonso Pena em 20 de setembro de 1892, Rodrigues Alves assim se pronunciou:

> [O futuro presidente Afonso] Pena,
>
> Recebi e agradeço sua carta. Não me foi possível continuar no ministério por falta de acordo com o chefe de Estado, principalmente na questão bancária. As minhas ideias combinam perfeitamente com as suas. Tive mesmo ensejo de referir-me, por mais de uma vez, à sua esclareci da opinião. O Marechal, porém, não compreende que haja vantagem em assumir o governo a responsabilidade pelas emissões bancárias e reputa essa providência radical e perigosa.
>
> Compreende você que, estabelecido o desacordo em um ponto capital da administração da minha pasta, não me restava outro alvitre se não o de retirar-me.
>
> Havia muito tempo eu insistira por uma solução. Consegui pôr-me de acordo com as Comissões de Orçamento do Congresso. Ouvi a opinião dos nossos homens mais competentes. Apesar de tudo, as minhas ideias não alcançaram o apoio do chefe de Estado. Retirei-me. Não acha que não poderia proceder de outra forma?
>
> Logo que tenha instalado os filhos no colégio, retirar-me-ei para São Paulo. Como sempre, amigo e colega. (Rodrigues Alves apud Franco, 2000, p.186)

Após a demissão, Rodrigues Alves voltou para Guaratinguetá e ficou afastado da vida política até março de 1893, mas manteve-se dentro da estrutura do PRP, em que ele se tornou presidente da Comissão Executiva, órgão que determinava os rumos do partido nos

17 "Em 29 de agosto este estadista, um daqueles a quem o Brasil deve os mais eminentes serviços pela sua reabilitação financeira, demitiu-se, com grande pesar para todo o comércio do Rio e para os círculos políticos conservadores, que viam, na sua administração e na sua política monetária, o melhor caminho para sair da trilha em que o haviam lançado os abusos de crédito de toda sorte" (Calógeras, 1960, p.244).

níveis estadual e nacional. Sua ascendência no partido fez com que lembrassem de seu nome para substituir e completar o mandato do senador paulista Rangel Pestana. Dessa forma, Rodrigues Alves foi eleito ao Senado Federal a 23 de março de 1893, sendo reeleito no ano seguinte para um mandato de nove anos (Love, 1982; Amaral; Franco, 2003).

No Senado, ele novamente presidiu a Comissão do Orçamento e, desta feita, em uma conjuntura econômica ainda mais aflitiva do que havia três anos. Em 1893, o governo do marechal Floriano Peixoto encontrava-se enredado às intensas agitações da Revolução Federalista no Rio Grande do Sul (fevereiro de 1893-março de 1894) e da Revolta da Armada na Capital Federal (setembro de 1893-março de 1894). Os créditos extraordinários para manutenção das tropas assumiram preponderante peso no déficit do orçamento federal no biênio 1893-1894. A necessidade de empréstimos em libras para a compra de navios, munições e demais itens bélicos elevavam ainda mais os compromissos externos da economia brasileira (Schulz, 2013; Mattos, 2012).

Os gastos efetuados pelo Executivo de maneira extraordinária – inclusive os “auxílios à indústria” – dependiam de aprovação no Congresso, que, por sua vez, tinha no PRP a principal força política. Os dirigentes do partido paulista, ao seu turno, viam no marechal Floriano um elemento de força que poderia debelar grupos opositores à sua futura ascensão política, como os deodoristas. Neste sentido, a aliança entre Floriano e os congressistas do PRP estabeleceu-se, cumprindo a função de dar votos à aprovação das demandas do presidente nas casas legislativas (Saes, 2010).

Esta aliança foi importante para consolidar o apoio de Floriano na eleição presidencial de março de 1894, em que Prudente de Moraes, candidato do PRP, ganhou o pleito e tornou-se o primeiro presidente civil do país (Souza, 1968). Ao assumir, no dia 15 de novembro daquele ano, Prudente materializaria a chegada do PRP ao comando do aparelho estatal e traria com ele republicanos experientes, como Rodrigues Alves designado para o Ministério da Fazenda (Saes, 2010; Franco, 2000). Segundo Franco e Lago (2012, p.187) este ato era “uma nomeação que confirmava simultânea e paradoxalmente a predominância da oligarquia cafeeira e a ortodoxia metalista”.

No Relatório do Ministério da Fazenda apresentado por Rodrigues Alves no começo de 1895, há um diagnóstico sobre a gravidade da crise econômica por que passava o país naquele momento. Primeiro, com os combates da Revolução Federalista somados à Revolta da Armada, o orçamento federal tornara-se uma peça fictícia, pois os conflitos faziam com que houvesse créditos extraordinários que implicavam em elevados déficits ao final do exercício fiscal. Somava-se ao problema da escassez de receitas frente às despesas vultosas os compromissos externos da economia brasileira, por exemplo, quando Rodrigues Alves aponta que a 14 de novembro de 1894 – um dia antes da posse do novo presidente – o marechal Floriano autorizou a celebração de um contrato para construção de navios de guerra à Marinha brasileira em estaleiros franceses, o que contribuiu para que a dívida externa brasileira saltasse de 160 milhões de dólares em 1894 para a cifra de 193,5 milhões no ano seguinte (Fazenda, 1895).

Com o governo federal incorrendo em gastos excessivos e vendo-se com dificuldades para honrar os compromissos externos, a taxa de câmbio seguia como um termômetro da crise: em 1890 ela estava cotada a 22 *pence* por mil-réis e, em 1894, a cotação média anual foi de 10 *pence* por mil-réis. Para Rodrigues Alves, a depreciação do câmbio maculava duplamente a economia nacional: externamente, ela afetava a confiança dos credores tradicionais do Brasil e alijava o país da rota dos grandes empréstimos; internamente, dado o elevado grau de importação da economia brasileira – de bens simples como trigo às peças para ferrovias – um mil-réis desvalorizado traduzia-se em aumento no preço dos produtos (denominado à época como carestia), que teria sido de 20% ao ano entre 1889-1894 (Fazenda, 1895; Franco e Lago, 2012).

Para Rodrigues Alves, tais eram os sintomas da crise e, deveria pontuar-se, eles não provinham do lado produtivo da economia – o Brasil era o maior exportador mundial de café e borracha, e a balança comercial não foi deficitária em nenhum ano do período 1894-1896 (Fazenda, 1895). O ministro, no Relatório da Fazenda apresentado no começo de 1896, apontou de maneira contundente que a crise era financeira e sua raiz se encontravam nos excessos de emissão de moeda do Encilhamento:

> Cumpre, porém, reconhecer que as mais acentuadas perturbações provêm dos erros graves que se cometeram em relação às emissões bancárias, realizadas em 1890 e 1891.
>
> Como sempre acontece quando se dão grandes emissões, ou desde que são autorizadas, o espírito de especulação bolsista e de lançamento de empresas ressurge com maior ou menor intensidade.
>
> A enorme massa de bilhetes bancários atirados à circulação em pouco mais de um ano, facilitando o crédito de maneira incrível, produziu os funestos efeitos que se podiam prever, dando lugar a inúmeras criações de empresas cujo fim era fornecer títulos para o desenfreado jogo de Bolsa, consumindo colossais quantias fornecidas pelos bancos.
>
> As empresas soçobraram em sua maior parte ou na quase totalidade, e os poderes públicos tiveram de pôr cobro à faculdade de emitir notas, tão desastrosamente utilizadas pelos institutos que a possuíam.
>
> Infelizmente, os males produzidos não limitaram-se ao desastre das empresas loucamente planejadas, mas afetaram profundamente a vida da nação pelo influxo que as emissões exerceram no preço de todas as coisas, perturbando as relações do comércio interno e externo pela enorme baixa que determinaram no câmbio.
>
> Pode-se afirmar que o mal-estar geral do país provém principalmente dessa causa. (Fazenda, 1896, p.22-23)

A descrição minuciosa que Rodrigues Alves faz acerca das origens da crise financeira do Brasil em meados da primeira década republicana permite inferir qual era o seu ideário de política econômica dentro da querela entre metalistas e papelistas. Conforme Mollo e Fonseca (2012), os ortodoxos metalistas viam a taxa de câmbio como um barômetro a indicar a pressão da economia nacional e advogavam que o câmbio valorizado – preferencialmente ao par com cotação oficial – levava ao aumento do grau de confiança dos agentes externos na economia, portanto, fazendo expandir os investimentos estrangeiros no país. Em consequência, serviria como uma trava aos arroubos emissionistas do governo, o que debelava o problema da inflação e dava previsibilidade aos agentes econômicos internos que, dessa forma, aumentavam seus investimentos.

A imagem de simpático à causa ortodoxa em termos econômicos era importante para que lhe permitisse algum grau de abertura com os credores externos, pois, logo no início de 1895, vários contratos em nome do Brasil venceriam no mercado europeu, sobretudo em Londres. Dessa forma, sua primeira ação no Ministério foi buscar tratativas com os Rothschild & Sons para um empréstimo de 2 milhões de libras esterlinas ainda em janeiro de 1895, seguido de um grande empréstimo de 7,5 milhões de libras, lançado em Londres a julho daquele ano, cujos fundos levantados podem ser considerados um dos maiores sucessos de Rodrigues Alves na pasta da Fazenda (Franco, 1989).[18]

Resolvidas as questões mais prementes do serviço da dívida externa, o ministro voltava suas atenções a aspectos que foram inclusive lembrados pelos credores ingleses: o ajuste fiscal por meio de redução das despesas, bem como o restabelecimento da confiança na economia nacional por meio do resgate de papel-moeda. Sobre o orçamento para 1896, Rodrigues Alves indicava um plano contracionista que, do lado da despesa, apresentaria a diminuição das provisões militares – dado que a Revolta da Armada e a Revolução Federalista já haviam findado – e a interrupção temporária dos projetos de extensão da malha ferroviária. Pelo lado da receita, postulava-se aumentar a arrecadação, cobrando parte dos impostos de importação em ouro com alíquota de 30% (Fazenda, 1896).[19]

Em relação ao excesso de papel-moeda, desde sua primeira passagem na Fazenda, ele nutria a ideia de executar um grande plano de resgate junto aos bancos que, para tanto, deveriam entregar aos cofres

18 O mercado de crédito encontrava-se em situação instável na Europa e nos Estados Unidos na metade da década de 1890, e a crise dos Banco Baring ainda afetava a tomada de empréstimos pelos países da América Latina (Schulz, 2013, p.210). O empréstimo de 7,5 milhões de libras obtido pelo governo brasileiro teve papel fundamental dos Rothschild os quais classificaram a operação como "uma 'tarefa hercúlea' que resultou em 'tensionar cada nervo (*straining every nerve*) dos mercados aqui e no continente" (Franco, 1989, p.26).

19 Segundo Villela (2005, p.42), "a cobrança de parte dos direitos 'em ouro' implicava que, ao invés de se pagar T réis por unidade do produto importado, pagava-se $(1 - r)t + r \times t \times 27/E$, onde r é a proporção dos direitos a ser paga em ouro, t são os direitos (fixos, isto é, em mil-réis) especificados pela tarifa em vigor e E a taxa de câmbio (em *pence* por mil-réis). Disto resulta que, a menos de a taxa de câmbio situar-se ao par (isto é, 27d/1$000), T e t divergirão, ou seja, os direitos a serem pagos efetivamente não coincidirão com aqueles especificados na tarifa. Um exemplo ajuda a tornar mais claros os efeitos da tarifa-ouro: suponha-se um artigo cujo valor oficial seja de 10$000, sobre o qual a tarifa específica que devem incidir direitos de 1$000. Neste

do governo federal o total de papel-moeda bancário emitido, acrescido dos respectivos lastros, restando ao governo substituir este papel emitido por papel-moeda do Tesouro. Naquele momento, a circulação monetária – que em 1889 estava na casa de 200 mil contos de réis – já alcançara o patamar de 712 mil contos de réis, sendo que, aproximadamente metade deste valor era das emissões levadas pelos bancos. A contenda se encontrava justamente nos valores demandados por cada uma das partes, pois o governo federal cobrava os bancos emissionistas pelos empréstimos que eles tomaram junto ao Tesouro para formar seus respectivos lastros – por exemplo, em apólices da dívida pública. Todavia, os bancos alegavam que eles deveriam ser indenizados pelo governo, pois os contratos estabelecidos previam um direito de emissão de moeda que se estenderia, como no caso do Banco União de São Paulo, por até 46 anos (Calógeras, 1960; Franco; Lago, 2012).

Os planos contracionistas de Rodrigues Alves, por mais bem formulados que tenham sido, esbarraram na realidade da política, a qual ele tão bem conhecia. O Congresso não aprovou a cobrança de parte dos impostos em ouro, e o projeto de encampação das emissões monetárias ficou travado nas discussões das duas casas legislativas. Uma medida paliativa para resgate do papel-moeda foi o lançamento de um empréstimo interno baseado em apólices da dívida pública, na primeira metade de 1895, que levantou 30 mil contos de réis, dos quais 20 mil contos foram destinados a diminuir a circulação monetária (Calógeras, 1960; Franco, 2000).

O segundo semestre de 1896 apresentava um país tomado pela crise econômica que, a partir daquele ponto, tinha no balanço de pagamentos o principal problema (Schulz, 2013). As receitas de exportação do café diminuíram de 22,3 milhões de libras em 1895 para 19,6 milhões de libras em 1896, reflexo do acúmulo de estoques no

---

caso, a razão correspondente é de 10% (1\$000/10\$000). Agora, suponha adicionalmente que a legislação estabelecesse que 50% dos direitos deveriam ser pagos "em ouro" e que a taxa de câmbio se encontrasse em 20d. Na prática, o importador desta mercadoria teria que desembolsar 0,5 x 1.000 + 0,5 X 1.000 x 27/20 = 1.175, isto é, \$175 réis a mais do que o originalmente previsto. Esta diferença correspondia ao chamado 'ágio do ouro' e resultava do fato de a taxa de câmbio encontrar-se em 20d/1\$000, abaixo do par, portanto".

mercado mundial. O saldo do balanço de pagamento, que havia sido de 5 milhões de libras esterlinas em 1895, caiu drasticamente para 30 mil libras em 1896, gerando tensão entre os credores externos sobre as condições de solvência da economia brasileira e, eventualmente, a possibilidade de uma moratória da dívida externa – que não aconteceu (Ipeadata, 2019).

A taxa de câmbio, que era o termômetro de uma economia nacional na visão ortodoxo-metalista, caiu ainda mais entre 1895-1896, passando de 9,9 *pence* por mil-réis para 9,0 *pence*. A solução seria um grande empréstimo externo para consolidar a dívida externa, alongando-a e dando alívio de alguns anos ao orçamento federal no que tangia ao serviço da dívida. Este esquema, porém, viria só em 1898, com o *funding loan* estabelecido no governo do presidente Campos Sales e seu ministro Joaquim Murtinho, quando Rodrigues Alves voltara ao cargo de senador federal por São Paulo, após ser removido do Ministério da Fazenda em novembro de 1896, momento em que o vice-presidente Manuel Vitorino assumiu o posto devido a problemas de saúde de Prudente de Moraes.

CONSIDERAÇÕES FINAIS

As duas experiências de Rodrigues Alves no Ministério da Fazenda ilustram um ponto que Calógeras (1960) apresenta no início de seu trabalho clássico: os limites da ação econômica no campo da política. O ideário conservador de Rodrigues Alves situava-o no campo metalista, condenando os excessos de emissão monetária do Encilhamento e com um diagnóstico claro de como resolver a crise. Entretanto, seus projetos mais importantes – como o acordo entre Tesouro e bancos para resgate do papel-moeda – não obtiveram êxito imediato no Congresso.

O balanço a ser feito dessas duas experiências deve levar em consideração a gravidade do quadro político e econômico do início da República. Se, de uma parte, a crise econômica não foi debelada,[20]

20 Eugênio Gudin (1972, p.78) assim descreve a passagem de Rodrigues Alves no Ministério da Fazenda: "No quatriênio Prudente de Moraes, avassalado pelos problemas

da outra, Rodrigues Alves teve o mérito de tentar solucionar os problemas, formular respostas e apontar o caminho das finanças saudáveis, traços que seriam valorizados pelo próprio mundo político e pela população como um todo. Afinal, ele ainda seria eleito duas vezes para a Presidência da República (1902 e 1818).

REFERÊNCIAS

ALMEIDA, I. C. S.; CROCE, M. Abolição, encilhamento e mercado financeiro: uma análise da primeira crise financeira republicana. *Revista de Economia do Centro-Oeste*, Goiânia, v.2, n.2, p.19-36, 2016.

AMARAL, M. T.; FRANCO, A. A. M. *A vida dos grandes brasileiros:* Rodrigues Alves. São Paulo: Editora Três, 2003.

BOBBIO, N.; MATTEUCCI, N.; PASQUINO, G. *Dicionário de política.* Brasília: Editora Universidade de Brasília, 1998.

CALÓGERAS, J. P. *A política monetária do Brasil.* São Paulo: Companhia Editora Nacional, 1960.

CARVALHO, J. M. *A construção da ordem:* a elite política imperial. Teatro de sombras: a política imperial. 3. ed. Rio de Janeiro: Civilização Brasileira, 2007.

COLISTETE, R. P. Iniciativas locais e mobilização por escolas primárias em São Paulo, 1830-1889. *Revista de História*, v.176, p.1-37, 2017.

COSTA, E. V. *Da senzala à colônia.* São Paulo: Livraria Editora Unesp, 1998.

EICHENGREEN, B. *A globalização do capital.* São Paulo: Editora 34, 2000.

FAORO, R. Rodrigues Alves: o enigma decifrado? In: FRANCO, A. A. M. *Rodrigues Alves:* apogeu e declínio do presidencialismo. Brasília: Senado Federal, Conselho Editorial, 2000.

FAZENDA. Relatório apresentado ao vice-presidente da República dos Estados Unidos do Brasil pelo ministro de Estado dos Negócios da Fazenda Francisco de Paula Rodrigues Alves no ano de 1892. Rio de Janeiro: Imprensa Nacional, 1892.

FAZENDA. Relatório apresentado ao presidente da República dos Estados Unidos do Brasil pelo ministro de Estado dos Negócios da Fazenda Francisco

políticos e pelas consequências da Guerra Civil de 1893/94, pouco se pôde fazer para melhoria da situação. Contudo, o alto critério de ministros da Fazenda como Rodrigues Alves e Bernardino de Campos, permitiu que, apesar de todas as dificuldades, a situação não piorasse".

de Paula Rodrigues Alves no ano de 1895. Rio de Janeiro: Imprensa Nacional, 1895.

FAZENDA. Relatório apresentado ao presidente da República dos Estados Unidos do Brasil pelo ministro de Estado dos Negócios da Fazenda Francisco de Paula Rodrigues Alves no ano de 1896. Rio de Janeiro: Imprensa Nacional, 1896.

FERRARO, A. R.; KREIDLOW, D. Analfabetismo no Brasil: configuração e gênese das desigualdades regionais. *Educação & Realidade*, Porto Alegre, v.29, n.2, p.179-200, jul.-dez. 2004.

FISHLOW, A. Origens e consequências da substituição de importação no Brasil. *Estudos Econômicos*. v.2, n.6, p.7-76, dez. 1972.

FONSECA, P. C. D.; MOLLO, M. L. R. Metalistas e Papelistas no Brasil: origens teóricas e antecedentes do debate entre monetaristas e estruturalistas no Brasil. *Nova Economia*, v.22, n.2, p.203-233, maio-ago. 2012.

FRANCO, A. A. M. *Rodrigues Alves:* apogeu e declínio do presidencialismo. Brasília: Senado Federal, 2000.

FRANCO, G. H. B. A primeira década republicana. In: ABREU, M. P. (Org.). *A ordem do progresso*: cem anos de política econômica republicana, 1889-1989. Rio de Janeiro: Campus, 1989.

FRANCO, G. H. B. *O balanço de pagamentos do Brasil, 1870-1900*. Texto para discussão, 201. Departamento de Economia/PUC-Rio. Rio de Janeiro: PUC, 1988.

FRANCO, G. H. B.; LAGO, L. A. C. O processo econômico. In: SCHWARCZ, L. M. *A abertura para o mundo*: 1889-1930. Rio de Janeiro: Objetiva, 2012.

FURTADO, C. *Formação econômica do Brasil*. São Paulo: Companhia Editora Nacional, 2000.

GUDIN, E. Notas sobre a economia brasileira desde a Proclamação da República até os nossos dias. *Revista Brasileira de Economia*, v.26, n.3, jul.-set. 1972.

HOLANDA, S. B. *O Brasil monárquico, v.7*: do Império à República. Rio de Janeiro: Bertrand Brasil, 2008. (História Geral da Civilização Brasileira, t.2, v.7).

IPEADATA. Instituto de Pesquisa Econômica Aplicada: dados macroeconômicos. Disponível em: <http://www.ipeadata.gov.br/Default.aspx>. Acesso em: fev. 2019.

KUGELMAS, E. *A difícil hegemonia*. São Paulo: FFLCH/USP, 1986.

LANG, A. B. S. G. Rodrigues Alves: Verbete. In: ABREU, A. A. A. *Dicionário histórico-biográfico da Primeira República 1889-1930*. Rio de Janeiro: Fundação Getúlio Vargas, 2016. Disponível em: <https://atlas.fgv.br/verbetes/rodrigues-alves>. Acesso em: 20 fev. 2019

LENZ, M. H. A crise argentina de 1890: dívida e instabilidade externa. *Análise Econômica*, Porto Alegre, ano 28, n.54, p.225-248, set. 2010.

LEVY, M. B. *História da Bolsa de Valores do Rio de Janeiro*. Rio de Janeiro: IBMEC, 1977.

LEVY, M. B. *A indústria do Rio de Janeiro através de suas sociedades anônimas*. Rio de Janeiro: Editora da UFRJ; Secretaria Municipal de Cultura do Rio de Janeiro, 1994.

LOBO, M. E. L. O Encilhamento. *Revista Brasileira do Mercado de Capitais*, Rio de Janeiro, v.2, n.5, maio-ago. 1976.

LOVE, J. *A locomotiva:* São Paulo na Federação Brasileira 1889-1937. Rio de Janeiro: Paz e Terra, 1982.

LUNA, F. V.; KLEIN, H. S. *Evolução da sociedade e economia escravista de São Paulo, de 1750 a 1850*. São Paulo: Edusp, 2005.

MARCONDES, R. L.; HANLEY, A. G. Bancos na transição republicana em São Paulo: o financiamento hipotecário (1888-1901). *Estudos Econômicos*, São Paulo, v.40, n.1, mar. 2010.

MATTOS, H. A vida política. In: SCHWARCZ, L. M. *A abertura para o mundo*: 1889-1930. Rio de Janeiro: Objetiva, 2012.

MOURA, C. E. M. *O visconde de Guaratinguetá:* um fazendeiro de café no Vale do Paraíba. São Paulo: Studio Nobel, 2002.

QUEIROZ, M. I. P. O coronelismo numa interpretação sociológica. In: FAUSTO, B. (Org.). *História geral da civilização brasileira. Tomo III – O Brasil Republicano, v.1:* estrutura de poder e economia (1889-1930). Rio de Janeiro: Bertrand Brasil, 2006.

RICARDO, C. *Centenário do Conselheiro Rodrigues Alves*. São Paulo: Editora Revista dos Tribunais, 1951.

ROCHA, I. P. *Imigração internacional em São Paulo:* retorno e reemigração, 1890-1920. São Paulo, 2007. Dissertação (Mestrado em História Econômica) – Faculdade de Filosofia, Letras e Ciências Humanas, Universidade de São Paulo.

SAES, G. A. M. O Partido Republicano Paulista e a luta pela hegemonia política (1889-1898). In: ODALIA, N.; CALDEIRA, J. R. C. *História do estado de São Paulo*: a formação da unidade paulista. São Paulo: Editora Unesp; Imprensa Oficial; Apesp, 2010.

SALLES, R. As águas do Niágara. 1871: crise da escravidão e o ocaso saquarema. In: GRINBERG, K.; SALLES, R. (Orgs.). *O Brasil imperial. Volume II:* 1879-1889. Rio de Janeiro: Civilização Brasileira, 2009.

SANTOS, L. F. M. A atuação da Burschenschaft na política brasileira durante a Primeira República. *IX Simpósio Regional de História*, 2000.

SÃO PAULO. Relatório apresentado à Assembleia Legislativa Provincial de São Paulo pelo Presidente da Província Exm. Snr. Dr. Francisco de Paula

Rodrigues Alves a 10 de janeiro de 1888. São Paulo: Typographia a vapor de Jorge Seckler & Comp., 1888a.

SÃO PAULO. Relatório com que o Exm. Snr. Dr. Francisco de Paula Rodrigues Alves passou a administração da Província de São Paulo ao Exm. Snr. Dr. Francisco Antonio Dutra Rodrigues a 27 de abril de 1888. São Paulo: Typographia a vapor de Jorge Seckler & Comp., 1888b.

SCHULZ, J. *A crise financeira da abolição*. São Paulo: Edusp, 2013.

SILVA, G. P. da. *Rodrigues Alves e sua época*. São Paulo: A Noite, 1939.

SINGER, P. *O Brasil no contexto do capitalismo internacional: 1889-1930*. In: FAUSTO, B. (Org.). *História geral da civilização brasileira. Tomo III – Estrutura de poder e economia (1889-1930)*. Rio de Janeiro: Bertrand Brasil, 2006.

SOUZA, M. C. C. O processo político-partidário na primeira república. In: MOTA, C. G. *Brasil em perspectiva*. São Paulo: Difel, 1968.

STEIN, S. J. *Origens e evolução da indústria têxtil no Brasil, 1850-1950*. Rio de Janeiro: Campus, 1979.

SUZIGAN, W. *Indústria brasileira:* origem e desenvolvimento. São Paulo: Hucitec; Editora da Unicamp, 2000.

TANNURI, L. A. *O encilhamento*. São Paulo: Hucitec, 1981.

TAUNAY, A. E. *O encilhamento:* cenas contemporâneas da Bolsa do Rio de Janeiro em 1890, 1891 e 1892. São Paulo: Melhoramentos, 1923.

TRINER, G. British Banking in Brazil during the First Republic. *Locus*, Juiz de Fora, v.20, n.2, p.153-175, 2014.

TRINER, G.; WANDSCHNEIDER, K. The Baring Crisis and the Brazilian Encilhamento, 1889–1891: An Early Example of Contagion Among Emerging Capital Markets. *Financial History Review*, v.12, n.2, p.199-225, 2005.

VERSIANI, F. R. Industrialização e economia de exportação: a experiência brasileira antes de 1914. *Revista Brasileira de Economia*, Rio de Janeiro, v.34, n.1, p.3-40, jan.-mar. 1980.

VILLELA, A. A. Política tarifária no II Reinado: evolução e impactos, 1850-1889. *Nova Economia*, Belo Horizonte, v.15, n.1, p.35-68, jan.-abr. 2005.

3
Joaquim Murtinho
LIBERALISMO E ORTODOXIA

Daniel do Val Cosentino

INTRODUÇÃO

Célebre por sua atuação rigorosa no controle monetário e pelo apego à ortodoxia econômica, Joaquim Murtinho é considerado por muitos como um dos mais importantes ministros da Fazenda do país. Sua vida, sua atuação política e suas ideias econômicas ilustram a trajetória brasileira no período da República Velha, entre o final do século XIX e o início do XX. Aclamado por uns, criticado por outros, sua presença na pasta da Fazenda entre 1898 e 1902, período da presidência de Campos Sales, tem sido largamente analisada por historiadores e economistas.

Apesar de muito estudado e citado, pouca atenção foi dada especificamente a suas ideias econômicas. Assim, apesar de a historiografia ter apresentado e debatido à exaustão as medidas e efeitos de sua gestão na Fazenda, pouca profundidade dedicou-se a entender as ideias e concepções que a embasavam.

Engenheiro, naturalista, médico, professor, político, empreendedor, banqueiro, ministro... Múltiplas foram as facetas de Joaquim Duarte Murtinho. Nascido em Cuiabá, Mato Grosso, em 1848, membro da oligarquia local, era filho do médico José Antonio Murtinho

Joaquim Murtinho (1848-1911) assumiu o Ministério da Fazenda em 1898, no início do governo Campos Sales. Influenciado por ideias liberais e pela ortodoxia econômica, foi responsável por implementar o acordo do *funding loan* e conduzir a política econômica em momento de grande instabilidade da economia brasileira.

e de Rosa Joaquina Murtinho. Sua família ascendeu politicamente no cenário mato-grossense no início do período republicano, o que coincide com a sua própria ascensão política no cenário nacional (Luz, 1980).

Aos 13 anos, junto aos dois irmãos mudou-se de Cuiabá em busca de escolas de maior prestígio. Em 1865, matriculou-se no curso de Engenharia Civil da Escola Central do Rio de Janeiro. Em 1867, quando ainda cursava a 3ª série, tomou conhecimento da terapêutica homeopática de Samuel Hahnemann, decidindo matricular-se também na Faculdade de Medicina do Rio de Janeiro.[1]

Na Escola Central bacharelou-se em Ciências Físicas e Naturais em 1870, tornando-se coadjuvante de ensino em 1872. Com a reorganização da Escola e sua transformação em Escola Politécnica em

1 Os relatos biográficos de Joaquim Murtinho estão em Correa Filho (1948), Luz (1980) e Faria (1993).

1874, foi nomeado no ano seguinte para a Cadeira de Zoologia. Posteriormente, acumulou também a de Química Orgânica, e, de 1877 a 1879, ocupou a de Biologia Industrial. Paralelamente formou-se em Medicina, tendo defendido tese de orientação homeopática (Luz, 1980; Faria, 1993).

Como médico, entusiasta da homeopatia, pleiteou sem sucesso a criação de duas cadeiras na Faculdade de Medicina, participou do Instituto Hahnemanniano do Rio de Janeiro e assumiu a direção dos "Anais da Medicina Homeopática", obra editada pelo instituto. Atendeu em diversos consultórios e em visitas domiciliares, tendo construído grande reputação no exercício da medicina homeopática. De acordo com Correa Filho (1948), tal sucesso garantiu-lhe prosperidade e tranquilidade financeira, estabelecendo-se no bairro de Santa Teresa, no Rio de Janeiro, onde levou uma vida rodeada de cães e de hábitos excêntricos e pitorescos.

Faria (1993) sugere que a atuação de Murtinho na medicina homeopática respondeu aos seus interesses políticos, sociais e econômicos: glória, poder e riqueza. À frente do Instituo Hahnemanniano, envolveu-se não só na divulgação da terapia homeopática, mas também em certa politização da homeopatia por meio da publicação de artigos no *Jornal do Commercio*, periódico de maior circulação da época e que tinha como leitores assíduos a comunidade dos homens de negócio do Rio de Janeiro. A partir do evolucionismo impregnado na teoria hahnemanniana, utilizou a ideia da homeopatia como a "medicina dos semelhantes" para se contrapor ao Império e à "ciência imperial".

Murtinho fez da homeopatia um grande negócio e tornou-se assim um clínico de grande prestígio, tendo atendido clientes ilustres como o marechal Deodoro da Fonseca. Luz (1980, p.25) argumenta que a influência de seus pacientes atuou por "favorecer e fortalecer, política e economicamente, a oligarquia dos Murtinho em Mato Grosso". Faria (1993), de forma mais enfática, aponta que Murtinho soube utilizar de sua inserção como médico e divulgador da homeopatia para se contrapor aos conservadores da política imperial, o que lhe valeu prestígio no movimento republicano. Ademais, permitiu-lhe colher frutos políticos durante a Primeira República, seja no plano federal a partir do Senado e dos ministérios que ocupou, seja no regional, tendo dominado a política e a economia mato-grossenses.

Durante o período imperial, tentou sem sucesso se eleger deputado por Mato Grosso. Já no início do período republicano, conseguiu dar início à carreira política formal e foi eleito senador por seu estado em 1890. A última década do século XIX marca também o começo de sua carreira como empresário e empreendedor. Era uma época de certa euforia com o advento republicano e no campo da política econômica, de incentivo e facilitação de projetos modernizantes. Junto com o irmão, obteve concessão para exploração de ferrovia que cortava o Mato Grosso partindo de Goiás e chegando até a divisa com a Bolívia, cujo objetivo seria servir à navegação do Araguaia e do rio das Mortes. O projeto ambicioso mostrou-se irrealizável, assim como grande parte dos planos de modernização no início do período republicano.

Outra concessão, a da criação do primeiro estabelecimento de crédito de seu estado natal, garantiu aos Murtinho grande retorno financeiro.[2] O Banco Rio e Mato Grosso foi criado em 1890, tendo Joaquim Murtinho como presidente. Não deixa de ser irônico que mesmo tendo sido grande crítico da política de emissão monetária, que em grande parte gerou o espírito de euforia dos primeiros anos republicanos, Murtinho tenha se beneficiado daquele ambiente para consolidar a posição econômica e política de sua família no Mato Grosso.

O Banco teve sede no Rio de Janeiro com caixa filial em Cuiabá. De caráter regional, se beneficiou das tentativas do regime republicano de aplicar à organização bancária uma espécie de regime federativo. À instituição foram concedidos os benefícios do Decreto 1.149, de 6 de dezembro de 1890, com exceção da faculdade emissora. O estabelecimento bancário, apoiado ainda no decreto 528 de 1890, que visava à facilitação da imigração e a criação de núcleos coloniais, pois pretendia, além das operações bancárias,[3] estabelecer núcleos agrícolas (Luz, 1980).

2 Luz (1980, p.26) chama a instituição de "Banco dos Murtinho", ideia relativizada por Queiroz (2010, p.129).

3 Queiroz (2010, p.130) aponta que o banco se envolveu de forma mais direta e aprofundada em operações industriais.

Tal empreendimento acabou não se concretizando, e o banco substituiu a colonização pela exploração da erva mate, setor em que teve grande êxito. A exploração dos ervais no antigo sul de Mato Grosso se iniciara com a abertura da navegação brasileira pelo rio Paraguai, que ligava a região produtora ao seu principal centro consumidor na Argentina. A atividade sempre manteve grande relação entre as esferas público e privada, uma vez que exigia autorização governamental por se situarem em terras devolutas. A Companhia Mate Laranjeira foi constituída em 1891, organizada por Tomás Laranjeira, empresário que obteve os direitos de exploração de grande parte das terras em que se cultivou a erva mate, tendo o Banco como seu principal acionista. Segundo Queiroz (2010, p.132), a partir desse momento, "os relatórios do BRMT consignam invariavelmente, a cada ano, os bons resultados financeiros da empresa e os grandes benefícios que daí resultavam para os acionistas do banco".

Além disso, o banco também se envolveu em negócios da exportação de borracha e, sobretudo, em um projeto de criação de um porto no médio Paraguai, "que além de servir à exportação da erva e à montagem dos núcleos coloniais, pudesse tornar-se o entreposto do comércio de todo o extremo sul do estado" (Queiroz, 2010, p.132). A liquidação do banco, em 1902, ocorreu em meio a uma disputa pelo poder no Mato Grosso, que impactou as finanças estaduais e teve efeito direto no estabelecimento bancário. Ainda, o porto não atraiu tantas correntes de comércio como imaginado, os lucros esperados da borracha não se concretizaram e os negócios da Companhia Mate Laranjeira, apesar da rentabilidade, eram menos lucrativos em função da alta cambial.

O banco e seu empreendimento no ramo ervateiro significaram a formação do império dos Murtinho em Mato Grosso. Nos termos empregados por Luz (1980, p.28), enquanto "viveu Joaquim Murtinho a empresa prosperou, constituindo um estado dentro do Estado". Por outro lado, Queiroz (2010) argumenta que a liquidação do estabelecimento estaria vinculada aos conflitos políticos locais, bem como a própria fragilidade dos negócios vinculados ao setor primário-exportador.

A história do banco se mistura com a própria trajetória política mato-grossense e com os conflitos pelo poder na região. Ao passo que representava uma tentativa de modernização regional oriunda de certo espírito modernizador da Primeira República, expõe a limitação de uma "modernização conservadora", que apesar de promover certo progresso econômico se mostrou incapaz de transformar estruturas políticas e sociais (Queiroz, 2010).

No plano político nacional, após a eleição para o Senado em 1890, Joaquim Murtinho ocupou lugar nas comissões de Instrução Pública em 1895 e, no ano seguinte, na de Obras Públicas. Ainda em 1896, foi convidado pelo vice-presidente Manuel Vitorino Pereira a assumir o Ministério da Indústria, Viação e Obras Públicas. Seu relatório no comando desta pasta já expõe as diretrizes fundamentais de suas ideias econômicas. Em parte, por isso, em 1898, ao assumir a Presidência da República, Campos Sales o convidou para ocupar o Ministério da Fazenda, cargo que ocupou até 1902.

Antes de falecer no Rio de Janeiro, em 1911, foi eleito senador outras duas vezes, tendo ocupado por duas oportunidades cargo na Comissão de Finanças e sido eleito vice-presidente do Senado Federal em 1906. Luz (1980) sugere que Murtinho teve atuação mais discreta na política nacional após ocupar o Ministério da Fazenda, tendo se mantido distante e de certa forma um pouco ressentido com os rumos que a política nacional teria tomado. Faria (1993), entretanto, aponta que Murtinho continuou bastante ativo em seus negócios privados, e que sua influência política pode ter sido prejudicada por conta de episódios que expuseram condutas questionáveis no que diz respeito à separação dos interesses públicos e privados. Em particular, no caso do conflito que teve como o comendador português Casemiro de Abreu, envolvendo a Companhia Ferro Carril Carioca.[4]

Para Faria (1993), a biografia e a imagem de Joaquim Murtinho sempre foram protegidas pela historiografia em uma tentativa de alçá-lo à condição de herói nacional a partir do seu projeto modernizante de viés liberal. Deste modo, ocultaram-se suas origens e as práticas que o projetaram como importante personagem

4 Ver capítulo 2 de Faria (1993), "O segredo de polichinelo".

no cenário político. Segundo o autor, a forma como Murtinho articulou o exercício da medicina homeopática a suas pretensões políticas, bem como a emergência e consolidação do seu poder regional no Mato Grosso e os conflitos de interesse entre o público e o privado em seus negócios particulares, expõem um personagem distinto do sujeito de vida exemplar.

Entende-se, desse modo, que Joaquim Murtinho foi um personagem típico de seu tempo, cujas ideias políticas e econômicas nem sempre estavam em harmonia com suas práticas na vida privada e nos negócios particulares. Ainda assim, é possível ver coerência e lógica em seu pensamento econômico, sendo que este é fundamental para compreensão da formação econômica brasileira durante a Primeira República.

O PENSAMENTO ECONÔMICO DE JOAQUIM MURTINHO

Joaquim Murtinho não deixou escritos ou relatos em forma de livro que pudessem sintetizar suas ideias. Sua contribuição ao campo da economia não foi teórica, de modo que para interpretá-lo, torna-se imprescindível a análise de discursos e relatórios por ele elaborados, sobretudo quando ocupou a pasta da Indústria, Viação e Obras Públicas e a da Fazenda. Na opinião de Luz (1980), seu pensamento econômico foi "pouco complexo"; já para Buesco (1991), a apropriação dos conceitos de suas influências teóricas foi "questionável".

Independentemente de sua capacidade intelectual, a ausência de estudos detalhados a seu respeito se deve ao pouco interesse da historiografia econômica no pensamento econômico brasileiro anterior ao que Bielschowsky (2000) caracterizou como "ciclo ideológico do desenvolvimentismo". Para muitos economistas, um dos problemas decorrentes do subdesenvolvimento brasileiro estaria relacionado à ausência de um pensamento econômico próprio, que refletisse a realidade brasileira durante o século XIX e o início do XX. Assim, a pouca atenção ao pensamento econômico brasileiro anterior ao período desenvolvimentista se apoiaria na visão de Furtado (2009), para quem as concepções econômicas no Brasil durante o período imperial e a Primeira

República careciam de originalidade e estariam muito presas ao pensamento econômico produzido em economias desenvolvidas.[5]

Gremaud (1997, p.122) aponta que "as ideias de Murtinho ganharam bastante notoriedade e sua política foi aprovada por diversos historiadores financeiros que escreveram nos anos posteriores" e que "uma visão positiva em relação à sua gestão e mesma às suas concepções se manteve forte dentro da historiografia pelo menos até a década de 1960". Da mesma forma argumenta Pelaez (1971, p.8),[6] para quem o apoio às ideias de Murtinho na historiografia foi esmagador, sendo que, entre 1898 e 1945, a maioria dos ministros da Fazenda seguiu os seus princípios econômicos ortodoxos. Dos financistas do início do século XX, passando por Eugênio Gudin e chegando aos economistas liberais da década de 1990, muitas são as referências elogiosas a Murtinho.[7]

Por outro lado, é natural que Murtinho também tivesse suas ideias duramente censuradas. Entre seus críticos mais pungentes estavam os contemporâneos Rui Barbosa e Vieira Souto.[8] Já no século XX, Heitor Ferreira Lima (1976) e Fernandes (1967) não o pouparam de julgamentos igualmente contundentes.

Algo bastante comum na historiografia é a definição de Joaquim Murtinho como um legítimo metalista, defensor do padrão-ouro e da conversibilidade da moeda,[9] tendo como referência o debate existente sobre os rumos da política monetária e cambial no Brasil desde meados do século XIX.[10] Assim, o que está em questão não seriam

5 Segundo Pelaez (1971), as ideias de Murtinho não se originaram no Brasil e se assemelhavam às dos banqueiros dos países industrializados.

6 Para Pelaez, até mesmo Celso Furtado (2009) teria feito referências elogiosas à Murtinho.

7 Ver Calógeras (1960), Gudin (1972) e Buesco (1989).

8 Vieira Souto foi um de seus críticos mais incisivos. Professor Catedrático de Economia Política da Escola Politécnica, em um conjunto de textos publicados no Correio da Manhã em 1901 e posteriormente reunidos em "O Último Relatório da Fazenda", de 1902, Vieira Souto questionou a política econômica de Murtinho e o seu conhecimento teórico em economia, em uma estratégia retórica para desqualificar suas ideias.

9 Pelaez (1971, p.8) classifica Murtinho como o principal filósofo da escola da ortodoxia monetária no Brasil.

10 Sobre o debate entre papelistas e metalistas, ver Gambi (2015) e Fonseca e Mollo (2012).

suas ideias em si, mas a contenda entre duas visões (no caso, o já clássico debate entre metalistas e papelistas) a respeito dos rumos da política monetária e cambial e a sua influência sobre os rumos do desenvolvimento. De modo mais amplo, os argumentos críticos ou elogiosos estão muito mais relacionados a uma espécie de tensão fundamental existente no país desde o século XIX, que segundo Paula (1996, p.49) se expressaria na posição antagônica de duas "correntes teórico-políticas: de um lado as perspectivas liberais conservadoras – de Joaquim Murtinho aos neoliberais de hoje; de outro, o pensamento crítico, as perspectivas intervencionistas".

Assim, este capítulo procura sistematizar, apresentar e entender ideias econômicas de Joaquim Murtinho de modo que se possa compreender a sua atuação no Ministério da Fazenda à luz de seu pensamento. Independentemente de questões ideológicas, reconhece-se que, diante do arcabouço teórico de sua época, bem como dos interesses envolvidos em suas opções políticas, suas ideias apresentavam determinada lógica, contribuindo para ampliar a compreensão da formação econômica brasileira a partir daquele momento histórico.

Luz (1980) afirma que Murtinho foi o "expoente máximo" do liberalismo econômico em seu tempo, e suas ideias se apoiavam em "um liberalismo econômico bastante radical". No campo monetário, seu pensamento se articulava à defesa do padrão-ouro e da conversibilidade da moeda. Assim, quanto ao "seu pensamento e à sua ação acreditamos ser importante para o historiador colocá-los e enquadrá-los na corrente doutrinária que até recentemente dominou o pensamento econômico brasileiro, corrente segundo a qual a meta a atingir era, pela eliminação da inconversibilidade de nossa moeda, o padrão-ouro" (Luz, 1980, p.59). De alguma forma, seu pensamento guardava coerência com a teoria econômica dominante ao final do século XIX, período em que predominavam o liberalismo, o padrão-ouro e a teoria clássica do comércio internacional (Buesco, 1991).

Sobre o padrão-ouro, Eichengreen (2000) aponta que o mesmo se consolidou e caracterizou o sistema monetário internacional entre 1870 e 1914. A conversibilidade da moeda em metal foi arduamente defendida pelos setores sociais que desta relação cambial se beneficiavam. As classes que não se beneficiavam diretamente com esse sistema não tinham espaço no jogo político, e a defesa e a prioridade da manutenção da conversibilidade reinavam de maneira quase absoluta. Já nos países periféricos, a defesa da conversibilidade se expunha no discurso em favor de uma taxa câmbio valorizada. No Brasil, esta prática servia aos interesses dos banqueiros internacionais e das empresas estrangeiras que operavam no país, bem como dos consumidores urbanos e do grande capital de São Paulo, que necessitavam das importações em moeda estrangeira ou tinham passivos em moeda estrangeira (Saes, 1986). Além disso, Gremaud (2003) aponta também o interesse nas políticas de estabilização e controle inflacionário por parte das classes médias urbanas. A ação de Joaquim Murtinho demonstrou, de alguma forma, a ascensão de alguns grupos de interesse durante a Primeira República, sobretudo o grande capital de São Paulo e o capital internacional.

Para Luz (1980, p.32), a "adesão de Murtinho à teoria da seleção natural de Darwin e à sua tese a respeito da 'sobrevivência dos mais aptos' é o ponto de partida" para compreensão de suas ideias econômicas. O "darwinismo econômico" de Murtinho seria um resultado de sua admiração pelo filósofo Herbert Spencer, adquirida ainda quando estudante da Escola Central, e se fazia presente em sua tendência liberal, cientificista, evolucionária e contrária à intervenção estatal nas questões econômicas. Tais crenças e princípios seriam, para autora, uma das linhas mestras de sua atuação docente e o principal aspecto de sua atuação como ministro.

Por outro lado, Faria (2005) questiona o argumento de Luz sobre os aspectos "darwinistas" e "spencerianos" das ideias de Murtinho. Segundo o autor, Luz não consegue sustentar seu ponto ao não explicitar os caminhos que levaram a essa influência, justificando-a pelo simples fato de ter estudado engenharia. Para Faria, Murtinho aderiu ao evolucionismo tendo em vista a formação na medicina homeopática, a "medicina dos semelhantes", influenciada pelo positivismo e pela ideia de seleção natural típica de sua época, o que explicaria o ideal liberal de aversão à intervenção governamental e a defesa da liberdade de negócios e do princípio de sobrevivência dos mais aptos.

Franco e Lago (2012) também relativizam a interpretação de Luz ao considerem-na "um pequeno exagero". Entretanto, exaltam o espírito liberal e conservador de Murtinho ao argumentar que a República Velha teria sido o período do "apogeu do conservadorismo monetário", e que Murtinho foi o "homem com a determinação para levar às últimas consequências as ideias metalistas defendidas por muitos do que bradavam contra os excessos dos primeiros anos da República" (Franco; Lago, 2012, p.190).

Diversos autores apontam a influência de Joseph Phillip Willeman nas ideias e ações de Murtinho. Sabe-se pouco sobre Willeman,[11] exceto que escreveu uma das primeiras obras, *Brazilian Exchange: the study of an inconvertible currency* (1896), com tratamento analítico e cuidado estatístico sobre a história financeira do Brasil. A obra publicada na Argentina, além de ter influenciado a política econômica de Murtinho, constitui, para Celso Furtado, "indubitavelmente a primeira análise objetiva e sistemática – com base em crítica cuidadosa das fontes estatísticas – das causas do desequilíbrio externo da economia brasileira" (Furtado, 2009, p.252).

Ao criar um serviço de estatística comercial na Alfândega do Rio de Janeiro em 1900, Murtinho o nomeou como diretor, o que, para Luz (1980), demonstra a importância que atribuía aos métodos positivos e ao cientificismo do século XIX. Por outro lado, a influência de Willeman sobre Murtinho ainda precisa ser mais bem conhecida.[12] Luz aponta que Murtinho provavelmente se impressionou por seus sólidos conhecimentos estatísticos, mas que não podemos afirmar que tenha entendido bem a influência do balanço de pagamentos sobre a taxa de câmbio tal qual expôs Willeman. Furtado (2009) também questiona sua capacidade de assimilação ao afirmar que

11 Os dados biográficos de Joseph Phillip Willeman são escassos. Faria (1993) argumenta que nasceu na Grã-Bretanha em 1850 e faleceu em São Paulo em 1918. Na Introdução da Coleção *Wileman Brazilian Review, 1898-1940*, da Memória Estatística do Brasil do Ministério da Fazenda, sugere-se que nasceu em 1852 e faleceu em 1920. Sabe-se que atuou na Argentina antes da publicação de sua obra sobre o Brasil em 1896. Provavelmente chegou ao Brasil na década de 1890. Além de ter atuado na estatística comercial na Alfândega do Rio de Janeiro, fundou, em 1898, um periódico econômico semanal que foi publicado sob vários títulos quase sem interrupções até 1940.

12 Schulz (1996), por exemplo, apresenta uma reflexão um pouco mais detalhada da obra de Willeman.

"os observadores mais esclarecidos" do Brasil à época se preocupavam apenas com as emissões monetárias e os déficits do governo.[13]

Além do liberalismo e da ortodoxia monetária, outro aspecto das ideias de Murtinho que se pode destacar é a sua visão sobre a questão industrial. Para Luz (1978), Murtinho foi o principal representante de uma corrente durante a Primeira República que, se apoiando na ideia de indústria natural *versus* indústria artificial, combatia a participação e o auxílio do Estado no desenvolvimento industrial. Logo, Murtinho não seria contra o desenvolvimento industrial do Brasil, o que ele condenava seria a proteção a indústrias ineficientes e com alto custo de produção, defendendo assim que o processo deveria acontecer de modo natural, sem a intervenção do Estado. Já Pelaez (1971), de forma mais enfática, o caracteriza como anti-industrialista defensor da ideia de que o país seria incapaz de progredir por meio do desenvolvimento industrial.

Podemos afirmar, portanto, que o pensamento econômico de Joaquim Murtinho apresenta três dimensões: o liberalismo econômico, a ortodoxia monetária e a questão industrial. A seguir analisaremos estas questões a partir dos escritos e relatos do próprio Murtinho.

LIBERALISMO ECONÔMICO

Em seus primeiros escritos ainda da época de estudante, Murtinho já mostrava sua inclinação liberal, contrária à intervenção estatal. Em 1878, quando ocupava a cadeira de Biologia Industrial da Escola Politécnica, apresentou ao diretor, o visconde do Rio Branco, um relatório sobre os resultados de um trabalho prático organizado com seus alunos que envolveu uma excursão a São Paulo. No texto, não só descreveu e analisou os estabelecimentos rurais paulistas, em plena transição do trabalho escravo para o trabalho livre, como

13 Certamente este não foi o caso de Vieira Souto, que em sua crítica a Murtinho de 1902, bem como em *O papel-moeda e o câmbio*, de 1925, sustentou a ideia de que o papel-moeda não se relacionava às oscilações do câmbio, mas a variações no balanço de transações com o exterior.

também estabeleceu uma reflexão sobre a economia e as condições econômicas da agricultura brasileira.

Murtinho condenava a proteção e a intervenção estatal na agricultura, defendendo que a mesma fosse entregue "a seus próprios recursos" e dependesse de "um certo espírito de iniciativa individual, que se acha extinto na maior parte das nossas províncias" (Murtinho, 1980 [1878], p.100). Contudo, traçava o que seria o papel do governo: "levantar o espírito público", o que tornava "necessária alguma intervenção do Governo para levantar a lavoura da decadência em que jaz". Tarefa que, segundo ele, não seria necessária em São Paulo, onde "o espírito de iniciativa individual tem-se levantado ultimamente de modo esplêndido" (Murtinho, 1980 [1878], p.101).

Assim, traçamos algo que se mostrará bastante corriqueiro no pensamento e nas ideias de Murtinho: a crítica à intervenção estatal, mas por outro lado, a necessidade da atuação do mesmo para garantir a liberdade e a livre-iniciativa. Situações semelhantes que aparecem também nas questões monetária e industrial.

Luz (1980, p.54) aponta que a atuação parlamentar de Murtinho foi bastante discreta. De fato, são poucos os discursos relevantes proferidos por ele durante o período em que ocupou a cadeira no Senado. Em novembro de 1896, por exemplo, em parecer como relator na Comissão de Obras Públicas sobre o arrendamento de estradas de ferro, mais uma vez defendeu os princípios da liberdade e da não intervenção governamental. Ao sugerir o arrendamento das estradas de ferro da União, propôs que o valor arrecadado fosse revertido em resgate de papel-moeda de curso forçado, elemento-chave das ideias e da política econômica ortodoxa de Murtinho. Além disso, associou o ideário republicano ao liberal e condenou a atuação do governo em serviços que considerava estranhos à função governamental, como o setor bancário, a indústria e o comércio. Já em 1896, como ministro da Indústria, Viação e Obras Públicas, contribuiu para o decreto que estabeleceu bases para o arrendamento de estradas de ferro.

Para Murtinho, os princípios da liberdade constituiriam a essência da República. Assim, seria preciso "reduzir a esfera governamental ao mínimo indispensável para realizar as funções próprias do Governo, eis o que é preciso fazer para ter a substância da República"

(Murtinho, 1980 [1896], p.127-128). Nesse sentido, condena a iniciativa do Estado de "absorção de todas as funções sociais" ao criar bancos, estradas de ferro, indústrias etc., que, além de ineficiente, atentaria contra a liberdade e a atividade individual, sufocando a iniciativa particular e tornando impossível o desenvolvimento das associações particulares, sem as quais as sociedades livres não poderiam viver.

Ao concluir, apontou que a administração estatal dos negócios seria "desastrosa", ineficiente e incapaz de superar à realizada pela iniciativa privada, que teria maiores condições de eficiência, de adaptação e de atender as demandas e necessidades sociais. Algo que Murtinho justificava em parte pela sensibilidade e rapidez das instituições particulares para sentir as necessidades sociais, mas sobretudo por serem movidas pelo interesse individual, o grande "agente propulsor das associações particulares" (Murtinho, 1980 [1896], 128).

A convite do vice-presidente Manuel Vitorino – e, em parte, devido ao já citado parecer por ele elaborado – Murtinho assumiu o Ministério da Indústria, Viação e Obras Públicas em 1896. No ano seguinte, publicou o relatório anual da pasta, no que pode ser considerado o grande libelo de exposição e defesa de suas ideias. Tal documento abrange todas as dimensões e os aspectos de suas concepções econômicas, e se constitui em uma espécie de panorama geral da economia brasileira no final do século XIX. No texto, aborda desde o combate à intervenção estatal, seja na indústria, nos transportes ferroviários ou no setor cafeeiro, até a crítica às políticas de emissão monetária e de industrialização, defendendo o liberalismo e a ortodoxia monetária.

No essencial, o relatório defendia o combate ao que caracterizava como "despotismo econômico", que seria o resultado da intervenção governamental por meio da emissão de papel-moeda de curso forçado, de políticas industrialistas ou mesmo da atuação na oferta de inúmeros serviços públicos. Deste modo, estabelece defesa enfática do liberalismo e da liberdade individual como força motriz do progresso nacional, defendendo diminuição do Estado.

Advogava, também, a liberdade de capitais ao afirmar que o "capital não precisa de guia, nem de mentor governamental para chegar ao ponto em que ele encontra maior renda". Assim, não caberia ao governo substituir a ação de "homens de negócios que, impelidos pela força do interesse individual, esclarecidos por longos anos de prática" conheceriam os melhores caminhos para atender as necessidades da sociedade. Portanto, sendo do interesse público a satisfação das necessidades sociais, caberia ao capital atender tais demandas, o que ocorreria de modo espontâneo uma vez que nele se encontrariam os melhores rendimentos, o que atrairia o interesse privado e, deste modo, sem ação do governo, haveria satisfação dos interesses públicos e individuais simultaneamente (Murtinho, 1980 [1897], p.146).

No que concernia à questão do café, produto que sofria à época com a baixa dos preços resultante do aumento da produção, argumentava que tinha "mais confiança na solução da crise do café pela ação individual [...] do que pela intervenção governamental" (Murtinho, 1980 [1897], p.153). Ressalte-se sua posição liberal e de não intervenção governamental no mercado cafeeiro e a defesa de uma solução dos problemas do setor com base na competição e maior eficiência da produção, invocando as leis naturais e a incapacidade do poder humano de alterá-las.

Buesco (1989) atenta para alguns limites do liberalismo de Murtinho, bem como para certo pragmatismo presente na política econômica dele e de seus contemporâneos. Assim, caberia ao Estado alguma intervenção para reestabelecer a liberdade e as condições normais de mercado. Tal prerrogativa faz-se bastante nítida nas suas posições a respeito do setor cafeeiro ao sugerir a restrição à cultura do café e sua limitação ao desenvolvimento do mercado (Murtinho, 1980 [1897], p.152). Do mesmo modo, insistia na necessidade de melhoramento da infraestrutura, sobretudo no campo dos transportes ferroviário e fluvial, e das comunicações como forma de permitir e incentivar a maior liberdade de iniciativa individual.

No que diz respeito à imigração, criticava os incentivos da União à atração de contingentes populacionais estrangeiros. Para ele, apesar de contribuir com algum progresso na produção e na geração de riqueza, tal política era muito cara, sendo que os imigrantes que chegavam além de não se fixarem no país, revertiam seus ganhos para fora. Além disso, os trabalhadores estrangeiros, ao invés de contribuírem com o crescimento das qualidades morais de nosso povo, acabavam, ao contrário, assimilando certa "decadência moral" do brasileiro. Assim, criticava a imigração italiana, declarando sua preferência pelos cidadãos advindos da Suíça, Alemanha ou Rússia (Murtinho, 1980 [1897], p.154). Reproduzia, desse modo, o discurso de eugenia tão presente na elite brasileira desde os tempos do Império. Durante sua gestão no ministério, encerrou as atividades da Agência Central de Imigração e, por consequência, o subsídio por parte da União à imigração estrangeira.

Outro ponto relevante é a questão da caracterização do povo brasileiro como moralmente fraco e incapaz de absorver valores e melhoramentos presentes na cultura de outros países. A imigração, deste modo, poderia representar um risco à nacionalidade, pois poderia ser completamente digerida e assimilada por estrangeiros moralmente mais fortes. Por isso, defendia a imigração espontânea, e conclamava o progresso como resultado de leis naturais, não cabendo ao Estado atuação ou interferência nesse sentido (Murtinho, 1980 [1897], p.156-157). Ao governo, caberia implantar em seu povo "o ideal individualista, ideal de energia, ideal de trabalho, ideal de independência" como elemento fundamental para o progresso (Murtinho, 1980 [1897], p.171). Seria este espírito, associado a uma moeda forte (câmbio valorizado), os elementos capazes de atrair os capitais e os imigrantes de que a nação necessitava para o progresso.

Ao final do relatório, apontou que a República, como símbolo da libertação política, deveria se libertar do despotismo econômico, o aprisionamento da economia por meio das imposições do governo, que ameaçava o país e seria a causa de seus males, uma vez que "a liberdade política não pode ser completa sem a liberdade econômica" (Murtinho, 1980 [1897], p.171).

Assim, nota-se que o liberalismo econômico ocupava um lugar central nas ideias de Joaquim Murtinho, seja como elemento fundamental para os propósitos republicanos de liberdade política, seja para o progresso material da nação. Murtinho condenava o chamado "despotismo econômico" sintetizado na intervenção estatal, e enxergava na "prática leal e sincera dos princípios da liberdade" a possibilidade de superação daquele e de alcançar o progresso.

Ortodoxia monetária e política econômica

No campo da política econômica e das ideias monetárias, determinados autores classificam Joaquim Murtinho não apenas como um ortodoxo, mas como um monetarista, seguidor da teoria quantitativa da moeda. É o caso de Luz (1980, p.37), que argumenta ainda que suas ideias não se diferenciavam tanto da maior parte daqueles que pensavam a política econômica da época.

Não soa razoável qualificá-lo de tal forma. O trabalho de Irving Fisher, *Mathematical Investigations in the Theory of Value and Prices*, uma espécie de paradigma para a teoria quantitativa, foi publicado em 1892 e o monetarismo somente se consolidou no campo teórico algum tempo depois. Assim sendo, talvez seja mais adequando compreender as ideias monetárias e a visão de Murtinho sobre a política econômica tendo em vista sua relação com as ideias ortodoxas e liberais e seu apego ao padrão-ouro. Outro aspecto relevante são os elementos que condicionaram as suas opções de política econômica e a defesa de suas ideias.

Mesmo antes de ocupar o Ministério da Fazenda, Murtinho já defendia uma política monetária restritiva e de recuperação dos parâmetros do padrão-ouro, como se pode observar nas suas passagens pelo Senado e pelo Ministério da Viação, Indústria e Obras Públicas. As ideias expostas nos relatórios escritos enquanto ministro da Fazenda constituem também uma espécie de defesa e justificativa das medidas adotadas em sua gestão. Não que as ações não reflitam suas concepções teóricas, mas deve se levar em conta que toda a atuação de Murtinho frente à pasta da Fazenda foi condicionada pelo acordo do *funding loan*, que impunha medidas monetárias bastante restritivas ao país.

Mesmo assim, faz-se conveniente compreender suas ideias à luz de seu apego à ortodoxia e ao liberalismo, bem como ao padrão-ouro. Nesse sentido, acreditava que um dos elementos fundamentais para o progresso seria uma moeda forte, conversível em ouro e simbolizada no controle monetário. Este ideário, presente no debate monetário ocorrido no país desde meados do século XIX, permitiu que a historiografia também o qualificasse como um legítimo metalista.

Por outro lado, também é preciso considerar os interesses que ele representava. A busca por uma taxa de câmbio valorizada servia aos benefícios de grupos ligados aos negócios que dependiam de moeda estrangeira, bem como aos grupos urbanos interessados na estabilidade de preços.

Assim, em linhas gerais, Murtinho condenava o que caracterizou como a "anarquia monetária" do início do período republicano, simbolizada na expansão excessiva do papel-moeda não conversível que resultou na desvalorização monetária e cambial, além dos efeitos sobre as contas públicas. Não se mostrava contra o papel-moeda quando o mesmo estava empregado em trabalho produtivo, situação que considerava positiva. Logo, nem toda emissão seria um mal, desde que conversível e atendendo a demanda de crédito, seu principal regulador. O problema residia nas emissões de curso forçado, pois nestas não haveria regulação pelo crédito, o que favoreceria a especulação e a anarquia monetária.

Durante a primeira década republicana, a política de expansão monetária e creditícia, bem o incentivo à criação de empresas em setores diversificados, foi comandada por Rui Barbosa, que, a partir de Lei Bancária de 1890, flexibilizou a emissão de moeda por parte dos bancos regionais. O resultado desta política levou de um lado à crise no balanço de pagamentos, desvalorização cambial e aceleração inflacionária. Por outro lado, pode-se apreciá-la a partir das demandas sociais por moeda e crédito resultantes da ampliação do mercado interno a partir da abolição do trabalho escravo em 1888, bem como podemos argumentar que tal política permitiu a ampliação do setor cafeeiro e contribuiu para um surto industrial importante no país, como sugere Levy (1980).

A solução proposta por Murtinho passava pela crença no reestabelecimento da "lei natural" com a eliminação da interferência do governo nos negócios, o que significava a valorização da moeda pelo resgate de papel de curso forçado e a eliminação dos déficits orçamentários a partir da racionalização dos serviços públicos e melhoria na arrecadação de impostos.

Para Murtinho, a moeda deveria ser encarada pelo prisma do câmbio, dado seu apego à relação da moeda com as reservas em metal precioso, estabelecidas pelas regras do padrão-ouro. Em uma economia extremamente dependente do setor externo, a taxa de câmbio era, assim, a principal variável para análise do desempenho econômico.

Desse modo, Joaquim Murtinho propôs uma equação que colocava o valor da moeda, isto é, a taxa de câmbio, como o quociente entre o volume do meio circulante e o volume das transações (divisas acumuladas pela exportação). A equação de Murtinho foi criticada[14] pela simplificação na determinação da taxa de câmbio, que depende de uma série de fatores relacionados ao balanço de pagamentos. Entretanto, conforme aponta Buesco (1989), a equação era operacional e foi um dos pilares do seu programa de saneamento monetário e financeiro.

Na realidade, Murtinho acreditava que os excessos de emissões de papel-moeda do início do período republicano não contribuíram para o aumento efetivo da riqueza no país, gerando uma espécie de riqueza artificial. A desvalorização do papel-moeda não teria sido correspondida pelo aumento de capitais, tendo contribuído para a expansão do setor cafeeiro, o que resultou, por sua vez, na queda do preço no mercado internacional e na criação de indústrias incapazes de sobreviver sem a proteção governamental. Assim, Gremaud (1997, p.118) argumenta que ao associar o quociente do meio circulante e do valor das exportações em moeda estrangeiras à taxa de câmbio, Murtinho criou uma espécie de parâmetro tanto para a definição do crescimento ou não da riqueza do país, quanto da valorização real da moeda.

Assim como boa parte da opinião pública "esclarecida", Murtinho acreditava que o governo deveria buscar a estabilidade de preços e de câmbio tendo como referência o período pré-republicano (Neuhaus, 1975). No caso do câmbio, a referência seria a paridade oficial de 27 *pence* por mil-réis, estabelecido em 1846. Deste modo, haveria duas maneiras de se resolver a questão da desvalorização da moeda: aumentar as exportações ou reduzir o valor do meio circulante. Assim, diante do quadro de crise do setor cafeeiro, e por acreditar que o aumento das exportações se daria de forma lenta, a única

14 Ver Vieira Souto (1980).

opção seria a redução do meio circulante por meio da retirada de circulação de papel-moeda.

Em sua visão, a "anarquia monetária" teve efeitos nefastos. Em primeiro lugar, contribuiu para o problema orçamentário do governo por conta das dívidas geradas pela desvalorização da moeda. Além disso, fomentou um desenvolvimento industrial inconsistente e ensejou a superprodução cafeeira que comprimia os preços do produto. Desse modo, os pontos a serem atacados por sua política econômica envolviam a questão da produção cafeeira, a desvalorização da moeda e o déficit orçamentário do governo.

Ainda como senador, em discurso sobre o orçamento nacional e os problemas financeiros, em 1895, já demonstrava suas ideias ortodoxas ao refletir sobre o pagamento de juros da dívida nacional: "Sendo a superabundância do papel-moeda a causa, a pior forma de nossa dívida interna, porque contribui para a baixa do câmbio, seria preferível resgatar papel-moeda a resgatar apólices" (Murtinho, 1980 [1895], p.123). No ano subsequente, no parecer sobre o arrendamento de estradas de ferro oferecido à Comissão de Obras públicas do Senado, condenou a intervenção governamental nos seguintes termos: "Sob o ponto de vista econômico, vemos que o Estado quando intervém na vida bancária cria essa peste econômica – o papel-moeda de curso forçado" (Murtinho, 1980 [1896], p.129).

Já no relatório do Ministério da Indústria, Viação e Obras de Públicas de 1897, também reforçou as diretrizes básicas de suas ideias e condenou a emissão de moeda inconversível como elemento para ampliação do crédito. Assim, diferenciava a moeda conversível – que "é sempre solicitada por necessidades sociais verdadeiras e regulada em suas oscilações pelo crédito, que se manifesta pela maior ou menor frequência da conversão" – da de curso forçado, "que não teria instrumento regulador de emissão, não seria regulada pelo crédito e por isso se faz às cegas, impelida pela especulação, pelo jogo e por todas as loucuras da bolsa" (Murtinho, 1980 [1897], p.144). Deste modo, apontava que a baixa do câmbio mostrara "aos mais cegos que o suco era o mesmo e que só o bagaço havia aumentado". Para ele, o principal problema da crise financeira no final do século XIX era "a desvalorização de nossa moeda, consequente à emissão exagerada de papel-moeda inconvertível", sendo "o resgate real desse excesso de papel [...] o primeiro dos deveres do governo" (Murtinho, 1980 [1897], p.149).

Condenava também a ideia de que a desvalorização do câmbio seria favorável à produção cafeeira, ao afirmar que os ganhos cambiais seriam neutralizados pela elevação dos custos da lavoura. O aumento da produção, por outro lado, sem o aumento correspondente do consumo impactou os preços, prejudicando o comércio cafeeiro. Assim, a solução seria deixar a "lei natural" atuar para equilibrar oferta e consumo. Contudo, apesar de confiar mais nas leis da natureza, sugeria limitar a produção e, sem intervir no preço, aumentar a produtividade a partir da redução dos custos e da melhoria dos transportes (Murtinho, 1980 [1897], p.152).

Apontava, ainda, o efeito da baixa do câmbio sobre o aumento dos preços e o impacto negativo no comércio. Além disso, caracterizava o déficit orçamentário não só como um resultado da anarquia monetária, mas também como um efeito dos gastos governamentais, elevados e exagerados, em investimentos em setores nos quais o governo não deveria atuar, bem como nos gastos com aposentadorias e funcionalismo.

Já no primeiro relatório como ministro da Fazenda de 1899, Murtinho procurou explicar sua política econômica. Inicialmente, apontou quais seriam os problemas enfrentados por sua gestão: a crise econômica, resultado da redução do preço do café motivado pela "produção exagerada em relação ao consumo"; e a crise financeira, resultado não da redução das receitas do Estado, mas "da produção exagerada do meio circulante em relação ao valor real da circulação [...] do regime, que produzia a superabundância do papel-moeda no mercado". (Murtinho, 1980 [1899], p.175).

Dessa forma, Murtinho relacionava os problemas econômicos enfrentados pelo país aos desequilíbrios entre oferta e demanda: o excesso de produção de café em relação ao consumo, excesso de papel-moeda em relação ao valor de circulação; queda do preço do café e do valor do papel; redução da riqueza nacional e das rendas do Estado. Ao articular o problema produtivo aos monetário e fiscal, Murtinho tem a intenção de apontar neles a mesma origem: o excesso de emissões de curso forçado.

Ao explicar a origem do problema, expôs também suas ideias monetárias. Para ele, as grandes emissões animavam os negócios, mas criavam a ilusão do ganho rápido e fácil, pois representam títulos de crédito, que "não têm valor real em si mesmos, mas representam um valor potencial, que pode, fecundado pelo trabalho, produzir valores reais" (Murtinho, 1980 [1899], p.176). Os títulos poderiam exercer as mesmas funções que o valor real da moeda; a diferença estaria na possibilidade de existência transitória daquele. O valor potencial representado por tais títulos ou "cria um valor real que o substitui ou desaparece em um tempo mais ou menos curto" (Murtinho, 1980 [1899], p.177).

Assim, ao ser emitido, o papel-moeda representaria um valor potencial que poderia ou não se realizar. Se empregado em trabalho produtivo, "a riqueza criada vem substituir o valor potencial do bilhete e há aumento verdadeiro de riqueza pública e particular", que se manifestaria na ampliação da circulação monetária, "não só em sua extensão, mas também em seu valor real". Já se empregado em trabalhos improdutivos, "nenhum valor real seria criado para substituir o valor potencial do bilhete, que assim desaparece, deixando uma circulação grande em sua extensão e pequena em seu valor real" (Murtinho, 1980 [1899], p.177).

Portanto, para Murtinho, a emissão nem sempre seria um mal. Ao contrário, poderia ser um agente do progresso e prosperidade das nações se tivesse como emprego o trabalho produtivo e a criação de riqueza. Tudo dependeria da forma como a emissão fosse realizada, com ou sem prudência, resultado de avaliação detalhada do emprego produtivo que dela pudesse ser feito. Somente a emissão de bilhetes conversíveis seriam capazes de responder às condições apresentadas, pois "nela a emissão é solicitada por uma necessidade social preexistente à operação". Por isso, indica que "a emissão de bilhetes conversíveis se faz de modo lento e gradual" (Murtinho, 1980 [1899], p.177).

Por outro lado, a emissão de curso forçado representaria risco, uma vez que "o interesse ligado à operação não tem freio; sem a responsabilidade ao dever da conversão, o agente emissor procura inventar negócios, multiplica-os sem se preocupar com outra coisa que não seja o lucro do momento" (Murtinho, 1980 [1899], p.178). Assim, o risco deste tipo de emissão seria elevado, além de trazer "em sua própria natureza os elementos de ruína", uma vez que os negócios que inventa, são geralmente improdutivos, incapazes de transformar valor potencial em valor real, aumentando apenas a circulação e reduzindo o valor da moeda.

Durante o regime imperial, argumentava que as emissões, ainda que tivessem emprego improdutivo, muitas vezes se beneficiavam do lastro em ouro resultado da maior entrada do metal no país. Já no período republicano, a redução da entrada de ouro e a ampliação das emissões geraram um excesso de papel inconversível. Assim, o aumento do papel-moeda de curso forçado determinou a sua desvalorização e a baixa do câmbio.

A abundância de capitais não significou, porém, a geração e a ampliação da riqueza, pois não desenvolveu a agricultura e gerou uma série de industrias artificiais. Além disso, Murtinho via nos déficits orçamentários, saldados por emissão de papel-moeda ou por empréstimos externos e internos, elementos fundamentais da crise. Enxergava na emissão de curso forçado, contudo, o principal problema, pois seria o motivo central da desvalorização do café e do papel-moeda.

Nesse sentido, Joaquim Murtinho acreditava que a solução passava pelo estabelecimento de limites de emissão. É nessa perspectiva que o ministro propôs "sua" equação para o cálculo do valor da moeda:

> Em um país empobrecido como o nosso, com o crédito quase extinto, quer no exterior, quer no interior, a potência emissora não pode ter outra base, outra garantia, a não ser a riqueza por nós produzida e exportada, riqueza destruída pelo consumo, mas renovada todos os anos. [...] Se o importador precisa de ouro para pagamentos no exterior, o exportador precisa de papel para pagamentos aos produtores do Brasil. [...] Se o papel procura comprar ouro, este por sua vez procura comprar papel. [...] Ora, o preço do ouro e do papel, como de todos os objetos, é regulado pela lei da oferta e procura, é uma relação entre estes dois termos, relação que, reduzida a sua forma mais simples, exprime-se por um quociente [...] a taxa cambial nas nossas condições atuais é o quociente de uma divisão em que o dividendo é o valor da exportação e o divisor a quantidade de papel em circulação (Murtinho, 1980 [1899], p.201-203).

Assim, defendia a redução do papel-moeda, dado que o aumento da exportação, apesar de mais desejável, seria muito lento para a solução de um problema tão grave. Tal redução deveria se dar de modo gradual, uma vez que poderia diminuir o ritmo das transações e dos negócios; se realizada de modo abrupto, geraria grandes prejuízos à produção nacional. Para Murtinho, o resgate do papel-moeda e a consequente valorização do câmbio representavam um processo de modificação da estrutura econômica: a elevação do câmbio poderia contribuir para o reequilíbrio da economia por meio da estabilidade entre produção e consumo, circulação de papel-moeda e valor real da moeda. Assim, o país poderia se tornar atrativo para o emprego de capitais capazes de promover o progresso.

Enquanto esse processo estava em curso, as dificuldades financeiras do país não foram atenuadas, o que o fez sugerir outras medidas além do resgate do papel-moeda, tais como: (1) redução de despesas em todos os ramos da administração pública, evitando despesas desnecessárias ao Estado de modo a tornar mais eficiente o gasto em contexto de receitas reduzidas; (2) a criação de imposto sobre consumo, que impunha à "viciosa organização industrial" uma compensação aos prejuízos causados pelas vantagens obtidas ao longo de anos; e (3) o "imposto em ouro de uma parte das nossas rendas aduaneiras [...], outro aparelho de adaptação à sensibilidade doentia de nosso mercado de câmbio" (Murtinho, 1980 [1899], p.208).

Já no relatório de 1900, Murtinho reforçou os elementos traçados no ano anterior: as leis naturais como elemento de ajuste econômico, a elevação do câmbio como a expressão da prosperidade e a necessidade de se perseguir a paridade da moeda a partir das referências do padrão-ouro (Murtinho, 1980 [1900], p.219-223).

No relatório do ano subsequente, o ministro apresentou uma espécie de balanço de sua atuação na Fazenda. Desse modo, argumentou que a "valorização da nossa moeda foi o eixo, em torno do qual deviam girar todas as medidas, e a fonte de onde saíram todos os benefícios de que o país necessitava" (Murtinho, 1980 [1901], p.234). Defendeu, ademais, o resgate do papel-moeda como medida para tornar a moeda forte e estável, fator preponderante para atração de capitais – "entrada de capitais estrangeiros é nos países novos condição essencial para o seu desenvolvimento" (Murtinho, 1980 [1901], p.241) e de mão de obra capazes de promover o progresso nacional (Murtinho, 1980 [1901], p.227).

Assim, apontava que a política adotada, "se é verdade que ela acarretou alguns sofrimentos, não é menos verdade que esses sofrimentos, como muitos outros, têm vantagens inestimáveis". E que a mesma representaria uma "justa punição aos viciosos do jogo", uma "lição cruel, porém, justa", que não conseguiu exatamente "exterminar o vício", mas o moderou em intensidade, o que de outra forma, não seria possível (Murtinho, 1980 [1901], p.250-251).

Murtinho encerrou o documento argumentando que os sacrifícios impelidos por uma política de redução do papel-moeda e do déficit orçamentário, apesar da instabilidade, contribuíam efetivamente com o progresso e estariam de acordo com as leis naturais. Assim, defendendo a ideia evolucionista de que as leis naturais operam no sentido de favorecer os mais fortes e aptos, a vitória da riqueza real sobre a potencial e artificial, afirmou que era "por isso que a redução se tem de dar infalivelmente pela seleção que eliminará os mais fracos, deixando subsistir os mais fortes". E aproveitou para se defender das manifestações de repúdio que recebia: "Já fui classificado de bárbaro por sustentar semelhante doutrina, como se eu fosse o criador dessa lei da natureza e como se eu pudesse impedir a sua aplicação" (Murtinho, 1980 [1901], p.275).

Assim, retomava a ideia de que a valorização da moeda, isto é, do câmbio, era elemento central para o progresso em um país como o Brasil. "Tratando-se de uma país novo como o nosso, a primeira necessidade a satisfazer é a entrada de capitais e braços estrangeiros; e a condição indispensável para realizar esse *desideratum* é a valorização e a fixidez do valor de nossa moeda" (Murtinho, 1980 [1901], p.276).

A questão industrial

A questão da indústria no pensamento de Joaquim Murtinho envolve a ideia da contraposição entre indústria natural *versus* indústria artificial. Alguns autores, como Pelaez (1971) e Lima (1976), por exemplo, o classificam como um anti-industrialista, enquanto Luz (1978), apesar de considerar a sua ação como limitadora da industrialização, relativiza o seu posicionamento ao enaltecer a sua adesão evolucionista à ideia de sobrevivência dos mais aptos e, por consequência, à política de não intervenção protecionista. Já Buesco (1989), por outro lado, entende a posição de Murtinho como criteriosa: não foi um industrialista evidentemente, mas tinha apego ao liberalismo clássico e à teoria da divisão internacional do trabalho, o que o levava a insistir na vocação agrícola do Brasil. Deste modo, defendia o dogma da eficiência econômica e, portanto, não condenava a industrialização brasileira em si, mas sua ineficiência e seu alto custo de produção.

No já citado parecer redigido para a Comissão de Obras Públicas do Senado sobre o arrendamento de estradas de ferro, Murtinho condenou a atuação do Estado, afirmando que "intromete-se nas instituições industriais, é pra agredir às indústrias naturais, desviando os capitais para as indústrias artificiais" (Murtinho, 1980 [1897], p.129).

Já no relatório do Ministério da Indústria, Viação e Obras Públicas de 1897, criticou a bandeira industrialista que preconizava o desenvolvimento da indústria nacional em substituição da estrangeira, associando-a, juntamente com as emissões não conversíveis, à crise da primeira década republicana:

> A nossa organização industrial tem seguido nestes últimos tempos uma marcha anômala, irregular e profundamente viciosa.
>
> Duas grandes causas têm contribuído para esse resultado: uma compreensão falsa do patriotismo e uma pletora não menos falsa de capitais.
>
> A ideia errônea e antissocial de que a grandeza industrial de nossa pátria depende sobretudo da nossa libertação, cada vez mais completa da indústria estrangeira, foi provocando a aspiração de estabelecer empresas industriais de todos os gêneros, para se conseguir realizar aquele *desideratum* pseudopatriótico (Murtinho, 1980 [1897], p.143).

A política de emissão de papel-moeda não conversível do início do período republicano concorreu para fomentar a criação de novas indústrias a partir do aumento do crédito, especialmente na praça do Rio de Janeiro. Para Murtinho, esta situação inverteu "os laços que ligam a indústria ao crédito; não sendo mais a necessidade social de uma indústria que provoca a emissão, mas a emissão que solicita a criação de indústrias sem razão de ser" (Murtinho, 1980 [1897], p.144).

Indo além, criticava a proteção tarifária às indústrias, o que transformava o Estado no agente de seleção dos negócios, quando, na realidade, a seleção deveria ser natural, ou seja, realizada pelo mercado. A consequência do protecionismo, para Murtinho, envolvia a redução das importações de produtos que seriam fabricados internamente com grande esforço para serem consumidos a um preço mais alto pela população. Assim, "a supremacia do industrialismo poderia trazer-nos grandes males sociais, deixando-nos talvez a forma, mas fazendo-nos perder com certeza a substância de nossa liberdade" (Murtinho, 1980 [1897], p.147).

No relatório de 1897, Murtinho argumentou que o desenvolvimento industrial brasileiro não poderia tomar como exemplo os Estados Unidos, porque "não temos as aptidões superiores de sua raça, força que representa o papel principal do progresso industrial desse País" (Murtinho, 1980 [1897], p.159). A afirmação ilustra a crença de Murtinho não só na divisão internacional do trabalho, mas na própria perspectiva eugenista, muito comum à época, da incapacidade de grande parte do povo brasileiro de absorver os valores e a moralidade necessários para se atingir o progresso vivenciado pelas nações centrais. Sua visão se completa, ainda, ao afirmar que o protecionismo não foi o principal elemento do desenvolvimento industrial americano, uma vez que a indústria dos transportes ferroviários se desenvolveu sem a proteção oficial.

No relatório da Fazenda de 1899, o ministro apresentou de forma mais clara seus conceitos de indústria natural e artificial. Para Murtinho, o que caracterizava uma indústria natural era "o fato de ter capacidade de produzir o máximo resultado possível em relação ao capital empregado com mais baixo preço em um regime de livre concorrência" (Murtinho, 1980 [1899], p.185).

A ideia estaria assim relacionada à questão da eficiência. Natural seria aquela indústria apta e capaz de sobreviver à concorrência. Já a indústria artificial seria aquela que existiria apenas por conta dos incentivos governamentais. Além disso, uma das características da indústria artificial no Brasil seria o fato de que "a mão de obra representa o papel principal no custo de produção", ainda que "a matéria-prima exista em abundância ente nós" (Murtinho, 1980 [1899], p.185).

Não menos importante é a ideia de que uma indústria, mesmo que natural, poderia se transformar em artificial se o crescimento de sua produção se desse além do seu consumo, devido aos incentivos externos. Em sua visão, tratava-se, este, do caso da economia cafeeira no final do século XIX. Nesse sentido, argumentava que "o ideal econômico de uma país não deve ser – importar pouco, mas importar muito e exportar muito". Do mesmo modo, as indústrias artificiais além de reduzirem as importações, não contribuiriam para a geração de riqueza, pois apenas se tornariam uma forma de alocar a riqueza pública para setores selecionados. Assim, as indústrias artificiais não representariam "um resultado econômico; os seus lucros exprimem apenas impostos sobra as outras produções; os capitais nelas empregados não são fatores, mas antes agentes parasitários da riqueza pública" (Murtinho, 1980 [1899], p.185).

De modo sumarizado, tal qual a emissão de papel-moeda inconversível, o protecionismo e a geração de indústrias artificiais contribuiriam, na visão de Joaquim Murtinho, para a diminuição da riqueza nacional.

A ATUAÇÃO DE JOAQUIM MURTINHO NO MINISTÉRIO DA FAZENDA (1898-1902)

Na última década do século XIX, a economia brasileira vivia um período de crise sob diversos aspectos: a economia cafeeira enfrentava a redução dos preços no mercado internacional devido à expansão da produção, o Estado enfrentava problemas fiscais, o balanço de pagamentos estava em crise, a moeda desvalorizada e os preços em elevação. A euforia do início da República cedera lugar à apreensão.[15]

15 Sobre a política econômica no início do período republicano, ver Franco (2014), Fristch (2014), Fristch (1980) e Levy (1980).

Eleito presidente da República em 1898, Campos Sales convidou Joaquim Murtinho para assumir o Ministério da Fazenda com a missão de impor uma política econômica de restrição monetária e creditícia e equilibrar o balanço de pagamentos. Tais objetivos estavam estabelecidos no acordo financeiro internacional de obtenção de crédito, o *funding loan*, alinhavado por Campos Sales antes de assumir a presidência. O plano era relativamente simples e envolvia o adiamento de compromissos externos do governo (serviço da dívida pública externa e garantias de juros) tendo em contrapartida medidas duras de controle monetário e fiscal.

É bastante provável que Murtinho tenha sido convidado por Campos Sales para assumir a pasta da Fazenda em função da severidade da crise financeira e em virtude da visão que se tinha dele como um radical seguidor do ideário liberal e ortodoxo em termos econômicos, tal qual expôs no Relatório de 1897. Faria (1993) argumenta que as relações políticas e sociais de Murtinho, como médico, político e oligarca mato-grossense, possivelmente influenciaram na escolha.

A historiografia tem apontado largamente a influência do acordo do *funding loan* sobre a condução da política econômica de Murtinho. O mesmo seguiu com austeridade o acordo estabelecido no que tange à redução do papel-moeda em circulação e no ajuste fiscal. Não se pode subestimar o papel do rigoroso acordo como um elemento limitador do espaço de manobra na política econômica. É inegável, contudo, que as políticas adotas estavam perfeitamente em sintonia com as ideias de Murtinho, que já se manifestavam, inclusive, anos antes de assumir a pasta da Fazenda.

O acordo do *funding loan* permitiu ao Brasil suspender as amortizações da dívida externa por treze anos. Os juros da dívida formariam um novo empréstimo que poderia ser sacado junto aos credores internacionais durante três anos, constituindo-se, assim, em um novo empréstimo, mas com juros consolidados em relação aos anteriores. O acordo envolvia também o resgate de contratos de garantias de juros de estradas de ferro, que seriam trocados por títulos de renda fixa (*recission bonds*). Como contrapartida, o governo brasileiro concordava em adotar uma política monetária de retirada de papel-moeda de circulação e de ajuste orçamentário. Ou seja, como apontam Franco e Lago (2012, p.189), "o governo obtinha empréstimo em troca de medidas de saneamento fiscal e monetário pactuados com os credores". E Joaquim Murtinho levou com rigor as metas estabelecidas pelo acordo, tendo cumprido praticamente todas elas.

O acordo estabelecia que a cada liberação de recursos do empréstimo, o governo brasileiro recolheria papel-moeda de circulação, que seria incinerado. Assim, o governo se comprometia a depositar em moeda local nos três grandes bancos estrangeiros localizados no Rio de Janeiro uma quantidade do valor dos títulos emitidos do *funding loan,* sendo que o papel-moeda correspondente deveria ser publicamente incinerado (Franco, 2014).

Com o intuito de reduzir a oferta de moeda, criou-se o Fundo de Resgate de Papel-moeda, em 1899. A esta política de recolhimento e incineração de papel-moeda juntou-se a abolição do poder de impressão de moeda e a restrição ao Banco da República de emissão de notas do Tesouro. Além disso, foi criado também o Fundo de Garantia do Papel-moeda, cujo objetivo seria acumular recursos para o estabelecimento futuro de uma moeda plenamente conversível (Gremaud, 1997).

No campo orçamentário, o governo sustentou uma política de redução drástica de gastos e de elevação de receita. As despesas foram reduzidas de forma ampla, sobretudo as em moeda estrangeira. Houve também uma atenção especial ao equilíbrio das contas do governo em moeda conversível, como exposto no orçamento de 1900 na separação entre o "orçamento-ouro" e o "orçamento-papel". Além disso, do ponto de vista tributário, estabeleceu-se um imposto sobre consumo e reestabeleceu-se a tarifa-ouro, cujo sentido seria obter receita em divisas que ajudariam a conter a especulação e a honrar compromissos externos, além de aumentar da arrecadação através de uma modernização administrativa.

Assim, as medidas da gestão Murtinho podem ser sumarizadas em: resgate de papel-moeda; redução de despesas em todos os ramos da administração pública; e emprego do imposto sobre consumo e o cobrado em ouro.

No campo monetário, Schulz (1996, p.123) aponta que, entre 1898 e 1902, o dinheiro em circulação caiu para 675 mil contos, contra 733 mil em 1898. Do mesmo modo, Neuhaus (1975, p.18) indica que em 1899 e 1900, a base monetária (papel-moeda emitido) caiu 5,9% e 4,6%, respectivamente, e a oferta de moeda, 5% e 3,8%. Já em relação aos preços, observou-se deflação de 14,4% e 15,7% nos referidos anos. Para o autor, ainda que não fosse possível avaliar quantitativamente os dados da atividade econômica especificamente, a redução do papel-moeda e a deflação, assim como dados qualitativos sobre a retração do ambiente comercial do Rio de Janeiro indicariam o clima de pessimismo e a retração econômica no país.

A valorização cambial, por sua vez, não atingiu a paridade determinada em 1846. Franco (2014) aponta que a taxa de câmbio se manteve em 11 *pence* por mil-réis durante o período do acordo, o que sugeria não ser possível atribuir a valorização unicamente à contração monetária. Segundo o autor, a apreciação poderia ser explicada também por outros fatores, como a recuperação das exportações oriundas do crescimento da economia da borracha, bem como o aumento da entrada de capital estrangeiro resultante de boa expectativa criada no exterior com a orientação ortodoxa da política econômica. Para Franco (2014, p.43), política econômica de Murtinho consistiu na execução do acordo do *funding loan*, ainda que estivesse "fundada sobre concepções bastante rudimentares quanto à natureza do ajustamento necessário para solucionar as dificuldades de pagamentos do país".

Apesar da valorização cambial e da melhora no balanço de pagamentos, os efeitos da política econômica foram onerosos para a economia brasileira. A política deflacionária gerou um quadro recessivo, além de uma forte crise bancária, como a deflagrada em 1900 por conta da suspensão dos pagamentos do Banco da República do Brasil, afetando praticamente todos os estabelecimentos financeiros no país. As exceções foram as instituições internacionais que, a partir daí, como resultado de um processo já em curso no país, ampliaram a sua participação na economia nacional.

Os efeitos pouco populares das mediadas adotadas valeram inúmeras críticas a Murtinho. Contudo, do ponto de vista pragmático, o fato é que "atingiu grande parte de suas metas: contenção monetária e creditícia, equilíbrio das finanças públicas, valorização cambial. Mas a censura abrange os efeitos recessivos, a crise bancária, o rigor as vezes cruel do programa de saneamento" (Buesco, 1989, p.569).

O crítico mais ferrenho da política econômica de Murtinho em seu tempo talvez tenha sido Vieira Souto, que entre outros aspectos, questionou a relação imposta por Murtinho entre o câmbio e o papel-moeda para justificar medidas contracionistas visando à valorização cambial. Vieira Souto, de forma pioneira e antecipando contribuições de meados do século XX, apontava a relação entre o câmbio e o balanço de transações com o exterior.

Há autores, por outro lado, os quais sustentam que, apesar de rígido, o programa econômico colocado em prática por Murtinho contribuiu posteriormente para uma década de desenvolvimento espetacular da economia brasileira (Schulz, 1996). A contração monetária e a estabilização da moeda e das contas públicas teriam contribuído também para tornar o Brasil um país mais atraente para investidores nacionais e estrangeiros, bem como para a atração de imigrantes. Assim, em um período de prosperidade da economia mundial no período pré-Guerra, o Brasil pôde se beneficiar dos fluxos econômicos se comparado a outros países da periferia do capitalismo mundial.

CONSIDERAÇÕES FINAIS

O rigor e a austeridade com os quais comandou a política econômica entre 1898 e 1902 valeram a Joaquim Murtinho a admiração de alguns e a ira de outros. Não resta dúvida de que estamos diante de um personagem fundamental da história republicana brasileira. Suas ideias econômicas mostraram-se coerentes, ainda que carregadas de simplicidade ou de um tecnicismo rudimentar, como sugerem diversos autores.

A atuação como ministro da Fazenda reforça suas convicções ortodoxas e liberais, resultantes de sua formação e atuação nas ciências naturais e na medicina homeopática, bem como da noção da teoria evolucionista de sobrevivência dos mais aptos. Assim, ainda que possamos apontar certas inconsistências entre suas ideias e as práticas que adotou, é possível ver coerência e articular seu pensamento à sua ação como ministro da Fazenda.

Para Murtinho, assim como para vários de seus contemporâneos, o progresso estaria articulado não só aos princípios da liberdade, mas sobretudo à capacidade de o país manter uma moeda forte. Deste modo, o intervencionismo econômico (ou, nos termos por ele empregado, o "despotismo econômico") gerava desiquilíbrio e crise, sobretudo por seu efeito sobre o câmbio. Logo, a política econômica desejável deveria perseguir o câmbio valorizado, o que significaria, necessariamente uma economia organizada, estável e com elevado grau de liberdade.

Evidentemente que esta perspectiva ia de encontro aos interesses de diversos setores da sociedade brasileira, assim como suas ideias estariam intimamente relacionadas a seus próprios interesses. Da mesma forma, não se pode ignorar que o programa econômico de Murtinho esteve condicionado ao acordo do *funding loan*, o que de certa forma poderia relativizar a incisividade com a qual proferiu suas ideias e justificou suas medidas.

Ainda assim, deve-se entender suas ideias e sua ação política tendo como referência suas convicções e seu ideário liberal e ortodoxo de defesa de uma moeda forte e do câmbio valorizado. Logo, é a partir de tal perspectiva que se deve explicar sua política econômica de austeridade simbolizada na redução do papel-moeda em circulação e no ajuste orçamentário imposto por meio de corte das despesas e aumento de impostos.

REFERÊNCIAS

Textos de Joaquim Murtinho

MURTINHO, J. Relatório apresentado ao Diretor da Escola Politécnica do Rio de Janeiro. 27-3-1878. In: LUZ, N. V. (Org.). *As ideias econômicas de Joaquim Murtinho – textos selecionados*. Senado Federal; Fundação Casa de Rui Barbosa/MEC: Brasília; Rio de Janeiro, 1980 [1878].

MURTINHO, J. Orçamento nacional e problemas financeiros. Discurso no Senado Federal. 14-11-1895. In: LUZ, N. V. (Org.). *As ideias econômicas de Joaquim Murtinho – textos selecionados*. Senado Federal; Fundação Casa de Rui Barbosa/MEC: Brasília; Rio de Janeiro, 1980 [1895].

MURTINHO, J. Arrendamento de estradas de ferro. Parecer como relator na Comissão de Obras Públicas. 17-11-1896. In: LUZ, N. V. (Org.). *As ideias econômicas de Joaquim Murtinho – textos selecionados*. Senado Federal; Fundação Casa de Rui Barbosa/MEC: Brasília; Rio de Janeiro, 1980 [1896].

MURTINHO, J. Introdução ao relatório do ministro da Industria, Viação e Obras Públicas. 1897. In: LUZ, N. V. (Org.). *As ideias econômicas de Joaquim Murtinho – textos selecionados*. Senado Federal; Fundação Casa de Rui Barbosa/MEC: Brasília; Rio de Janeiro, 1980 [1897].

MURTINHO, J. Introdução ao relatório do ministro da Fazenda. 1899. In: LUZ, N. V. (Org.). *As ideias econômicas de Joaquim Murtinho – textos selecionados*. Senado Federal; Fundação Casa de Rui Barbosa/MEC: Brasília; Rio de Janeiro, 1980 [1899].

MURTINHO, J. Introdução ao relatório do ministro da Fazenda. 1900. In: LUZ, N. V. (Org.). *As ideias econômicas de Joaquim Murtinho – textos selecionados*. Senado Federal; Fundação Casa de Rui Barbosa/MEC: Brasília; Rio de Janeiro, 1980 [1900].

MURTINHO, J. Introdução ao relatório do ministro da Fazenda. 1901. In: LUZ, N. V. (Org.). *As ideias econômicas de Joaquim Murtinho – textos selecionados*. Senado Federal; Fundação Casa de Rui Barbosa/MEC: Brasília; Rio de Janeiro, 1980 [1901].

BIBLIOGRAFIA GERAL

BIELSCHOWSKY, R. *Pensamento econômico brasileiro:* o ciclo ideológico do desenvolvimentismo. Rio de Janeiro: Contraponto, 2004.

BUESCO, M. A experiência deflacionária de Joaquim Murtinho. *Carta Mensal.* v.36, n.431, p.37-56, fev. 1991.

BUESCO, M. Um estadista controvertido: Joaquim Murtinho. *Revista do Instituto Histórico e Geográfico Brasileiro*, v.150, n.365, out.-dez. 1989.

CALÓGERAS, J. P. *A política monetária do Brasil.* São Paulo: Companhia Editora Nacional, 1960.

CORRÊA FILHO, V. Joaquim Murtinho. *Revista do Instituto Histórico e Geográfico Brasileiro*, v.201, out.-dez. 1948.

EICHENGREEN, B. J. *A globalização do capital:* uma história do sistema monetário internacional. São Paulo: Editora 34, 2000.

FARIA, F. A. Joaquim Murtinho: criadores e criatura. *Revista Intellectus*, ano 4, v.I, 2005.

FARIA, F. A. *Os vícios da República:* negócios e poder na passagem para o século XX. Rio de Janeiro: Notrya Editora, 1993.

FERNANDES, S. *Ouro – a relíquia bárbara:* de Bretton Woods ao FMI no Rio. Rio de Janeiro: Editora Fundo de Cultura, 1967.

FONSECA, P.; MOLLO, M. L. R. Metalistas x Papelistas: origens teóricas e antecedentes do debate entre monetaristas e desenvolvimentistas. *Nova Economia*, v.22, n.2, nov. 2012.

FRANCO, G. A primeira década republicana In: ABREU, M. de P. (Org.) *A ordem do progresso:* dois séculos de política econômica no Brasil. Rio de Janeiro: Campus, 2014.

FRANCO, G.; LAGO, L. A. C. do. O processo econômico. In: SCHWARCZ, L. M. *História do Brasil Nação. 1808-2010 – Vol. III:* a abertura para o mundo (1889-1930). São Paulo: Editora Objetiva, 2012.

FURTADO, C. *Formação econômica do Brasil.* São Paulo: Companhia das Letras, 2009.

GAMBI, T. R. F. O debate político e o pensamento econômico no Império brasileiro: centralização de poder e monopólio de emissão no segundo Banco do Brasil (1852-1853). *Almanack.* Guarulhos, n.9, p.176-189, abr. 2015.

GREMAUD, A. A política econômica na passagem do século XIX para o XX: controvérsias em torno da questão monetária. In: V CONGRESSO BRASILEIRO DE HISTÓRIA. *Anais...*, Caxambu, ABPHE, 2003.

GREMAUD, A. *Das controvérsias teóricas à política econômica:* pensamento econômico e economia brasileira no Segundo Império e na Primeira República (1840-1930). São Paulo, 1997. Tese (Doutorado em Economia) – Universidade de São Paulo.

GUDIN, E. Notas sobre a economia brasileira desde a proclamação da República até os nossos dias. *Revista Brasileira de Economia*, Rio de Janeiro, v.26, n.3, 1972.

LEVY, M. B, O Encilhamento, In: NEUHAUS, P. (Org.) *Economia brasileira:* uma visão histórica. Rio de Janeiro: Campus, 1980.

LIMA, H. F. *História do pensamento econômico no Brasil.* São Paulo: Companhia Editora Nacional, 1976.

LUZ, N. V. Joaquim Murtinho e o darwinismo econômico. In: LUZ, N. V. (Org.). *As ideias econômicas de Joaquim Murtinho – textos selecionados.* Senado Federal; Fundação Casa de Rui Barbosa/MEC: Brasília; Rio de Janeiro, 1980

LUZ, N. V. *A luta pela industrialização do Brasil.* São Paulo: Alfa-Omega, 1975.

NEUHAUS, P. *História monetária do Brasil (1990-45).* Rio de Janeiro. IBMEC, 1975.

PAULA, J. A. O novo e o velho no pensamento econômico brasileiro. *Varia História*, n.16, set.-out. 1996.

PELAEZ, C. M. As consequências econômicas da ortodoxia monetária, cambial e fiscal no Brasil entre 1889-1945. *Revista Brasileira de Economia*, Rio de Janeiro, v.25, n.3, 1971.

PELAEZ, C. M.; SUZIGAN, W. *História monetária do Brasil*. Brasília: Editora Universidade de Brasília, 1981.

QUEIROZ, P. R. C. Joaquim Murtinho, banqueiro: notas sobre a experiência do Banco Rio e Mato Grosso (1891-1902). *Estudos Históricos*, Rio de Janeiro, v.23, n.45, p.125-146, jan.-jun. 2010.

SAES, F. A. M. *Crédito e bancos no desenvolvimento da economia paulista, 1850-1930*. São Paulo: Instituto de Pesquisas Econômicas, 1986.

SCHULZ, J. *A crise financeira da abolição*: 1875-1901. São Paulo: Edusp, 1996.

4
João Pandiá Calógeras
UM LIBERAL NA CRISE DA *BELLE ÉPOQUE*

Bruno Aidar

INTRODUÇÃO

A despeito da sua saída repentina do Ministério da Fazenda dois anos antes, João Pandiá Calógeras (1870-1934) ainda possuía algum brilho internacional como delegado brasileiro na conferência do Tratado de Versalhes (1919), posando ao lado de grandes figuras da época, como Lloyd George, Georges Clemenceau e Woodrow Wilson. O prestigioso jornal londrino *The Times* apresentava-o como uma das maiores autoridades de política econômica no Brasil, tendo dado provas de sua grande competência técnica e elevada capacidade intelectual à frente dos Ministérios da Agricultura e da Fazenda. Ademais, havia sido escolhido pelo Barão de Rio Branco para representar o país na Terceira Conferência Pan-americana, realizada no Rio de Janeiro em 1906.

Além dessas credenciais, era apontado como um homem de personalidade forte e independente (*The Times*, 23 jan. 1919, p.8). Os próprios banqueiros Rothschild haviam lhe enviado um telegrama elogioso ao final da sua gestão como ministro da Fazenda, o que denotava seu alto apreço nos circuitos da *Haute Finance*: "Nunca as nossas finanças estiveram tão florescentes", diziam, incluindo obviamente a perspectiva dos seus lucros (Carvalho, 1935, p.85).

Os bigodes em riste eram uma marca registrada de João Pandiá Calógeras (1870-1934), presente em diversas caricaturas da época que destacavam sua determinação em fazer cumprir as regras da ortodoxia liberal em meio à crise profunda deflagrada pela Primeira Guerra Mundial, alcunhando-no de "Kaiser das finanças".

A participação em Versalhes era o zênite da sua carreira política iniciada duas décadas antes como deputado federal por Minas Gerais, onde se formara engenheiro.

Altamente preparado, mas atuando em uma situação extraordinária, ocasionada pela Grande Guerra, Calógeras representou o estiolamento do liberalismo econômico republicano, levando até as últimas consequências seu compromisso com o ideário de uma ordem natural de mercado e com a defesa de políticas fiscais e monetárias ortodoxas. Baseando-se nos textos produzidos pelo próprio Calógeras, sobretudo em sua atuação parlamentar e ministerial, o presente texto procura apresentar as razões desse paradoxo, passando em revista sua formação, ascensão e queda no Ministério da Fazenda.

OS CALÓGERAS: DO MEDITERRÂNEO PARA O ATLÂNTICO SUL

As origens familiares de João Pandiá Calógeras permitem compreender melhor as relações entre o Estado nacional brasileiro, o pertencimento a uma elite intelectual e o cosmopolitismo financeiro que caracterizam sua trajetória. Os Calógeras eram originários da ilha de Chipre, que havia sofrido invasões bizantinas, genovesas, venezianas e otomanas após pertencer ao Império Romano. Na primeira metade do século XVI, os Calógeras imigraram para a ilha de Creta e posteriormente para Corfu, então sob dominação veneziana. A ilha era entreposto essencial às atividades econômicas venezianas no mar Adriático.

A despeito da origem cristã ortodoxa, os Calógeras foram assimilados à cultura italiana. Nas primeiras décadas do século XIX, o avô de Calógeras, João Baptista, nascido em Corfu em 1810, alimentaria fortes laços com a França, onde estudaria leis na Faculdade de Paris, finalizando os estudos realizados na antiga universidade de Bolonha, e seria amigo próximo do banqueiro e ministro Jacques Laffite (Carvalho, 1935, p.19-23). Julia Ralli, a esposa que havia conhecido na França, seria essencial ao futuro econômico do marido e seu destino no Brasil. Estabelecidos em Londres desde o começo do século, os Ralli eram uma das famílias mais ricas entre os comerciantes gregos da capital inglesa, atuando não apenas no Oriente Médio, mas também na Rússia e na Índia, onde chegaram em 1851. Situando-se no centro do império do livre-comércio, os Ralli vendiam algodão de Manchester em troca de produtos primários têxteis (lã e seda crua) e agrícolas (grãos, trigo, café e milho) (Sinésio, 2013, p.70-94).

No entanto, a família aparentemente não possuía vínculos com a América Latina. O café brasileiro, por um lado, e a venda de produtos ingleses, por outro, atraíram os interesses dos Ralli a partir da agência de Marselha, que enviara João Batista Calógeras ao Rio de Janeiro em 1841. A mudança alteraria a longeva inserção dos Calógeras do Mediterrâneo para o Atlântico Sul. Aproveitando sua ampla formação intelectual, João Batista seria admitido em concurso para professor de história e geografia no prestigioso Colégio Pedro II em 1847. Sofrendo de gota, lá pouco ficaria, mudando-se com a família para Petrópolis em 1850, onde fundaria um colégio para meninos da elite. Na década de 1860, inseriu-se na Secretaria de Estado de Negócios Estrangeiros, alcançando o cargo de primeiro-oficial-de-gabinete e participando da célebre Questão Christie, aspecto que ajuda a compreender o interesse profundo de João Pandiá Calógeras pela história das relações exteriores na época imperial (Sinésio, 2013, p.71-87).

As atividades econômicas da família seriam deixadas a cargo do filho Michael, pai do futuro ministro da Fazenda, e que repetiria o trajeto mercantil de João Batista, mas passando pela Inglaterra. Depois de um período na casa Ralli de Londres, Michael retornaria ao Brasil como agente da empresa no Rio de Janeiro, atuando na exportação de café. No entanto, a eclosão da Guerra Civil norte-americana levaria à reestruturação dos negócios da firma com a substituição pelo algodão indiano. Nos cálculos dos Ralli, o Índico aparecia como um local mais seguro do que Atlântico. Michael manteve-se ainda durante um bom tempo no comércio de exportação do café e posteriormente procurou diversificar seus negócios em direção à compra de armamentos e à construção de navios, no esteio da Guerra do Paraguai, além da construção e operação de ferrovias e trilhos urbanos em Petrópolis e na Corte (Sinésio, 2013, p.95-98).

A posição da firma de Michael na exportação de café na praça carioca declinaria ao longo das décadas de 1860 e 1870, premidas pela concentração do comércio das grandes companhias exportadoras, como Edward Johnston & Co., Phipps Brothers & Co. e Wright & Co. Em 1865, a M. Calógeras & C. era a terceira principal casa exportadora de café no Rio de Janeiro. Em 1879, por sua vez, os irmãos Calógeras figuravam abaixo dos trinta primeiros exportadores (*The Anglo-Brazilian Times*, 24 mar. 1865, 8 out. 1869 e 15 jul. 1879).

Nascido em 1870 no Rio de Janeiro, João Pandiá Calógeras cresceria no esteio da crise do governo imperial. Criado em Petrópolis, Calógeras teve educação familiar esmerada, prosseguindo no famoso Colégio Pedro II, onde travaria contato com Capistrano de Abreu, amigo longevo, e posteriormente na Escola de Minas de Ouro Preto. Convivia em Calógeras tanto a ampla base humanista e clássica, presente na figura do avô, quanto a orientação pela visão técnica da engenharia, despertada pelas atividades do pai na construção de ferrovias e de transportes urbanos e formada pelos estudos na prestigiosa Escola de Minas. Nesse aspecto, como era perceptível em outros casos nacionais e estrangeiros do século XIX, as habilidades matemáticas facilitavam o convívio com as cifras econômicas. Ainda em

Ouro Preto, Calógeras se casaria em 1891 com Elisa Guimarães, filha de um desembargador da Relação de Ouro Preto e ex-ministro do Superior Tribunal de Justiça (Iglésias, 1987a, p.20-21). Assim, pode-se dizer que até essa data os vínculos políticos de Calógeras, intermediados por seu avô e seu sogro, estavam todos depositados no finado regime imperial. O surgimento da República colocaria em suspenso essa herança, porém a trajetória de Calógeras lhe permitiria ser um de seus mais aptos políticos.

UM APRENDIZADO LIBERAL (1897-1914)

Ao início de 1897, sem antecedentes políticos na região e recém-eleito deputado federal pelo 1º distrito de Minas Gerais, pertencente à região mineradora de Ouro Preto, o jovem engenheiro de 27 anos apresentava-se a seus eleitores como "um homem novo na política do Estado", preocupado com as questões que assolavam a república turbulenta. Colocava-se ao lado dos construtores e dos partidários da ordem, não dos demolidores e pessimistas até então constantes na política. Crítico dos primeiros governos no novo regime, punha-se, como um contraponto liberal, em oposição à "notória tendência à predominância dos interesses estáticos da sociedade após as fases de expansão, qual a que atravessamos de 1889 até hoje [1897]", tendência que agia pela desintegração do país. Para Calógeras, a melhoria da situação do Brasil ocorreria pela regularização dos serviços públicos, a redução de despesas "inúteis ou adiáveis" e o fomento à produção por parte dos governos estaduais. Esses seriam responsáveis por uma série de atividades de política econômica, como o aumento da produção mineradora, a facilitação da imigração, a introdução de máquinas, a difusão do ensino profissionalizante e a redução dos custos dos transportes. A realização de amplas reformas tributárias federal e estadual era pré-condição para a concretização de tais políticas (Calógeras, 1897).

Como deputado federal por Minas Gerais, a atuação quase ininterrupta de Calógeras no Legislativo entre 1897 e 1914, com exceção do triênio 1900-1902, seria marcada pelo amplo aprendizado das políticas econômicas e também da conversão do engenheiro de minas formado em Ouro Preto em político profissional, embora na tribuna colocava-se retoricamente como engenheiro (Iglésias, 1987, p.135, 337). Seu posicionamento primava pela defesa das questões de interesse nacional, tais como limites territoriais, mineração, ferrovias, a reforma tributária, o Banco do Brasil e sobretudo os orçamentos, menosprezando e mesmo não compreendendo as lutas regionais empreendidas por seus colegas (Carvalho, 1935, p.43-69). Seus discursos eram minuciosos e enciclopédicos, com um forte viés técnico e muitas vezes expresso em uma retórica tortuosa de um labirinto de informações e ponderações. Seu método consistia em "esmerilhar os fatos úteis, em apurar a verdade e em investigar os dados em extremo complexos, formadores do problema, a fim de chegarmos a uma solução" (Iglésias, 1987, p.237).

Em 1901, no *intermezzo* de sua atuação parlamentar, Calógeras apresentaria na Sociedade de Geografia Comercial de Paris uma conferência sobre a situação econômica brasileira, que revelava sua avaliação sobre a realidade recente do país e suas preferências em matéria de política econômica (Calógeras, 1901). A primeira década republicana era apontada como um período conturbado por agitações políticas e sociais, sendo marcada por duas orientações completamente distintas de gestão no Ministério da Fazenda. A fase do final do Império, com o visconde de Ouro Preto, e o início da República, com Rui Barbosa, era caracterizada pela presença de emissões desenfreadas, que conduziram à especulação e à criação de uma riqueza ilusória, bem como a pressões inflacionistas. Os déficits do governo Prudente de Morais (1894-1898) desembocariam em financiamento por emissão de papel-moeda e pelo aumento do endividamento externo. A situação de descalabro financeiro redundaria na desvalorização cambial, que havia reduzido a um quarto a paridade do mil-réis com relação à libra esterlina entre 1889 e 1898 (Abreu, 2002, p.519). Essa desvalorização teria forte impacto no aumento das despesas do governo em moeda estrangeira, agravando o déficit fiscal.

As exportações de café, por sua vez, sofreriam os efeitos da superprodução, com o declínio do preço internacional a quase metade entre os biênios 1895-1896 e 1896-1897. Os efeitos seriam particularmente perniciosos nos estados dependentes das receitas de exportação do café, como São Paulo, Minas Gerais e Rio de Janeiro, causando fortes desequilíbrios fiscais. Na visão favorável de Calógeras, que não mencionava os ônus do acordo, o primeiro *funding loan* (1898) aparecia como solução para a crise financeira brasileira pela dilatação dos prazos e pela forma de pagamento dos compromissos financeiros no exterior, evitando a bancarrota do país.

O governo Campos Sales (1898-1902) marcaria uma inflexão na direção da política econômica republicana. De forma exagerada, Calógeras diria a esse respeito: "Não tínhamos mais do que três anos para reorganizar nosso orçamento, nosso sistema tributário e arrancar os maus hábitos econômicos de quase 80 anos". A tarefa "gigantesca e aterrorizante" era necessária para "vencer a crise e restabelecer a ordem nas finanças" (Calógeras, 1901, p.362, tradução própria). A política do ministro da Fazenda Joaquim Murtinho seguiria a síntese da ortodoxia econômica. Do lado fiscal, realizou a redução drástica das despesas, o aumento dos impostos de consumo e o estabelecimento da cobrança em ouro dos direitos alfandegários. Do lado monetário, o combate ao "inflacionismo" seguia a cartilha da diminuição do meio circulante com a redução e queima do papel-moeda em circulação, previsto no acordo do *funding loan*, além da supressão dos auxílios a lavoura – lei criada em 1875 que permitia novas emissões. Os bons resultados seriam expressos, na visão de Calógeras, pela melhoria do equilíbrio das contas do governo e na melhor colocação dos títulos da dívida pública. A continuidade da política ortodoxa de Campos Sales era condição essencial para debelar a crise econômica, acreditando Calógeras que a redução do preço do café e da borracha não duraria mais do que dois ou três anos, quando haveria uma melhoria na demanda por essas mercadorias.

A produção intelectual de Calógeras serviria como instrumento para sua valorização política como técnico de questões espinhosas; logo não parece crível separar em campos diferentes o parlamentar e o escritor. A publicação de *As minas do Brasil e sua legislação* (1904-1905) em três volumes pela Imprensa Nacional representaria não apenas um estudo detalhado sobre o tema de uma perspectiva histórica, mas também o subsídio intelectual essencial para a regulação da exploração da riqueza mineral no regime republicano. Um parecer do membro da comissão especial de minas transformara-se em mais de mil e quinhentas páginas, que punham em revista, de uma perspectiva concreta e crítica da abordagem meramente jurídica sobre o tema, toda a história da exploração mineradora no país. A obra deu-lhe respeitabilidade entre os eruditos da época. Capistrano de Abreu, amigo com quem mantinha bastante proximidade, reputou-lhe "um marco solitário" na matéria, mas não foi certamente o meio mais eficaz para a aprovação de uma nova lei sobre o subsolo. Um código de minas seria aprovado apenas em 1915, a conhecida Lei Calógeras, que não estava inteiramente de acordo com as ideias do então ministro que a assinou. O pomo da discórdia residia nas complicações geradas pela Constituição de 1891, que tornava as minas e o subsolo uma extensão da propriedade do solo por particulares, retirando-as do controle da União, aspecto que seria revisto na nova carta constitucional de 1934 (Iglésias, 1987a, p.78-82).

La politique monétaire du Brésil (1910), a segunda obra de vulto produzida por Calógeras, também teria caminho semelhante de amplos louros acadêmicos, mas, por outros motivos, reduzida capacidade de intervenção na política econômica da época. O estudo sobre a história monetária e financeira do país havia sido encomendado por Rio Branco, seguindo as diretrizes da reunião anterior, para ser apresentado na Quarta Conferência Pan-Americana, a ser realizada em Buenos Aires, em 1910. Na conferência de 1906, sediada no Rio de Janeiro, estipulara-se que os governos preparassem um estudo detalhado do sistema monetário e de sua história, bem como uma análise das flutuações cambiais desde 1886 e seus efeitos sobre o comércio e o desenvolvimento industrial. A medida seguia alguma linha de continuidade com as propostas surgidas na primeira e segunda conferências – realizadas respectivamente em Washington (1889-1890) e na Cidade do México (1901-1902) – a respeito da criação de um banco internacional americano com sucursais em diferentes países do continente e o desenvolvimento de operações bancárias interamericanas. Na conferência de 1906, tal projeto não foi apresentado novamente, e na reunião de 1910, as convenções circunscreveram-se às questões de propriedade intelectual, comercial e tecnológica, apontando que o abandono do projeto devia-se às prioridades do jogo diplomático entre os países envolvidos (*Conferencias interamericanas*, 1889-1936).

Adotando uma perspectiva bastante centrada nos discursos governamentais sobre a história monetária e financeira, a obra de Calógeras alinhava-se às ideias esposadas pelo presidente da legação brasileira na conferência de Buenos Aires, o antigo ministro da Fazenda do governo Campos Sales, Joaquim Murtinho. No livro, Calógeras defendia de forma contundente a ortodoxia monetária e fiscal, criticando os episódios de amplas emissões e de desequilíbrio orçamentário ao longo da história do país.

Talvez mais interessante do que a análise de suas obras, a atuação parlamentar de Calógeras por um longo período, entre 1897 e 1914, permite perceber os pontos principais do liberalismo econômico que defendia. Tinha-se como continuador da geração de políticos liberais do Segundo Reinado e da primeira década republicana, linhagem que vinha "desde Itaboraí até Murtinho". Seu espírito tradicionalista procurava "desenvolver os germes que sempre vingaram na história política e econômica do Império, mantidos e favoniados na fase republicana, progresso oriundo da ordem anterior" (Iglésias, 1987, p.343). Defendia fervorosamente o "velho programa, que nos veio da Monarquia e, que com várias intermitências se manteve na República" (Iglésias, 1987, p.454).

Sobre a principal atividade econômica do país, Calógeras criticava a possibilidade de intervenção nas forças de mercado, tais como a fixação de preços mínimos e a eliminação dos estoques de café. Alinhava-se à velha escola liberal, que denominava "conservadora", respeitosa dos ensinamentos da ciência econômica. Crítico da escola defensora da intervenção, a fixação de preços para o café era vista como uma "heresia econômica", pois tal medida era associada a práticas monopolistas e oligopolistas dos trustes e cartéis europeus e norte-americanos. Já em 1903, apontava como ingênuo e indigno de discussão o plano de valorização do café apresentado por Alexandre Siciliano, projeto depois incorporado ao Convênio de Taubaté. Segundo o deputado, tratava-se de medida artificial e improfícua, que somente beneficiaria os detentores de estoques com a melhora no preço do café enquanto prejudicava o Estado, com a redução dos impostos sobre o gênero, e os fazendeiros, com a falta de compradores no mercado. Ademais, dava azo ao aumento do consumo do chá, substituto do café em mercados europeus importantes. Em vez do estabelecimento dos preços mínimos, melhor seria fortalecer os produtores de café pelo estímulo à cooperação, reduzir as despesas de produção e do transporte, fomentar o consumo e aumentar o crédito agrícola (Iglésias, 1987, p.200-220).

A avaliação do deputado manter-se-ia nos anos posteriores. Em 1908, dizia que a intromissão oficial era ineficaz e violenta, "querendo fixar preço mínimo para um gênero de que não possuímos o monopólio, cujo mercado de consumo não se acha no país, que não é um gênero de primeira necessidade" (Iglésias, 1987, p.324). Os produtores concorrentes no Caribe e nos outros países da América Latina é que obteriam vantagens com a política restritiva brasileira.

Depois de aprovada a política de valorização, em 1906, Calógeras criticaria a inclusão da União na fixação dos preços do café, uma vez que o acordo havia sido iniciativa dos estados cafeicultores. No seu entender, o Convênio de Taubaté havia mergulhado o país em um "pesadelo econômico". As mensagens do governo paulista não eram críveis, pois seria recorrente o recurso ao Tesouro Federal. Assim, a União era transformada em fiadora de uma política regional, na qual os erros dos cafeicultores paulistas seriam pagos por todo o país e por outros setores econômicos, dado que a política de intervenção estimulava novas plantações, repondo continuamente o problema da superprodução sem resolver a crise, tida por inevitável (Iglésias, 1987, p.323-339).

Com relação à política monetária, o saneamento do meio circulante, o mote dos metalistas no Império, deveria ser o alvo principal da política monetária e bancária do governo. Nesse sentido, a cobrança em ouro dos direitos aduaneiros e reforma do Banco do Brasil (1905), outorgando-lhe o monopólio emissor, eram medidas que contribuíam para a regularização monetária (Iglésias, 1987, p.238, 258). Calógeras sempre criticava o recurso às emissões para o financiamento do Estado; dessa forma, "matava dois coelhos com uma cajadada só".

Entusiasta da política do governo Campos Sales, apregoava a defesa ortodoxa tanto do equilíbrio fiscal quanto do controle da oferta de moeda. Em 1903, chegou mesmo a se referir à necessidade do "trancamento absoluto das prensas em que se imprime o papel-moeda", pois partia do pressuposto de que o Brasil era essencialmente "um país de moeda inconversível" (Iglésias, 1987, p.203). A posição mantém-se constante ao longo da sua atividade parlamentar. Em 1914, emite voto no qual afirmava com veemência: "Sou radicalmente contrário à emissão. Considero-a um mal, irremediável por longo prazo. Não transijo neste ponto" (Iglésias, 1987, p.475).

Comparadas a terremotos, as crises financeiras eram vistas sob o ângulo darwinista de naturalização das relações econômicas, entendendo-as como processos normais, regulares, depuradores e violentos, que reestabeleceriam o equilíbrio econômico perturbado por alterações na esfera produtiva (escassez ou superprodução) e financeira (especulação e deficiências na regulação bancária). A intervenção do Estado deveria limitar-se aos elementos que impediam a simetria entre a produção, o consumo e os meios de troca. As épocas de crise serviriam para restabelecer automaticamente o equilíbrio da ordem econômica, enquanto os elos mais fracos seriam expurgados nesse processo evolutivo (Iglésias, 1987, p.331-332).

A função principal da política fiscal consistia, segundo Calógeras, em alcançar o "equilíbrio dos créditos e dos gastos", objetivo cada vez mais distante diante das reivindicações individuais dos políticos e dos diferentes ministérios (Iglésias, 1987, p.248). Quanto aos tributos, cedo em sua vida parlamentar, em 1897, já se mostrava favorável à existência de um imposto sobre a renda (Iglésias, 1987, p.114). Os impostos interestaduais, que em alguns estados, como Paraná, Ceará, Alagoas e Minas Gerais, representavam avultada proporção das receitas, variando de 13 a 25% das receitas totais em 1902, eram vistos pelo deputado como sendo inconstitucionais e inconvenientes, além de "pouco produtivos, de cobrança difícil, vexatórios", podendo ser substituídos por um imposto sobre os lucros comerciais (Iglésias, 1987, p.183-197). Com relação à organização do Estado, premia pela racionalização e planejamento no emprego de pessoal pelas repartições. O "vírus do funcionalismo" era igualmente atacado pelo parlamentar, enquanto elogiava o "estímulo do interesse próprio" de agentes privados (Iglésias, 1987, p.125, 276).

No tocante à política industrial, Calógeras, tendo em vista as características de atraso do país, colocava-se como o defensor de intervenções mínimas no fomento às atividades produtivas, aspecto que se revela em sua defesa da indústria siderúrgica, a única considerada em suas análises. A produção em larga escala exigida pela produção de ferro, por um lado, e a alta demanda do produto no mercado interno, por outro, exigiam o envolvimento do governo na indústria siderúrgica. Era contrário à adoção de um sistema de prêmios à produção, pois considerava o setor já protegido pelas elevadas tarifas alfandegárias. A política industrial limitava-se à organização do capital e preconizava a aplicação das garantias de juros, amplo expediente empregado desde o Império nas ferrovias e outras companhias de transporte. Ademais, defendia a participação do capital estrangeiro pela inexistência de recursos suficientes no país para tais empreendimentos (Iglésias, 1987, p.342-354).

Em 1912, sua posição inclinou-se para uma visão mais geopolítica sobre a questão, indicando uma preocupação maior acerca da relação entre o Brasil, detentor de enormes reservas ferríferas, e as grandes potências, como Estados Unidos, Inglaterra, Alemanha e França, interessadas em obter o minério. Calógeras percebia o potencial brasileiro em tornar-se um exportador mundial de ferro, como de fato ocorreria posteriormente (Iglésias, 1987, p.448-450). Ainda que sem resultados imediatos, a aprovação da lei Calógeras (1915) marcou uma nova direção na política econômica sobre a regulação do solo, deslocando o interesse da extração em si para uma maior articulação entre a exploração dos minérios, a produção industrial e o desenvolvimento econômico do país (Triner, 2016).

A INFLEXÃO DA *BELLE ÉPOQUE* REPUBLICANA (1912-1914)

Tendo marcado sua atuação parlamentar como um "oposicionista" liberal às políticas dos governos intervencionistas, Calógeras elevaria o tom das críticas após 1906 e sobretudo no início da década de 1910. De fato, pouco a pouco o caminho seguido pelas políticas econômicas destoava do liberalismo puro preconizado por Joaquim

Murtinho e Leopoldo de Bulhões. Além da política de valorização do café e da Caixa de Conversão, o próprio governo de Afonso Pena (1906-1909) impulsionara obras de expansão de ferrovias e portos em direção a uma maior integração nacional, bem como incentivara a atração dos imigrantes, sem descuidar do equilíbrio das contas do Tesouro (Bello, 1964, p.250-255).

Após violenta campanha opondo civilistas e hermistas, o governo do marechal Hermes da Fonseca (1910-1914) seria marcado por turbulências sociais, o estouro da Revolta da Chibata e o longo conflito do Contestado, embora também tenha patrocinado a realização do congresso operário brasileiro no Rio de Janeiro. O empreendimento de grandes obras públicas em variados setores e a retomada do pagamento da amortização da dívida externa, suspensa pelo primeiro *funding loan*, elevaram consideravelmente as despesas do governo. Não obstante, os recursos obtidos com as exportações de café e borracha e os aportes financeiros do capital externo permitiram certo alívio nas contas públicas (Lemos, 2010).

A curta fase entre 1912 e o início da I Guerra Mundial marcaria a inflexão na *Belle Époque* republicana. Os dois pilares da economia brasileira, o café e a borracha, seriam duramente atingidos; um pela redução da demanda internacional e o outro pela concorrência brutal dos seringais na Ásia. Em pouco tempo, as exportações de borracha das plantações britânicas e holandesas no sudeste asiático ultrapassariam as brasileiras, derrubando a preponderância amazônica. As vendas internacionais de café, por sua vez, declinavam nos mercados europeus. O preço do café foi reduzido pela venda dos estoques em Nova Iorque, após decisão antitruste da justiça norte-americana, que minava o poder dos agentes americanos na valorização do produto.

Em meados de 1913, após a constatação de um enorme déficit comercial e de perdas nas reservas em ouro da Caixa de Conversão, um novo empréstimo em Londres ou a melhora do preço do café eram as únicas saídas possíveis na visão de Rivadávia da Cunha Correia, então ministro da Fazenda. Pensando ainda nos termos da ortodoxia econômica da época, a continuidade no rígido sistema do padrão-ouro e a redução das despesas fiscais não seriam capazes de atrair novos fluxos financeiros estrangeiros conforme se esperava (Abreu, 2002, p.524; Bello, 1964, p.276-277; Fritsch, 1988, p.26-30).

Os desequilíbrios logo se fizeram notar nas cifras do comércio exterior e das contas do governo. Em 1913, as exportações caíram 12%, enquanto as importações cresceram 6% em relação ao ano anterior. Em 1914, já sob o início da guerra, novo declínio de 13% nas exportações realizadas, enquanto as importações eram reduzidas em 44% quando comparadas a 1913. As participações do café e da borracha nas exportações brasileiras caíram respectivamente 4% e 7% em apenas dois anos. Em termos de volume, houve um declínio de 37% nas exportações de café e de 53% nas exportações de borracha entre 1912 e 1914. A bases da economia brasileira pareciam soçobrar. As finanças do governo também foram bastante afetadas. As receitas totais foram reduzidas em 25% de 1912 a 1914, enquanto as despesas totais mantiveram-se relativamente constantes. Na mesma época, a União assistiu à queda da sua receita em 31% e à duplicação do seu déficit (IBGE, 1941, p.69, 85-87, 119, cálculos próprios).

Até o final do seu governo em 15 de novembro de 1914, Hermes da Fonseca e seus ministros depararam-se com a forte crise econômica e fiscal que atingia o país sob a piora da economia e das finanças mundiais pelos efeitos da guerra. Somava-se a isso, ademais, a pressão dos bancos estrangeiros. Já em setembro de 1913, N. M. Rothschild & Sons, credores históricos do Estado brasileiro, haviam enviado uma missão financeira que voltara bastante preocupada com as condições financeiras do país. A concessão de um novo empréstimo para o governo recém-empossado estava condicionada à adoção de determinadas políticas econômicas, tais como a administração estrangeira do Banco do Brasil, tornado banco de emissão, e à venda da Estrada de Ferro Central do Brasil e do Lloyd Brasileiro. Além de defenderem seus próprios interesses, os Rothschild lideravam um sindicato de bancos franceses e alemães, credores do novo empréstimo com valor nominal de 20 milhões de libras esterlinas e juros de 5,5%. As negociações prologaram-se pelo primeiro semestre de 1914, chegando a um impasse e à sua consequente interrupção um dia antes do estouro da I Guerra Mundial, que haveria de agravar irremediavelmente as condições econômicas internacionais (Abreu, 2002, p.525-527; Fritsch, 1988, p.31).

Sob o declínio da condição das contas públicas, aliada à ruptura da liquidez internacional, bem como a redução drástica do comércio mundial devido à suspensão da navegação transatlântica, não restaram muitas opções ao Estado brasileiro senão suspender os pagamentos da dívida externa, restringir as operações da Caixa de Conversão e emitir notas do Tesouro no montante de 150 mil contos de réis. Essa emissão seria duramente criticada por Calógeras, ainda deputado, colocando-a no rol nefasto do "acervo de erros, de ilegalidades e de crimes perpetrados de 1910 para cá", abrindo, sob o pretexto de ajuda à economia do país, uma "nova era de Encilhamento para meia dúzia de negocistas" (Iglésias, 1987, p.475-476).

Ainda sob o governo de Hermes da Fonseca, a realização de um segundo *funding loan*, no valor de 15 milhões de libras esterlinas, sob os auspícios dos mesmos N. M. Rothschild & Sons, prometia algum desafogo nas finanças do governo pela paralização do pagamento das amortizações dos empréstimos federais até 1927 e pelo refinanciamento dos juros a vencer entre 1914 e 1917. Por outro lado, o governo não poderia lançar ou tomar novos empréstimos no exterior por três anos, e estipulava-se a quinhão gordo das receitas alfandegárias como garantia do empréstimo de consolidação (Abreu, 2002, p.525-527; Fritsch, 1988, p.33-34)

Sem qualquer atenção às transformações do contexto internacional daquele agosto de 1914, Calógeras atribuía a crise vivida pelo país a condicionantes estritamente internos, sobretudo à má administração financeira do país. A solução viria, no seu entender, da realização de uma política visando ao reajuste do equilíbrio fiscal por meio de corte de gastos e suspensão de obras, bem como da redução do funcionalismo e de repartições do governo (Iglésias, 1987, p.476-477). Mal sabia Calógeras os desafios que lhe esperavam nas pastas do Executivo.

A ATUAÇÃO NO MINISTÉRIO DA FAZENDA (1915-1917)

A eclosão do conflito europeu transformara o governo de Venceslau Brás em um período não apenas turbulento, mas também imprevisível. No meio da tormenta, a mensagem presidencial, lida ao final de junho de 1915, revelava a guerra como um momento de ruptura das relações regulares do Brasil com o comércio e as finanças internacionais, algo que escapava à "intervenção dos poderes públicos", provocando o fechamento dos mercados e a redução drástica dos transportes, comércio e crédito às exportações brasileiras. Cabia ao país realizar o que estava diante da sua alçada, mitigando os erros cometidos por meio da redução dos gastos governamentais, o que equilibraria as receitas e as despesas, e do resgate dos títulos emitidos, o que reduziria a oferta monetária. Em suma, o programa do presidente defendia basicamente a diminuição das despesas públicas e o "saneamento financeiro". Em um plano secundário, vinham as medidas setoriais. Quanto à borracha, o objetivo era reduzir o seu custo de produção, especialmente transportes e tributos, para melhor competir com a extração asiática. O algodão e a carne congelada eram vistos como mercadorias promissoras, que supostamente ajudariam a compensar a queda das exportações de café. Por fim, em seu discurso, o presidente não descuidava dos capitais estrangeiros, recordando os "bilhões de francos e as centenas de milhões de libras esterlinas" investidos no país (Calógeras, 1915, p.8-15).

De início, o Ministério da Fazenda do novo presidente ficou a cargo do político mineiro Sabino Barroso. Da região de Serro Frio, Barroso havia sido deputado provincial em Minas Gerais nos últimos anos do Império. Sob o novo regime, retornou ao governo estadual, agora filiado ao Partido Republicano Mineiro, e participou da Assembleia Constituinte do estado. Em 1897, alcançou a esfera do poder federal, quando foi eleito novamente deputado por Minas Gerais.

Bacharel em direito e fundador da Faculdade de Direito de Minas Gerais, Sabino tornou-se ministro da Justiça e Negócios Interiores no governo de Campos Sales, e depois, em 1902, passaria brevemente pelo Ministério da Fazenda, entre as gestões de Joaquim Murtinho e Leopoldo de Bulhões. Embora conhecedor do campo jurídico, Barroso pouco sabia das teorias econômicas quando foi convocado para ser ministro da Fazenda ao final de 1914. Tampouco estava preparado para enfrentar as turbulências causadas pelo deflagrar do conflito bélico e da situação precária que havia conduzido ao segundo *funding loan*. Não é de estranhar que sua gestão tenha sido pouco mais do que desastrosa. Para fazer face à grave crise fiscal vivida pelo governo e permitir alguma receita, Sabino Barroso autorizou a emissão de 150 mil contos de réis em letras do Tesouro, as famigeradas *sabinas*. Ao final de maio de 1915, o ministro renunciaria, alegando problemas de saúde (Melo, 2010).

Calógeras certamente não esperava ser designado para ocupar a pasta da Fazenda. Na verdade, apesar de se considerar um sabichão, a discursar sobre todos os assuntos, cogitava-se que fosse chamado para a pasta da Viação e Obras Públicas por conta de sua trajetória parlamentar mais ligada à matéria. Por aproximação com o grupo militar modernizante e nacionalista dos "jovens turcos", Venceslau Brás indicaria Calógeras para o Ministério de Agricultura, Comércio e Indústria (Iglésias, 1987a, p.48-49). A dívida de Calógeras com o grupo seria paga na sua gestão no Ministério da Guerra (1919-1922), quando encabeçaria as propostas de modernização do Exército, especialmente com a vinda da missão francesa. A despeito do nome, dado por seus inimigos, o grupo nutria forte admiração pelo militarismo alemão, ponto de referência para a evolução das forças armadas brasileiras. Com suas caricaturas sagazes, as charges da época captaram o vínculo indireto do ministro, caracterizando o "Kaiser das finanças" com um pontudo capacete guilhermino e seus usuais bigodes em riste (*O Malho*, n.703, 4 mar. 1916; n.764, 5 mai. 1917 e n.765, 12 mai. 1917).

Com a saída de Barroso, Venceslau Brás se apoiaria em seu ministro mais próximo, e com maior conhecimento em temas econômicos, para fazer frente às adversidades impostas ao ministério vago. O relatório de Calógeras apresentado ao final de 1915 mostrava bem o seu entendimento da situação enfrentada. Embora as coisas não estivessem tão favoráveis desde 1912, a guerra precipitara a ruptura da regularidade da vida econômica, desembocando em uma crise múltipla: "crise de excesso de gastos; crise de preço nos principais gêneros exportáveis; crise de receitas a minguarem sem limite conjecturável; crise de colocação de nossos produtos no estrangeiro; crise de transportes marítimos" (Calógeras, 1915, p.5-6).

Na avaliação do novo presidente, endossada por Calógeras, o governo anterior havia realizado "um programa de melhoramentos superior às possibilidades econômicas do país". A solução fácil, que só deveria ser utilizada em último recurso, havia sido recorrer ao expediente errôneo da emissão das letras do Tesouro. Mais adiante, curiosamente, o próprio ministro reconheceria a difícil situação sob a redução da liquidez financeira internacional e nacional, que minavam a possibilidade de o governo contrair novos empréstimos. Em agosto de 1915, o governo autorizava nova emissão com limite de 350 mil contos de réis com compromisso de resgate. Ainda assim, era medida paliativa, pois os encargos da dívida externa alcançavam 120 mil contos de réis, ao câmbio de 12 *pence* (Calógeras, 1915, p.5-6, 17, 19-20, 28).

Ainda que otimista quanto ao rumo geral da economia brasileira, imaginando já terminado o "período de maior depressão", Calógeras era fatalista a respeito do destino das finanças do governo. A guerra colocava o país em uma encruzilhada, pois a redução das receitas aduaneiras, principal fonte de rendas governamentais, incapacitava a manutenção do equilíbrio orçamentário. Em resumo, o conflito impedia a continuidade da ortodoxia fiscal. Uma possível saída tentada naquela altura foi a substituição tributária por impostos sobre o consumo (especialmente cigarros e bebidas), a renda e a indústria (Calógeras, 1915, p.26-28, 31, 38).

Assim como em sua atividade parlamentar, o ministro também enfatizava a necessidade de redução dos gastos do governo e do número demasiado elevado de funcionários. Na prática, perseguiria os larápios das rendas públicas, especialmente nas alfândegas, com violenta campanha na impressa, que não raro tomou a parte dos ofendidos. Pior era a tentativa de atuação de empresas públicas administradas pelo Estado, gerando apenas "déficit, a proliferação de empregos, as clientelas eleitorais, a indisciplina". O Estado também deveria se afastar do desejo de possuir ferrovias e companhias próprias de transportes marítimos e fluviais, as quais deveriam ser convenientemente arrendadas a particulares. Ao governo caberia no máximo auxiliar de forma prudente e indireta indústrias e produções preexistentes. O Banco do Brasil, em particular, era condenado por realizar empréstimos de longo prazo, quando sua função principal residia na emissão, como estabelecido após a reforma dos seus estatutos em 1905 (Calógeras, 1915, p.35-42; Carvalho, 1935, 83-84).

Fora do belo Palácio Monroe, onde o discurso havia sido lido, a imprensa não deixava de notar as incongruências do ministro. Em artigo explicitamente intitulado "Os políticos na oposição e no governo", o *Jornal do Commercio* fustigava Calógeras por referendar, sem nenhuma objeção, o projeto que previa a emissão de novas apólices e de papel-moeda, práticas duramente criticadas, durante o governo anterior de Hermes da Fonseca, pelo então deputado por Minas Gerais. Direto na mensagem, o artigo concluía que "decididamente, o governo transforma e revela os homens" (*Jornal do Commercio*, 3 set. 1915).

Para pesadelo do ministro, o conflito mundial estava muito longe de terminar em 1916. Continuava em sua obra incansável de "reconstrução e de restauração financeira", como confessava na abertura do seu discurso à Câmara dos Deputados. O país convalescente exigia grande atenção à questão da estabilidade cambial, mas também novos tributos. Nesse aspecto, o progresso da exação fiscal esbarrava na desigualdade tributária, que onerava as classes populares. Com o recuo das receitas aduaneiras, o aumento da tributação sobre o consumo recaía sobre alguns gêneros, especialmente bebidas, tecidos, fósforos e fumo, enquanto inexistia o imposto sobre a renda. "A distribuição mais equitativa e mais republicana dos tributos" seria operada apenas na década seguinte, com a criação e regulamentação do imposto de renda (1922-1924) (Calógeras, 1916, p.3-4, 9, 15-16). De fato, os anos de guerra, ao impedirem o acesso ao montante usual de direitos alfandegários, produziram uma mudança profunda na composição secular das receitas do governo. Os impostos de importação, que compunham 53% das receitas totais do Estado brasileiro entre 1900 e 1913, foram reduzidos para 37% do total entre 1914 e 1930. Nesse último período, a diferença foi suprida com o acréscimo dos impostos sobre consumo (19%), rendas industriais (16%) e impostos sobre circulação (10%) (IBGE, 1941, p.120-121, cálculos próprios). O próprio ministro não escapou de críticas posteriores à sobretaxação dos gêneros alimentícios, sobretudo o açúcar.

Mesmo que o governo ainda não tirasse grandes vantagens, o processo de substituição de importações fazia-se visível aos olhos de Calógeras, que percebia como "a diminuição notável das importações foi incentivo à produção interna" (Calógeras, 1916, p.19). A indústria têxtil, em particular, recebeu amplos investimentos na ocasião, a ponto de o ministro afirmar que "a atividade realmente notável de toda a indústria de fiação e de tecelagem demonstra que as necessidades dos consumidores estão sendo atendidas em larga escala por nossas próprias fábricas" (Calógeras, 1916, p.23). Também muitas matérias-primas, antes importadas, agora eram produzidas em solo nacional ou substituídas por similares, como os corantes sintéticos pelas antigas plantas tintoriais. A redução da importação de combustíveis promoveu o desenvolvimento da energia hidrelétrica e da busca de um melhor aproveitamento das jazidas carboníferas brasileiras (Calógeras, 1916, p.24-26). Ainda que Calógeras pouco desse atenção ao fato, preso à ortodoxia do controle monetário, o crescimento da produção veio acompanhado de um aumento da liquidez interna, indicado pela redução das taxas de desconto pela metade, de 11 para 6% entre 1915 e 1916, e a expansão dos ativos e passivos bancários, de instituições nacionais e estrangeiras, em 28% no triênio de 1914 a 1916 (Calógeras, 1916, p.19, 46).

Ainda em 1916, outro evento digno de nota foi a realização da Conferência Financeira Pan-americana em Buenos Aires, da qual o Brasil foi signatário. A principal pauta do encontro referia-se à posição dos países americanos diante da ruptura do padrão-ouro, ocasionada pela guerra. Na impossibilidade do retorno ao padrão efetivo, a ideia principal era a adoção de uma moeda de conta em ouro, com peso, lei e valor iguais à unidade de ouro da União Latina (Calógeras, 1916, p.72).

O ano de 1917 seria um purgatório para Calógeras. Surgiram condenações à sua interferência autoritária e desastrada na gestão da Companhia Mercante Nacional, interrompendo o comércio do sal que vinha do Nordeste. Ademais, suscitara o descontentamento de setores sobretaxados, como o açucareiro, pelo aumento dos impostos sobre o consumo, que prejudicavam os produtores e a população em geral, enquanto setores com exportações lucrativas, como a carne e o manganês, eram pouco tributados (*Jornal do Commercio*, 14 jul. 1917, p.9; 28 jul. 1917, p.10). As maiores admoestações, no entanto, provinham dos credores dos títulos públicos. Ao longo do primeiro semestre de 1917,

Calógeras despertara a ira dos detentores das *sabinas* ao criar critérios diferenciados para o pagamento das apólices em ouro e em papel. Em termos pouco lisonjeiros e xenófobos, era acusado de forjar mecanismos para evitar o pagamento de juros, forçando os credores a aceitarem a prorrogação ilegal dos prazos vencidos das dívidas do governo (*Jornal do Comércio*, 18 mar. 1917, p.7; 30 jul. 1917, p.5).

O inferno, contudo, tinha data prevista para começar em agosto de 1917, quando seriam retomados os pagamentos da dívida externa, suspensos até àquele momento conforme o acordo do segundo *funding loan*. Apesar de algumas conversas iniciais com as autoridades dos Estados Unidos para a obtenção de financiamento externo, por conta da Conferência Pan-americana de Buenos Aires em 1916, o governo brasileiro era praticamente refém financeiro dos Rothschild, que não desejavam concorrentes na concessão de empréstimos, refletindo a disputa entre Londres e Nova Iorque pela primazia das finanças mundiais (Fritsch, 1988, p.45).

O desenrolar das ofensivas complicaria a situação brasileira. Ao início de 1917, os alemães decidiram atacar as embarcações dos seus inimigos e países que mantivessem relações mercantis com aqueles. Nessa situação, foi inevitável proibir o comércio de café do Brasil com a Inglaterra. Temia-se, ademais, que a medida se espalhasse para outros países europeus, como França e Itália. Sem o comércio europeu de café e com a perspectiva de ampla queda no preço, devido a uma safra maior naquele ano, o Brasil decididamente não teria recursos suficientes para realizar os pagamentos do serviço da dívida externa, enervando o ministro da Fazenda que rapidamente escreveria em março aos Rothschild a fim de renovar seu compromisso com o acordo do *funding* (Fritsch, 1988, p.47-48).

A iminência da queda de Calógeras tornava-se previsível com a proximidade da retomada dos pagamentos dos juros e sua incapacidade de honrá-los. A situação era insustentável para aquele que fora o maior defensor do acordo. Em um relatório confidencial para Rodrigues Alves, Calógeras confessaria que estava mais comprometido com a execução do *funding* do que o próprio presidente Venceslau Brás, que preferia a solução mais fácil da moratória (Calógeras, 1933, p.221). Em 10 de julho de 1917, Calógeras apresentou sua carta de demissão ao presidente, na qual ante todas as dificuldades enfrentadas confessava seu fracasso: "Receio que minha ação, em vez de auxílio, seja um estorvo" (Carvalho, 1935, p.86). Conforme a interpretação de Winston Fritsch, seguindo o Retrospecto Comercial do *Jornal do Commercio*, as tensões entre o ministro e o Congresso durante a discussão do orçamento de 1918 tornaram impossível a permanência de Calógeras, que clamava por novos aumentos de tributos e por maiores reduções nos gastos do governo. A oposição havia logrado modificar o orçamento em direção contrária à proposta do ministro, a quem só restava a demissão (Fritsch, 1988, p.50). O mesmo documento, contudo, aponta que os conflitos não se restringiam ao ministro, incluindo disputas entre a Câmara dos Deputados e o Senado, o que limitava sua motivação para a saída de Calógeras (*Jornal do Commercio*, Restropecto Commercial de 1917, p.17).

Ademais, o temor de uma provável situação de insolvência da dívida externa parece ter sido um elemento presente na decisão de demitir-se. Um artigo intitulado "A esperada bancarrota do governo", publicado ao final de julho de 1917, quando a notícia da saída de Calógeras provavelmente já havia se espalhado entre os altos círculos governamentais e pela imprensa carioca, apontava a baixa repentina no preço dos títulos da dívida brasileira negociados em Londres. Apesar do atestado de bom comportamento expresso no telegrama dos Rothschild ao ministro, Calógeras era acusado de cometer uma "trapalhice" nas transações com as letras-ouro detidas por portadores estrangeiros, ocasionando a falta de pagamento dos títulos e baixa no preço das letras protestadas em Londres. O malogro do projeto da reconstrução financeira, intentada por Calógeras, era denunciado de maneira alarmante pelo jornal: "Cumprimos o *funding* mas não evitamos a catástrofe, os nossos títulos degringolam, está declarada em Londres a falência do Brasil!". A possibilidade de falência e a pressão dos banqueiros e capitalistas internacionais certamente aterrorizaram Calógeras, que já se via suficientemente pressionado pelos credores internos, no caso das *sabinas*, e pelos ataques da impressa sobre questões variadas, com maior ou menor adesão à verdade, abrangendo desde a marinha mercante até a ilha das Cobras (*Jornal do Commercio*, 31 jul. 1917, p.9).

Mais generosa para com os esforços do ministro, a avaliação da imprensa internacional destacava que, apesar das grandes reduções do déficit do governo, de 13 milhões de libras esterlinas para abaixo de 2 milhões entre 1913 e 1917, as exportações brasileiras haviam declinado consideravelmente no mesmo período, aspecto agravado pelas restrições da importação de café da França e da Inglaterra a partir de 1917. Naturalmente, tal redução das receitas aumentava o perigo de descumprimento do país com relação aos pagamentos do *funding*. De fato, o movimento de queda dos títulos da dívida externa brasileira em Londres era perceptível no primeiro semestre de 1917, mas já mostravam alguma recuperação em julho daquele ano após variações na ordem de 9,5 a 13% na cotação das apólices (*The Economist*, 21 jul. 1917, p.79). Contrastando as duas abordagens, parecia mais evidente à imprensa internacional que as causas da queda do preço dos títulos residiam mais na própria instabilidade do mercado financeiro internacional do que nas atitudes do ministro.

Na tarde de 6 de setembro de 1917, quando Calógeras entregou a pasta da Fazenda para Antônio Carlos Ribeiro de Andrada, fez as habituais saudações ao sucessor, e declarou existir "em circulação letras-ouro do Tesouro na importância aproximada de 700.000 libras, das quais já se achavam em negociações para resgate mais ou menos, títulos, na importância de 500.000 libras" (*Jornal do Commercio*, 7 set. 1917, p.3). O fato de que essa tenha sido a primeira informação passada ao novo ocupante da pasta da Fazenda mostrava de forma clara a importância da matéria.

Após a saída do Ministério da Fazenda, a atuação posterior de Calógeras no campo econômico só se faria presente na missão comercial enviada para a Inglaterra em 1919, após a participação do ex-ministro na conferência do Tratado de Versalhes. Segundo o próprio Calógeras, em sua leitura do jogo das potências econômicas, a intenção era que a Inglaterra fornecesse produtos manufaturados e máquinas, anteriormente enviados pela Alemanha (*The Times*, 21 jun. 1919, p.19).

CONSIDERAÇÕES FINAIS

De engenheiro a ministro da Fazenda, a trajetória de Calógeras aponta suas origens no cosmopolitismo financeiro do império brasileiro e prolonga-se em seus êxitos de político dedicado e erudito ao início do século XX, bem como defensor da linhagem liberal, do visconde de Itaboraí a Joaquim Murtinho. Mas algo emperrara seu progresso e o do país. Para o ministro Calógeras, a guerra era a pedra intransponível, que impedia a trajetória do país rumo à república liberal que almejava: "Não fora a guerra, a própria crise financeira do Tesouro já estaria vencida e pertenceria ao passado" (Calógeras, 1916, p.45).

A bem da verdade, como visto, já a partir de 1912 as exportações de café e de borracha, pilares da economia brasileira, reduziram seu dinamismo, situação agravada pela eclosão do conflito. Em sua busca quimérica, Calógeras mantinha-se um árduo defensor da economia liberal, acreditando ser a guerra algo momentâneo, restabelecendo-se *naturalmente* as relações de livre-mercado, tidas por superiores ao intervencionismo, em uma época ulterior de paz: "Estão em via de franco reajustamento as relações econômicas tão fundamente perturbadas por causas várias. E, como sempre, o acordo direto dos interesses se mostrou mais sábio e mais precavido do que o intervencionismo governativo *à outrance* [excessivo]" (Calógeras, 1915, p.48). Adequado ao seu mundo, à sua formação e à sua mentalidade, Calógeras não percebia que o passado era o que via como sendo o futuro do país.

Ainda em Versalhes, ao longo das conversas, reuniões e jantares de diplomatas e políticos do mundo inteiro, vestidos de fraque e cartola, o alquebrado ex-ministro possivelmente esbarrou com John Maynard Keynes. Em meio a tantas questões importantes para o destino da economia mundial, o Brasil não atraiu, naquela época, a atenção do jovem economista inglês (Abreu, 1982). Outro aspecto, talvez, lhes fosse comum. Ali no centro da antiga realeza, testemunho do declínio de outro regime caduco, o dileto discípulo de Marshall ainda compartilhava das crenças liberais do ministro cosmopolita, herdeiro das tradições ortodoxas oitocentistas. Anos depois, a crise de 1929 afastariam ambos das instituições e dos interesses que sustentavam a economia liberal, mas o já velho Calógeras estava às voltas com os desafios colocados pelo governo Vargas, e Keynes começava a virar do avesso os pressupostos da teoria econômica liberal. Londres nunca mais seria a capital principal das finanças mundiais e o Brasil desvinculava-se da economia centrada no café.

REFERÊNCIAS

Fontes primárias

CALÓGERAS, J. P. Manifesto ao eleitorado do 1º Distrito Federal de Minas Gerais. *Jornal do Commercio*, Rio de Janeiro, 16 fev. 1897, p.6.

CALÓGERAS, J. P. La situation économique au Brésil. *Bulletin de la Société de géographie commerciale de Paris*, Paris, t. 23, p.351-386, 1901.

CALÓGERAS, J. P. *La politique monétaire du Brésil*. Rio de Janeiro: Imprimerie Nationale, 1910.

CALÓGERAS, J. P. *A política monetária nacional*. Trad. Thomaz Newlands Neto. São Paulo: Companhia Editora Nacional, 1960.

CALÓGERAS, J. P. *Introdução ao Relatorio apresentado ao Presidente da Republica dos Estados Unidos do Brasil por João Pandia Calogeras, Ministro do Estado dos Negocios da Fazenda, 1915*. Rio de Janeiro: Imprensa Nacional, 1915.

CALÓGERAS, J. P. *Introdução ao Relatorio apresentado ao Presidente da Republica dos Estados Unidos do Brasil por João Pandia Calogeras, Ministro do Estado dos Negocios da Fazenda, 1916*. Rio de Janeiro: Imprensa Nacional, 1916.

CALÓGERAS, J. P. *Problemas de administração:* relatório confidencial apresentado em 1918 ao conselheiro Rodrigues Alves sobre a situação orçamentária e administrativa do Brasil. São Paulo: Nacional, 1933. (Biblioteca Pedagógica Brasileira. Série 5. Brasiliana; v.24)

CONFERENCIAS INTERAMERICANAS 1889-1936. Disponível em: https://www.dipublico.org/conferencias-diplomaticas-naciones-unidas/conferencias-inter-americanas/conf-inter-amer-1889-1938/. Acesso em: 19 jan. 2019.

IGLÉSIAS, F. (Org.). *Ideias políticas de Pandiá Calógeras*. Brasília; Rio de Janeiro: Senado Federal; Fundação Casa de Rui Barbosa, 1987. (Ação e pensamento da República; 11).

Jornal do Commercio, Rio de Janeiro, 1897-1917.

O Malho, Rio de Janeiro, 1916-1917.

The Anglo-Brazilian Times, Rio de Janeiro, 1865-1879.

The Economist, Londres, 1917.
The Times, Londres, 1919.

Bibliografia geral

ABREU, M. de P. Os *funding loans* brasileiros 1898-1931. *Pesquisa e Planejamento Econômico*, Rio de Janeiro, v.32, n.3, p.515-540, 2002.

ABREU, M. de P. John Maynard Keynes e as relações econômicas anglo-brasileiras durante a II Guerra Mundial. *Revista Brasileira de Economia*, Rio de Janeiro, v.36, n.1, p.35-50, 1982.

BELLO, J. M. *História da República (1889-1954)*. 5. ed. São Paulo: Companhia Editora Nacional, 1964.

CARVALHO, A. G. de. *Calógeras*. São Paulo: Companhia Editora Nacional, 1935. (Brasiliana; 54).

FRITSCH, W. *External Constraints in Economic Policy in Brazil, 1889-1930*. London: MacMillan Press, 1988.

IGLÉSIAS, F. Ação e pensamento de João Pandiá Calógeras. In: *Ideias políticas de Pandiá Calógeras*. Brasília; Rio de Janeiro: Senado Federal; Fundação Casa de Rui Barbosa, 1987a, p.19-102. (Ação e pensamento da República, 11)

INSTITUTO BRASILEIRO DE GEOGRAFIA E ESTATÍSTICA (IBGE). *Repertório Estatístico do Brasil*. Quadros Retrospectivos n.1. Rio de Janeiro: Serviço Gráfico do Instituto Brasileiro de Geografia e Estatística, 1941. (Separata do Anuário Estatístico do Brasil, ano V, 1939-1940)

LEMOS, R. Hermes da Fonseca. In: *Dicionário da elite política republicana (1889-1930)*. Rio de Janeiro: CPDOC-FGV, 2010. Disponível em: https://cpdoc.fgv.br/sites/default/files/verbetes/primeira-republica/FONSECA,%20Hermes%20da.pdf. Acesso em: 2 fev. 2019.

MELO, D. de. Sabino Barroso. In: *Dicionário da Elite Política Republicana (1889-1930)*. Rio de Janeiro: CPDOC-FGV, 2010. Disponível em: https://cpdoc.fgv.br/sites/default/files/verbetes/primeira-republica/BARROSO,%20Sabino.pdf. Acesso em: 9 fev. 2019.

SINÉSIO, D. J. *A questão Christie e a atuação do secretário João Batista Calógeras (1862-1865)*. Niterói, 2013. Dissertação (Mestrado em História) – Instituto de Ciências Humanas e Filosofia, Universidade Federal Fluminense.

TRINER, G. *Mining and the State in Brazilian development*. London: Routledge, 2016.

5

Antônio Carlos de Andrada

UM ORTODOXO EM TEMPOS HETERODOXOS

Amaury Patrick Gremaud

INTRODUÇÃO

Antônio Carlos Ribeiro de Andrada teve uma passagem relativamente curta pelo Ministério da Fazenda, entre 6 de setembro de 1917 e 1º de novembro de 1918, no final da Primeira Guerra Mundial. Foi o terceiro ministro da Fazenda do presidente Venceslau Brás, substituindo o também ortodoxo João Pandiá Calógeras.[1] Ambos atuaram no Ministério da Fazenda em um período que o receituário ortodoxo era de difícil aplicação, dado o contexto internacional de guerra. Assim como Calógeras, Antônio Carlos também escreveu uma importante obra sobre questões monetárias no Brasil – considerada até hoje referência para a história econômica brasileira – sob o título de *Bancos de Emissão no Brasil*, publicada em 1923.[2]

Por seus escritos, pela sua passagem pelo Ministério da Fazenda e pela ampla participação nos debates ocorridos no Congresso Nacional em torno de questões monetárias e financeiras, Antônio Carlos é

1 O primeiro ministro da Fazenda do governo Venceslau Bras foi Sabino Alves Barroso Junior, afastado por razões de saúde.

2 Calógeras publicou, em 1910, *La Politique Monétaire du Brésil*.

Da terceira geração da família dos Andradas, Antônio Carlos (1870-1946) foi presidente do estado de Minas Gerais no final da Primeira República e um dos artífices da Aliança Liberal e da Revolução de 1930. Foi Ministro da Fazenda no final da Primeira Guerra Mundial e um dos principais representantes da visão ortodoxa na condução da política monetária.

sempre referenciado pela historiografia econômica brasileira, sendo este justamente o objeto deste capítulo. A figura de Antônio Carlos também granjeou destaque na história do país, tendo sido influente em diversos outros aspectos da política e da sociedade brasileiras. Durante a Revolução de 1930, foi o autor da conhecida advertência: "Façamos a revolução antes que o povo a faça".

Advogado, Antônio Carlos Ribeiro de Andrada representou a terceira geração de uma tradicional família brasileira – os Andradas –, que historicamente sempre esteve envolvida em momentos crucias do país, como no caso de seus antecessores paulistas no início de vida independente do Brasil. Neste núcleo inicial, estavam, além de José Bonifácio (O Patriarca da Independência) e de seu irmão Antônio Carlos (deputado nas Cortes portuguesas de 1821 e Constituinte em 1823), Martim Francisco, o primeiro ministro da Fazenda do Brasil independente, que vem a ser o avô de Antônio Carlos Ribeiro de Andrada, aqui analisado, e ao qual o neto dedicou um artigo justamente sobre a sua gestão à frente da Fazenda.[3]

A partir do núcleo paulista, o pai homônimo de Antônio Carlos (filho de Martin Francisco) migrou para Minas Gerais onde o clã Andrada também passaria a ter marcada participação na vida política. O pai, representante da segunda geração da família, seria deputado e senador estadual. Antônio Carlos (a terceira geração) se estabeleceu em Juiz de Fora, onde se casou, em 1899, com Julieta de Araújo Lima Guimarães – filha de Domingos Custódio Guimarães, Barão do Rio Preto, e bisneta de Pedro de Araújo Lima, o marquês de Olinda, figura proeminente no Império.

Ao longo da Primeira República, Antônio Carlos foi, além de vereador em Juiz de Fora, prefeito de Belo Horizonte, secretário de finanças da província e senador estadual. Esteve no Congresso Nacional representando Minas Gerais desde 1911, primeiro como deputado por várias legislaturas até 1925, depois como senador (entre 1925 e 1926), abandonando o cargo para assumir a Presidência da Província do Estado de Minas Gerais entre 1926 e 1930. Neste cargo, tornou-se figura-chave na sucessão presidencial de Washington Luís. Participou ativamente da formação da Aliança Liberal e esteve ao lado de Getúlio Vargas durante o levante que depôs o governo em novembro 1930. No novo regime, foi político importante nos debates que se seguiram à ascensão de Vargas ao poder: presidente da Assembleia Constituinte em 1933 e novamente deputado federal por Minas Gerais e presidente da Câmara, antes do Golpe do Estado Novo, em 1937, quando abandonou a vida pública.

3 Martin Francisco Ribeiro de Andrada já era ministro da Fazenda desde junho de 1822, ainda na chamada regência, e continuou no posto, após a independência, até julho de 1823. Voltou, depois do golpe da Maioridade, a ser o primeiro ministro da Fazenda do Segundo Império, entre julho de 1840 e março de 1841. Sobre seu avô, Antônio Carlos publicou, na edição de 1913 da *Revista do Instituto Histórico e Geográfico Brasileiro*, o texto "O ministro da Fazenda da Independência", depois republicado em 1918 como folheto (Andrada, 1915; 1918).

APONTAMENTOS BIOGRÁFICOS

No dia 5 de setembro de 1870 nasceu Antônio Carlos Ribeiro de Andrada em Barbacena, Minas Gerais, para onde seu pai migrara e passara a viver casado com D. Adelaide Feliciana Lima Duarte, de tradicional família proprietária de grandes extensões de terra na região. Esta associação com a família Lima Duarte se mostrou importante para o crescimento e estabelecimento do clã dos Andradas em Minas Gerais, que será representada não apenas pelo pai (falecido em 1893), mas também pelo filho Antônio Carlos e ao menos um dos outros 12 irmãos – José Bonifácio, que será também deputado federal e líder da Aliança Liberal. José Bonifácio e seu pai fizeram suas carreiras a partir de Barbacena; Antônio Carlos, porém, desenvolveu a sua trajetória pública a partir de Juiz de Fora.

Antônio Carlos estudou em Barbacena, na filial do renomado colégio Abílio do Barão de Macaúbas e, em 1887, se matriculou na Faculdade de Direito do Largo São Francisco, em São Paulo, onde, no final de 1891, recebeu o título de bacharel em Ciências Jurídicas e Sociais.[4] Neste período, teve contato com assuntos econômicos, pois a disciplina Economia Política era ministrada no curso pelo conhecido lente Joaquim José Vieira de Carvalho. O ensino de economia por este professor, além da tradicional incorporação do pensamento liberal francês, passou a também ser influenciado pelo pensamento liberal e neoclássico italiano (com Luigi Cossa e Antonio Ciccone), e por Henry Dunning MacLeod, que havia sido trazido ao Brasil pelo antecessor, o Conselheiro Carrão (Gremaud, 1997). Ainda sob as arcadas, Antônio Carlos, seguindo os passos de propagandista republicano de seu pai, foi frequentador do *Clube Republicano Acadêmico* e, junto a Delfim Moreira e Venceslau Brás – dois futuros presidentes da República –, fundou o *Clube Republicano dos Estudantes Mineiros*, pelo qual publicavam o jornal *Vinte Um de Abril*, do qual Antônio Carlos foi o primeiro redator (Brasil, 1963).

---

4 A maioria dos dados bibliográficos aqui elencados foram obtidos na biografia de Antônio Carlos escrita por Ligia Maria Leite Pereira e Maria Auxiliadora Faria (1998).

Depois de formado, retornou a Minas Gerais e iniciou sua vida profissional como promotor público em Ubá. Depois de breve passagem por Palma, Antônio Carlos acabou por se estabelecer como advogado em Juiz de Fora em 1894. Neste mesmo ano, também passou a exercer a docência na escola normal então criada em Juiz de Fora pelo governo do Estado, sendo que entre as cadeiras para as quais Antônio Carlos foi nomeado estavam as de História Geral e do Brasil e a de Economia Política e Social. Também em 1894, Antônio Carlos foi nomeado professor da então criada Academia de Comércio de Juiz de Fora, a qual passava a se dedicar ao ensino comercial superior. Antônio Carlos exerceu as atividades docentes até o início dos anos 1900 (Pereira; Faria, 1998).

A EXPERIÊNCIA NA SECRETARIA DE FINANÇAS DE MINAS GERAIS

Além de professor e advogado, Antônio Carlos também militou na política e no jornalismo. A partir desta experiência, avançou pela política local, tendo sido eleito vereador e vice-presidente da Câmara Municipal de Juiz de Fora e participado dos debates internos do PRM (Partido Republicano Mineiro). Em 1897, tornou-se diretor-proprietário e redator-chefe do *Jornal do Comércio*,[5] atividade que exerceu até 1902. Deixou o periódico justamente quando foi convidado para a Secretaria de Finanças do Estado de Minas Gerais, na presidência de Francisco Sales.

Enquanto editor, sempre se envolveu com questões econômicas e financeiras, tratando especialmente das finanças e das políticas de fomento às atividades produtivas estaduais. Nos textos por ele publicados no período, pode-se encontrar a defesa de uma ação mais vigorosa do governo mineiro junto ao sistema financeiro no que tange ao fomento e à subvenção às atividades produtivas, especialmente

5 Transferiu a propriedade do jornal para Francisco Valadares, em 1911, quando Antônio Carlos se tornou deputado federal. Fundou, em 1912, o *Diário do Comércio*, incorporado à cadeia dos *Diários Associados* de Assis Chateaubriand na década de 1930. Também foi colaborador frequente do *Jornal do Commercio* do Rio de Janeiro.

à lavoura. Nesse sentido, Antônio Carlos afirmou, na edição de 3 de fevereiro de 1898 do *Jornal do Comercio*, que depois do "louvável" fim da escravidão, a lavoura cafeeira mineira enfrentara alguma dificuldade com a mão de obra, mas os esforços em termos de imigração resolveriam a questão. No entanto, os braços estrangeiros acabavam ociosos e gerando custos nas hospedarias aos cofres estaduais quando não aproveitados pela lavoura, que carecia de capitais e de crédito para o desenvolvimento de suas atividades.

Um aspecto igualmente importante eram as discussões envolvendo as finanças do Estado e os debates em torno da questão tributária. Segundo Malin (2001), "a instabilidade caracterizava as finanças do estado, já que a principal fonte de receita pública era o imposto de exportação, baseado na produção e comercialização do café. Qualquer alteração dos preços do café nos mercados internacionais refletia-se violentamente no total da arrecadação tributária". A lavoura era extremamente hostil ao imposto de exportação e demandava sua redução, quando não sua extinção. Propunha-se que fosse reduzida com base na substituição por impostos territoriais, o que também era rechaçado pelos donos de terra, tendo-se em vista a elevada alíquota proposta pelo então secretário de finanças David Campista.

Antes de assumir a Secretaria de Finanças, Antônio Carlos propôs uma solução intermediária, com alterações nas alíquotas e nas definições dos valores venais sobre os quais incidiam os impostos territoriais. Nesse sentido, Malin (2001) afirma que "a política executada por Antônio Carlos na Secretaria de Finanças foi de contenção drástica das despesas públicas, de estímulo à produção agropecuária e de redistribuição da tributação, com a criação do imposto sobre o valor das transações comerciais internas, que evitou novas quedas na arrecadação tributária. Em substância, essa política representava a continuidade em relação ao governo anterior, de Silviano Brandão, homem ligado, como Francisco Sales, aos interesses do Sul, onde o café era a segunda fonte de riqueza e não a primeira, como na Zona da Mata".

De toda a forma, Antônio Carlos defendia, neste aspecto, a ortodoxia fiscal e a busca do equilíbrio orçamentário por meio da redução de despesas e a busca de aumento de arrecadação de determinados tributos. Um ponto importante nessa discussão foi a imposição federal, em 1905, da liberdade de comércio interestadual, o que impossibilitou os estados de tributarem produtos advindos de outras províncias, fato lamentado por Antônio Carlos (Pereira; Faria, 1998). Assim, Antônio Carlos atendeu à reinvindicação de diminuição ou limitação de certos impostos (de exportação e territorial) em função de seus impactos sobre as classes proprietárias e sobre os setores exportadores mineiros, mas a compensou com a ampliação de impostos que incidissem sobre o consumo em geral da população do estado.

No final de seu período à frente da Secretaria de Finanças, Antônio Carlos se envolveu também com as negociações acerca do Convênio de Taubaté. O acordo, que propunha a estocagem do café como forma de sustentação dos preços, passou a ser defendido por Minas Gerais junto ao governo federal devido ao risco de o estado de São Paulo executar o plano sozinho. O temor se fundava na possibilidade de os cafezais mineiros, mais antigos e de diferentes tipos, serem preteridos no momento em que o plano entrasse em vigor. A lei n.424, de 1906, assinada por Antônio Carlos, ratificou a entrada de Minas Gerais no acordo.

Ainda em 1905, Antônio Carlos assumiu a Prefeitura de Belo Horizonte, naquele momento, já tornada a capital do estado. No ano seguinte, voltou a Juiz de Fora, onde, em 1907, foi eleito senador estadual, novamente vereador e, por fim, presidente da Câmara Municipal. Neste cargo, equivalente atualmente ao de prefeito, foi obrigado a reorganizar as finanças do município, realizando uma série de cortes de despesas e renegociando o endividamento municipal.

Antônio Carlos entrou para o jogo político e para as discussões econômicas nacionais em 1911, quando foi eleito deputado federal pelo PRM para preencher a vaga aberta pela renúncia de Artur Bernardes, nomeado para a Secretaria de Finanças de Minas Gerais. Foi reeleito em 1912 e 1915. Dada a reputação que construiu na área econômica, sempre ocupou posição na Comissão de Finanças, por ele presidida entre 1914 e 1917, bem como a liderança da maioria na Câmara neste mesmo período. Seu mandato como deputado só seria interrompido em 1917, quando assumiu o Ministério da Fazenda do governo Venceslau Brás.

Na Câmara, foi considerado sempre um defensor da ortodoxia monetária e fiscal, adepto de um liberalismo dito "clássico". Segundo Pereira e Faria (1998, p.171), "na Comissão de Finanças, pôde dar continuidade à orientação que imprimira na execução da política estadual à frente da Secretaria de Finanças de Minas Gerais: contenção drástica das despesas públicas. Elegante e hábil, sabia sustentar com firmeza a posição que representava, sempre em nome do equilíbrio orçamentário. A defesa intransigente desse princípio, por sinal, levou-o muitas vezes a dotar posições pouco simpáticas, pois via-se na contingência de rejeitar quaisquer propostas que acarretassem elevação de encargos financeiros para o Tesouro nacional". Na Câmara, uma de suas primeiras iniciativas foi a proposição de normatização da fiscalização das contas do Executivo a serem realizadas pelo Congresso por meio do Tribunal de Contas.

Com uma postura ortodoxa e conservadora, Antônio Carlos enfrentou questões que diziam respeito, por exemplo, à legislação trabalhista e previdenciária e a assuntos sociais, como o tratamento a ser dado às manifestações e greves que se intensificaram durante o período da Primeira Guerra Mundial. Neste ponto, a postura de Antônio Carlos foi a de tratar o movimento grevista como um caso de polícia.

A ECONOMIA BRASILEIRA DURANTE A PRIMEIRA GUERRA MUNDIAL (1914-1918)

Em 6 de setembro de 1917, Antônio Carlos foi alçado ao posto de ministro da Fazenda pelo presidente Venceslau Brás, em substituição a João Pandiá Calógeras. Essa nomeação acabou por compensá-lo, dada a escolha do PRM por Arthur Bernardes para a Presidência de Minas Gerais, no período de 1918 a 1922, cargo almejado por Andrada.

No Ministério da Fazenda, Antônio Carlos enfrentaria uma situação complexa. Apesar de ser adepto de um receituário ortodoxo tanto do ponto de vista fiscal quanto monetário, sua passagem pela pasta foi marcada tanto pelo déficit orçamentário como pelo seu financiamento com base em emissões inconversíveis. É verdade que, em grande medida, a situação não se deveu apenas às medidas adotadas por Antônio Carlos, mas à conjuntura internacional marcada pela Primeira Guerra Mundial.

Na introdução do Relatório do Ministério da Fazenda de 1918, assim se pronunciou o ministro sobre a situação financeira do país: "Os algarismos relativos a 1917, sem embargo de já haver tocado ao fim o exercício, não são ainda os definitivos. [...] Mas taes algarismos, quaesquer que sejam as modificações, não alterarão o aspecto deficitário com que eles se nos apresentam. À semelhança do que, de longa data, vem ocorrendo, esse exercício, como os que lhe antecederam, se encerrou com déficit". Porém, logo em seguida, assim se justifica o ministro acerca das medidas por ele adotadas que iam de encontro ao que ele mesmo defendia havia anos:

> Devo assignalar que a partir de 1915 o déficit não pode ser levado à conta de má gestão de finanças. Outras causas, das mais poderosas e invencíveis, foram as determinantes, no triennio findo, de semelhante situação. De parte a liquidação de compromissos vindos de exercícios anteriores, há para considerar, como causa principal do desequilíbrio financeiro, as circunstâncias anormalíssimas decorrentes da grande guerra. [...] É sabido que a grande perturbação por ella trazida ao commercio marítimo quase aniquilou a principal fonte de renda da União – os direitos de importação, facto com o qual coincidiu a necessidade de despesas novas e inesperadas, impostas, primeiro pela neutralidade e, em seguida pela posição beligerante que o nosso paiz teve de assumir. Assim, sem que se legitime extranheza, foi de déficit a situação financeira do triênio de 1916-1917, tal como aconteceu durante este tempo, com as finanças de tantos outros paizes, sem embargo, quanto a alguns, de sua solida condição econômica e financeira (Andrada apud Brazil, 1919, p.III).

Ao se referir especificamente às emissões monetária, Andrada afirmou, no mesmo relatório, que: "Afastado o alvitre de se procurar exclusivamente no imposto o remédio para o déficit, tinha ele de resultar do empréstimo; e verificada a impossibilidade notória de empréstimo externo, utilizado em parte, pelo *funding* de 1914, cujas emissões vieram ate 1917, forçosos foi recorrer ao interno, o qual se praticou, durante todo o triênio, na dupla forma de emissão de apólices e da emissão de papel moeda, sendo este – como ficou em relevo nas deliberações do Congresso – como recurso extremo, do qual de resto, tiveram de servir-se tanto outros povos para os quais parecia, como os mais fundados motivos, encerrada a phase de papel moeda de curso forçado".

Durante a Primeira Guerra Mundial, acirraram-se os problemas que acometiam o balanço de pagamentos brasileiro desde 1912. Naquele período, as importações encontravam-se em patamar elevado devido ao aquecimento da economia brasileira; as exportações, por sua vez, começaram a ruir com a crise da borracha, que era, até então, o segundo produto na pauta de exportações. Por outro lado, observou-se uma reversão no sentido dos fluxos de capitais, os quais passaram a retornar para seus países de origem. Tal retração pôde estar relacionada às turbulências do período pré-Guerra, como também a uma percepção de elevação de risco por parte dos investidores. Segundo Neuhaus (1975), a reversão ocorreu em função de temores concernentes ao próprio tamanho do déficit público a ser financiado. Isso porque, antes mesmo da eclosão da guerra na Europa, a crise do balanço de pagamentos, aliada à manutenção da Caixa de Conversão, implicou num choque monetário que reverteu a tendência de crescimento econômico.

O impacto imediato da conflagração deu-se pela ruptura nas linhas de crédito e pela intensificação da saída de capitais do país. Em termos comerciais, dadas as dificuldades de navegação, houve uma queda inicial das exportações, perda revertida nos anos seguintes ainda durante a guerra. Diante da impossibilidade de novos financiamentos externos, o país ainda enfrentava problemas significativos no balanço de pagamentos, apesar da queda das importações. Assim, decidiu-se por fechar a Caixa de Conversão e passou-se a autorizar a emissão de notas inconversíveis do Tesouro de modo a aliviar a crise de liquidez e a recessão que acometia a economia brasileira. Buscava-se, assim, diminuir o impacto da guerra, abandonando o regime de câmbio fixo bem como a passividade na condução da política monetária.

O câmbio, com o desequilíbrio no mercado, desvalorizou-se rapidamente. A dificuldade de honrar suas obrigações externas obrigou o governo, em outubro de 1914, a estabelecer um novo acordo com os credores – o segundo *funding loan*. Por este, o Brasil deixaria de pagar as amortizações da dívida por 13 anos e o pagamento dos juros seria efetuado ao longo dos três anos subsequentes por meio de apólices. O acordo trouxe um alívio temporário para o governo em relação às suas obrigações externas.

As importações também diminuíram de modo significativo, causando graves problemas fiscais, uma vez que a redução da arrecadação com o imposto sobre importações, o mais relevante àquela época. Apesar do alívio decorrente do acordo de 1914, os problemas econômicos foram reforçados pelas dificuldades orçamentárias. Assim, procurou-se diminuir os gastos e, especialmente, segundo Villela e Suzigan (1973), a rubrica referente ao consumo do governo, ao mesmo tempo em que se buscaram novas fontes de receita, ampliando-se a incidência do imposto sobre consumo. O déficit foi, de fato, atenuado, mas não eliminado.

Além das questões macroeconômicas decorrentes da Primeira Guerra, havia uma pressão interna não desprezível no sentido de se reverter os aspectos contracionistas da política econômica. Fritsch (1984) destaca a movimentação política de atacadistas e grandes comerciantes, assim como dos credores internos do governo. Tais demandas já se faziam sentir durante a guerra, uma vez que o início das hostilidades na Europa traduziu-se em pressão sobre a política econômica contracionista do então ministro da Fazenda Pandiá Calógeras. Ademais, foram reformados os estatutos do Banco do Brasil, incluindo a possibilidade de este redescontar títulos comerciais e obrigações do governo. O Banco do Brasil recebeu parte considerável dos recursos oriundos de novas emissões com o objetivo expresso de auxiliar o desenvolvimento das atividades internas (Fritsch, 1992).

Apesar da expressiva queda nos preços, as exportações brasileiras começaram a se recuperar já em 1915, com a reorganização de alguns fluxos de comércio e com o crescimento de exportações de produtos "não tradicionais". A recuperação das vendas para o exterior, o segundo *funding* e as dificuldades de importação fizeram com que o câmbio, depois da desvalorização inicial, se estabilizasse. Este quadro resultou em certa recuperação das atividades internas baseadas no uso de capacidade produtiva subtilizada. A partir de 1917, contudo, o balanço de pagamentos voltou a perder fôlego, especialmente em função das restrições às exportações de café impostas pelos países Aliados, das dificuldades de navegação depois da entrada do Brasil no conflito e da própria perspectiva da volta de alguns pagamentos depois do segundo *funding loan*. Além disso, a aceleração inflacionária pressionava os preços dos alimentos, causando descontentamento nos setores urbanos, os quais embasaram os movimentos grevistas de 1917.

Do ponto de vista das contas públicas, observou-se novamente um aumento dos gastos em função do rompimento da neutralidade brasileira e da declaração formal de guerra. Aumentaram as despesas militares e os investimentos governamentais em produtos e serviços considerados estratégicos, como carvão, minério de ferro, ferrovias etc. Depois da referida queda no início da guerra, o déficit público voltou a se elevar em 1917. Foi nesse quadro de estrangulamento do balanço de pagamentos e crise fiscal que Antônio Carlos assumiu o Ministério da Fazenda.

A ATUAÇÃO DE ANTÔNIO CARLOS NO MINISTÉRIO DA FAZENDA (1917-1918)

Ao assumir a pasta da Fazenda em setembro de 1917, Antônio Carlos continuou a tentar aplicar a política fiscal ortodoxa adotada por Calógeras: redução das despesas na execução do orçamento federal ao mesmo tempo em que se tentava, por um lado, reverter o declínio da principal fonte de receita, o imposto de importação, por meio do aperfeiçoamento da fiscalização, e, por outro, estabelecendo uma nova regulamentação referente aos impostos de consumo, do selo e de renda. Nesse período, a situação da cafeicultura também era delicada em função das dificuldades de comercialização do produto durante a guerra e de (mais) uma grande safra que se aproximava (1918). Nesse contexto, o governo viu-se compelido a promulgar o segundo plano de valorização do café. Rompidos os fluxos internacionais, a política teve que ser executada, dessa vez, por meio de crédito doméstico, com o governo federal destinando 120 mil contos de réis à política de valorização do café.[6]

Assim, o déficit público de 1918 manteve-se nas mesmas dimensões do registrado no ano anterior. Nesse sentido, argumentou Antônio Carlos que "o único meio de evita-lo estaria em novos impostos. Mas é sabidamente impossível conseguir de impostos, em paizes de frágil organização econômica e de forte tributação, como é o nosso, de chofre, sobretudo em phases anormaes, rendas avultadas. A esse respeito V.Sa [o relatório é endereçado ao presidente da República] conseguiu o máximo, interessando-se pelos novos impostos de consumo, pelo aumento no de renda e pelas modificações no de importação" (Andrada apud Brazil, 1919, p.6-7).

Os déficits foram financiados com a colocação de títulos internos e externos, além de emissões de notas do Tesouro. Para justificar a medida, o ministro novamente alegou que:

> A orientação no sentido dos impostos teria inevitavelmente fracassado. Reparado os efeitos da guerra em nossas finanças, elles terão de ser reestabelecidos, mais dias, menos dias, sobretudo para corrigir dos defeitos do actual regimen tributário. Mas quando forem outras, após a guerra as condições da economia nacional, nunca se devendo perder de vista que, além dos da União, já sobre ella pesam os encargos, em alguns casos bem pesados, da tributação estadual e federal. [...] A terminação da guerra permittira que a renda dos impostos de importação volte, dentro de algum tempo, ao algarismo antigo; a tendência dos outros impostos, uns recentemente creados ou modificados, outros antigos, é para a produção de receita paulatinamente maior; da revisão tributária, que parece conveniente, poderá advir, ao lado da maior justiça na distribuição do imposto, também rendas maiores; o aparelho de arrecadação dos impostos está sendo sensivelmente melhorado; o que tudo assegurará, severamente assegurado o preceito capital de economia de despeza, a reparação das consequências desastrosas a que já aludi. E dentre as más

6 O fim da Primeira Guerra e dois dias de geadas em 1918 reverteram completamente a situação do mercado e dos preços do café. A quebra da colheita afetou o desempenho da economia brasileira em 1918, mas também eliminou possíveis excesso de oferta no mercado brasileiro justamente quando a guerra se encerrava (Fritsch, 1989).

consequencias a reparar figura certamente no primeiro plano a consistente na grande ampliação do meio circulante por motivo de emissões de papel moeda. É após a guerra normalizada a vida do mundo, que se farão sentir na economia nacional, os efeitos de taes emissões. A política de resgate e a constituição de um fundo de garantia, esta já iniciada, terão, pois, de impor-se como das mais imperiosas necessidades" (Andrada apud Brazil, 1919, p.7).

Antônio Carlos procurava sinalizar que as imperiosidades conjunturais o compeliram a chancelar tais emissões, as quais deveriam ser revertidas ou lastreadas em divisas-ouro tão logo se encerrasse a guerra. Indo além, argumentava que, em sua gestão, o governo centralizou as compras de ouro no Tesouro, buscando aumentar, assim, o possível lastro sobre o qual repousariam as novas emissões.

Do ponto de vista cambial, depois da desvalorização do início da guerra, a taxa se manteve relativamente estável entre 1917 e 1918. Uma importante medida adotada por Antônio Carlos foi o aumento da fiscalização sobre o mercado cambial a fim de: (1) diminuir as remessas ao exterior; (2) arrefecer a especulação no mercado; e (3) estabilizar a taxa de câmbio. Para tanto, estabeleceu-se inicialmente uma fiscalização *a posteriori*: os agentes deveriam comunicar as transações efetuadas para que o governo pudesse não apenas contabilizá-las, mas também verificar o cumprimento da lei de guerra, que limitava o uso do mercado cambial. Em 1918, essa fiscalização tornou-se "prévia", ou seja, os agentes deveriam solicitar a autorização oficial para então realizarem as transações. Nesse caso, eram permitidos apenas três tipos de operação com o exterior: o pagamento de dívidas (públicas e privadas), de importações e a subsistência de emigrantes brasileiros no exterior. Buscava-se, assim, limitar a recorrente especulação no mercado cambial.

Apesar de as medidas terem sido bastante mitigadas nos anos seguintes, tratou-se da primeira intervenção direta do governo no mercado cambial brasileiro em muitos anos, revelando como o processo especulativo instabilizava o mercado e pressionava pela desvalorização da moeda nacional. O ministro reconhecia que parte destas medidas puderam ser editadas em função das leis de guerra, mas um maior controle do processo especulativo era um elemento importante a ser mantido no pós-guerra, especialmente de modo a mitigar os efeitos do excesso de emissão (Brazil, 1919, p.13).

AS IDEIAS ECONÔMICAS ANTÔNIO CARLOS DE ANDRADA

Antônio Carlos deixou o Ministério da Fazenda em 1º de novembro de 1918, duas semanas antes do fim do mandato de Venceslau Brás, a fim de se manter elegível nas eleições parlamentares. Assim, retornou à Câmara dos Deputados em 1919, reassumindo a presidência da Comissão de Finanças, na qual permaneceu até 1923. No ano seguinte, voltou a ocupar a liderança da maioria na Câmara dos Deputados. Em 1925, elegeu-se senador, permanecendo por poucos meses no Senado antes de ser indicado e eleito para a Presidência do Estado de Minas Gerais. Neste período, representou o Brasil em conferências internacionais sobre finanças em Londres e Genebra.

No decorrer de sua atividade parlamentar, especializou-se em questões econômicas, especialmente as relativas às reformas tributária e financeira-monetária. Em relação à primeira, defendeu a ampliação do imposto sobre consumo e a aplicação lenta e cautelosa do recém-criado imposto de renda, pois não acreditava que este gravame poderia, pelo menos naquele momento, resolver os problemas orçamentários do país, os quais deveriam ser combatidos com tributos sobre consumo. Advogou, também, a criação de uma taxa de viação, que incidiria sobre as mercadorias transportadas em vias férreas, fluviais ou por cabotagem.[7] A defesa da ampliação de impostos sobre consumo e circulação por Antônio Carlos não se justificava apenas pelo potencial de arrecadação, mas pelo fato de considerá-los mais justos, uma vez que atingia aqueles que consumiam mais; presumidamente, os mais privilegiados.[8]

---

7 O imposto seria de 1 real por quilograma de mercadoria transportada. Defendeu também um imposto de 3% sobre os lucros líquidos do comércio e de 1% sobre os valores dos títulos transferidos em Bolsa.

8 Neste ponto, a ideia de justiça se restringe à noção de que se paga mais imposto pois se consome mais, e não às noções de progressividade em que se leva em consideração não apenas o montante pago, mas a relação (crescente) entre este montante e a renda

No que tange às questões monetárias e financeiras, Antônio Carlos defendeu reiteradamente a adoção de políticas ortodoxas ao longo de sua atividade parlamentar. Um dos mais importantes discursos por ele proferido deu-se em 29 de julho de 1921, cuja repercussão levou a Câmara dos Deputados a publicar o texto em separata. Este discurso, junto com o livro *Bancos de Emissão no Brasil*, de 1923 e com uma publicação na *Revista do Instituto Histórico e Geográfico Brasileiro* de 1913, sobre as passagens de seu avô Martim Francisco pelo Ministério da Fazenda (texto que foi republicado em separado em 1918), são as principais obras publicadas[9] por Antônio Carlos sobre questões econômicas, especialmente monetárias e financeiras.

No referido discurso, o deputado interveio no debate acerca das causas da desvalorização cambial recorrentemente observada na história do Brasil. Antônio Carlos demonstrou sua crença inamovível na ortodoxia metalista clássica ao argumentar que, apesar dos descontroles no balanço de pagamentos, o problema cambial repousava na desordem orçamentária e no excesso de meios de circulação:

> Onde impera o desequilíbrio do orçamento, a desordem das finanças impera o descredito e a consequência do descredito, do ponto de vista das relações econômicas internacionaes, é a queda do cambio. [...] E o recurso ao papel moeda mostra que a nação perdeu o crédito. A consequência immediata do descredito é a queda dos câmbios estrangeiros. [...] Raphael George Levy, grande economista, escreveu a pouco para a conferencia parlamentar internacional de Lisboa, paraphraseando o celebre lemma do Barão Louis: "dae-me boas finanças e vos darei boas moedas". (Andrada apud Brazil, 1922, p.653)

Referindo-se aos desvios da condução da política monetária observados durante a guerra, o deputado reiterou a necessidade de se

ou a riqueza do contribuinte. Sobre as questões tributárias, ver discursos de Antônio Carlos na Câmara em 31.10. 1919; 21 e 23 12.1920 e 3.11.1921. Ver Pereira e Faria (1998, p.238-242)

9 Para o discurso, ver Brazil (1922) ou Andrada (1921). Para o livro *Bancos de emissão do Brasil*, ver Andrada (1923). Já para o texto sobre seu avô, ver Andrada (1915) ou Andrada (1918).

retornar aos princípios emissores conservadores, tais quais haviam sido realizados no início do século:

> Nas emissões de papel moeda – é verdade velha para os que conhecem a Economia Politica – está outro e importante fator do estado das cousas, de que é expressão o cambio baixo. A ellas tivemos de recorrer justificadamente na phase da guerra. [...] Muitas das nações, das mais cultas e firmes no zelo da circulação melallica, tiveram de elas recorrer. Finda a Guerra, ellas deixaram de ter justificativa. Infelizmente, taes emissões da phase da guerra abriram sulco não apenas na política monetária que o pais vinha realizando, mas, o que é mais grave, na continuidade das idéas, na sequencia dos princípios sempre praticados pelos nossos homens de Estado. [...] Assim é que, na consequência delas, formou-se em nosso meio mentalidade nova, novo estado de alma característico do emissionismo ou do inflacionismo, e que Arthur Raffalowitc diagnostica como estado de psycopathia, que se traduz frequentes vezes pelos mais extravagantes projetos emissores (ibidem, p.654).

Por fim, referindo-se de forma irônica à Carteira de Redesconto recentemente criada,[10] Antônio Carlos teceu crítica mordaz ao experimento por ele tido como heterodoxo:

> Dessa Carteira de Redesconto, destinada a realizar a nossa felicidade monetária [...] pois seu funccionamento só depende de factores fáceis, como sejam notas promissórias e machinas de estampar papel. A emissão quase livre sobre letras e notas promissórias cria a prosperidade econômica, forma o capita, estipula o commercio, a lavoura, a indústria! Esse o principio triumphante para a mentalidade inflacionista. Ninguem se iluda – só se compreende, só se tolera aparelho emissor de notas quando essas são conversíveis em ouro e à vista. De outro modo é o abuso, a inflação, o reinado puro e simples do papel litographado. [...] A carteira com o limite inicial de 100.000 contos, tem já suas emissões beirando os 200.000 e o tempo mostrará que este limite é pequeno. (ibidem, p.659)

---

10 O decreto 14.635, de 21de janeiro de 1921, regulamentou o serviço da carteira de redesconto do Banco do Brasil.

Antônio Carlos se opôs ao funcionamento da Carteira de Redesconto por considerá-la mais um instrumento de emissões inconversíveis imbuído de todos os vícios por ele apontados em seus pronunciamentos. Ao concluir o discurso, criticou novamente a moeda fiduciária com base em argumentos internacionalmente utilizados para defender o retorno ao padrão-ouro: "Em celebre conferência financeira de Bruxellas [...] dentre as poucas conclusões unanimemente vencedoras figuras a de que 'é preciso por cobro, sem demora, às emissões fiduciárias, agindo-se no sentido da deflação de credito e do meio circulante'" (ibidem, p.661).

Antônio Carlos constantemente fazia referências à história monetária do país, objeto central das duas outras publicações a que se fez referência. Sua leitura a esse respeito estava fortemente embasada no arcabouço metalista, a partir do qual tecia críticas contundentes às políticas de viés papelista adotadas no decorrer da história do Brasil[11].

No texto em que analisou a gestão de seu avô à frente do Ministério da Fazenda, Antônio Carlos atentava para os malefícios da emissão inconversível já naquela época: "A lei de Gresham – a moeda má expelle sempre a boa – teve, mais uma vez, a consagração dos factos" (Andrada, 1915, p.368). No que concernia à questão cambial, ele também reiterava suas credenciais metalistas: "Não provinham pois do desequilíbrio da balança econômica, si não das perturbações causadas à circulação pela moeda desnaturada os algarismos em que se exprimia a depressão cambial" (ibidem, p.368). De modo geral, aceitava que uma das principais causas dos problemas enfrentados pela moeda por ele classificada como "desnaturada" – isto é, desvalorizada – eram as emissões em excesso. Reconhecia, porém, que o retorno de D. João VI e sua corte a Portugal, ao levarem as "joias da Coroa" e as "notas" convertidas em metais, também causaram problemas monetários relevantes ao Brasil.

O trabalho também descreve as dificuldades enfrentadas por Martim Francisco de Andrada à frente do Ministério da Fazenda no início do Império, com foco em suas tentativas de controlar o

---

11 Sobre os debates monetários e a oposição entre papelistas e metalistas no Brasil, ver Gremaud (1997).

orçamento público e nos enfrentamentos com vários grupos sociais relevantes, inclusive os que circunscreviam o monarca português. A obra também acompanha a atuação de seu avô na segunda passagem pela pasta da Fazenda, logo em seguida ao golpe da Maioridade (1840-1841), e em diferentes debates legislativos nos quais Martim Francisco esteve envolvido. Quanto a estes, Antônio Carlos deu ênfase ao ano de 1833, quando se observou a instituição de um novo padrão monetário, com novos valores de desconto para as notas e moedas. Nessa ocasião, Martim Francisco manifestou-se contrariamente às mudanças por acreditar que se tratava de um "roubo de propriedade" contra aqueles que sofreram a desvalorização de suas notas.

Antônio Carlos defendia a atuação do avô ao creditar-lhe as tentativas de estabelecer controles sobre o orçamento público, bem como o combate ao inflacionismo por meio da contenção monetária. Nesse sentido, realçou as dificuldades enfrentadas por Martim Francisco na luta pela "moralização" da política econômica imperial:

> Como de tantos outros financistas do Imperio, tem se a impressão, deante de seu austero feitio moral, se sua inteiriça envergadura de administrador, da solida competência e segura visão politica. Sempre revelada nos actos com que assignalou sua trajectoria pela gestão na Fazenda – de que se lhe fora dado permanecer demoradamente no posto, a que ascendeu pelo seu mérito e virtudes, teria edificado uma grande obra, capaz de assegurar ao paiz, pelo decurso dos anos, no domínio das finanças, tempos mais prósperos, ao envez dos dias sombrios que a nossa história financeira rememora e lastima (Andrada, 1915, p.452).

A história monetária brasileira é o objeto central de seu livro *Bancos de Emissão no Brasil* (1923). Até hoje considerada referência para os estudos sobre a história monetária e financeira do Brasil, a obra cristaliza em diversas passagens suas convicções monetárias em favor das emissões conversíveis e inteiramente lastreadas em ouro. Por consequência, Andrada se opunha ao uso do meio circulante para financiar os desequilíbrios orçamentários, bem como às interpretações que consideravam a moeda e o crédito como adiantamentos para a formação e a ampliação do capital produtivo. O livro reproduz integralmente leis e decretos na área monetária, bem como parte dos mais relevantes debates travados a esse respeito ao longo da história do parlamento brasileiro.

De acordo com Antônio Carlos (1923, p.1), a história da política monetária no Brasil, "abrange os quatro períodos no decurso dos quaes as emissões bancarias foram instiuídas e se desenvolveram". Seguindo a apresentação contida no prefácio do livro, o primeiro período se dá a partir da fundação, em 1808, do primeiro Banco do Brasil, momento em que se inaugurou a emissão de notas, a princípio, conversíveis em moeda metálica, mas que se tornaram inconversíveis à medida que as emissões ocorriam de forma desordenada. As notas inconversíveis emitidas pelo banco mantiveram-se em circulação até 1829, quando foram encampadas pelo Estado após a extinção do primeiro Banco do Brasil.

O período seguinte data da criação do segundo Banco do Brasil, em 1853, fase em que se observou tanto a pluralidade emissora (entre 1857 e 1860) quanto o retorno do monopólio até 1866, ano em que o Banco do Brasil perdeu a prerrogativa do monopólio emissor e passou a ser apenas uma caixa de depósitos e descontos. A terceira fase tem início em 1889, ainda no Império, e foi marcada pela fugaz pluralidade emissora e conversibilidade dos bilhetes emitidos, condições abandonadas pouco tempo depois da proclamação da República. Por fim, "o quarto período, que ainda esta em curso, iniciou-se em 1921, com a fundação da carteira de emissão e redesconto do Banco do Brasil" (Andrada, 1923, p.2).

Nesse sentido, Antônio Carlos repisou sua opinião acerca da melhor política monetária a ser adotada por uma economia periférica como a brasileira:

> A licção dos factos e dos exemplos expostos, assim como, e sobretudo, a longa experiencia relatada nos capítulos precedentes, não deixa dúvida sobre qual o rumo que os interesses do Brasil insistentemente reclamam para a sua politica monetária. Cumpre aos estadistas de nossa terra resistir á seducção pelas aventuras e artifícios [...]. As aventuras e artifícios fascinam, mas seu epilogo é sempre desastroso. [...] Temos de nos orientar com firmeza e confiança, no sentido da valorização de nossa moeda e, em busca desse objetivo, o caminho esta conhecido. A resistência á expansão

monetária será o primeiro passo, o segundo estará na reducção do meio circulante, pelo resgate paulatino mais effectivo (ibidem, p.476).

Ao final da obra, o Andrada não se furtou de tecer duras críticas à política econômica àquele momento adotada pelo governo brasileiro – em especial, à Carteira de Redesconto – tecendo loas ao período em que Campos Sales governou o país e Joaquim Murtinho, a economia:

> Enquanto for tolerado, não importa o pretexto, ou a denominação qualquer aparelho jorrando para a circulação notas inconversíveis, será infantil a suposição ou a esperança de que a circulação se possa valorizar. [...] Destruidas as maquinas que, com permissão legal estiveram a fabricar dinheiro, a etapa immediata consistirá em dar incio ao resgate, ao mesmo tempo que se restabelecer o funcho metálico destinado a, em futuro remoto ou próximo, assegurar a conversão. Em summa, o programa a seguir, esta, nas linhas geraes, e até nas minucias, nesse mesmo que, há pouco mais de 20 annos, em conjuctura egual à presente foi executado pelo Presidente Campos Salles, e de cujo desenvolvimento e resultado demos noticia pormenorizada em capitulo próprio (ibidem, p.476).

Por fim, Antônio Carlos ressaltava determinadas "inovações" monetárias, muitas das quais relacionadas a instrumentos típicos de banco centrais que então começavam a se difundir na América Latina. Tais "inovações" também eram utilizadas para se enfrentar situações consideradas "opressivas", como a política emissora restritiva de Murtinho. Apesar de ter se posicionado contrariamente à Carteira de Redesconto da forma como fora estabelecida no Brasil – por ele entendida como uma "máquina de fazer jorrar notas inconversíveis" –, o Andrada defendia, inspirado na experiência dos Estados Unidos, o recurso a instrumentos como os da "reserva legal" ou "depósitos compulsórios". A esse respeito, argumentava que "a reserva deveria se realizar no Banco do Brasil forçados todos os bancos a nelle grardarem dez por cento dos seus depósitos, cabendo áquelle instituto so operar com as somas desta procedência para os fins do redesconto bancário" (ibidem, p.478).

Se ortodoxo em matéria de política econômica, Antônio Carlos não poderia ser acusado propriamente de voluntarioso. A receptividade em relação ao que se praticava nos principais centros econômicos do planeta demonstrava sua abertura às experiências bem-sucedidas de desenvolvimento.

CONSIDERAÇÕES FINAIS

O último cargo político de relevo exercido por Antônio Carlos foi a Presidência do estado de Minas Gerais, entre 1926 e 1930. Sua gestão foi marcada, entre outros elementos, por controvertidos debates na área da educação. Nesse sentido, contou com o apoio e as iniciativas de seu secretário do interior, Francisco Campos, que procurou reformar o ensino primário e normal do estado, ampliando o número de vagas e renovando as orientações didático-pedagógicas. As novas diretrizes seguiriam os postulados da "escola nova", metodologia do filósofo norte-americano John Dewey, abraçada, no Brasil, por intelectuais como Anísio Teixeira e Fernando de Azevedo.

Com apoio de professores e técnicos estrangeiros, também foi criada a Escola de Aperfeiçoamento, destinada a formar e reciclar educadores. Algumas polêmicas se deram em torno de tais renovações, envolvendo não apenas certo estranhamento de grupos da sociedade frente às interpretações e proposições da "escola nova", mas também frente à concepção conservadora que a ela foi dada pela atuação de Francisco Campos – como a reintrodução do ensino religioso em 1928 –, as quais depuseram contra a aceitação consensual de suas medidas. Além disso, o governo encabeçou a criação, em 1927, de uma das mais importantes instituições de ensino e pesquisa do país, a Universidade de Minas Gerais (atual UFMG).

Do ponto de vista político, a articulação para a sucessão presidencial de Washington Luís dominou a agenda do então governador. Se mantida a tradição da "política do café com leite", o indicado para a eleição de 1930 deveria representar o estado de Minas Gerais, sendo o nome de Antônio Carlos o mais óbvio das possibilidades. Nesse sentido, Malin (2001) argumenta que "ao iniciar-se o ano de 1928, já havia fortes indícios de que Washington Luís se fixaria na candidatura de seu protegido Júlio Prestes, entre outras razões, para garantir a continuidade, no quadriênio seguinte, da linha mestra de seu governo, a política monetária de retorno ao padrão-ouro e de fixação da taxa de câmbio acima dos índices do mercado, favorecendo as exportações. Vários episódios marcaram a hostilidade entre o presidente da República e o de Minas. Antônio Carlos não custou a entender que, vetada pelo palácio do Catete, sua candidatura se tornava praticamente inviável. Viável seria, entretanto, resistir à imposição de Júlio Prestes, com a apresentação de um forte candidato oposicionista". Em decorrência, formou-se a Aliança Liberal, que resultou na deposição do presidente instituído; ambos os processos contaram com a ativa participação de Antônio Carlos.

Após a ascensão de Getúlio Vargas ao poder central, Antônio Carlos rejeitou a indicação para assumir a embaixada brasileira em Lisboa para articular e liderar a formação de um novo partido em Minas Gerais, o Partido Progressista. Em 1933, foi eleito para Assembleia Nacional Constituinte, da qual foi seu presidente. No ano seguinte, elegeu-se novamente deputado para o novo Congresso Nacional, por ele presidido a partir de 1935. Rompido com Vargas e Valadares, governador mineiro, fundou uma nova agremiação em Juiz de Fora, o Partido Progressista Democrático, para apoiar Armando Salles na eleição presidencial prevista para 1938. Com o golpe do Estado Novo (1937), Antônio Carlos se afastou definitivamente da política e passou a se ocupar apenas de suas atividades privadas. Faleceu em 1º de janeiro de 1946, aos 75 anos, no Rio de Janeiro.

Em uma de suas últimas declarações públicas, Antônio Carlos discorreu sobre diversos aspectos da vida nacional. Na oportunidade, não se eximiu de avaliar a conjuntura econômica à luz de seu entendimento liberal, ratificando as premissas ortodoxas que embasaram suas ideias e sua práxis econômica quando à testa da Fazenda: "A lição do passado em assunto de reorganização financeira não pode ser desprezada, indicando a necessidade de criação do Fundo de Garantia e do Fundo de Resgate do Papel Moeda. Esta lição é a dos governos Campos Sales e Rodrigues Alves, em que foram Ministros da Fazenda Joaquim Murtinho e Leopoldo de Bulhões. A experiência do passado ai está a desaconselhar novidades e inovações. [...] Sobre estes pontos de vista, muitos dirão que são velharias, mas em assuntos de finanças e de economia política a sã doutrina, que é propugnada pela chamada "escola clássica" é a única que tem conseguido vencer as crises" (apud Pereira; Faria, 1998, p.506).

Político conservador, *policymaker* ortodoxo. Se não chegou a ser reconhecido como um economista no sentido estrito do termo, Antônio Carlos de Andrada granjeou lugar de destaque na época em que viveu, especialmente entre os homens públicos do *establishment* da primeira e segunda repúblicas brasileiras.

REFERÊNCIAS

ANDRADA, A. C. R. de. O ministro da Fazenda da independência. *Revista do Instituto Histórico e Geographico Brasileiro*. Tomo LXXVI, Parte I, p.363-452, 1913. Rio de Janeiro: Imprensa Nacional, 1915.

ANDRADA, A. C. R. de. *O ministro da Fazenda da independência e da maioridade*: sua ação no governo e no parlamento. Suas opiniões sobre assumptos de finanças. Rio de Janeiro: Ed. Jacintho Ribeiro dos Santos, 1918.

ANDRADA, A. C. R. de. *A crise. O câmbio. O papel-moeda. A carteira de redesconto.* Discurso pronunciado na sessão de 29 de julho de 1921 na Câmara dos Deputados. Rio de Janeiro: Imprensa Oficial, 1921.

ANDRADA, A. C. R. de. *Bancos de emissão no Brasil*. Rio de Janeiro: Editora Leite Ribeiro, 1923.

BRASIL. Presidentes da Câmara dos Deputados: 14º – Antônio Carlos Ribeiro de Andrada. Câmara dos Deputados. *Boletim da Biblioteca da Câmara dos Deputados*, v.12, n.2, p.319-340, jul.-dez. 1963.

BRAZIL. *Anais da Câmara dos Deputados*. Sessão de 29 de julho de 1921, p.642-663. Rio de Janeiro: Imprensa Oficial, 1922.

BRAZIL. Relatório apresentado ao Presidente da República dos Estados Unidos do Brasil pelo Dr. Antônio Carlos Ribeiro de Andrada Ministro de Estado dos Negócios da Fazenda do Brasil no Anno de 1918. Ministério da Fazenda. Volume 1. Rio de Janeiro: Imprensa Nacional, 1919.

FRITSCH, W. Brazil and the Great War, 1914-1918. *Texto para discussão PUC-RJ*, n.62, jan. 1984.

FRITSCH, W. Apogeu e crise na Primeira República: 1900-1930. In: ABREU, M. de P. (Org.). *A ordem do progresso:* cem anos de política econômica republicana, 1889-1989. Rio de Janeiro: Campus, 1992.

GREMAUD, A. P. *Das controvérsias teóricas à política econômica*: pensamento econômico e economia brasileira no Segundo Império e na Primeira República (1840-1930). São Paulo, 1997. Tese (Doutorado) – Faculdade de Economia e Administração, Universidade de São Paulo.

MALIN, M. Antônio Carlos. *Dicionário histórico-biográfico brasileiro*. CPDOC/FGV; Editora FGV: Rio de Janeiro, 2001.

NEUHAUS, P. *História monetária do Brasil:* 1900-45. Rio de Janeiro: IBMEC, 1975.

PEREIRA, L. M. L.; FARIA, M. A. *Presidente Antônio Carlos*: um Andrada da República, o arquiteto da Revolução de 30. Rio de Janeiro: Nova Fronteira, 1998.

VILLELA, A. V.; SUZIGAN, W. *A política do governo e crescimento da economia brasileira (1889-1945)*. Rio de Janeiro: Ipea/Inpes, 1973.

ERA VARGAS

1930-1945

6
Getúlio Vargas
DO POSITIVISMO AO DESENVOLVIMENTISMO[1]

Ivan Colangelo Salomão
Pedro Cezar Dutra Fonseca

INTRODUÇÃO

Getúlio Vargas foi, indubitavelmente, o mais importante personagem da história brasileira do século XX. Entre 1930 e 1954, período em que foi figura central da política nacional, o país passou por transformações de vulto, alterando-se o papel do Estado e aprofundando sua inserção na economia e na sociedade.

Os estudos sobre a chamada Era Vargas e, em particular, sobre seu papel na condução desse processo, geralmente centram-se nos anos posteriores a sua ascensão à Presidência da República. Pretende-se neste capítulo enfocar um tema pouco pesquisado, a saber, sua formação intelectual e os principais traços de seu pensamento econômico. Ao contribuir para o preenchimento desta lacuna, procura-se responder a questões relevantes concernentes à gênese de suas ideias

1 Versão modificada e atualizada de artigo intitulado "O ideário de Vargas e as origens do Estado desenvolvimentista no Brasil" apresentado no *Segundo Congreso Nacional de Historia Económica*, México, DF, 2004 e no XXXIII Encontro Nacional de Economia da ANPEC, João Pessoa, 2004.

Político brasileiro mais importante do século XX, Getúlio Vargas (1882-1954) governou o Brasil por quase duas décadas. Suas ideias econômicas revelam uma de suas principais características: a capacidade de adaptação a contextos diferentes. Forjado no positivismo de Comte, abandonou determinadas convicções ao se tornar presidente da República, período em que liderou a maior transformação econômica e social a que se havia assistido na história do país.

e à viabilidade de tê-las concretizado como política pública uma vez empossado presidente do país.

Getúlio já defendia o intervencionismo estatal antes de 1930? Qual era sua posição sobre a industrialização do país? E sobre o capital estrangeiro, a gestão das finanças públicas, a questão social e a regulamentação do mercado de trabalho? Para responder a perguntas-chave dessa natureza, recorreu-se fundamentalmente a fontes primárias, como: (1) jornais da época (principalmente *O Correio do Povo*, de Porto Alegre); (2) anais (tanto da Assembleia dos Representantes do Rio Grande do Sul como da Câmara Federal; (3) relatórios governamentais (principalmente da época em que governou seu estado natal, de 1928 a 1930); e (4) suas provas como estudante de

Direito, documentação valiosa preservada pela Universidade Federal do Rio Grande do Sul (UFRGS) e fonte indispensável para a reconstituição da gênese de seu pensamento e de sua formação intelectual.

Essas diferentes fontes, expressas nas mais diversas modalidades e formas, podem ser denominadas genericamente de discurso. "Ser político" em toda sua acepção, Vargas não permite uma leitura única de seu discurso; as diferentes interpretações podem ser legitimadas pela pluralidade de enfoques, nuances, paradigmas e cortes analíticos que usualmente acompanham as chamadas ciências humanas. O discurso político é, por excelência, indutor, pois pretende sempre intervir no meio que o cerca, ao insinuar, propor, sugerir, mandar, justificar, negar, afirmar, camuflar, esconder ou revelar. Como tal, só pode ser entendido dentro do contexto em que foi manifesto e este, por sua vez, também é moldado e compreendido pelo próprio discurso; o real, do qual o discurso faz parte, impõe seus limites, define aliados e contendores, ajuda a revelar o oculto e o subentendido; às vezes, inverte o sentido do que parecia imediatamente claro e transparente (Fonseca, 2001).

A fim de se atingir tal objetivo, portanto, estruturou-se o capítulo em quatro partes, além desta breve introdução e das considerações finais. A primeira aborda o período inicial da formação de Vargas, sua filiação ao positivismo e suas ideias à época de estudante. A segunda parte abrange a época de parlamentar, tanto como deputado estadual como federal, quando participou ativamente dos principais debates e destacou-se na defesa das medidas tomadas pelo governo, muitas vezes liderando sua bancada. Já a terceira seção enfoca suas primeiras experiências no Poder Executivo, como ministro da Fazenda de Washington Luís (1926-1927) e, posteriormente, governador do Rio Grande do Sul, cargo de onde saiu para liderar o movimento armado que derrubaria o último presidente da República Velha e impediria a posse do candidato eleito para sucedê-lo, o paulista Júlio Prestes. Por fim, analisa-se o ideário que passou a nortear a política varguista após o golpe do Estado Novo e, principalmente, durante seu segundo mandato: o trabalhismo.

A INICIAÇÃO POLÍTICA E O POSITIVISMO

O início da vida política de Getúlio Vargas deu-se ao ingressar, em 1903, na Faculdade de Direito de Porto Alegre, hoje integrante da Universidade Federal do Rio Grande do Sul. O ambiente de disputa e de acaloradas discussões políticas, todavia, acompanhara-o desde a infância. Nascido em São Borja em 19 de abril de 1882, ainda menino vivenciou a Revolução Federalista de 1893, também conhecida como "revolução da degola" devido à violência das práticas adotadas no conflito responsável pela divisão dos gaúchos em duas facções: os "chimangos", defensores da república e do presidencialismo, de ideologia marcadamente positivista, cujo líder máximo era Júlio de Castilhos, e os "maragatos" ou federalistas, defensores do parlamentarismo e descendentes do Partido Liberal do Império, cuja expressão maior era Gaspar Silveira Martins.

Getúlio assistira à radicalização daquele momento dentro de sua própria família: caso pouco frequente, descendia de um pai que desde cedo aderira à causa republicana, Manuel do Nascimento Vargas, e de Cândida Dornelles Vargas, cuja família era "maragata". Após cursar as primeiras séries em São Borja, estudou Humanidades em Ouro Preto e, em 1900, entrou no Exército, opção de prestígio nas elites gaúchas, matriculando-se na Escola Preparatória e de Tática de Rio Pardo (RS). Posteriormente, resolveu seguir carreira jurídica.

Na Faculdade de Direito, Vargas integrou um grupo de acadêmicos denominado por Joseph Love (1975, p.234) de "Geração de 1907", cujos membros – como João Neves da Fontoura, Lindolfo Collor e José Antônio Flores da Cunha – mais tarde ocupariam relevantes cargos públicos. Essa nova geração de políticos, ao ingressar no Partido Republicano Rio-Grandense (PRR), perfilhou-se às linhas básicas da mesma doutrina positivista da velha geração de seus fundadores; todavia, enquanto esta se voltara mais à política estadual, até pelas dificuldades de consolidar a república no estado diante dos conflitos internos, a nova geração desde cedo demonstraria interesse maior pela participação no cenário nacional.

Ainda acadêmico de Direito, na recepção solene em homenagem ao recém-eleito presidente Afonso Pena, que visitava o Rio Grande do

Sul, Vargas assim defendeu a produção nacional em discurso representando os estudantes: "Quantas causas de estagnação pesam sobre um país novo, exaurido pela captação e fisco, sopeando o livre desenvolvimento das atividades industriais! Amarga resultante para quem se vê coato a comprar, manufaturados no estrangeiro, os gêneros da própria matéria-prima que exporta" (Vargas, Correio do Povo, 18/08/1906). Embora à época fosse frequente o uso do termo "indústria" para designar, em sentido amplo, todas as atividades de produção, não resta dúvida de que neste caso o termo está se referindo à indústria de transformação, já que associado à importação de manufaturados. Trata-se da primeira manifestação de Vargas registrada em defesa da substituição de importações, marca que acompanharia toda sua vida pública.

Em linhas gerais, o positivismo, como ideologia oficial do PRR, significou um elemento de coesão interna e de diferenciação frente aos adversários. Firmando símbolos comuns, recorria-se à força da autoridade de autores como Auguste Comte, Conde de Saint-Simon e Herbert Spencer para justificar a "ditadura científica", consagrada no Rio Grande do Sul pela Constituição republicana, elaborada sob encomenda de Júlio de Castilhos. Esta adotara princípios comtianos antiliberais, como a supremacia do Executivo em oposição ao princípio da independência e harmonia dos poderes de Montesquieu, possibilitando ao presidente do Estado (equivalente, nos dias de hoje, ao cargo de governador) elaborar leis; a Assembleia dos Representantes, por seu turno, reunia-se apenas dois meses por ano, e possuía funções mais moralizadoras, como a discussão e aprovação do orçamento, do que propriamente legislativas. E, finalmente, alvo da mais incisiva censura por parte da oposição, a possibilidade de sucessivas reeleições do presidente estadual, desde que obtivesse três quartos dos votos, permitindo, na prática, a permanência de Antônio Borges de Medeiros no poder por mais de vinte anos[2].

---

2 Antônio Augusto Borges de Medeiros, líder máximo do PRR após a morte de Castilhos, abandonou o cargo, em benefício de Vargas, em 1928, por imposição do "Pacto de Pedras Altas", acordo de paz da Revolução de 1923, no qual se estabelecera que aquele teria sua reeleição reconhecida, mas, em troca, comprometia-se a não mais se candidatar ao cargo.

Material imprescindível para análise da fase inicial da formação de Vargas são seus exames da época de acadêmico na Faculdade de Direito. Nestes, nota-se a clara influência positivista e a crítica ao jus-naturalismo, evidenciando a disputa entre as duas doutrinas no meio jurídico da época. Getúlio argumentava, com inspiração em Tobias Barreto, que o direito "não é um filho do céu, é um fenômeno histórico, um produto cultural da humanidade". O direito existente, portanto, era o positivo: o que se poderia confundir como direitos "naturais" – uma metafísica intolerável para os positivistas –, eram, na verdade, direitos com raízes na evolução social, empiricamente demonstráveis através de estudos históricos das sociedades "mais atrasadas" (Vargas, Arquivo, Prova de Direito Civil).

Neste material, Vargas abordou poucos temas estritamente econômicos. Uma exceção encontra-se na prova de Economia Política, na qual discorreu acerca da propriedade. Nesta, Getúlio procurava distanciar-se do liberalismo, do socialismo e do anarquismo, mais uma vez abeberando-se dos ensinamentos de Comte e de outros autores positivistas inspirados em Darwin que, profundamente alinhados ao cientificismo da época, recorriam às leis da evolução e à analogia entre a vida social e a biológica.

Ao criticar o liberalismo, afirmou que o "individualismo puramente doutrinário" não é capaz de resolver as "profundas agitações em que se debate a sociedade atual, o evidente desequilíbrio econômico, o deplorável estado em que se acham as classes". Isto ajudaria a demonstrar que o "socialismo tem a sua razão, é a miséria humana [...] no fausto das sociedades modernas". De forma surpreendente, afirmou que para julgar essas ações, "temos o quanto possível desfazermo-nos de nossos preconceitos burgueses" e que o *laissez-faire* "é uma confissão tácita de impotência por parte desta pseudociência que se chama Economia Política". Cabe aqui mencionar que, para Comte, a Economia não havia chegado ao estágio de uma ciência positiva, pois mais dedutiva que indutiva e apegada a dogmas e categorias pré-científicas, não empíricas, como valor, mão invisível, preço natural e ordem natural e providencial. A sociologia, por sua vez, deveria ser a ciência social por excelência, desapegada de doutrinas e inspirada no método das ciências naturais, já que haveria um único método para todas as ciências.

Com relação ao socialismo, as divergências não são menos pungentes. Este é entendido como empecilho à liberdade, "única compatível com o estado atual de civilização", responsável por abafar a iniciativa individual e, ao suprimir a concorrência, "trocá-la pela estagnação e pela apatia". Continuando com a analogia aos organismos vivos, argumenta que, se a adoção do socialismo fosse imposta, haveria "a continuação das mesmas falhas nos organismos individuais, as diferenças de capacidade, destreza, inteligência, energia, que foram causas da individualização das sociedades primitivas [...] tornando a distanciar os possuidores dos não possuidores". Depreende-se deste argumento que, se os homens são desiguais por natureza, inclusive por razões biológicas, como forçá-los a uma igualdade social?

Crítica semelhante estende-se ao anarquismo. Enquanto autores como Lassale e Marx são parcialmente poupados – no sentido de que estão equivocados no diagnóstico e nas soluções, mas contribuíram na construção de um "socialismo empírico" que ajuda alertar para abandono das classes desfavorecidas por parte do Estado liberal –, Proudhon é tachado de "apriorístico e reacionário", sendo que, para um positivista, o primeiro adjetivo possui uma carga depreciativa muito maior que a do segundo. Ademais, contra o anarquismo, dever-se-ia lembrar do mesmo erro que cometera Spencer em certo momento ao aceitar Estado e indivíduo como inimigos. Ao contrário, defendia Vargas – ponto de vista constante ao longo de sua vida pública, apesar de todas as vicissitudes políticas e ideológicos por que passou – ambos, indivíduo e Estado, deveriam ser vistos como aliados, devendo este "garantir os direitos individuais [e também] auxiliá-lo sempre que ele necessitar de tal auxílio". E, por isso, como bom positivista que negava a filosofia e a ideologia, pretendendo substituí-las pela ciência fundada empiricamente, concluiu sua dissertação ponderando que, ao contrário dos liberais, comunistas e anarquistas que se apegavam a verdades "previamente estabelecidas", a intervenção estatal deveria ser aceita desde que se tornasse necessária, "exigida pela urgência dos fatos: Deve proteger ou antes facilitar a tendência associativa e as sociedades cooperativas dos operários para resistirem ao capital. Deve, porém, ser o garantidor da liberdade individual e nunca julgá-lo no círculo de ferro de uma disciplina rigorosa" (Vargas, Arquivo, Prova de Economia Política).

Como a maior parte dos estudos sobre as ações e a ideologia de Vargas concentra-se no período após sua ascensão ao poder federal, em 1930, causa espécie a recuperação dessa fase inicial de sua formação, seja pelos autores que leu e mencionou, seja por afastar-se do imaginário dominante sobre as elites "oligárquicas", "agrárias" e "liberais" da Primeira República. Ademais, mesmo que Vargas tenha modificado traços e ênfases de sua ideologia ao longo de sua vida pública – do positivismo inicial a uma postura que se alimentou, na década de 1930 e no Estado Novo, das teses corporativistas e fascistas em ascensão, até o trabalhismo do pós-II Guerra, de contornos mais esquerdistas –, nota-se que há certos elementos que já se encontravam na gênese de seu pensamento, e dos quais não se afastou ao longo do tempo, como se constituíssem um "núcleo duro" de sua formação intelectual (Fonseca, 1989).

Assim, a proteção ao trabalhador como dever do Estado, tantas vezes atribuída à *Carta de Lavoro* de Mussolini, já consta dessa avaliação acadêmica de 1906, bem como raízes do intervencionismo pragmático do Estado Novo e do entendimento de que os operários deveriam associar-se para contraporem-se ao capital, inclusive por meio de sociedades, tais como sindicatos e cooperativas. As posturas antiliberal e antissocialista de Vargas encontram-se já nesta fase estudantil, com traços comuns ao positivismo, ao corporativismo italiano e ao trabalhismo, doutrinas que o atraíram no decorrer de sua vida pública. Mesmo o positivismo, ideologia oficial de seu partido (PRR) e defendido conscientemente ao longo da Primeira República, foi capaz de, em suas mãos, adaptar-se, moldar-se e transformar-se diante dos novos desafios e circunstâncias que iam se verificando em cada conjuntura: inicialmente acrescentando novas interpretações a Comte, até o abandono como referência explícita em seus discursos, como se observou a partir da década de 1930.

VARGAS NO PODER LEGISLATIVO: EM BUSCA DA PERSPECTIVA NACIONAL

Em março de 1909, após um curto período atuando como promotor de Justiça em Porto Alegre, Vargas elegeu-se deputado da Assembleia dos Representantes do Rio Grande do Sul, ocupando uma das vagas do PRR. Reelegeu-se em 1913, mas renunciou ao mandato ao solidarizar-se com colegas do município de Cachoeira do Sul, os quais, por conflitos eleitorais, haviam se incompatibilizado com Borges de Medeiros. Retornou em 1917 à Assembleia Estadual e em 1922 foi eleito para a Câmara dos Deputados, onde ficaria até 1926, quando se tornou ministro da Fazenda de Washington Luís.

Em sua passagem pelo Poder Legislativo, Getúlio participou ativamente dos debates parlamentares, nos quais se observa certa presença constante de temas econômicos. Na Assembleia dos Representantes, a polaridade entre chimangos e maragatos propiciava embates calorosos. A política castilhista foi desde logo acusada por seus críticos como isolacionista, pois, ao lado das autonomias administrativa e fiscal garantidas pela Constituição Estadual, as ações do governo buscavam incentivar a diversificação da economia gaúcha, sabidamente dependente da produção pecuário-charqueadora até então dominante. Esta fora hegemônica durante o Império e tinha por base as grandes propriedades agrárias da região da fronteira do Estado, denominada genericamente de Campanha. Centrada em poucos bens, como charque, couro e lã, a produção gaúcha era vendida principalmente para o mercado nacional. No entanto, a colonização do norte do estado, principalmente com as imigrações alemã e italiana, propiciou o aparecimento gradual de novas atividades econômicas, assentadas na pequena propriedade, na mão de obra familiar e voltadas ao consumo local (Herrlein Júnior, 2004).

Ao longo da Primeira República, o próprio êxito da política econômica de diversificação produtiva acabava por limitá-la no longo prazo: a expansão da economia colonial, com sua diversificação (milho, frutas, suínos) e beneficiamento rudimentar (banha, vinho, farinhas), ia gradualmente conquistando os mercados de fora do estado (Fonseca, 1983). Em resumo: a crítica à velha economia pecuário-charqueadora, assentada na produção para mercados externos ao Rio Grande do Sul, e que legitimara a política econômica diversificadora dos governos republicanos nas primeiras décadas da Primeira República, estendera-se para o conjunto economia. A expansão da economia colonial estava a exigir ampliação do mercado consumidor, problemática formalmente semelhante à da economia tradicional do estado (Pesavento, 1983).

Dessa forma, o "isolacionismo" perdia seu sentido e a "Geração de 1907" desde logo percebia as condições que se impunham neste novo contexto, defendendo a maior participação dos gaúchos na vida nacional. Este fato talvez tenha influenciado Vargas a candidatar-se à Câmara Federal, e não ao legislativo local, em 1922. É sintomático que, certa vez, indagado qual o político que mais o influenciara, respondeu que, além de Castilhos, fora Pinheiro Machado – justamente o político da "velha geração" que mais se preocupara com a política nacional, na qual fez reconhecida carreira no Senado Federal (Silva, 1965).

O debate entre chimangos e maragatos assumia, assim, uma nítida conotação ideológica entre, respectivamente, positivismo e liberalismo. Os primeiros defendiam, além da diversificação já mencionada, maior intervenção do estado na economia, a organização dos produtores em cooperativas para se protegerem das instabilidades do mercado, a "integração" dos trabalhadores à sociedade capitalista emergente, a nacionalização e a encampação de empresas quando houvesse "interesse social" (Pesavento, 1980). Já a oposição ao PRR advogava a especialização pecuário-charqueadora com base na teoria das vantagens comparativas, seguindo de perto os preceitos liberais. Era este o contexto em que Vargas, em debate parlamentar com Gaspar Saldanha em 1919, respondeu ao líder do Partido Federalista nos seguintes termos:

> Permita-me dizer que V. Exa. está filiado à velha teoria econômica do "*laissez-faire*", teoria essa que pretende atribuir unicamente à iniciativa particular o desenvolvimento econômico industrial de qualquer país, deixando de lado a teoria da nacionalização desses serviços por parte da administração pública, amplamente justificada pelas lições da experiência, não levando V. Exa., em linha de conta, que nos países novos, como o nosso, onde a iniciativa

é escassa e os capitaes ainda não tomaram o incremento preciso, a intervenção do governo em tais serviços é uma necessidade real. (Vargas, Annais da Assemblea..., 1919, p.124-127)

Na mesma oportunidade, Getúlio argumentou que, na Europa, a intervenção estatal, "açambarcando a atividade particular, monopolizando serviços etc., deu os melhores, os mais surpreendentes resultados". Para Saldanha, entretanto, tal intervencionismo ocorrera em caráter excepcional, em um contexto de guerra, levando Vargas novamente a contra-argumentar:

> Tanto não é assim que após a terminação da guerra, os poderes públicos continuaram intervindo na atividade privada, mantendo-se esses serviços com o intuito de restringir a excessiva ganância dos particulares. E uma prova de eficácia e oportunidade dessas intervenções está na tendência, quase generalizada na Europa, do operariado para a nacionalização das indústrias. É em face desta situação que S. Exa. vem colocar-se como defensor nesta Assembleia dos interesses dos grandes proprietários de terras. (Vargas, Annais da Assemblea..., 1919, p.142)

As desavenças entre as duas facções aprofundaram-se quando o governo, seguindo o preceito positivista de priorizar a cobrança de tributos diretos, propôs a criação do imposto territorial e o aumento da alíquota sobre herança, receitas que deveriam substituir o gravame sobre exportações.[3] Em outro debate com Gaspar Saldanha, Vargas não apenas defendeu esta política como argumentou que deveria recair sobre os fazendeiros a maior carga tributária, alegando que estes exploravam o setor mais lucrativo da economia. Ademais, mostrava-se comprometido com a defesa do setor industrial, o qual, em fase de surgimento e consolidação, deveria ser objeto de proteção, e não a produção primária: "As indústrias fabris, ainda incipientes, estão mais sujeitas às flutuações da lei da oferta e da procura, à

3 Sobre a questão tributária e o incentivo fiscal às exportações no período, ver Targa (2008).

concorrência estrangeira, dentro do nosso país" (Vargas, Annaes da Assemblea..., 26/11/1919).

Todas essas manifestações de Vargas no contexto da Primeira República assumiam um caráter bastante inovador, chocando-se com o imaginário que se tem das elites do período, mais apegadas às regras da ortodoxia econômica, ao agrarismo e ao controle do voto; em outros termos, coniventes com a excludência econômica e social, daí corriqueiramente serem denominadas de "oligarquias rurais". Há que se ter presente, todavia, que tal visão, consagrada em boa parte da literatura, não passa de uma caricatura, pois desde o limiar da República surgiram em vários estados, e principalmente no Exército, homens como, Benjamin Constant, Serzedello Correa, Amaro Cavalcante e Alcindo Guanabara, os quais, sob a égide do positivismo ou de outras correntes de ideias, também criticavam o liberalismo, propunham maior intervencionismo e defendiam a industrialização, às vezes recorrendo a uma retórica "jacobina", mais radical, com apelos populares, francamente nacionalista e crítica ao capital estrangeiro (Salomão, 2013).[4]

A postura de Vargas afastava-se desse grupo tido como sectário, lembrando mais o positivismo clássico de Comte e autores como Saint-Simon (o seu predileto) e Stuart Mill, também por ele citado. Estes, embora divirjam entre si em aspectos importantes, aceitam certas vantagens do mercado como instituição, mas sempre advogando a necessidade de políticas sociais, procurando um meio-termo entre o socialismo e o liberalismo clássico, o que lhes emprestavam um ar reformista. Além do mais, são autores que defendiam a ideia de progresso social: há um rumo desejável para a história, ou seja, etapas ou fases a serem percorridas, o que certamente supõe um ideal de sociedade a ser perseguido e uma visão otimista da história, porquanto marcada pela ideia de evolução, seja moral, intelectual ou material (Mattos, 1998).

Se a postura de Vargas destoava das elites dominantes em outras regiões do país, suas ideias político-econômicas não chegavam a ser um caso raro ou exótico; além disso, não se pode deixar de registrar

4 Veja-se, neste sentido, dentre outros trabalhos, Queiroz (1986) e Penna (1997).

que em várias ocasiões Getúlio também se manifestou como político conservador, defensor intransigente da ordem e dos princípios da "ditadura positivista". Se a própria intervenção governamental materializou-se no Rio Grande do Sul com a estatização dos portos de Porto Alegre, Pelotas, Torres e Rio Grande, ou ainda com a encampação da estrada de ferro que ligava a capital a Uruguaiana – inaugurando novas responsabilidades na agenda do Estado –, também se deve lembrar que a aceitação do intervencionismo estava limitada na prática pelo preceito positivista das "finanças sadias".

Conquanto se afastasse do *laissez-faire*, o positivismo frequentemente recorria a critérios éticos como regras para a "boa administração". A separação entre o público e o privado representava uma política inovadora dentro do contexto nacional e constituía importante palavra de ordem para o positivismo, incorporada nacionalmente na propaganda republicana e, em particular, no Rio Grande do Sul (Targa, 2003). Tratava-se da defesa intransigente da moralidade na administração pública, em consonância com o lema "viver às claras", e com consequências na política econômica, pois se tornou argumento recorrente na defesa do orçamento equilibrado. O Estado deveria dar o exemplo à sociedade: não gastar além do que se dispunha, não contrair dívidas, ser parcimonioso na concessão de empréstimos. Certamente este preceito limitava, na prática, a extensão do intervencionismo, pois forçava a adequação dos gastos públicos à capacidade de arrecadação; daí a importância do debate sobre quais impostos deveriam existir e sobre que segmentos deveria recair a maior parte da carga tributária.

O abandono do preceito do orçamento equilibrado como dogma seria uma das maiores mudanças do pensamento de Vargas, detectável já ao final da década de 1920 – antes, portanto, da difusão das ideias de Keynes com a publicação da *Teoria Geral,* ao contrário do que normalmente se divulga. Consolidar-se-ia, porém, como prática efetiva de política econômica somente a partir de sua chegada ao governo central, em 1930.

VARGAS NO MINISTÉRIO DA FAZENDA (1926-1927) E AS ORIGENS DO DESENVOLVIMENTISMO

Em 15 de novembro de 1926, com a ascensão de Washington Luís à Presidência da República, Vargas foi nomeado para o Ministério da Fazenda, cargo em que permaneceu pouco mais de um ano e de onde se afastou para assumir o governo do Rio Grande do Sul.

O convite do presidente eleito mostrava o claro interesse de uma conciliação entre paulistas e gaúchos, ao acalmar atrito antigo que ganhara certa expressão durante o governo anterior, de Arthur Bernardes. Isso porque o PRR havia apoiado a chapa derrotada de Nilo Peçanha, motivo que contribuiu para encorajar a oposição estadual a encabeçar mais um levante armado contra o governo de Borges de Medeiros, em 1923. De toda forma, nada havia de novo quanto à composição: o Rio Grande do Sul, como terceira força na política da Primeira República, tinha poucas chances de conquistar a cabeça do Executivo federal, mas era fatal nos arranjos parlamentares, principalmente no Senado, onde a representação igualitária por estados favorecia que a articulação com bancadas estaduais menores, fortalecendo o contrapeso ao poder de São Paulo e Minas Gerais. Como consequência desse arranjo, os gaúchos estiveram à frente de ministérios mais tempo que políticos de outros estados durante a Primeira República (Love, 1975).

Correspondências trocadas entre Borges de Medeiros e Getúlio Vargas revelaram sua surpresa frente ao convite presidencial, uma vez que ele mesmo alegara sua "incompetência" em assuntos da área financeira, apesar de, desde maio de 1926, integrar a Comissão de Finanças da Câmara (in Aita; Axt, 1997, p.38). Havia, entretanto, um contexto propício à aproximação entre Washington Luís e os políticos do PRR: a preocupação com a austeridade monetário-financeira, prioridade assumida pelo presidente eleito.

Conforme mencionado anteriormente, o positivismo, embora admitisse a intervenção estatal na economia e apontasse limitações ao mercado e ao *laissez-faire*, representando à época certa heterodoxia, defendia intransigentemente certas regras de política ortodoxas, como o orçamento equilibrado, a inexistência de déficits e a precaução com relação a dívidas e empréstimos. Ademais, devido ao fato de a economia gaúcha voltar-se àquele momento ao mercado interno, a posição dos políticos gaúchos ao longo da Primeira República sempre foi no sentido de considerar o combate à inflação como absoluta prioridade. Júlio de Castilhos, por exemplo, condenara Rui Barbosa na época do Encilhamento, mostrando os ganhos ilusórios que a inflação proporcionava. O moralismo castilhista associava inflação à especulação, ao ganho sem trabalho, às negociatas e falcatruas do Império, quando uma casta de privilegiados – os nobres ou amigos do rei – recebiam favores às custas dos cofres públicos. O espírito republicano apregoava a impessoalidade, a neutralidade do Estado frente a classes, à Igreja e a títulos honoríficos que representassem privilégios.

Tais princípios doutrinários materializavam-se, em termos de política econômica, em crítica às frequentes desvalorizações cambiais, implementadas ao longo da Primeira República com vistas a proteger as atividades exportadoras, tidas como artificiais e encarecedoras dos produtos do mercado interno. O apoio do governo gaúcho à candidatura de Nilo Peçanha, em 1921, foi diretamente determinado pelo seu compromisso deflacionário, em contraposição a Arthur Bernardes, tido como "inflacionista". Mesmo que defensor da indústria, nota-se que Vargas não via no mecanismo de desvalorização cambial consequências positivas sobre a indústria local, ao encarecer os importados, pois o considerava ilusório e antinatural. Nesse sentido, o então ministro da Fazenda assim expressou sua visão em discurso de 26 de novembro de 1926:

> A inflação é um excitante artificial das indústrias, porque produz a alta dos preços e estimula a produção. Mas as vendas feitas nesse regime de lucros aparentes constituem uma perda de substância para a economia nacional. Que a moeda diminua ou aumente de valor é sempre a instabilidade que, na alta aumenta o capital, mas aniquila a produção, na baixa estimula a produção, mas destrói o capital. Cada modificação no valor da moeda traduz uma nova distribuição de riqueza, um reajustamento de preços. A alta ou baixa do câmbio são igualmente prejudiciais como sintomas da instabilidade e da precariedade do valor da nossa moeda. A moeda que

> não é constante, que não é sempre igual a si mesma, não pode desempenhar o seu papel de medida dos valores (in Aita; Axt, 1997, p.497).

Diante de tais evidências, pode-se resumir sua preocupação central àquele momento em duas palavras: estabilidade e deflação. Era preciso, portanto, retornar ao padrão-ouro: “Não temos moeda porque não temos padrão fixo, como medida de valor”, afirmou Vargas no mesmo discurso, passando, então, a discutir alternativas sobre em que nível dever-se-ia fixar a paridade. Defendia que não se retornasse à mesma taxa anterior à Guerra, mas que tampouco se abdicasse, em sintonia com a ortodoxia da época, do retorno ao padrão-ouro, amparando-se em exemplos internacionais para embasar seu ponto de vista, como as experiências de vários países europeus:

> Todos os países europeus dessangrados pela guerra, tiveram de lançar mão das emissões de curso forçado, para atender às prementes necessidades de numerário. Quase todos, porém, já regressaram à circulação metálica, ao padrão ouro, sem atingir, à paridade do período anterior à guerra porque as condições de vida eram diferentes (ibidem, p.499).

Cerca de um mês após a posse de Vargas no Ministério da Fazenda, o Congresso aprovou a reforma monetária que estabelecia o retorno paulatino ao padrão-ouro. Inicialmente, criou-se uma Caixa de Estabilização com a finalidade de emitir notas conversíveis em ouro, o que lembra a antiga Caixa de Conversão, de 1906. Como consequência, haveria dois meios circulantes temporariamente no país: um conversível e outro, não. Quando as reservas em ouro atingissem nível suficiente para garantir a conversibilidade, trocar-se-ia a designação da moeda para cruzeiro.

A expectativa do governo ao proceder a reforma financeira visava não apenas à garantia da estabilidade da moeda e do câmbio, como Vargas declarava. Conforme a oportuna observação de Fritsch (1989, p.57), havia também uma intenção nitidamente política, com a perspectiva de recuperação de investimentos anglo-americanos no país, o que certamente contribuiria para uma expansão monetária aliviando os produtores domésticos, dos exportadores aos industriais voltados ao mercado interno. Com isso, haveria uma descompressão da política econômica recessiva dos últimos anos sem recorrer a um instrumento discricionário ou violador da regra de "finanças sadias". O contexto, de fato, era extremamente favorável, pois manteve a inflação estável ao mesmo tempo em que propiciou um aumento do PIB de 10,8% em 1927, em contraste com o crescimento nulo de 1925 e o de 5,2% no ano seguinte.

Esses resultados favoráveis, conquanto não possam ser atribuídos unicamente à gestão de Vargas no Ministério da Fazenda, já que fazem parte de um ciclo mais amplo favorável às atividades agroexportadoras, certamente contribuíram para qualificar sua candidatura à Presidência do Rio Grande do Sul. Naquele momento, Getúlio já era a figura mais destacada do PRR depois de Borges de Medeiros. Com o impedimento deste de concorrer à nova reeleição, Vargas desde logo apresentou-se como candidato de perfil bem diferente do líder do partido, dando veia à habilidade política que mais tarde seria enaltecida por seus biógrafos: em um estado dividido historicamente e marcado por lutas sangrentas, levantou a bandeira da pacificação e da harmonia, aproximando-se da oposição, então agregada no Partido Libertador e formada pelos antigos maragatos e por dissidentes do PRR. Assim, Getúlio Vargas foi eleito sem oposição e tomou posse como presidente do Estado em 25 de janeiro de 1928.

A proposta de pacificação estadual, além dos argumentos éticos e humanitários, buscava respaldo em outro objetivo de natureza econômica: novamente recorrendo a Comte, a paz era pré-requisito do progresso, ainda que gradualmente este termo era substituída por outro: desenvolvimento. Atribuía-se ao Estado um papel cada vez mais atuante na economia, sendo seu dever alavancar as atividades produtivas, fornecer infraestrutura e conceder crédito. O setor público mais ativo certamente contribuiria para a aproximação com as "classes produtoras", firmando laços muito além dos admitidos pelo positivismo – inclusive ao aceitar com maior liberalidade o endividamento e a concessão de empréstimos e ao desapegar-se aos poucos dos princípios das finanças sadias e do equilíbrio orçamentário como regras invioláveis da política econômica. A partir de uma experiência regional, dava-se início, assim, ao embrião do *desenvolvimentismo* como ideologia norteadora da ação governamental, a qual perdurou no Brasil até o final da década de 1970.[5]

Vargas passava a apregoar, então, que "a complexidade da vida social" e o grande volume de capitais necessários para os investimentos exigiam a participação direta do Estado, pois não mais poderiam ser realizados "só pelo esforço individual". Em consonância com postulados positivistas, afirmava também o princípio de que os produtores deveriam associar-se em cooperativas, associações e sindicatos. A mensagem à Assembleia dos Representantes de 1928 não deixava dúvidas de que a proposta de "desenvolvimento associativo" representava um dos pontos prioritários do governo. Em conjuntura na qual a polêmica sobre autonomia *versus* atrelamento das associações e sindicatos (tanto patronais como de trabalhadores) estava na ordem do dia, Vargas (in Aita; Axt, 1997, p.513) explicitou sem rodeios sua visão: os vínculos com o Estado deveriam ser estreitos, pois caberia a este corrigir insuficiências e exercer "certo 'controle', para lhe evitar excessos". É marcante o caráter antiliberal das medidas implementadas, tendo em vista que o governo atribuía a crise por que passava a economia gaúcha, principalmente o setor pecuário-charqueador, à desorganização decorrente da concorrência e do individualismo inerentes às economias de mercado (Bak, 1983).

Com efeito, as origens do desenvolvimentismo firmavam-se ao enaltecer o papel do crédito na economia; indo além, defendia-se a responsabilidade do Estado em concedê-lo, incumbência que por certo afastava-se da ortodoxia positivista. Esta sempre tivera como ponto essencial a neutralidade do Estado – o que implicava "tratar a todos igualmente", sem privilegiar segmentos específicos –, resultando sempre em limite para a concessão de crédito à produção. Além disso, o positivismo tradicional do PRR recorria com frequência

---

5 Além da experiência sul-rio-grandense, diversos foram os casos de governos locais que empreenderam políticas protodesenvolvimentistas anteriores a 1930. O caso mineiro faz-se especialmente simbólico devido à centralidade deste estado na política nacional durante a República Velha. Além dos breves mandatos de João Pinheiro à frente da Presidência de Minas Gerais, a formação de um pensamento intervencionista esteve diretamente influenciada por escolas e intelectuais mineiros. A esse respeito, ver, por exemplo, Paula (2000, 2004) e Barbosa (2012).

à analogia da economia pública com a doméstica, criticando medidas arrojadas ou de vulto, sempre em consonância com o lema do evolucionismo gradualista comtiano de "conservar melhorando". Assim, ao final da Primeira República, o termo *desenvolvimento* começa aparecer na retórica oficial ao lado do emprego da palavra *progresso*,[6] o que ajuda a evidenciar o positivismo como uma das matrizes ideológicas do desenvolvimentismo brasileiro a partir de 1930 (Fonseca, 2000).

Sem abandonar por completo a defesa do orçamento equilibrado, o governo Vargas começava a defender a importância do crédito como pré-condição para alavancar a produção. Além de mantenedor da ordem e da justiça, o Estado moderno deveria preocupar-se com a expansão das atividades produtivas. Como política efetiva, o governo criou, em 22 de junho de 1928, o Banco do Estado do Rio Grande do Sul (Decreto nº 4.079). Este fora concebido como uma "organização mais ampla de um banco de Estado". Dentre suas atribuições constava o estímulo à agricultura, à indústria e ao comércio, para assim "fazer a defesa de nossa produção, constituindo um propulsor da riqueza e do progresso" (Vargas, Correio do Povo, 26/04/1928, p.9).

Para o êxito da política de pacificação estadual, com a aproximação entre republicanos e maragatos iniciada com a eleição de Vargas para o governo do Rio Grande do Sul, foi fundamental essa nova postura do Estado com relação às atividades produtivas; não apenas por ampliar sua margem de cooptação política, mas também por acenar

6 É digno de menção que Alfredo Bosi (1992, p.273-307), em instigante análise sobre a influência do positivismo em Vargas, afirme: "Só a modelagem positivista-castilhista da geração de 1907 dá conta do aparente paradoxo da economia brasileira dos anos 30 que foi, ao mesmo tempo, saneadora ortodoxa das finanças, industrialista e centralizadora". Nossas pesquisas convergem para a pertinência dos dois últimos adjetivos, mas não no que tange à ortodoxia, aspecto ademais deixado claro por Celso Furtado em sua clássica análise nos capítulos XXX a XXXII de *Formação Econômica do Brasil*. Justamente neste período, entendemos que se afirma o *desenvolvimentismo*, dentre outras razões, porque se abandona ortodoxamente o princípio do orçamento equilibrado, caro aos positivistas, em prol de políticas anticíclicas e pró-crescimento. Defendemos que o positivismo está nas origens do desenvolvimentismo, fundamental para o resgate de suas raízes e na formação ideológica de Vargas, mas não hesitamos em entendê-los como dois fenômenos históricos distintos, tanto no Brasil como em outros países latino-americanos. Aliás, distintamente do que teria ocorrido no continente europeu, é na América Latina onde se detecta essa particularidade de boa parte da elite positivista tornar-se "desenvolvimentista", principalmente a partir da década de 1930.

para o futuro, lançando mão de uma retórica que apostava em apagar o passado de lutas, ódios e retaliações. A união das forças gaúchas em torno de Vargas mostrou-se essencial para que ele postulasse a cabeça da chapa da Aliança Liberal, em contexto de enfraquecimento e desarticulação do pacto entre paulistas e mineiros. Lideraria, a partir daí, a oposição às pretensões de Washington Luís de indicar seu sucessor – justamente de quem fora ministro da Fazenda um ano antes e, comentava-se, seria inicialmente seu candidato favorito. O desenrolar dos acontecimentos, com sua derrota eleitoral, levaria à Revolução de 1930.

DO AUTORITARISMO AO TRABALHISMO

Uma vez instalado no Palácio do Catete, A criação do Ministério do Trabalho, Indústria e Comércio, um dos primeiros atos de Getúlio após assumir a Presidência da República, demonstra que a regra da atuação estatal iria além do tradicional controle da oferta monetária, da arrecadação e dos gastos públicos. O novo ministério deveria coordenar e propor ações desenvolvimentistas, num diálogo com o empresariado, ao mesmo tempo em que assumia a tarefa de implementar a legislação trabalhista e estruturar a organização sindical. Era o "ministério da revolução", nas palavras de Vargas, em contraposição ao "marasmo" e às "oligarquias" da República Velha. Esta era a grande construção ideológica dos primeiros anos do governo, que buscava diferenciar-se das gestões anteriores; a revolução, agora, era a responsável pela construção de um novo Brasil.

Aos poucos, o desenvolvimento tornava-se sinônimo de modernização e transformava-se na pedra angular da legitimidade do governo, assumindo papel central para a viabilidade do Estado Novo. Neste, a ditadura, explicitamente defendida como necessária e até salvadora diante das circunstâncias tanto internas (ameaças integralista e comunista) e externas (a guerra), reflete, numa atualização crono-ideológica, o autoritarismo e o antiliberalismo, já presentes na época de parlamentar, e no desenvolvimentismo, que se firmara com maior nitidez ao final da década de 1920.

O autoritarismo passou a recorrer a intelectuais como Francisco Campos, Azevedo Amaral e Plínio Salgado, que mesmo sob enfoques e nuances diferentes, propunham um estado centralizado, modernizador e industrializante, o qual deveria se opor ao "marasmo rural" da República Velha. Conquanto influenciados pelas ideologias autoritárias e totalitárias em franca ascensão na década de 1930, e principalmente no fascismo italiano, não se pode dizer que estes autores propunham simplesmente implantar um modelo "acabado" no Brasil. Antes, sugeriam, a partir do próprio "Brasil real", reconhecer e diagnosticar seus problemas, em contraste com o ocultamento e a idealização que entendiam ser a regra das elites até então.

O pensamento autoritário dava veio a uma forte centralização tanto política como econômica, justificando-a em um corpo ideológico muito bem construído, no qual, em se partindo dos problemas e das necessidades históricas do país, advogava-se sua imperiosa e radical transformação. Mas esta não viria pelo jogo viciado da democracia liberal, com o controle do voto pelos coronéis do interior e com a população incapaz de votar, porquanto ignorante e analfabeta, facilmente manipulável. Ao contrário, o reforço do poder Executivo era pré-requisito para a modernização do Brasil.

O pensamento autoritário enfatizava o abismo existente entre as elites monopolizadoras do poder político, especialmente nas casas legislativas, e o povo, para o qual aquelas viravam as costas. Alterar este quadro exigiria uma postura consciente e interventora do Estado, tarefa que só este poderia empreender. Assim, ao lado de um discurso ultraconservador em defesa da propriedade, da família e de valores morais e religiosos, o pensamento autoritário criticava o mercado como impotente para encaminhar as soluções de envergadura de que o país necessitava.

Ora, era justamente esse tipo de proposta que se coadunava hermeticamente com o que se propunha a partir de novembro de 1937, quando do golpe do Estado Novo. O novo regime era apresentado como o caminho próprio encontrado para o país ir ao encontro de seu futuro, uma espécie de "terceira via" entre o comunismo (para quem o estado era o "senhor absoluto") e o liberalismo (que reduzia o trabalhador à engrenagem de uma linha de produção, desumanizando-o).

Desta forma, mesmo que no Brasil se manifestassem as "tendências gerais do mundo moderno" – a industrialização, o avanço do capitalismo, a luta de classes e o intervencionismo –, as soluções deveriam ser locais, ou seja, com normas jurídicas e instituições políticas adaptadas à realidade nacional. O discurso do Estado Novo sobrepunha o velho ao novo, apregoava a mudança com continuidades não menos definidoras, apelava à tradição e enaltecia um futuro a construir: essa dupla face talvez seja a grande marca do discurso desenvolvimentista autoritário daquele período, e expressa as contradições da própria atuação governamental na economia e na política.

O Estado Novo levou adiante a obra iniciada em 1930; em seus primeiros anos não trouxe grandes novidades nas diretrizes gerais que norteavam a legislação trabalhista até então. Tratou-se fundamentalmente de organizar a estrutura sindical, definindo o funcionamento e a burocracia dos sindicatos, atrelando-os à órbita estatal. Gradualmente, entretanto, aprovavam-se novas leis não propriamente voltadas à organização da estrutura sindical, mas de cunho mais social e com o propósito de melhorar as condições de trabalho e assegurar certos benefícios à classe operária. Algumas delas, como a do salário-mínimo, já faziam parte da própria Constituição, mas não eram implementadas por carecerem de regulamentação. Ao assinar cada uma dessas leis, o governo lançou mão de forte propaganda, apresentando-as como concessão ou dádiva do chefe de Estado à nação. Aos poucos, abandonava-se uma retórica marcada pelo autoritarismo explícito para outra, de cunho mais social e paternalista: o trabalhismo.

A partir de 1943, começou a se formar uma grande articulação antivarguista que resultaria na criação do maior partido de oposição: a União Democrática Nacional (UDN). A agremiação contava com apoio de parte dos setores agrários, dos comércios importador/exportador, do capital financeiro e com alguns setores da esquerda antipopulista – que mais tarde formariam a Esquerda Democrática e o Partido Socialista Brasileiro (PSB).

Ciente do acirramento da luta política, Vargas procurou fortalecer os laços com a classe operária e com os trabalhadores urbanos (a legislação trabalhista excluía os trabalhadores rurais, o que reforçava a proximidade do governo com os setores agrários). Vários líderes sindicais eram homens de confiança do governo, os chamados "pelegos". Cresciam as "concessões" aos trabalhadores e Vargas, preparando-se para a democracia, também começava articular a formação de dois partidos, o Partido Social Democrático (PSD), com base nos políticos tradicionais e nos interventores que nomeara para governar os estados, e o Partido Trabalhista Brasileiro (PTB), assentado do sindicalismo e no voto urbano (mas também nos setores agrários do mercado interno, como é o caso do Rio Grande do Sul). Era o início de grandes mobilizações políticas, como a de 1º de maio de 1944, no estádio do Pacaembu, em São Paulo, momento em que se consagrava a expressão que marcaria o início de seus discursos: "Trabalhadores do Brasil".

A expressão máxima do trabalhismo ocorreu, porém, no segundo governo Vargas (1951-1954). A radicalização política se acentuou sobremaneira com a campanha do petróleo, dividindo a nação entre "nacionalistas" e "entreguistas" – ou, segundo a ótica udenista, entre "comunistas" e "democratas". A urbanização, o crescimento da classe operária e a inflação renitente contribuíram para o surgimento de inúmeros focos grevistas no decorrer de 1953. A maior delas, a "greve dos 300 mil", colocou em xeque a política de conciliação, levando Vargas a nomear João Goulart para o Ministério do Trabalho, descontentando ainda mais a UDN e os militares, já que se tratava do político de maior penetração entre os "pelegos" e no meio sindical. O trabalhismo radicalizava-se, o nacionalismo antiamericano transformava-se em "anti-imperialismo" e a legislação trabalhista parecia insuficiente para resolver os graves problemas sociais do país, os quais pareciam exigir reformas mais profundas (Fonseca, 1993).

Em largos traços, o trabalhismo, tal qual apareceu nos discursos de Vargas, recebeu influência de três correntes de ideias: o positivismo, a doutrina social-cristã e o socialismo, principalmente através de sua vertente social-democrata. A mescla de três *ethos* conflitantes pode, à primeira vista, sugerir pobreza ideológica, ou mesmo um ecletismo sem sentido mais profundo; todavia, sob outro ângulo, reafirma a autenticidade e a criatividade associadas à busca de procurar um modelo próprio, adaptado à realidade do país, como já estava na base do pensamento autoritário da década de 1930. Esta proposta materializava-se, no discurso de Vargas, em um certo nacionalismo, pois negava a cópia de ideologias estrangeiras.

A ideologia positivista no trabalhismo manifestou-se, principalmente, na velha pretensão comtiana, agora levada à prática de forma mais clara e decidida, de "integrar o proletariado à sociedade moderna". Evidentemente que o trabalhismo superava a postura assumida pela bancada do PRR na Câmara dos Deputados na década de 1920, contrária à "estatização" da questão (Gomes, 1979). O trabalhismo de Vargas oscilava entre uma tendência de, no discurso, colocar-se acima das classes, bem ao gosto positivista, e outra, que se propunha facciosa em favor dos trabalhadores e do "povo", em um estilo mais populista. Mesmo nesta, não deixa de se observar uma concepção darwinista de sociedade, já que se entendia que a concorrência é predatória aos mais fracos e que os ricos "abusam" dos pobres, prevalecendo-se de sua posição privilegiada. O governo, então, deveria adotar uma posição mediadora, atuando para evitar a superexploração desenfreada e o darwinismo capitalista, diferindo as leis naturais das sociais. Nesse sentido, afirmava Vargas em 1950: "Isolado na luta pela solução dos seus problemas, o trabalhador foi sempre vendido pelo poder do mais forte. Entretanto, seu congraçamento com o governo, que, atento às reivindicações do povo, incluíra em seu programa a questão trabalhista, produzindo o estatuto social realizando o equilíbrio das forças vitais da Nação e difundindo-lhes os direitos e obrigações recíprocos" (Vargas, 1950, p.188).

Assim como defendia em sua época positivista, o trabalhismo varguista pressupunha o progresso dentro da ordem, rejeitando a violência, as revoluções e as alternativas ilegais: "Na Europa, na Ásia, como nos países da América, as dificuldades econômicas são germes de inquietação social: e é preciso remediá-las em tempo oportuno para evitar que o povo se agite e faça justiça pelas próprias mãos" (Vargas, 1952, v.1, p.331). Observa-se, assim, que o trabalhismo herdou do positivismo as noções de progresso, de "integração do proletariado à sociedade moderna" e de aversão a perturbações drásticas na ordem social, mas dele se afastou ao admitir maior interferência estatal nos conflitos de classe e ao prescindir da ortodoxia em matéria de política econômica, além de sua base filosófica: o materialismo.

Desse modo, o trabalhismo – seja por meio de seu ideólogo mais sofisticado, Alberto Pasqualini, seja pelos discursos do próprio Vargas – recorria frequentemente à doutrina social-cristã para pregar a proteção aos trabalhadores e apontar incapacidade do mercado para atingir o bem-estar social. Trata-se das críticas históricas da Igreja ao liberalismo, ora atualizadas com as encíclicas pontifícias. A mescla entre positivismo e cristianismo, inconcebível no contexto europeu, emprestou certa singularidade ao trabalhismo brasileiro. No campo político, diminuía as resistências da Igreja ao trabalhismo e o aproximava da poderosa Liga Eleitoral Católica (LEC), força política interpartidária com penetração não desprezível em boa parte do eleitorado (Bodea, [s.d.]).

Finalmente, deve-se considerar a influência do socialismo, embora esta deva ser mencionada com uma série de qualificações, pois não se pode atestar que tenha havido uma influência direta daquele, pelo menos em sua versão marxista, no trabalhismo brasileiro. Ainda assim, pode-se considerar que o socialismo democrático, ou a social-democracia, marcou profundamente, desde as primeiras décadas do século XX, as experiências trabalhistas e reformistas europeias, servindo de fonte inspiradora para ideólogos em vários países latino-americanos. No caso brasileiro, encontram-se referências ao Partido Trabalhista inglês (tecidas, inclusive, por Vargas e Pasqualini), não propriamente como uma proposta a ser copiada, mas como experiência bem-sucedida na busca de uma intermediação exitosa entre capital e trabalho.

Ao contrário da social-democracia europeia, o trabalhismo brasileiro não se considerava herdeiro do marxismo. Entretanto, isso não significa que não houvesse uma recorrência ao socialismo como ideal a ser perseguido. Nesse sentido, porém, é importante salientar que o termo "socialismo" possui significados distintos, muitas vezes se ajustando sem constrangimentos à ideologia de quem o pronuncia. No discurso de Vargas, por exemplo, o termo é associado mais a um contexto positivista que propriamente marxista, uma vez que se tinha o socialismo como o oposto de individualismo, o primado do social sobre o indivíduo, da busca de laços orgânicos de solidariedade contra a concorrência desenfreada.

Assim, o socialismo abria brecha para o intervencionismo estatal que, mesmo sem ferir a propriedade privada, justificava a busca da harmonia entre as classes, resgatando a ideia de um estado neutro e acima de interesses particulares. Não se pode desprezar, ainda, o fato de, ao radicalizar seu discurso conforme a crise do governo se aguçava a partir de 1953, certa influência socialista parece manifestar-se nos termos e expressões utilizados, como "exploração", "imperialismo", dentre outras. Nesse sentido, faz-se simbólico o conhecido discurso proferido por Vargas por ocasião da comemoração do último Dia do Trabalho testemunhado pelo presidente: "Para vencer os obstáculos e reduzir as resistências, é preciso unir-vos e organizar-vos. União e organização devem ser vosso lema [...]. Hoje estais com o governo. Amanhã sereis o governo" (Vargas, 1969, p.468).

CONSIDERAÇÕES FINAIS

A análise das propostas e dos pronunciamentos de Vargas ao longo da Primeira República mostra traços de continuidade que lhe asseguram coerência com a política que viria a adotar após 1930. Mesmo com mudanças de ênfase ou de enfoque, sua atuação sempre se pautou por uma visão crítica ao individualismo e ao liberalismo, apontando falhas na economia de mercado e propondo certo grau de intervenção estatal, mesmo admitindo determinadas regras da política econômica ortodoxa.

Pode-se, todavia, assinalar um ponto de inflexão ao final do período, quando, governador do Rio Grande do Sul e ainda seguidor do positivismo como referência doutrinária, desapegou-se parcialmente de certos preceitos, passando a defender uma atuação mais vigorosa do Estado no fomento à produção. A partir daquele momento, Vargas passou a admitir e a estimular empréstimos e crédito, bem como a criticar o padrão-ouro e certas regras da ortodoxia econômica clássica. Nota-se que, se houve uma ruptura com tais dogmas, a mesma se deu afirmando e com o propósito de aprofundar outros pontos programáticos que *já estavam* em seu ideário, como intervencionismo, compromisso do Estado com o "progresso" e defesa da industrialização. Neste sentido, pode-se afirmar que a superação mais significou rompimento de amarras que propriamente negação radical das antigas ideias de Comte e Saint-Simon, as quais seriam reafirmadas com nova roupagem e adaptadas a novo contexto.

Para enfatizar essa mudança, convém associá-la às origens de uma nova forma de pensar e atuar na economia, a qual fez-se hegemônica nas cinco décadas posteriores à Revolução de 1930. Emergia o *desenvolvimentismo*, entendendo-se este como uma ideologia consubstanciada em um projeto que firma o desenvolvimento econômico como a principal tarefa do governo, o epicentro de suas ações e da política econômica, tendo como objetivo maior a industrialização do país. Mais que *progresso* ou *evolução*, o *desenvolvimento* torna-se o fim último da ação estatal, supõe colocar todos os instrumentos e meios para a consecução de um objetivo bem definido: o crescimento da economia, e não mais a evolução moral ou intelectual. Em seu nome, o Estado atuaria indo ao encontro de um ideal futuro de sociedade, inclusive tornando-se pré-requisito para melhorar a distribuição de renda e afirmar valores como soberania nacional e igualdade social.

O positivismo, em sua formação inicial, contribuiu desde cedo para uma postura que, com inspiração em Hegel, poder-se-ia denominar iluminista, ao entender história como racional e o homem como seu agente. Assim, o mundo poderia ser modificado, construído, cabendo aos governantes uma responsabilidade maior do que até então era admitida pelos presidentes do país que o antecederam. É impressionante constatar que muitas teses difundidas nas décadas seguintes, seja por políticos, empresários, intelectuais ou economistas, como os vinculados à Cepal, já eram encontradas, mesmo que embrionariamente, nos discursos do jovem político Getúlio Vargas.

REFERÊNCIAS

ANNAES DA ASSEMBLEA DOS REPRESENTANTES DO ESTADO DO RIO GRANDE DO SUL. Porto Alegre, A Federação, diversos anos.

ANNAES DA CÂMARA DOS DEPUTADOS DO CONGRESSO NACIONAL. Rio de Janeiro, Imprensa Oficial, 1922-27.

AITA, C.; AXT, G. (Orgs.). *Parlamentares gaúchos – Getúlio Vargas*: discursos (1903-1929). Porto Alegre: Assembleia Legislativa do Estado do Rio Grande do Sul, 1997.

ARQUIVO da Faculdade de Direito da Universidade Federal do Rio Grande do Sul (Exames).

BAK, J. L. Cartels, cooperatives, and corporatism: Getúlio Vargas in Rio Grande do Sul on eve of Brazil's 1930 Revolution. *Hispanic American Historical Rewiew*, 63(2), 1983, p.255-275.

BARBOSA, D. H. D. *Tecnoburocracia e pensamento desenvolvimentista em Minas Gerais (1903-1969)*. São Paulo: Programa de Pós-Graduação em História Econômica, FFCLH/USP, Tese de Doutorado, São Paulo, 2012.

BODEA, M. A greve de 1917; as origens do trabalhismo gaúcho. Porto Alegre, LP&M, s.d.

BOSI, A. *A dialética da colonização*. São Paulo, Companhia das Letras, 1992.

CORREIO DO POVO, Porto Alegre (diversos números).

FONSECA, P. C. D. *RS:* economia & conflitos políticos na República Velha. Porto Alegre: Mercado Aberto, 1983.

FONSECA, P. C. D. *Vargas:* o capitalismo em construção. São Paulo: Brasiliense, 1989.

FONSECA, P. C. D. Positivismo, trabalhismo, populismo: a ideologia das elites gaúchas. *Ensaios FEE*. Porto Alegre, FEE, v.14, n.2, p.410-421, 1993.

FONSECA, P. C. D. O discurso do poder: fases e metamorfoses do pensamento econômico e político de Vargas. In: X CONGRESSO DA FEDERAÇÃO INTERNACIONAL DE ESTUDOS SOBRE A AMÉRICA LATINA E CARIBE. *Anais*... Moscou, Rússia, 2001.

FRITSCH, W. Apogeu e crise na Primeira República, 1900-1930. In: ABREU, M. de P. (Org.). *A ordem do progresso:* cem anos de política econômica republicana (1889-1989). Rio de Janeiro: Campus, 1989.

FURTADO, C. *Formação econômica do Brasil*. São Paulo: Nacional, 1997.

GOMES, Â. M. de C. *Burguesia e trabalho, política e legislação social no Brasil, 1917-1937*. Rio de Janeiro: Campus, 1979.

HERRLEIN JR., R. A transição capitalista no Rio Grande do Sul, 1889-1930: uma nova interpretação. *Economia e Sociedade*, Campinas, v.13, n.1, p.175-207, 2004.

LOVE, J. *O regionalismo gaúcho e as origens da Revolução de 1930*. São Paulo: Perspectiva, 1975.

MATTOS, L. V. de. *Economia política e mudança social*. São Paulo: Edusp, 1998.

PAULA, J. A. *Raízes da modernidade em Minas Gerais*. Belo Horizonte: Autêntica, 2000.

PAULA, J. A. Raízes do desenvolvimentismo: pensamento e ação de João Pinheiro. *Pesquisa & Debate*, São Paulo, v.15, n.2(26), 2004.

PENNA, L. de A. *O progresso da ordem:* o florianismo e a construção da república. Rio de Janeiro: Sette Letras, 1997.

PESAVENTO, S. J. *República Velha gaúcha*: charqueadas, frigoríficos, criadores. Porto Alegre: Movimento, 1980.

PESAVENTO, S. J. *RS:* agropecuária colonial e industrialização. Porto Alegre: Mercado Aberto, 1983.

QUEIROZ, S. R. R. de. *Os radicais da república.* São Paulo: Brasiliense, 1986.

RIO GRANDE DO SUL. Mensagem a Assemblea de Representantes do Estado do Rio Grande do Sul enviada pelo Exmo. Sr. Dr. Getúlio Vargas. Porto Alegre, A Federação, 1928-30.

SALOMÃO, I. C. *O desenvolvimento em construção:* um estudo sobre a pré-história do pensamento desenvolvimentista brasileiro. Porto Alegre, 2013. Tese (Doutorado) – Universidade Federal do Rio Grande do Sul.

SILVA, H. *1926 – A grande marcha.* Rio de Janeiro: Civilização Brasileira, 1965.

TARGA, L. R. P. *Fundação do estado burguês no Brasil.* Terceras Jornadas de Historia Econômica, Montevideo, jul. 2003 [CD].

TARGA, L. R. P. Os fundamentos do Estado desenvolvimentista brasileiro: a experiência do partido republicano Riograndense (PRR) durante a Primeira República. In: XXXII ENCONTRO NACIONAL DE ECONOMIA DA ANPEC, *Anais...* João Pessoa, 2008.

VARGAS, G. D. *A nova política do Brasil.* Rio de Janeiro: José Olympio, 1950.

VARGAS, G. D. *A política trabalhista no Brasil.* Rio de Janeiro: José Olympio, 1952.

VARGAS, G. D. *O governo trabalhista do Brasil.* Rio de Janeiro: José Olympio, 1969.

7
José Maria Whitaker

UM BANQUEIRO PAULISTANO DO CAFÉ NO GOVERNO FEDERAL

Marcelo Milan

INTRODUÇÃO

A atuação de José Maria Whitaker no Ministério da Fazenda em dois momentos cruciais da história brasileira (1930-1931 e 1955), centrados na figura bonapartista de Getúlio Vargas, deve ser entendida em termos de sua trajetória profissional. E esta reflete de forma pronunciada as próprias características econômicas, políticas e sociais de sua época (que, tragicamente, estão cada vez mais parecidas com a nossa própria): um Brasil agroexportador, em crise, oligárquico e autoritário, marcadamente religioso, patriarcal e conservador, bacharelista, e com forte herança escravagista. A visão econômica de Whitaker, e principalmente suas medidas enquanto formulador de políticas, refletem alguns desses importantes atributos, principalmente o primeiro, dada a centralidade do café na economia brasileira à época.

Whitaker nasceu em 1878, na capital paulista, filho de um comerciante, em um país ainda dependente do trabalho escravo e sob o jugo do regime imperial. Contudo, ao contrário do que afirma Mayer (s.d.), ele nunca foi monarquista. Suas memórias deixam claro que Whitaker era republicano, como em sua atuação no jornal da época de faculdade ou no episódio da "ressurreição" monarquista de 1902 no

Ligado ao Partido Democrático de São Paulo (PD), José Maria Whitaker assumiu o Ministério da Fazenda imediatamente após a posse de Getúlio Vargas na presidência da República, em novembro de 1930. Representante de um Brasil agroexportador, marcadamente religioso e conservador, a visão econômica de Whitaker e suas medidas como ministro refletem alguns desses importantes atributos, sobretudo o primeiro.

interior de São Paulo. Casou-se, casto, em 1897 com D. Amélia Perez Whitaker, e com ela teve 14 filhos. Trata-se da única personagem feminina em seus escritos. Participou, como arrecadador, da Campanha do Ouro para financiar a Guerra Paulista de 1932. Faleceu no ano de 1970, na mesma capital, como banqueiro, sob uma ditadura. Sobre esta, se refere Whitaker a 1964 como "[n]o ano sacrossanto da Revolução" (Whitaker, 1978, p.367).

Católico fervoroso, o elemento religioso está presente mesmo nos seus escritos econômico-financeiros. A tendência de atribuir realizações pessoais à providência Divina é frequente. O título do livro de 1978, em comemoração a seu centenário, é sugestivo, embora tenha sido pensado apenas para a primeira parte da obra, autobiográfica, que deveria circular de forma restrita entre seus descendentes. A editora Hucitec publicou o manuscrito, e incluiu outros textos, artigos não publicados e outros publicados no Diário de São Paulo, de Assis

Chateaubriand, para quem Whitaker era "o maior dos paulistas", e documentos, com o auxílio de um filho de Whitaker e da professora Liana M. L. Aureliano da Silva. Whitaker também foi eleito Patrono do Sistema Bancário Brasileiro no VIII Congresso Nacional de Bancos (Whitaker, 1978, p.3).

Nascido e criado em uma sociedade atrasada e dependente, ainda que em processo de rápido desenvolvimento capitalista, Whitaker se via como um liberal, pelo menos em assuntos econômicos. De onde vieram essas concepções? Ele publicou três livros relacionados direta e indiretamente a temas econômicos ou financeiros (Whitaker, 1963 [1932], 1933 e 1956), além dos trabalhados organizados postumamente pela Hucitec, estando os livros de 1933 e 1956 inclusos na coletânea (Whitaker, 1978). Escreveu também um livro intitulado "Ensaios Espirituais", lançado pela Editora Revista dos Tribunais em 1978. Whitaker (1963 [1932]) é um tratado jurídico sobre a criação, circulação e realização das letras de câmbio, com base em decreto de 1908. As negociações cambiais a termo foram introduzidas no Brasil no início do século XX, e Whitaker contribuiu para a elaboração do regramento das negociações desses instrumentos na praça de Santos. Dadas as fortes conexões do setor cafeeiro com os mercados externos, e a importância dos capitais estrangeiros no financiamento da economia brasileira, esse conhecimento certamente foi útil a Whitaker, de um ponto de vista instrumental, em sua atuação no Banco do Brasil (1920-1922) e na Fazenda.

É, portanto, nas demais obras que o liberalismo de Whitaker se manifesta, mesmo sem um mapa genético. Mais importante, esses mesmos textos econômico-financeiros indicam uma ambiguidade: convicções liberais no sentido europeu e práticas liberais no sentido norte-americano. Considerando sua trajetória profissional no setor privado e suas curtas passagens pelo governo central, além de suas reflexões publicadas, é possível identificar os elementos mais importantes da concepção econômica de Whitaker. O terceiro conjunto de "Observações Econômico-Financeiras", produzidas entre 1955 e 1968, reflete seu pensamento econômico mais maduro e sintetiza suas preocupações (Whitaker, 1978). Ele discute principalmente a questão da reforma cambial, a superprodução de café, a inflação (ou carestia), as taxas de juros, o BB e a carteira de redescontos. As Observações anteriores, para 1924-1929 e 1938-1955, discutem a situação financeira de São Paulo, críticas à Caixa de Conversão de Washington Luís, a crise de 1929, a situação do café, a inflação e principalmente o câmbio. De qualquer forma, sua ideologia liberal em uma sociedade em transformação, mas subdesenvolvida, tem necessariamente uma origem. Ela pode ter sido desenvolvida dedutivamente, pela formação intelectual, ou indutivamente, a partir da sua experiência com os negócios e logo do meio socioeconômico em que atuou.

Para avaliar a primeira alternativa como fonte de seu liberalismo retórico, com relação à educação formal também não está claro o grau de contato que Whitaker teve com o pensamento econômico durante sua formação acadêmica. Ele diplomou-se em Ciências Sociais em 1895, e, como arquétipo da República dos Bacharéis, em Ciências Jurídicas, em 1896 (tendo acelerado os estudos para poder abandonar o celibato). Ambos os diplomas foram emitidos pela Faculdade de Direito do Largo de São Francisco, principal formadora de quadros para e pelos donos do poder no Brasil no período, visando ao preenchimento de posições de prestígio no aparelho de Estado, principalmente em funções ligadas ao poder político-judiciário, e na economia privada. Outros egressos da escola que também passaram pelo Ministério da Fazenda foram Horácio Lafer, Gastão Vidigal, Sebastião Paes de Almeida, Walther Moreira Salles (os três últimos também banqueiros), Carvalho Pinto e Bresser-Pereira. Assim, a atuação profissional, privada e pública, muito provavelmente contribuiu mais para moldar a visão econômica de Whitaker do que sua educação universitária. A prática parece orientar o personagem em temas econômicos mais do que as doutrinas. A reforma cambial, obsessão quando da segunda passagem pela Fazenda, foi proposta, segundo Whitaker, sem um manual de referência.

Pode-se pensar igualmente que a estrutura socioeconômica e política do período proporciona parâmetros adicionais para identificar a visão de Whitaker e explicar sua atuação no governo central. E o café não poderia deixar de ser um elemento-chave, presente na totalidade dos seus escritos. Após se formar, Whitaker mudou-se para o município de Espírito Santo do Pinhal, no interior paulista, por sugestão de um irmão, juiz na vizinha Mogi Mirim. A cidade escolhida para atuar como advogado se localiza na mesorregião de Campinas e na microrregião de São João da Boa Vista. No recorte geoeconômico tradicional da historiografia sobre a produção cafeeira no Estado, Pinhal faz parte da área da estrada de ferro Mogiana. Com o declínio econômico no Vale do Rio Paraíba e Litoral Norte de São Paulo, a região Mogiana se tornou, entre o final do século XIX e início do XX, a mais importante em termos de população, área total e cultivada, número de propriedades e especialização na produção cafeeira (Colistete, 2015). Whitaker relatava a existência de conflitos de terras e propriedades, a mais importante riqueza da época, além de disputas políticas entre clãs ou facções familiares (Vergueiros e Motas), lideradas sempre por algum coronel.

A conexão profissional com cafeicultores o convenceu a se tornar, em 1903, um comissário de café e, tempos depois, também exportador, na cidade de Santos. Em 1910, Whitaker foi eleito presidente da Associação Comercial daquela cidade. A experiência com os negócios, caracterizados pela escassez de capital de giro e pela contínua dificuldade de crédito junto aos bancos nacionais, que experimentavam crises financeiras recorrentes, levou Whitaker a fundar o Banco Comercial do Estado de São Paulo em 1912. O sucesso da atividade bancária permitiu a fundação, em sociedade, de uma companhia de seguros em 1918, e de outra, em 1920. A circulação de capitais entre a produção e a comercialização de café e a inauguração de bancos parece ter sido um fenômeno não incomum no período (Fontanari, 2015).

Assim, a nomeação de Whitaker para assumir postos para a tomada de decisões macroeconômicas deve ser considerada em função do conhecimento microeconômico adquirido por meio das suas atividades comercial e bancária, e não fruto de elaboração intelectual prévia. Certamente, suas relações com a oligarquia e com os altos funcionários do Estado, para além de sua competência pessoal, o colocaram em uma posição de prestígio, tornando seu nome sempre lembrado para assumir cargos no primeiro escalão nos diversos níveis de governo. O que se defende neste capítulo, principalmente a partir da atuação de Whitaker no governo central, é que a mesma se situa em um movimento de superação (*Aufhebung*) do particularismo do café e de São Paulo no capitalismo nacional em formação, ao buscar proporcionar condições para a produção e a reprodução ampliadas mais gerais da economia nacional, logrando nesse aspecto êxito apenas parcial. Mais importante, a sua atuação intervencionista não encontra respaldo em suas inclinações liberais, mesmo que estas não fossem dogmáticas, como se discute na próxima seção. A razão prática torna, desta forma, as convicções liberais meras ideias fora do lugar (Schwarz, 2014).

O PENSAMENTO ECONÔMICO DE JOSÉ MARIA WHITAKER

O principal traço da atuação de Whitaker no governo central foi a ambiguidade entre ação e pensamento ou formulação. Como argumentam Furtado (1983) e Fritsch (1990), por mais que a concepção ou a retórica dos gestores da política macroeconômica, Whitaker incluso, fosse ortodoxa-liberal, suas ações foram forçosamente pragmáticas ou heterodoxas, na maior parte do tempo, dado que as mudanças estruturais impossibilitavam a gestão macroeconômica pelo dogma do laissez-faire:

> Ninguém dirá que José Maria Whitaker, o ministro da Fazenda da época, tinha ideias econômicas diferentes das de Murtinho, como também não demonstrara tê-las Getúlio Vargas quando ocupara a pasta da Fazenda do governo Washington Luís. Evidentemente, as mentes menos dogmáticas, menos formadas ou deformadas pelas ideias ortodoxas sobre equilíbrio orçamentário, inflação etc., tenderam a prevalecer (Furtado, 1983, p.716-717).

Ou seja, a realidade material se impõe, em geral, ao idealismo. No caso de Whitaker, essa dicotomia é reflexo da necessidade de superar o particularismo, que pressiona no sentido da ortodoxia, mas em um quadro de transformações estruturais do capitalismo nacional e internacional, que impõe uma maior universalização pela via do pragmatismo.

Whitaker fazia referências a elementos microeconômicos, macroeconômicos e de desenvolvimento econômico. Por uma questão de espaço, apenas os dois primeiros são discutidos a seguir, tendo em mente que a macroeconomia está mais fortemente associada ao conhecimento e às políticas aplicadas pelo governo central, possibilitando identificar a filiação doutrinária dos gestores da mesma, ainda que muitas vezes seja difícil delimitar claramente.

Por exemplo, Whitaker (1933) abordou as medidas de gerenciamento da demanda efetiva, via compra de estoques de café em 1930-1931, de uma perspectiva aplicada. Inclusive, ele tinha noções do efeito multiplicador. Ao justificar a permuta de café por trigo, considerava os estímulos à produção doméstica de farinha e de outras cadeias produtivas, como as do algodão e têxtil, necessárias para ensacar o produto, se defendendo da crítica dos livre-cambistas de que a indústria de moinhos era artificial. Contudo, tendo sido publicado antes de a revolução keynesiana proporcionar a racionalização econômica para essas medidas, as inspirações doutrinárias que estavam sendo desafiadas pela prática poderiam ser o pensamento clássico-liberal, o neoclássico-liberal ou o clássico-institucionalista-radical. Como este último, além de não se propor a instrumentalizar a gestão de políticas, era pouco difundido no Brasil, dado que (1) a visão institucionalista fora desenvolvida principalmente nos Estados Unidos, e as influências intelectuais estrangeiras mais importantes à época vinham da Inglaterra e da França, e (2) considerando que as abordagens clássicas radicais começavam a chegar pela imigração europeia, sobretudo pelos trabalhadores, o mesmo pode ser descartado. Assim, ao avaliar o risco de queda nos preços com a compra dos estoques retidos do café e a liberação da nova safra, Whitaker defendia, resignado, que os preços seriam regidos por leis naturais (Whitaker, 1933, p.12), típico do pensamento microeconômico liberal clássico. Em outra passagem, afirmou, nesse sentido:

> Minha orientação no setor do café foi sempre pela libertação dos mercados de qualquer intervenção oficial. Em política econômica, todavia, como em negócios, nem sempre se justificam atitudes rígidas; e, assim, mantendo, embora, as mesmas convicções, cooperei em 1921, quando era Presidente do Banco do Brasil, na feliz valorização [...], fornecendo-lhe os recursos que lhe faltavam [...]; e, mais tarde, em 1931, promovi e executei a

maior intervenção que jamais se fêz [sic] no mercado de café, para salvar a Lavoura do colapso imediato a que parecia irremediavelmente condenada (Whitaker, 1978, p.305).

Enquanto a retórica é clássico-liberal, as medidas adotadas se enquadram como liberais no sentido norte-americano, com um papel decisivo para o Estado, mesmo que em caráter temporário, suspendendo o funcionamento "natural" dos mercados para reverter o colapso causado pelo funcionamento dos mesmos. Da mesma forma, o livro de 1956 e as partes da obra de 1978 não anteriormente publicadas sugerem uma influência liberal no sentido europeu no discurso, mas uma ação intervencionista quando necessário, ou seja, de forma frequente.

Com relação à microeconomia, Whitaker abordava o problema do café em termos de oferta e demanda, isto é, de administração microeconômica, diferenciando o produtor e o consumidor. No que tange à oferta, doméstica e estrangeira, considerava que a política de valorização incidia diretamente sobre a mesma, reduzindo-a ao reter o produto no país na forma de estoques, que estimulariam uma superprodução, embora também atuasse indiretamente sobre os consumidores. Na CPI do café, respondeu explicitamente que o consumo, que ele diferencia em outra passagem do livro de 1978 entre efetivo e nocional, é elástico ao preço. Houve controvérsia entre Whitaker e o presidente do Instituto Nacional do Café sobre essa questão. Esse elemento é importante para entender os impactos da tributação majorada para financiar as compras de estoques.

Da mesma forma, Whitaker considerava a concorrência internacional em termos de preços. Já durante a presidência do BB, defendia que a valorização do café, com a manutenção dos preços elevados, prejudicava os consumidores, que resistem aos mesmos, e criava incentivos para ampliar a produção dos países concorrentes. Por ter experiência de negócios, sua visão microeconômica também é mais sofisticada que a exposta em muitos manuais atuais. Por exemplo, Whitaker discutia os estoques indesejados como a diferença entre oferta e demanda para produtos estocáveis; bem como o gerenciamento de estoques pelos compradores intermediários e as mudanças nos prazos de retenção causadas pela crise econômica mundial. Destacava a importância da propaganda para as vendas, e avaliava o papel do ágio resultante da cunha cambial entre oferta de exportáveis e demanda por importados, além dos subsídios. Ou seja, Whitaker adicionou importantes elementos institucionais e operacionais a sua análise, e, ao fazê-lo, passou a apresentar uma visão mais profunda dos mercados, sem a superficialidade típica do pensamento liberal exposto nos manuais de economia.

Da mesma forma, argumentava que a concorrência indisciplinada entre os bancos, ao tentar atrair depositantes, elevava os juros a níveis exagerados, aumentando os custos gerais da economia. Criticava também as taxas múltiplas de câmbio, em que os exportadores recebiam em moeda doméstica um valor menor do que receberiam com um câmbio unificado, e com os importadores pagando em leilões fixados por categorias um valor superior do que pagariam. Seu argumento é livre-cambista, defendendo o fim da intervenção por se constituir uma forma de confisco, criando efeitos negativos sobre produtores e consumidores domésticos.

Do ponto de vista macroeconômico, Whitaker analisava a inflação como um desequilíbrio entre oferta e demanda agregadas, sendo preciso estimular a primeira e conter a segunda: "Outra necessidade essencial, no combate à inflação, é estimular a produção [...] dando-lhe, sobretudo, crédito, transportes e direção técnica" (Whitaker, 1978, p.301). Defendia, em particular, a importância do crédito agrícola e de uma instituição especializada na provisão do mesmo. Assim, não considerava a questão do ponto de vista estático de um produto dado (possivelmente de pleno emprego) em um longo prazo indefinido, de forma que bastaria reduzir a demanda agregada para estabilizar os preços. Ainda assim, do ponto de vista da demanda agregada, acreditava estar o problema na política fiscal descontrolada e na política monetária expansionista, com déficits financiados por emissões sem lastro:

> Para vencer esta [carestia de vida], teremos de combatê-la na sua origem, na sua causa principal, a qual, sem dúvida, é a desvalorização da moeda, resultante, sobretudo, da facilidade espantosa de emissões excessivas e incontroladas. [...] Seria, de fato, ingênuo esperar austeridade nas despesas,

> moderação nas fantasias, firmeza nas resistências, havendo à mão, a possibilidade, jamais embaraçada, de fabricar dinheiro à vontade. [...] De importância vital é, portanto, que a Carteira de Redescontos seja total e efetivamente vedada ao Tesouro (Whitaker, 1978, p.363).

A utilização da carteira de redescontos para financiar o Tesouro era igualmente rejeitada por Whitaker com base em elementos jurídicos e políticos. Em outra clara semelhança com o Brasil atual, Whitaker (1978, p.363) alertava que "sem embargo de serem as emissões de alçada do Congresso e de constituir a transgressão dessa prerrogativa suprema delito tão grave que pode, processualmente, custar o cargo ao Presidente da República (Lei 1.079 de 10-4-50)". Ou seja, os instrumentos jurídicos para a criminalização de políticas monetárias e fiscais expansionistas sempre estiveram latentes entre os liberais: "O Governo, provavelmente, recuaria diante dessa interpelação [solicitação por um parlamentar de informações sobre as razões para as emissões], que bem poderia ser preliminar de um *impeachment* de imprevisíveis consequências [sic] na atual exacerbação das ambições sucessórias" (Whitaker, 1978, p.364, grifo no original).

Ainda sobre a política fiscal, mantendo o dogma liberal, Whitaker rejeitava vinculações orçamentárias entre receitas e despesas. Também criticava as receitas parafiscais associadas aos ágios do "confisco" cambial, já que receita sem previsão orçamentária criaria distorções e favorecimentos políticos.

Ao defender a proibição das relações entre a carteira de redescontos e o Tesouro para conter a inflação, estendia a restrição aos empréstimos do BB. Argumentava que as aplicações do banco superavam, enormemente, em 1959, os depósitos. E que o banco respondia por 4/5 da circulação fiduciária no país. Seria interessante que os historiadores de empresas pesquisassem sobre os balanços do Banco Comercial de São Paulo, fundado e administrado por Whitaker por muitos anos, para avaliar em que medida a instituição mantinha seus empréstimos restritos aos encaixes e aos depósitos ou se operava alavancada e, nesse caso, com que grau.

Embora tenha uma visão monetária em geral quantitativista, Whitaker era mais sofisticado que o monetarismo superficial. Apesar de rejeitar expansões de crédito consideradas excessivas, ele argumentava que emissões passadas, ao elevarem preços e desvalorizarem a moeda no presente, têm impactos reais: "Quando, porém, resultava [...] do aumento de emissões, entendi que reprimi-la [expansão de créditos] seria atingir diretamente a produção, levantando-se obstáculo à normalidade de sua circulação" (Whitaker, 1978, p.317). Ou seja, Whitaker reconhecia que elevações de preços, ao aumentarem valores nominais, também exigem maior demanda por moeda (e crédito) apenas para manter o volume corrente de transações reais. As necessidades monetárias sempre são reflexo de contratos nominais. Apertos creditícios não conseguem separar os efeitos nominais (preços monetários) dos efeitos reais (quantidades ou volumes), porque eles não são separáveis nos contratos, que em economias capitalistas são sempre expressos em termos monetários e não em termos de volumes, como seria o caso em uma economia baseada no escambo em permanente estado de pleno emprego. Ao identificar os "desequilíbrios" típicos de uma economia capitalista, o personagem admitia que, "apesar de tudo, apesar, mesmo, da angustiosa carestia de vida, o país desenvolve-se a olhos vistos, demonstrando cada vez mais uma incoercível vitalidade" (Whitaker, 1978, p.364).

Ainda sobre a política monetária, ao discutir a Missão Niemeyer, Whitaker (1978, p.56, grifo nosso) deixa claro que um dos seus objetivos era "transformar o Banco do Brasil *em banco central de caracter* [sic] *orthodoxo* [sic], livre da influencia [sic] do governo". O BC, contudo, não poderia ser criado em uma economia com inflação elevada. Seria preciso primeiro equilibrar o orçamento, seguindo a moderna teoria fiscal do nível de preços.

Contudo, demonstrando mais uma vez diferenças significativas com o liberalismo primitivo, Whitaker criticava as elevadas taxas de juros vigentes à época (outro problema permanente, *Brazil non mutat*):

> O prazo dos títulos redescontáveis, estabelecido por lei até 120 dias, foi por Circular de uma repartição publica [sic], restringida para 15 dias; e os juros foram elevados a 22% (12 + 10), sendo aumentados até 30%, em caso de mora. Está, portanto, a usura, consagrada e aplicada pela Carteira; e, ao

mesmo tempo, há, em curso uma nobre campanha para redução de juros das instituições financeiras. (Whitaker, 1978, p.370)

Da mesma forma, rejeitava o recolhimento compulsório como instrumento de contenção monetária para estabilizar os preços, rompendo com outro importante dogma liberal e monetarista. Pelo contrário, antecipando discussões do Brasil atual, argumentava que essa política elevaria os juros para compensar os recursos retidos, aumentando os custos e elevando preços. Portanto, combater a inflação (e reduzir o custo da dívida pública) requeria reduzir os juros, não os elevar: "Creio que nesta nova fase de combate à inflação *prioridade deve ser dada à redução dos juros vigentes*. Êles [sic] *pesam sobremaneira nos preços* e ameaçam de ruína próxima a economia do País. Com os juros que prevalecem, mesmo os mais brandos, não há emprêsa [sic] que possa por muito tempo subsistir" (Whitaker, 1978, p.365, grifo nosso).

Em outra passagem, ao listar os principais remédios contra a inflação (unificação orçamentária e cambial; incentivos à produção – inclusive crédito; casamento de prazo de ativos e passivos do BB – inclusive na carteira de redescontos –, cujas operações seriam supervisionadas pela Superintendência da Moeda e do Crédito [Sumoc]; reforma bancária para maior especialização do crédito – incluindo caixas econômicas, extinção da Camob e criação de um Banco Central), o autor defendeu, pragmaticamente e contrário ao liberalismo "*intervir no mercado de capitais e juros, para reduzir o nível atual dêstes*" (Whitaker, 1978, p.319, grifo nosso). Argumentou ainda, em lógica que falta ao monetarismo, que "empréstimos para produção não podem ser a taxas altas. Além de prazo longo, devem ter juros baixos. Como, porém, consegui-los, se, no presente momento, a taxa média de juros é, sabidamente, exagerada, para não dizer extorsiva?" (Whitaker, 1978, p.338).

Ou seja, Whitaker, era adepto do liberalismo, mas um liberalismo mais próximo ao norte-americano, não ao europeu. Não era dogmático, como bem argumentou Furtado. Isso faz-se claro ao avaliar suas ações na Fazenda.

AS ATUAÇÕES DE WHITAKER NO MINISTÉRIO DA FAZENDA

A participação de Whitaker na vida pública foi breve, com longos intervalos entre cada nomeação, e com passagens rápidas, embora não atípicas se considerada a intrínseca instabilidade política brasileira. E sua atuação não foi mais longa também porque Whitaker rejeitou convites para assumir cargos de confiança em diversas situações, como no governo paulista de Washington Luís, para permanecer no governo federal sob Artur Bernardes, para voltar à pasta da Fazenda no governo Dutra e para chefiar a prefeitura de São Paulo em 1945. Sua nomeação como chefe civil do governo provisório de São Paulo em 1930 também foi efêmera.

Antes de discutir as passagens de Whitaker pela Fazenda, é importante destacar o seu período na presidência do Banco do Brasil (BB), tendo sido nomeado por Epitácio Pessoa em 1920 e permanecido no banco até 1922. O país enfrentava forte crise cambial nesse período. Uma das condições impostas por Whitaker para aceitar a presidência do BB foi a criação de uma carteira de redescontos, além de plena autonomia. Cabe destacar que o BB assim se tornaria a instituição nacional mais próxima a um banco central (BC) (situação essa considerada precária por Whitaker, defensor de um BC de fato). O BB passaria a responder, mesmo que imperfeitamente, por ações que caracterizariam o germe de uma política monetária, principalmente a função de emprestador de última instância. Ou seja, foram criados mecanismos centralizadores e não concorrenciais de estabilização das operações bancárias. Chavantes (2004) cita um relatório de 1921 do banco em que Whitaker identifica o descasamento, típico da atividade bancária, entre ativos e passivos e da necessidade de prover liquidez emergencial para os ativos realizáveis a prazos superiores aos depósitos.

Nesse sentido, Whitaker (1978, p.39) demostrava a importância da carteira para o fortalecimento dos bancos nacionais: "[a carteira de redesconto] foi o eixo da transformação do Banco do Brasil, de Banco de segunda ordem em principal banco do País, e a causa, também, do fortalecimento dos bancos nacionais, até então preteridos pelos estrangeiros por faltar-lhes, na eventualidade de uma crise, um socorro pronto como esses teriam de suas caixas matrizes".

Explicitando seu pragmatismo monetário, o personagem também lamentou a extinção da carteira por temores inflacionários em função de emissões sem lastro. Whitaker (1933) lembrava que a lei que criou a carteira, redigida por ele, sempre exigia lastro. A emissão, desde que lastreada em títulos contra a produção, sem operações com o Tesouro Nacional, não criaria pressão de demanda sobre a oferta. A carteira foi recriada em 1930, e, segundo Whitaker (1978, p.370), "desde então funcionou ininterruptamente, consolidando o sistema financeiro nacional, que se desenvolveu sem temor e rapidamente, amparando e estimulando a economia geral do país". Além da carteira, criou a câmara de compensação de cheques e a carteira de crédito agrícola, as quais mostram uma sólida reestruturação e expansão do banco sob sua gestão, além de uma proposta para sustentar a política de valorização do café sem pressões sobre o Tesouro ou sobre o próprio banco.

Para entender a superação (*Aufhebung*) do particularismo característico da concentração econômica setorial e regional da economia brasileira, é preciso avaliar a gestão monetária e financeira de Whitaker. Sua administração foi marcada pela introdução de importantes inovações associadas a instrumentos necessários, mas insuficientes, para um funcionamento menos instável do capitalismo, dada a centralidade do dinheiro (e dos bancos) no mesmo.

A primeira passagem pela Fazenda (1930-1931)

As expectativas sobre um governo que assumiu em meio a forte crise econômica mundial e, logo, nacional, criaram um grande desafio em termos de respostas rápidas, ainda que limitadas pelas estruturas institucional, política e econômica vigentes no país e no exterior. A recomendação liberal era liquidacionista: o governo deve deixar todas as empresas enfraquecidas, não importa se conjuntural ou estruturalmente, fechar. A depressão mundial se materializava na queda no preço internacional do café (em ouro), na redução do *quantum* exportado, na contração de divisas e na queda na capacidade de importar e de honrar compromissos externos; assim, deveria seguir seu curso e liquidar os mais fracos. A nomeação de Whitaker por Vargas foi bem recebida pela banca internacional.

Whitaker (1933) relatou a experiência inicial do governo provisório descrevendo o programa financeiro e enfatizando os principais temas a serem tratados: o café e o câmbio, o papel do Banco do Brasil, o Tesouro (condições fiscais), a missão Niemeyer (avaliação de um funcionário do Banco da Inglaterra da situação econômica do país) e o terceiro *funding loan* (empréstimo de consolidação de dívidas antigas, com emissão de títulos de dívida em troca da amortização e do pagamento de juros, com prazos de carência entre 20 e 40 anos estabelecidos unilateralmente). Responsabilizando a administração anterior – da qual Vargas fez parte como ministro da Fazenda no biênio 1926-1927 – pela situação econômica, o ministro listou os objetivos do programa de transição: comprar o estoque de café e revogar as medidas que perturbavam o mercado, equilibrar o orçamento, criar o Banco Central de Reservas e assim reformar o sistema bancário, e, por fim, instituir o crédito agrícola, por meio de um Banco Hipotecário Nacional.

O autor destacou as mudanças na política de valorização do café anteriores à sua gestão, que passou das compras pelo governo, com recursos do Tesouro, para proibições de comercialização, com os custos impostos aos cafeicultores. A política gerou como resultado enormes estoque em São Paulo, que paralisavam a lavoura e toda a atividade econômica vinculada, de transporte ao armazenamento, com elevados custos de financiamento. A solução adotada, a partir da avaliação de projetos alternativos (não colher a safra corrente ou comprá-la a um preço fixo), foi a aquisição dos estoques pelo governo e a liberação da safra corrente, ao risco de queda nos preços (que afetariam também os concorrentes). Com isso, liberava-se a nova safra e logo o crédito para a lavoura, ampliando o nível de atividade econômica. Para evitar novos estoques, proibiram-se novas safras de acordo com o potencial produtivo de cada estado, e foi estabelecido um imposto sobre as vendas externas para financiar as compras do governo, sendo as sacas adquiridas imediatamente destruídas. Ainda que reticente, Whitaker concordou em utilizar abertura de crédito nos bancos públicos (BB e Banco do Estado de São Paulo) para adquirir os estoques.

Dado o subdesenvolvimento bancário do país e a restrição de divisas, foi preciso efetuar empréstimo externo junto à importadora Hard, Rand & Cia., além efetuar uma operação de escambo envolvendo vendas casadas de café por trigo. As duas últimas operações foram feitas com base nas obrigações atreladas ao empréstimo de 20 milhões de libras esterlinas do governo de São Paulo, sob Washington Luís, que previa vendas regulares de café para saldar o serviço da dívida em adição à taxa de três *shillings* cobradas dos comerciantes que necessitassem de financiamento. Assim, os estoques comprados deveriam ser negociados para honrar a dívida, mas sob as condições já estabelecidas. Com a antecipação do prêmio pago pelos comissários para negociar o café do governo, os recursos levantados eram suficientes para as compras dos estoques.

Com relação ao câmbio, Whitaker, em tratamento considerado por Abreu (1990) como generoso para com a banca internacional, remeteu todo o estoque de ouro do Brasil para Londres e efetuou novo empréstimo para cobrir as necessidades de divisas do país, principalmente do BB, que recebera no período imediatamente anterior o monopólio das transações cambiais (depois atenuado com um sistema de licenciamentos para as importações). O banco estava em situação financeira frágil no Brasil e no exterior. A situação interna foi amenizada em cooperação com os bancos privados, com a elevação das taxas de juros pagas pelos depósitos, que atraiu recursos para a instituição. A condição externa foi contemporizada temporariamente com novos créditos de curtíssimo prazo e acordos de *swaps*, considerados insatisfatórios por Whitaker (devido à possibilidade de serem cancelados a qualquer momento e exigirem rolagem periódica). Dada a crise internacional, nem o crédito nem os *swaps* foram renovados, e o BB teve de remeter suas reservas de ouro para Londres, recebendo assim novo empréstimo para cobrir as obrigações financeiras da instituição com credores externos. O câmbio foi restrito ao comércio exterior e havia expectativa de desvalorização gradual. Para resolver a falta de divisas, a importação de máquinas foi proibida e uma reserva de mercado para a produção doméstica foi estabelecida.

Permanecendo a pressão no mercado cambial em 1931, Whitaker suspendeu o pagamento das amortizações da dívida externa, exceto os dois *funding loans* anteriores e o empréstimo do café de 1922. Mantidas as dificuldades, suspendeu também o pagamento dos juros. A FIESP e os cafeicultores defendiam o calote (e a queima de estoques de café adquiridos).

Para além do BB, Whitaker (1933) notou que havia um represamento de fundos nos bancos, dada a incerteza sobre possíveis corridas bancárias. Sem crédito, os demais setores ficavam paralisados. A reabertura da carteira de redescontos do BB por intervenção de Whitaker aumentou a confiança dos e nos bancos, e as taxas de juros caíram de 12% a.a. para 5% a.a. De qualquer forma, Abreu (1990) aponta uma contração monetária significativa no período, apesar do fim do padrão-ouro no Brasil em 1930.

Sobre o Tesouro, Whitaker (1933) apontava a existência de superávits fictícios no período anterior, dado que os saldos não estavam disponíveis para a nova administração (contabilidade criativa, segundo Bastos (2010)). Feita a revisão, os superávits se converteram em déficits, que foram saldados por empréstimos e encampação das emissões lastreadas do BB. Ou seja, dívida e emissão de papel-moeda. A encampação das notas lastreadas transferia a propriedade do ouro do BB para o Tesouro, que então revendia o ouro para o BB, pago desta vez por emissão. Para resolver o déficit de caixa do Tesouro e as demandas dos estados, Whitaker emitiu bônus e vendeu ouro da Caixa de Estabilização, a ser recomprado pelo BB quando da reabertura da caixa, fechada pelo governo deposto. A paralisação do mercado de capitais fez com que os preços dos papéis negociados inicialmente caíssem. Mas o BB operou no mercado adquirindo os títulos com deságio, elevando gradualmente os preços e gerando lucros para o Tesouro.

Para equilibrar o orçamento, objetivo central do programa financeiro pós-golpe e recomendação da banca internacional por meio da missão Niemeyer, Whitaker apontou o corte de despesas como a principal medida. Frustradas as expectativas de receita em função da crise, novos cortes foram programados, explicitando ser essa uma decisão de Vargas. Estes incluíam fechamento de repartições, corte de pessoal, eliminação de isenções e reduções de vencimentos (inclusive os do próprio Vargas e de seus ministros). Para elevar as receitas, evitando majorar os impostos aduaneiros (que passariam a ser cobrados em ouro), a tributação sobre consumo foi elevada, a progressividade do imposto de renda ampliada (mesmo que os abatimentos legais fossem suspensos), um novo imposto sobre o fósforo criado e houve aumento dos impostos sobre loterias e seguros. A revisão orçamentária mostrava o objetivo de conseguir um superávit que, segundo Whitaker, aconteceu.

Em sua carta de despedida da primeira passagem pela Fazenda, Whitaker faz um balanço para o sucessor, Oswaldo Aranha, apontando que o Tesouro não contraíra novas dívidas e que não houve novas emissões, embora a massa de papel-moeda em circulação seguisse sendo excessiva. Havia superávit orçamentário, lucro no BB e saldo positivo na balança comercial. As reservas em Londres eram positivas e suficientes para honrar compromissos de curto prazo derivados do terceiro *funding*. A taxa de câmbio foi estabilizada com o monopólio do Banco do Brasil. No curto prazo, portanto, os resultados apresentados foram positivos segundo a apresentação de Whitaker.

A superação do particularismo criou oposição política dos interesses particulares afetados. Assim, havia fortes pressões dos cafeicultores sobre Whitaker, que o acusavam de favorecer os interesses dos bancos frente à lavoura, mesmo com as compras de estoques, como o decreto que permitia aos bancos se apropriarem do café deixado em consignação, fazendo com que as negociações de compra do produto fossem conduzidas entre o governo e os bancos. Quando o Secretário da Fazenda de São Paulo, Numa de Oliveira, pediu exoneração em 1931, Whitaker fez o mesmo. Mas as condições de desenvolvimento capitalista no Brasil haviam mudado, tendo Whitaker defendido as compras dos estoques, financiadas com emissão, contra a resistência de Vargas, alegando ser uma necessidade geral, não do café (Bastos, 2010; Alvarenga Junior; Mattos, 2015).

Existe uma literatura que avalia a natureza da política econômica e da economia política nos anos 1930. Uma questão recorrente envolve a distinção entre ortodoxia (liberal) e heterodoxia (intervencionista). A avaliação é feita para períodos relativamente longos, tendo por recorte as mudanças políticas. Avaliar a primeira passagem de Whitaker pela Fazenda nesses termos é difícil, dado o curto período em que esteve à frente da pasta. Um tema muito discutido diz respeito à política fiscal, em especial sobre a natureza expansionista das compras do estoque de café pelo governo, com elevação simultânea de tributos. Sendo uma política de injeção de gastos públicos para estabilizar a renda e manter o nível de emprego, seria heterodoxa, com um efeito multiplicador que permitiria fortalecer, sem intenção, a tendência à industrialização. Essa é interpretação clássica de Celso Furtado. Mas a preocupação com o equilíbrio orçamentário é um traço ortodoxo, dada a pressão da banca internacional para manter os pagamentos externos. Silber (1977), corroborando a interpretação clássica de Furtado, mostra que as medidas foram expansionistas com base no teorema do multiplicador do orçamento equilibrado de Haavelmo, em que um gasto financiado por um aumento de impostos ainda apresenta efeitos positivos sobre os fluxos de renda, dado que os tributos podem ser pagos a partir de variações nos estoques financeiros ou serem transferidos para os consumidores externos. Tratava-se, assim, de medida keynesiana antes de Keynes (Martins, 2010). Ao contrário de Furtado, Fernandes (1979) argumenta que essa política foi consciente e não acidental, assim como Alvarenga Junior e Mattos (2015). Fonseca (2003) apresenta a contribuição seminal sobre a intencionalidade.

Sobre a política cambial, Abreu (1990, p.74) assevera que "as medidas iniciais do Governo Provisório quanto à política cambial foram orientadas por um liberalismo retórico primitivo, logo desmascarado pela realidade". O monopólio das transações cambiais pelo BB foi suspenso para logo, em função da crise externa, ser retomado. Na verdade, essa é uma característica de Whitaker em sua primeira passagem pela Fazenda: liberal na retórica, intervencionista nos atos. Whitaker se considerava um inimigo de todas as intervenções, mas, compelido pela necessidade de evitar um colapso geral da acumulação de capital, aprofundou a atuação no Estado na economia, com o socorro particular ao setor cafeeiro pela autorização da compra de 17,5 milhões de sacas de café estocadas (sendo que 6,1 milhões apenas durante a gestão Whitaker, o equivalente a duas safras), a preços razoáveis, um resultado significado nas circunstâncias da época. Segundo Mayer ([s.d.], [s.p.]), Whitaker teria afirmado que "a necessidade não conhece leis: ou faremos isso – e já – ou assistiremos à derrocada de toda a nossa economia". As dificuldades financeiras do Tesouro obrigaram o recurso às emissões e ao aumento dos impostos, medidas rejeitadas, pelo menos na retórica, pela visão clássico-liberal muitas vezes externadas pelo autor. Em que medida essas ações culminaram, com alguma defasagem, na expansão de 1934-1937, é uma questão ainda a ser investigada, exigindo avaliar também as políticas adotadas após a saída de Whitaker do ministério.

A atuação de Whitaker em 1955

Whitaker voltou para a Fazenda por um arranjo político feito por Jânio Quadros, então governador de São Paulo, permanecendo, porém, menos de seis meses no cargo. Assumiu a pasta depois de Eugênio Gudin, o que certamente implica desafios de reconstrução – mesmo que a passagem deste também tenha sido breve, e possivelmente não tenha tido condições de fazer valer totalmente sua concepção ideológica ortodoxa, principalmente pela oposição da crescente indústria de bens de capital, dos cafeicultores e de injunções políticas de São Paulo na nomeação do presidente do BB. Mas também pelas mudanças operadas no funcionamento do capitalismo nacional e internacional no início do século XX, que restringia a gestão liberal do capital (Fritsch, 1990; Furtado, 1983). Pinho Neto (1990) e Saretta (2003) sugerem que a "plutocracia" paulista de fato pressionou pela substituição de Gudin por Whitaker.

Em Whitaker (1978), há um relatório preparado por Gudin sobre os principais problemas econômicos herdados do segundo governo Vargas: dificuldades externas, principalmente em função da situação do café, exigindo taxas múltiplas de câmbio (Instrução 70 da Sumoc), e, no âmbito interno, assim como no relatório do FMI sobre a reforma cambial, elevações salariais, excesso de crédito e déficits orçamentários. Tudo isso contribuía para aumentos da inflação. Assim, Whitaker aceitou o diagnóstico e a importância do combate à inflação, ao contrário da sua primeira passagem, quando este não era considerado um problema relevante. A principal causa da alta de preços, para ele, eram as emissões para cobrir déficits orçamentários. O financiamento dos déficits deveria ser feito pelo lançamento de títulos públicos, mas as taxas de juros eram muito altas à época. Ao contrário de Gudin, Whitaker, banqueiro, não parecia considerar o crédito como um elemento inerentemente inflacionário.

Whitaker (1956) afirmava que não poderia influenciar a inflação equilibrando o orçamento corrente de 1955, posto que o mesmo já estava em execução. Não seria possível, nem aconselhável em função de dívidas e outras obrigações, evitar as emissões, como em 1931. Mas argumentou que havia outros canais de contenção da demanda que poderiam ser acionados, como controlar a expansão do crédito pelo BB, via carteira de redescontos. Acreditava também que, por ser um banco de depósitos, o BB não poderia financiar investimento de longo prazo pela natureza do passivo bancário, e que as aplicações descasadas, excessivas, pressionavam as emissões e os preços. Assim, Whitaker impôs um maior controle sobre as operações de empréstimo e de redesconto, mesmo sabendo das limitações dessas medidas, dados seus impactos reais, e logo da ineficácia da Instrução 108 da Superintendência da Moeda e do Crédito (Sumoc), sancionada na gestão Gudin e revogada pelo novo titular da Fazenda. Whitaker adicionalmente restringiu as operações das Caixas Econômicas e do BNDE.

Além dessas medidas, reformulou o recolhimento compulsório, considerado inflacionário pelo impacto sobre os juros e custos gerais de financiamento, reduzindo as alíquotas e restituindo a diferença a mais aos bancos privados, assumindo que os mesmos não operam alavancados, ficando restritos às suas disponibilidades. Essa política revertia significativamente as ações de Gudin. A ampliação da disponibilidade de caixa dos bancos levou à exoneração do superintendente da Sumoc, Octávio Gouveia de Bulhões, remanescente da equipe de Gudin, que havia proporcionado forte contração monetária (Pinho Neto, 1990). De fato, Whitaker (1956) relatou uma crise bancária durante sua gestão, debelada pela ação do BB via carteira de redescontos, ao que parece seguindo à risca as recomendações de Bagehot no clássico *Lombard Street*. Por outro lado, o governo assumiu a responsabilidade de honrar os depósitos das instituições em falência, criando mais pressão para emissões. Whitaker via o seguro-depósito, pago com recursos públicos, como socialização de dívida privada. Assumindo-se que não havia defasagens significativas na implementação da política monetária, o impacto do aperto de crédito sobre a inflação, contudo, foi menor que o esperado (Saretta, 2003). O banqueiro, assim, abriu mão de políticas contracionistas que beneficiavam o capital bancário internacional, para adotar políticas favoráveis às frações do capital industrial e do capital bancário nacional.

Com relação à defesa do café, questão que marcou as suas duas passagens pela Fazenda, Whitaker argumentava que a retenção da safra para sustentar preços implicava perder divisas (assumia que os preços internacionais não seriam afetados pelo fim das retenções, mesmo com a importância da oferta brasileira na oferta global). Ele também teceu críticas à política de preços mínimos em cruzeiros, com as compras financiadas por emissão. Assim, tomou então a decisão de suspender as compras, dado que as mesmas, embora elevadas, ainda eram pouco mais da metade do excesso mundial de produção estimado, não havendo sacrifício por parte dos demais países produtores. Essa decisão continha também um forte componente fiscal, já que implicaria redução de despesas. As exportações de café aumentaram nos meses seguintes à suspensão, mas é difícil aferir o impacto da mesma nesse resultado, dado que os estoques norte-americanos estavam zerados e tiveram de ser restaurados, com elevação dos preços em dólares antes da suspensão. De qualquer forma, Whitaker sofreu forte oposição dos cafeicultores por essa decisão (Rego; Marques, 2018).

A defesa da reforma cambial, ou o fim do "confisco cambial", era o principal objetivo econômico do novo ministro, tendo a proposta sido elaborada por Roberto Campos, do BNDE, e Paulo Correia, do BB, e acordada com o FMI. O projeto de Whitaker, embora gozasse do apoio dos cafeicultores e demais frações da burguesia com conexões internacionais, e do cenário externo favorável, sofreu oposição dos ministros militares e dos candidatos mais bem posicionados na corrida sucessória presidencial. O presidente Café Filho encaminhou a proposta para deliberação do Congresso, levando à demissão de

Whitaker. Como argumenta Kirshner (2003), as decisões monetárias fundamentais são determinadas por critérios políticos, não econômicos. Da mesma forma, Abreu (1990, p.100) declara que "a experiência brasileira [de gestão da dívida externa] não foi exceção à regra de que argumentos econômicos cedem lugar a critérios políticos quando se trata de reajustar o montante da dívida pública externa".

CONSIDERAÇÕES FINAIS

A argumentação desenvolvida neste capítulo sugere que Whitaker tinha uma concepção clássico-liberal sofisticada da economia, mas um liberalismo cujo pragmatismo foi imposto por uma estrutura socioeconômica em mutação. Isso se traduz necessariamente em ambiguidades e contradições, como, por exemplo, identificar fortes desequilíbrios inflacionários nas emissões monetárias e ao mesmo tempo reconhecer que a economia se desenvolveria; ou criticar a utilização da carteira de redescontos para emissões sem lastro, e defender sua importância na consolidação do Sistema Financeiro Nacional e no financiamento da economia. Então, como interpretar a atuação de Whitaker em termos de suas concepções econômicas?

Como já mencionado, o curto período total no governo central, não obstante a profundidade das medidas adotadas, dificulta a avaliação dos resultados de suas gestões à testa da economia. De qualquer forma, para qualificar a atuação do Whitaker no BB ou na Fazenda em termos de sua visão econômica, é importante ressaltar que avaliações de qualquer período econômico devem considerar a multiplicidade de forças e aspectos que o moldam (Bastos, 2010; Fritsch, 1990). Seria equivocado atribuir a um indivíduo, mesmo em posição central na economia, os resultados positivos ou negativos observados. Esse erro é cometido, por exemplo, por Friedman e Schwartz em Uma *História Monetária dos Estados Unidos 1867-1960*, ao atribuírem a maior crise do capitalismo no século XX à morte de Benjamin Strong, então presidente da Reserva Federal dos Estados Unidos.

Ainda mais importante, existe uma tendência dentro do pensamento econômico de enfatizar demasiadamente o papel do governo, principalmente nacional, na evolução da conjuntura e mesmo da estrutura econômica. Assim, Pinho Neto (1990) atribui às políticas de Gudin a desaceleração econômica de 1954-1955. O governo é um componente relevante, mas dificilmente o mais importante, exceto nos órgãos de planejamento central em economias de comando, e mesmo assim com muita porosidade (Brabant, 1990). Ou seja, nem o Ministério da Fazenda ou o do Planejamento, nem o BC (ou o BB no caso de Whitaker), aufeririam uma capacidade completa de controle dos parâmetros da evolução econômica. Assim, a relação entre medidas *ex ante* e desempenho *ex post* não deve ser extrapolada de forma mecânica e teleológica. A política econômica é tão constrangida pelas condições econômicas, principalmente em uma economia periférica, quanto sua capacidade de restringir e estimular a busca por renda e riqueza. Mais importante, o fato de Whitaker ter permanecido no governo central por intervalos insuficientes para proporcionar mudanças estruturais e suas inovações sofrerem descontinuidades, a avaliação de resultados de suas orientações e medidas deve ficar restrita aos contornos dos componentes cíclicos, exigindo estudos econométricos específicos. Nessas considerações finais, é importante identificar e entender a natureza dos condicionantes de sua atuação.

Como Fritsch (1990) argumenta, lançando mão de Gramsci, apesar de a burguesia (ou plutocracia, rótulo rejeitado por Whitaker) cafeeira manter a hegemonia política sobre as demais frações, mesmo após a transição do trabalho escravo para o assalariado, as políticas macroeconômicas nas primeiras três décadas do século XX nem sempre foram, e talvez nem mesmo pudessem ser, desenhadas e implementadas para atender aos interesses exclusivos da mesma. A ortodoxia atrelada ao café, enquanto ação executiva, não retórica, permaneceu na defensiva, exceto em períodos de crise. Whitaker manteve diversas divergências econômicas com a lavoura cafeeira. De fato, o golpe de Vargas em 1930 aponta para rupturas intraoligárquicas significativas, tanto do ponto de vista setorial, com o avanço das políticas industrializantes, como regional, apesar da concentração geoeconômica em SP. A Guerra Paulista de 1932 é resultado desses conflitos. Se na visão de Whitaker (1978, p.26), São Paulo estava predestinado a guiar a nação, essa liderança não poderia se sustentar apenas na economia cafeeira. O fracasso da reforma cambial de 1955 que propunha o modelo livre-cambista é um elemento a mais a corroborar a visão da ruptura do consenso clássico-liberal da Primeira República e da necessidade de exercício da hegemonia enquanto universalismo, incorporando novos campos de aplicação do capital.

Bastos (2010) menciona reunião em que Vargas se opôs à valorização do café e à emissão monetária, mas fora convencido por Whitaker de que se tratava de política geral, não setorial, visando às condições econômicas do país. Nesse caso, dada a importância do café para o capitalismo nacional, de fato o interesse geral dificilmente pode ser dissociado do interesse particular; mas não podem mais se confundir, sendo preciso superar o particularismo. Já na década de 1920, na presidência do BB, Whitaker defendia que:

> Apesar de ser um caso de interesse geral, a proteção do café suscita sempre preconceitos e antipatias regionais. A organização do crédito agrícola, entretanto, *favorecendo em primeiro lugar, naturalmente, ao café, que é a nossa riqueza principal*, não deixaria em desamparo nenhuma das outras culturas do país. Seria possível atender à borracha no Amazonas; ao açúcar no Recife, Campos e Alagoas; ao Cacau na Bahia; ao mate no Paraná; *a todas as riquezas*, em suma, de nosso abençoado território (Whitaker, 1978, p.45, grifo nosso).

Portanto, nas condições de subdesenvolvimento socioeconômico e transformação no ritmo de desenvolvimento capitalista no Brasil, o particularismo da defesa do café, em que riqueza é sinônimo de riqueza agrícola, é, na verdade, compatível com a progressiva universalização do capital no Brasil apenas se houver mobilidade intersetorial de capitais, o que exige instituições monetárias efetivas na garantia da estabilidade do dinheiro, unidade universal de medida da riqueza sob o capital. Dadas essas condições, a política de defesa do café poderia ser abandonada. A atuação de Whitaker, nesse sentido, procurou superar o particularismo setorial e regional pela estabilização do dinheiro, nos marcos do fim do padrão-ouro internacional.

Ou seja, sendo o café um valor de uso e, logo, particular ou específico, a universalização acontece com a passagem da forma mercadoria para a forma dinheiro. E a experiência de Whitaker como banqueiro, não como exportador de café ou ministro-árbitro de disputas econômicas particulares, se mostra fundamental, ao complementar as políticas keynesianas em um quadro de ruptura do padrão monetário internacional, métrica mais universal da riqueza. Isso mesmo que não antecipasse os efeitos da generalização da forma dinheiro pelas transferências intersetoriais dos capitais, sustentadas pela ação do Estado na realização do excedente econômico. Ambas as ações estatais trariam um novo impulso à universalização da riqueza de tipo capitalista ainda em formação no Brasil, mas a disponibilidade monetária é ainda mais central, em contraste com a monetização restrita vigente na economia escravista.

Assim, o universalismo no capitalismo é a riqueza abstrata, o dinheiro. As formas relativa e equivalente do valor, desdobramentos da forma simples, singular ou acidental de valor, teriam o café como parâmetro de equivalência do valor relativo de qualquer outra mercadoria em circulação na economia mundial. Sem acesso suficiente à riqueza padrão no capitalismo da época, o ouro, Whitaker buscou recursos para as compras de estoques para realizar o valor do café, e efetua a permuta de café por trigo. Trata-se, porém, de forma equivalente particular, mesmo que pela fórmula do valor total possa ser desdobrada em várias mercadorias (açúcar, cacau, algodão, mate, máquinas, petróleo etc.). A forma geral de valor do café é igualmente insuficiente para proporcionar ampliação do movimento de capital e expansão do valor, dada a necessidade de monetização dos salários.

A ruptura na integração da economia brasileira com a economia capitalista mundial exige garantir a continuidade da forma dinheiro, mesmo que restrita, considerando que o dinheiro universal desaparece da circulação. Isto é, as condições de subdesenvolvimento e de fragilidade financeira externa dificultam que o ouro preencha esse papel, e Whitaker assumiu a Fazenda sem esse parâmetro de valor, com todas as repercussões que isso acarreta para a produção e a circulação. O país não consegue se manter no padrão-ouro e necessitou recorrer a empréstimos internacionais. Foi então obrigado a suspender a conversibilidade e voltar à forma equivalente, mas particular, da moeda nacional. Sua obsessão em lastrear as emissões na produção (trabalho) é reconhecimento da fragilidade daquela. A reforma cambial buscada por Whitaker repousava no reconhecimento do dinheiro mundial como forma equivalente mais universal, e logo reguladora dos dinheiros territoriais nacionais, sem a arbitragem política das taxas múltiplas.

Em resumo, não basta ser paulista, é preciso proporcionar ao capitalismo nacional instituições capazes de manter a acumulação em vista das diferentes restrições impostas pelo capitalismo internacional. É necessário, mas insuficiente, sustentar a produção da mercadoria café garantindo a realização ou seu salto mortal. É preciso assegurar a estabilidade do valor da medida universal da riqueza: o dinheiro. Whitaker, portanto, buscou superar, mas sem eliminar (*Aufhebung*) o particularismo da cafeicultura paulista. Para tanto, buscou promover a estabilização monetária para alavancar a produção ampliada de mercadorias, atuando com a persuasão do banqueiro, que ainda não rompia totalmente o particularismo, posto que o equivalente geral universal, na época, era a moeda mundial, o ouro, mas promovendo, dentro das restrições históricas e geoeconômicas, as condições para a consolidação do capitalismo nacional.

Nesse sentido, Whitaker não era ortodoxo *sans phrase*. A ortodoxia menos sofisticada ignora o papel da política e do Estado-Nação, em sua heterogeneidade de forças sociais, na mediação da circulação internacional de mercadorias e de capitais. Mesmo que Whitaker lograsse superar o conflito intracapitalista interno pelo controle dos parâmetros de política macroeconômica – conflito esse que era resultado das transformações estruturais em curso, e que exigiam de fato uma estabilidade da universalização da riqueza mantida na forma monetária, facilitando a mobilidade intersetorial do capital, e assim promovendo uma verdadeira hegemonia sob liderança do capital bancário –, havia outra restrição. A hierarquia monetária mundial, garantida pela política internacional dos Estados mais poderosos, e a consequente condição periférica do capitalismo nacional na mesma, é um entrave insuperável, e que se refletia justamente na dificuldade de gestão fiscal, monetária e cambial das instituições nacionais, mais do que a orientação doutrinária de seus gestores.

REFERÊNCIAS

Fontes primárias

WHITAKER, J. M. *A administração financeira do Governo Provisório de 4 de novembro de 1930 a 16 de novembro de 1931*. São Paulo: Editora Revista dos Tribunais, 1933.

WHITAKER, J. M. *Letra de câmbio*. 7.ed. São Paulo: Editora Revista dos Tribunais, 1963.

WHITAKER, J. M. *Seis meses de novo no Ministério da Fazenda*. Rio de Janeiro: [s.ed.], 1956.

WHITAKER, J. M. *O milagre da minha vida*. São Paulo: Hucitec, 1978.

Bibliografia geral

ABREU, Marcelo de P. Crise, crescimento e modernização autoritária: 1930-1945. In: ABREU, M. de P. (Org.). *A ordem do progresso:* cem anos de política econômica republicana 1889-1989. Rio de Janeiro: Campus, 1990.

ALVARENGA JR., M.; MATTOS, F. A. M. de. A política econômica nos anos 1930: evidências de uma heterodoxia consciente. *Análise Econômica*, ano 33, n.64, p.287-315, 2015.

BASTOS, P. P. Z. Ortodoxia e heterodoxia antes e durante a Era Vargas: contribuições para uma economia política da gestão macroeconômica nos anos 1930. Campinas: IE/Unicamp, jun. 2010.

CHAVANTES, A. P. *Consolidação do setor bancário em São Paulo na década de 1920*. Campinas, 2004. Dissertação (Mestrado em História Econômica) – Instituto de Economia, Universidade de Campinas.

COLISTETE, R. P. Regiões e especialização na agricultura cafeeira: São Paulo no início do século XX. *Revista Brasileira de Economia*, v.69 n.3, p.331-354, 2015.

FERNANDES, F. A revolução burguesa no Brasil: ensaio de interpretação sociológica. 3.ed. Rio de Janeiro: Editora Zahar, 1979.

FONSECA, P. C. D. Sobre a intencionalidade da política industrializante do Brasil na década de 1930. *Revista de Economia Política*, v.23, n.1(89), p.133-48, 2003.

FONTANARI, R. *Um banqueiro do café: a trajetória empresarial do coronel Christiano Osório de Oliveira e as teias do crédito na economia cafeeira paulista (1890-1937)*. São Paulo, 2015. Tese (Doutorado em História Econômica) – Faculdade de Filosofia, Letras e Ciências Humanas, Universidade de São Paulo.

FRITSCH, W. Apogeu e crise na Primeira República: 1900-1930. In: ABREU, M. de P. (Org.). *A ordem do progresso:* cem anos de política econômica republicana 1889-1989. Rio de Janeiro: Campus, 1990.

FURTADO, C. Comentários à "A Revolução de 30 em perspectiva: Estado, estrutura e poder e processo político". In: CPDOC-FGV. *A Revolução de 30 – Seminário Internacional*. Brasília: Editora da UnB, 1982.

KIRSHNER, J. *The Inescapable Politics of Money. In: Kirshner, Jonathan. Monetary Orders:* Ambiguous Economics, Ubiquitous Politics. Itaca; Londres: Cornell University Press, 2003.

MARTINS, J.de S. Visão do sociólogo: heranças e pendências de uma sociedade em anomia. In: BRESSER-PEREIRA, L. C. (Org.). *Doença holandesa e indústria*. Rio de Janeiro: FGV Editora, 2010.

MAYER, J. M. José Maria Whitaker. CPDOC-FGV, [s.d.]. Disponível em: <http://www.fgv.br/cpdoc/acervo/dicionarios/verbete-biografico/whitaker-jose-maria>. Acesso em: 16 jun. 2018.

PINHO NETO, D. M. O interregno Café Filho: 1954-1955. In: ABREU, M. de P. (Org.). *A ordem do progresso:* cem anos de política econômica republicana 1889-1989. Rio de Janeiro: Campus, 1990.

REGO, J. M.; MARQUES, R. M. *Economia brasileira*. 6.ed. São Paulo: Saraiva Educação, 2018.

SARETTA, F. A política econômica no período 1954/1955: algumas notas. In: V CONGRESSO BRASILEIRO DE HISTÓRIA ECONÔMICA. *Anais...* Caxambu: ABPHE, 2003. v.1, p.1-12. Disponível em: <http://www.abphe.org.br/congresso2003/Textos/Abphe_2003_61.pdf>. Acesso em: 15 ago. 2018.

SCHWARZ, R. *As ideias fora do lugar*. São Paulo: Companhia das Letras, 2014.

SILBER, S. D. Análise da política econômica e do comportamento da economia brasileira durante o período 1929-1939. In: VERSIANI, F.; BARROS, J. R. M. (Orgs.). *Formação econômica do Brasil:* a experiência da industrialização. São Paulo: Saraiva, 1977.

VAN BRABANT, J. M. Socialist Economics: The Disequilibrium School and the Shortage Economy. *Journal of Economic Perspectives*, v.4, n.2, p.157-175, 1990.

8
Oswaldo Aranha
POLÍTICO LIBERAL, *POLICYMAKER* DESENVOLVIMENTISTA

Ivan Colangelo Salomão

INTRODUÇÃO

Reconhecido pela prolífica trajetória desenvolvida no exterior, Oswaldo Aranha é considerado o mais importante diplomata brasileiro desde José Maria Paranhos (Ricupero, 2017). Afamado pela oportunidade em que presidiu a Assembleia Geral da Organização das Nações Unidas, Aranha granjeou o prestígio do *establishment* estrangeiro como nenhum outro brasileiro de sua geração.

Por mais que se justifique a deferência à construção de uma carreira internacional, de fato, singular, é possível que a historiografia brasileira subestime as demais facetas do jovem político que entabulou a Revolução de 1930 e se tornou um dos mais relevantes homens públicos do país na primeira metade do século XX. Ministro de diversas pastas durante toda a Era Vargas, Aranha sabia-se o segundo homem na hierarquia da República, posição da qual contribuiu sobremaneira para a atual formatação do Estado brasileiro, em seus aspectos positivos e negativos, nas quase duas décadas em que Getúlio governou o país.

Em que pese a abundância de predicados maiúsculos que a seu nome se reservam em memórias quase sempre laudatórias, pouco

Filho da elite pecuarista do Rio Grande do Sul, Oswaldo Aranha (1894-1960) formou-se em Direito no Rio de Janeiro, experiência que contribuiu para moldar suas ideias longe do positivismo gaúcho. Aliado de Vargas desde a juventude, foi um dos líderes da Revolução de 1930, atuação que lhe rendeu as credenciais para assumir diversos ministérios nos governos de Getúlio. Afamado pela atuação como diplomata e na Organização das Nações Unidas, Aranha foi um dos mais importantes ministros da Fazenda de sua época.

propaladas foram as suas ideias referentes a questões econômicas.[1] Conquanto tenha tido contato formal com tais matérias apenas nos bancos da Faculdade de Direito, Aranha teve, por força dos cargos que ocupou, que se debruçar, e versar, de modo detido sobre diversos temas econômicos.

Nascido em 1894, em Alegrete, cidade gaúcha próxima à divisa com a Argentina, Oswaldo Euclydes de Sousa Aranha era filho de um tradicional fazendeiro paulista que lá se estabelecera após constituir matrimônio com uma moradora da região. Alfabetizado em casa pela

1 O trabalho de Almeida (2017), cujo escopo circunscreve, de fato, a trajetória de Aranha na seara econômica, não se pretende uma análise crítica de suas ideias. Trata-se, apenas, de um panfleto propagandístico.

mãe, iniciou-se nas letras em um internato jesuíta de São Leopoldo, município contíguo à longínqua capital do estado. No entanto, diferentemente da maioria dos correligionários pertencentes à chamada "Geração de 1907" – a qual frequentara as escolas de Direito de São Paulo ou Porto Alegre (Love, 1975) –, Oswaldo mudou-se para o Rio de Janeiro aos 14 anos de idade, em cuja escola de ciências jurídicas viria a bacharelar-se em 1916.

Foi na capital da República que Aranha se descobriu mais próximo do projeto federalista do que propriamente da agremiação oficial a que seu pai era ligado e pelo qual viria a pegar em armas no futuro, o Partido Republicano Riograndense (PRR). Admirador declarado do liberal Rui Barbosa, o líder estudantil cerrou fileiras contra o governo Hermes da Fonseca e indispôs-se com o senador José Pinheiro Machado, principal liderança de seu partido no Distrito Federal. Frequentou, ainda, o grupo universitário conhecido como Gaspar Martins, cujo epíteto homenageava o dirigente máximo da oposição gaúcha ao PRR no século XIX. Uma vez formado, retornou à campanha sulista para exercer a profissão em Uruguaiana em 1917, período em que conheceu o também advogado Getúlio Vargas por meio de clientes em comum.

A despeito da proximidade pessoal com Joaquim Assis Brasil, chefe do Partido Libertador e adversário dos republicanos gaúchos, a família Aranha apoiou, em 1922, a quinta reeleição ao governo estadual de Antônio Borges de Medeiros, prócer do PRR. Ainda que a defecção partidária não se lhe ocorresse, Oswaldo teve que suplantar suas convicções político-ideológicas para manter o compromisso acertado previamente com o correligionário.

A partir de 1923, quando da eclosão de mais um dos diversos conflitos bélicos no Rio Grande do Sul entre chimangos (republicanos) e maragatos (liberais), Aranha alheou-se do cotidiano profissional para liderar um dos principais pelotões do oficialismo, o 5º Corpo da Brigada Oeste. Nos anos subsequentes, novas conflagrações mantiveram-no nos campos de batalha, ocasiões em que foi alvejado no ombro e, posterior e mais gravemente, no pé.

A participação ativa nos confrontos credenciou-o dentro da estrutura partidária. Em janeiro de 1924, Borges de Medeiros o nomeou subchefe da polícia na região de fronteira; no ano seguinte, foi indicado para a intendência de Alegrete, em cuja breve gestão já adiantara o sentido de algumas das medidas que viria a adotar no poder central. Em 1926, foi alçado concomitantemente às deputações estadual e federal, cargo, este, que exerceu apenas por alguns meses.[2] Quando Vargas assumiu o governo do estado, em 1928, convidou-o para a Secretaria do Interior e Justiça, oportunidade em que coordenou a elaboração de seu primeiro texto sobre matérias econômicas propriamente ditas.

Foi nesse posto que, apesar das boas relações que mantinha com as lideranças paulistas, Aranha articulou a formação da Frente Única Gaúcha e da Aliança Liberal. Após a vitória de Júlio Prestes no pleito de 1930, comandou a insurreição que encerraria o período posteriormente estigmatizado como República Velha. A cargo da organização política e militar do movimento, a liderança de Aranha passava, nesse momento, a extrapolar as fronteiras de seu estado.

Nesse sentido, deve-se conferir a real dimensão à atuação de Aranha para o desencadeamento da rebelião. Getúlio, pelo temperamento conciliador, e o governador mineiro Antônio Carlos de Andrada, receoso e hesitante, dificilmente teriam encabeçado uma ação armada, ainda que a ela aquiescessem. Junto a José Antônio Flores da Cunha e algumas dezenas de soldados, o voluntarioso combatente – que ameaçara demitir-se da secretaria em protesto a "um chefe tão fraco que desanimava os próprios soldados" (apud Hilton, 1994, p.49) – liderou a invasão do Quartel-General do Exército, no centro de Porto Alegre, na noite de 3 de outubro de 1930. Três semanas depois, Washington Luís seria deposto pela alta cúpula das Forças Armadas no Palácio do Catete.

No primeiro governo Vargas, Oswaldo assumiu quatro cargos do primeiro escalão: os Ministérios da Justiça (1930-1931) e da Fazenda (1931-1934), a embaixada em Washington (1934-1937) e a chancelaria

2 A atividade parlamentar, não era, com efeito, a que mais lhe aprazia: "Confesso que não gostei. Fui Deputado Estadual um dia, e fui Deputado Federal, creio que quatro ou cinco meses, e não senti vocação para isto, e por isso não voltei a pleitear estes postos" (apud Aita; Axt, 1999, p.82).

do país (1938-1944). A centralidade de sua atuação como formulador de política pública entre o êxito da revolução e o fim da II Guerra Mundial será analisada a partir da segunda seção do capítulo.

Seu pendor liberal voltou a manifestar-se na eleição de 1945, quando apoiou o candidato da União Democrática Nacional (UDN), Eduardo Gomes, à Presidência da República. Ainda assim, foi indicado pelo presidente eleito, Eurico Gaspar Dutra, a assumir a chefia da delegação brasileira da ONU, em 1947, quando, por uma série de coincidências,[3] coube-lhe presidir a reunião da instituição na qual se deliberou pela criação do Estado de Israel.

Afastado das atividades políticas desde o final dos anos 1940, Oswaldo passou a dedicar-se à advocacia e a atividades de representação empresarial. Retornou à vida pública em 1953, momento em que a severa crise político-econômica por que passava o Brasil fez com que Getúlio confiasse novamente o Ministério da Fazenda à experiência do amigo, posto de que sairia somente após o suicídio do presidente. No governo Kubitscheck, voltou a chefiar a delegação brasileira na 12ª Assembleia Geral da ONU, em 1957. A partir de então, retirou-se definitivamente do palco central da política nacional, vindo a falecer em 1960, no Rio de Janeiro, aos 65 anos de idade, vítima de um infarto do miocárdio.

Pelos motivos expostos, pairava sobre Oswaldo Aranha a expectativa de que se tornasse o sucessor natural de Getúlio Vargas. A desconfiança do presidente não permitiu, todavia, a viabilização eleitoral do único quadro capaz de eclipsá-lo.[4] Ainda que com ele mantivesse uma relação fraternal, a fidelidade que Aranha lhe devotava não encontrava reciprocidade na índole circunspecta e reticente do presidente. Após 1954, teve o nome constantemente sondado para a composição de chapas em eleições majoritárias, inclusive à Presidência

---

3 Em janeiro de 1947, Oswaldo Aranha encontrava-se nos Estados Unidos para participar de um evento no *Council on World Affairs*, quando, em virtude do falecimento do diplomata que havia sido indicado para chefiar a representação brasileira na ONU, o presidente Dutra convidou-lhe a assumir o posto (Almeida; Araújo, 2013, p.691).

4 Ao incentivar a rivalidade com o também diplomata João Neves da Fontoura, outro líder gaúcho revolucionário, Vargas arrogava-se o papel de árbitro da disputa de modo a diluir a força de ambos.

da República, articulação por ele sempre recusada. Talvez o próprio ministro reconhecesse que, influente entre os políticos, jamais conquistou o apoio popular de que necessariamente carece um líder da nação, corroborando, assim, o entendimento de Berson (1971, p.35): "*Aranha would become a leader of the people; never a popular leader*".

O PENSAMENTO ECONÔMICO DE OSWALDO ARANHA

Apesar da intensa troca de cartas e mensagens mantida com familiares e partidários desde a adolescência, a vocação missivista de Oswaldo Aranha não se traduziu na redação de reflexões próprias sobre a sua ação política. O orador nato não foi exatamente um escritor fecundo,[5] de modo que documentos oficiais, como relatórios e discursos, tornam-se fontes importantes para o pesquisador que pretende perscrutar e, mormente, interpretar suas ideias.

Uma primeira particularidade que viria a influenciar a sua trajetória política foi a distância por ele mantida em relação ao positivismo, ideologia oficial do PRR que havia sido difundida no Rio Grande do Sul pelo patriarca do partido, Júlio de Castilhos. Se por influência paterna ou pela formação universitária longe de Porto Alegre, o fato é que Oswaldo pode ser considerado o mais liberal dos líderes republicanos gaúchos que ascenderam ao poder central em 1930 (Lago, 1996). Seu liberalismo "de origem" não impediu, entretanto, a adoção de políticas de forte intervenção quando à testa da economia do país. Daí o oximoro subjacente ao título deste capítulo: não há, conforme a definição de Fonseca (2015), desenvolvimentismo liberal, de modo que, extrapolando tal enquadramento binário, a coadunação dessas duas doutrinas faz-se possível somente quando ponderada pelo transcorrer cronológico e pelas balizas conjunturais.

---

5 A despeito de sua reconhecida desenvoltura cognitiva, o próprio Oswaldo Aranha admitia a pouca aptidão para atividades intelectuais: "Tenho o espírito prático mais agudo do que o teórico... Sou mais um homem de ação do que de ideação" (apud Hilton, 1994, p.3); "Nasci mais para agir do que para pensar e escrever" (apud Hilton, 1994, p.9).

No que concerne especificamente às suas influências teóricas, sabe-se que, até a ida para Washington, em 1934, Aranha possuía os 5 volumes da obra do economista francês Clément Colson, e *Princípios de Economia*, manual do professor inglês e precursor da escola neoclássica, Alfred Marshall. Nos Estados Unidos, adquiriu, entre outros livros, um exemplar da primeira edição da *Teoria Geral do emprego, do juro e da moeda*, de John Maynard Keynes.[6] Tal ecletismo doutrinário exerceria influência direta não apenas sobre as ideias, mas principalmente sobre as políticas adotadas pelo ministro Oswaldo Aranha.

Liberalismo em Aranha

Embora se autodefinisse como um liberal no sentido anglo-saxônico do termo, Aranha foi, em termos políticos, um homem de seu tempo, tendo sido marcado pelas contradições inerentes à dicotomia ideológica de sua época. Nesse sentido, manteve-se equidistante dos polos que caracterizariam a geopolítica mundial a partir dos anos 1920: "O Brasil está ameaçado de dois males: um fascismo medíocre ou um comunismo empírico. Para salvá-lo só existe a democracia liberal" (apud Flores, 1991, p.45). Em que pese a moderação que quase sempre permeou seu discurso, diversas foram as manifestações por meio das quais fazia transparecer a sua veia tradicional:[7]

---

6 A influência da *Teoria Geral* manifestou-se quando, ao assumir a Fazenda em 1953, o ministro buscou defender a ortodoxia de sua política fiscal. Ainda assim, admitia a conveniência da atuação anticíclica como forma de atenuar a insuficiência de demanda efetiva: "Não se pode negar que, em certa medida, alguns desequilíbrios e desníveis podem constituir-se em verdadeiros estímulos para os setores onde se verifica um retardamento relativo, pois é certo que uma forte procura impulsiona a oferta. Esse automatismo, contudo, é gravemente prejudicado nas conjunturas inflacionárias, durante as quais as respostas aos estímulos da procura demoram excessivamente pela ruptura da relação entre os preços" (Aranha, 1953a).

7 Conquanto categorias analíticas do tipo "conservadorismo" devam ser nuançadas pelas circunstâncias históricas em que são empregadas, algumas medidas e declarações de Aranha poderiam enquadrá-lo como um político conservador. No programa de governo de cuja elaboração participou, antes ainda do êxito revolucionário de 1930, Aranha ratificou propostas autoritárias, como a supressão de bebidas alcoólicas, de qualquer tipo de jogo e da prostituição. Além disso, impunha restrições para a participação feminina em certos públicos não relacionados à educação ou saúde (Berson,

"Cada vez creio mais na ação fecunda das ideias conservadoras [...], na afirmação vencedora das gerações educadas numa mesma opinião" (Aranha, 1927). Sua ferrenha convicção anticomunista ratifica este entendimento, uma vez que não hesitou em aliar-se ao líder integralista Plínio Salgado para combater o que chamava de "sovietismo".

Do ponto de vista econômico, a deferência reservada a personagens brasileiros de reconhecida reputação liberal revela o apreço que nutria por tais ideias. Aranha referia-se ao ex-ministro da Fazenda de Campos Sales como o "grande e inigualável Joaquim Murtinho", "o maior de quantos neste país", a quem atribuiu a solução da crise da primeira década republicana (Aranha, 1934a). A Eugenio Gudin, "mestre dos nossos mestres", cujos conselhos considerava "superiormente sábios e oportunos" (Aranha, 1953b), Aranha enviou uma carta em que declarava o seu credo irrevogável no liberalismo, afirmando "não ser mais necessário acreditar nos homens ou nos *governos*" (apud Berson, 1971, p.217, grifo nosso).

À experiência como embaixador nos Estados Unidos pode ser delegada, com efeito, a motivação para a inflexão observada nas ideias de Aranha. Ao vivenciar o cotidiano daquele país, ainda que temperado pelo intervencionismo do New Deal, Oswaldo deslumbrou-se com o progresso econômico norte-americano, ao qual delegava, de modo um tanto simplista, ao liberalismo. Em carta enviada a Getúlio, afirmava que "tudo aqui é obra da liberdade"; para Pedro Góes Monteiro, ministro da Guerra, atestou ter sido "sem ação dos governos, que esta gente criou uma nação que detém mais da metade das riquezas universais" (apud Hilton, 1994, p.206).[8] Em 1947, ao assumir a presidência da Assembleia Geral da ONU, defendeu, sem

1971, p.60). De acordo com o mesmo autor, Aranha defendeu, ainda, a atração de imigrantes para Brasil, desde que fossem arianos: "Precisamos no Brasil de brancos, mais brancos e sempre brancos, e nada de outras raças – nem índios, nem negros, nem amarelos" (apud Berson, 1971, p.224).

8 Em discurso de lógica diametralmente oposta, afirmava, em 1936, que "a civilização americana destaca-se das demais pelas suas características materiais (...). A verdade é que o progresso cultural desse país atingiu um grau de perfeição sem par, mas não é menos verdade que ele não caiu do céu, ao contrário, é o produto do esforço de um povo que adquiriu a capacidade de criar, de produzir e de construir essa grandeza com suas próprias ideias, com suas próprias mãos" (Aranha, 1936a).

preocupar-se com o exagero patente de sua declaração, que a única solução para o mundo seria a "sua americanização".[9] Na opinião de Berson (1971), foram os ensinamentos colhidos diante da realidade norte-americana os responsáveis pela conversão nas ideias de um homem que, havia pouco tempo, apoiava a adoção de "medidas napoleônicas" como meio ótimo de se organizar as atividades sociais.

Ainda que por demais esquemática, a defesa do liberalismo professada por Aranha pode ser resumida nos seguintes pontos cardeais: (1) vocação agrária; (2) livre-comércio; (3) orçamento equilibrado; e (4) centralidade da iniciativa privada.

No início da década de 1920, quando, ainda jovem causídico no interior do Rio Grande do Sul, indagado acerca da solução para a crise por que passava a atividade agropastoril no estado, Aranha demonstrava priorizar as atividades do setor primário em detrimento da manufatura ao sugerir que se deveria pôr "um freio aos dentes do mercantilismo industrial insaciável" para se "entrar num caminho sereno de construção e melhoramentos, sem altos sonhos ganânciosos" (Aranha, 1922).

Ao assumir o Ministério da Fazenda, em 1931, demonstrava a mesma consciência acerca da proeminência da lavoura cafeeira para a economia nacional: "A questão do café não é paulista; é brasileira, e interessa a todos, sem diferença de credos. Não é uma questão política. É um assunto de administração e de técnica especializada. O presidente resolverá mantendo o instituto, ampliando sua ação quer quanto à manutenção dos preços como quanto ao aumento da exportação" (apud Almeida, 2017, p.573). Já afastado do governo, em 1955, voltou a manifestar-se por meio de Camillo Gama, seu chefe de gabinete na segunda passagem pela Fazenda, a respeito da importância do café para a economia brasileira: "A nossa política cafeeira interessa de perto não somente à lavoura, mas também a indústria e o comércio" (apud Gama, 1956, p.90).

Em conferência realizada na Câmara de Comércio do Estado de Nova York, defendera a vocação agrária do país ao estimular o

9 "*We Brazilians envisage just one solution for the world: its Americanization*" (Aranha, 1947a).

livre-comércio com os Estados Unidos: "O capital (norte-americano) a ser aplicado no Brasil deve visar as fontes de sua riqueza natural a fim de torná-las exportáveis, permitindo ao meu país comprar aqui da indústria americana as suas inigualáveis manufaturas" (Aranha, 1936a).

Tratava-se, esta, de outra característica condizente com seus princípios liberais: o apreço em relação ao livre-comércio internacional. Nesse sentido, atacava a "suposição de que as riquezas nacionais são estanques e que o comércio internacional é limitado", premissa que embasaria, por sua vez, a falsa ideia de que "a prosperidade de uma nação só é possível pelo empobrecimento de outra" (Aranha, 1937). No mesmo discurso, reiterou, em linguajar didático, que, de acordo com as normas da "boa economia" era preciso "comprar para vender e vender para comprar, resistindo ao nacionalismo econômico".

Advogado, em tese, do livre-câmbio entre as nações, diversas foram as suas manifestações a corroborar a frutuosidade do comércio exterior, principalmente quando se encontrava no exterior: "*In a world of highly prosperous nations, each nation would gain advantage from the prosperity of the others*", afirmou o já ex-chanceler em Nova Iorque (Aranha, 1947b). Esse tipo de convicção permitiu-lhe, para além das motivações geopolíticas, defender reiteradamente o restabelecimento das relações diplomáticas com a União Soviética com base, fundamentalmente, na sua potencialidade comercial (Cervo, 1998).

Se não sofreu influência do positivismo em sua formação, Oswaldo Aranha comungava com, talvez, a única faceta liberal da doutrina de Augusto Comte: a das finanças sadias. Desde a época em que administrou a sua cidade natal, Oswaldo opôs-se, por diversas oportunidades e em diferentes circunstâncias, à contratação imoderada de empréstimos, uma vez que o ônus futuro ao erário não apenas não compensaria o endividamento, como embaraçaria a condução "normal" das atividades fiscais.

Antes de assumir o Ministério da Fazenda, em 1931, voltou a atestar que "sem orçamento equilibrado, eu não serei ministro da Fazenda", uma vez que, para ele, "país sem capacidade para equilibrar seus orçamentos é como um navio que não pode retomar o rumo" (apud Hilton, 1994, p.118). Na mesma época, redigiu carta a Borges de Medeiros criticando determinadas unidades da Federação por incorrerem em déficits fiscais, arvorando-se pelo compromisso de entregar o primeiro orçamento equilibrado desde o governo Campos Sales, promessa posteriormente desmentida pelos fatos. Em 1954, durante a segunda passagem pela Fazenda, Aranha posicionou-se contrariamente à proposta do ministro do Trabalho, João Goulart, para conceder aumento nominal de 100% ao salário mínimo, medida por ele classificada como "anarquia do tesouro" (apud O'Donnell, 1976, p.83).

Por fim, mas não menos importante, faz-se oportuno revelar um posicionamento, de algum modo, extemporâneo para um político forjado nos anos 1930. Questões fulcrais ao liberalismo moderno, como eficiência e produtividade na prestação de serviços públicos, também se lhe faziam caras. Para Aranha, a atuação estatal não poderia ser um fim em si mesmo, de sorte que a serventia da iniciativa individual ocupou parte relevante de seu projeto administrativo. Ainda como gestor municipal, em 1925, reprovou a posse de diversos equipamentos e edifícios públicos, e solicitou autorização para "fazer a venda de todos que julgar prejudiciais ao nosso patrimônio ou desnecessários aos serviços públicos" (Aranha, 1925). Quase trinta anos depois, voltou a ratificar o mesmo entendimento ao propugnar a relevância do empresariado para a sustentabilidade do crescimento econômico: "O desenvolvimento integrado e harmônico será sempre obstado se ocorrer qualquer crescimento desordenado dos setores privados" (Aranha, 1953a).

Não obstante demonstrações incontestes de sua dileção pelo liberalismo, a biografia de Aranha teria que transigir aos arroubos intervencionistas que o ministro subscreveria ao longo de toda sua trajetória política.

A incumbência da intervenção estatal

A referida hibridez teórica subjacente ao pensamento econômico de Oswaldo Aranha pode ser aferida pela capacidade com que abonou uma série de medidas intervencionistas condizentes com o *Zeitgeist* de sua época sem abdicar, contudo, de suas premissas liberais.

Desse modo, os principais instrumentos de políticas desenvolvimentistas defendidas, e levadas a cabo por Aranha podem ser resumidas em: (1) intervenção estatal; (2) industrialização; (3) protecionismo; e (4) nacionalismo.

Conquanto não professasse "de ofício" a intervenção preconizada pelo positivismo, o pensamento de Aranha não passou incólume à ideologia oficial de seu partido. Ainda ao assumir a prefeitura municipal de Alegrete, prometeu exercer a prerrogativa estatal para atingir os propósitos do seu mandato: "É mister haver *vontades* – ensina Comte – para completar as leis, para consolidar a ordem, para fazer o progresso" (Aranha, 1925, p.173, grifo nosso).

Instado pelo governador Getúlio Vargas, elaborou um panorama econômico do estado, cujo resultado foi publicado, em 1929, sob o título *O sindicalismo no Rio Grande do Sul*. Trata-se do primeiro texto econômico da lavra de Aranha, documento pelo qual se manifestou abertamente acerca da plausibilidade, quando não da necessidade de intervenção do ente estatal no seio econômico. Nesse sentido, delegava a crise por que passavam as culturas coloniais rio-grandenses ao "empirismo aventureiro, o individualismo dispersivo, a livre concorrência desordenada" e à "falta de uma disciplina coletiva, de uma orientação superior" (Aranha, 1929).

Em abril de 1934, Aranha proferiu, em sessão da Assembleia Nacional Constituinte, seu mais aberto e incisivo discurso em defesa da intervenção estatal. Diversos foram os momentos em que o ministro da Fazenda afastou-se do liberalismo para definir o que caracterizava como "o estado moderno". Para ele, "a ação governamental hoje não é mais a do século passado, quando foram erigidas as fórmulas vãs e teóricas que estamos procurando imitar" (apud Flores, 1991, p.59). Ademais, anunciava que o tal "estado moderno, seja qual for a forma de governo, saiu da órbita traçada pelo nosso passado político para alargar a sua intervenção sobre campos e atividades até há pouco vedados à ação dos poderes públicos". Por fim, ao analisar as causas do colapso econômico dos anos 1930, encerrava a mensagem concluindo que "não puderam mais os povos suportar de braços cruzados o anacronismo das teorias individualistas, das pseudoliberais, nem mesmo o império dos imortais princípios, quando o quadro humano a que foram reduzidos por essas ideologias é o mais amargo e triste da história universal". Nesse sentido, a crise teria resultado, em sua visão, da "exploração do homem pelo homem, sem a intervenção e a proteção do Estado" (apud Flores, 1991, p.61).

Do ponto de vista da condução da política econômica instrumental, Aranha reconhecia a inexorabilidade das leis do mercado para o bom funcionamento da economia. Ainda assim, comprazia à atuação estatal no domínio monetário como meio de instigar o espírito animal dos empresários: "A moeda obedece a leis próprias, superiores às nossas leis. A moeda pode, entretanto, ser o instrumento de uma política. Não há moedas, mas *políticas* em nossos tempos, afirmou um grande professor de finanças" (Aranha, 1953c, grifo nosso). Indo além, atribuía ao próprio poder público o encargo de viabilizar a formação de capital, mormente em infraestrutura, quando a iniciativa privada não o fizer a contento: "Há setores em que o Estado tem de atuar pronta e energicamente, visando a remover obstáculos e eliminar certos pontos de estrangulamento da economia nacional" (Aranha, 1953a).

Muito embora consciente da magnitude do setor primário-exportador para a economia brasileira, Aranha conferia à manufatura papel relevante na marcha do progresso. Citando Ernst Wagemann,[10] economista alemão simpático, em algum grau e em determinados casos, à intervenção estatal, Aranha apregoava o desenvolvimento harmônico do Brasil, uma vez que, "quando a indústria e a agricultura se acham em situação de equilíbrio, a economia do país logra um elevado grau de resistência contra as crises" (Aranha, 1936b).

Em carta endereçada a Getúlio, no fim de 1942, Aranha sumarizou qual deveria ser a estratégia econômica do Brasil após o fim do conflito mundial: "Criação de um parque industrial para as indústrias pesadas; criação da indústria bélica; criação de indústrias agrícolas, extrativas e de minérios leves complementares dos norte-americanos e necessários à reconstrução mundial; extensão das vias

10 De acordo com Curi (2018), Wagemann foi posteriormente reconhecido pela proposição de políticas anticíclicas no combate à crise econômica alemã dos anos 1930. A desestruturação da República de Weimar e a consequente ascensão do nazismo, porém, impediram que suas ideias se tornassem política pública.

férreas e rodovias para fins econômicos e estratégicos; exploração de combustíveis essenciais" (apud Almeida; Araújo, 2013, p.704). Observa-se a clara ênfase conferida ao que, naquele momento, entendia ser o plano mais adequado: industrialização pesada, desde que associada ao capital norte-americano.

Ainda que tenha reiteradamente se declarado defensor ardoroso do livre-comércio, não foram raras as vezes em que Aranha pensou, e adotou, uma política comercial protecionista com vistas a fomentar a produção nacional. Em 1934, defendia que "a chamada liberdade de comércio não era e não é, dado o poder de concentração e direção do capital, senão uma farsa: uma economia dirigida por interesses particulares associados para explorar e para lucrar" (apud Flores, 1991, p.62).

Dirigindo-se ao chanceler José Carlos de Macedo Soares, personagem central na viabilização de investimentos norte-americanos no país na década de 1930, Aranha acusava o acordo comercial com os Estados Unidos – o qual, em grande ironia, seria celebrado com regozijo por ele mesmo oito meses depois – de ser prejudicial aos mais legítimos interesses nacionais, especialmente do desenvolvimento industrial, sufocado por cláusulas leoninas daquele acordo. Em tom pouco usual até para políticos chauvinistas, recorreu a retórica nacionalista para decretar: "Não queremos nem podemos aceitar vassalagens indiretas" (apud O'Donnell, 1976, p.84).

A partir de uma visão ufanista, defendeu a impossibilidade da universalização de teorias e da transposição crono-geográfica de experiências históricas. Evocando a necessidade da atuação do Estado nacional, sugeria ser "inútil, para a solução do problema universal, a adoção de regras e padrões normais, por bons e recomendáveis que sejam, ainda que se tratasse dos dez mandamentos. É preciso um ajuste dentro de cada país, pelo seu próprio povo, dos seus próprios problemas internos" (Aranha, 1934b). Diante da crise dos anos 1930, preconizava, assim, políticas de cunho autóctone para superação da crise internacional: "Que cada nação encontre, dentro de suas próprias fronteiras, a solução para as suas dificuldades" (Aranha, 1937).

Antecipando-se ao debate que circunscreveria a criação da maior empresa brasileira e símbolo de uma era, Oswaldo Aranha já reprovava, nos anos 1930, a participação do capital estrangeiro na exploração das riquezas naturais do país: "O dispositivo exige que se nacionalize de fato o capital, não aceitando reclamações estrangeiras a respeito do mesmo" (apud Hilton, 1994, p.163). Como justificativa, alegava a imprudência de se "entregar a sorte econômica de um povo ao predomínio dos trustes, dos monopólios e do supercapitalismo industrial" (Aranha, 1934b). Aranha voltou a exibir a mesma postura, na década de 1950, ao negar ao capital estrangeiro a possibilidade de participação acionária na Petrobras: "A minha experiência da vida administrativa do nosso país não me permite concordar com qualquer concessão a brasileiros e menos a estrangeiros para a exploração das riquezas nacionais" (apud O'Donnell, 1976, p.83). Defendia, assim, uma empresa brasileira, estatal e monopolista.

AS ATUAÇÕES DE OSWALDO ARANHA NO MINISTÉRIO DA FAZENDA

Ainda que a carreira diplomática de Oswaldo Aranha tenha se sobressaído em relação às suas demais atividades políticas, as duas gestões à frente da economia foram consideradas relativamente bem-sucedidas diante dos desafios que se lhe impunham. Simonsen (1996, p.383), por exemplo, corrobora esse ponto de vista ao afirmar que a "dupla passagem pelo comando das finanças nacionais é menos importante na sua biografia do que as realizações na política e na diplomacia. Mas, se sua vida se tivesse limitado ao que fez no Ministério da Fazenda, Aranha já teria conquistado cadeira cativa na História do Brasil".

Na primeira oportunidade em que comandou a economia (1931-1934), os principais temas de que se ocupou foram a crise do setor cafeeiro e a consequente renegociação da dívida externa. Na segunda (1953-1954), propôs um severo ajuste fiscal e formulou uma exitosa política para atenuar a grave restrição cambial daquele momento.

Assim, argumenta-se que, sem melindrar suas premissas liberais, Aranha encampou políticas intervencionistas em ambas as passagens pelo Ministério da Fazenda: se nos anos 1930 o colapso econômico mundial ensejava a atuação contracíclica incisiva do ente estatal, o próprio ajuste dos anos 1950 pode ser lido como condição *sine qua non* para a viabilização do crescimento econômico sustentado (Fonseca, 2010). Tal qual o ícone Rui Barbosa em 1889, Oswaldo Aranha despojou-se temporariamente de seu liberalismo ao descer da tribuna e assumir a caneta de burocrata.

O primeiro governo Vargas (1931-1934)

O governo revolucionário tomou posse diante da mais severa crise econômica da história do capitalismo mundial. A depressão internacional afetou diretamente a economia brasileira por, pelo menos, dois vetores: a queda na demanda pelos produtos brasileiros e o colapso nas fontes de financiamento da dívida externa.

O primeiro ministro da Fazenda do novo governo, o banqueiro paulista ligado à cafeicultura José Maria Whitaker, procurou manter, talvez por desconhecer a exata gravidade da crise no decorrer de 1931, uma política econômica ortodoxa, tanto do ponto de vista fiscal quanto em relação à dívida externa. Diante dos indícios da aspereza da recessão global, contudo, a defesa do café mostrava-se premente. As dificuldades por que passava o principal produto brasileiro – cujas exportações, a partir de 1928, caíram de 90 milhões de libras/ano para menos de 40 no início da década subsequente –, aliadas a pressões políticas, convenceram o outrora reticente Oswaldo Aranha da necessidade excepcional de intervenção no setor.

Ao assumir o cargo, em dezembro de 1931, Aranha imprimiu uma mudança significativa na condução da política econômica. Apesar do discurso de austeridade, uma vez que o próprio ministro se dizia "contrário à intervenção do governo na vida comercial do país para valorizar produtos e manter indústrias artificias" (apud Hilton, 1994, p.119), Oswaldo adotou medidas de suporte ao setor cafeeiro as quais, por sua vez, mantiveram o nível da renda interna.

A política mais conhecida[11] adotada em sua gestão foi a compra e destruição de milhões de sacas de café, providência outrora considerada

11 Embora menos propalada, outra medida significativa de amparo ao setor cafeeiro deu-se por meio do "reajustamento econômico", decretado no fim de 1933. Tratou-se de

pelo próprio ministro "inexequível e contra o bom senso econômico" (apud Hilton, 1994, p.119). Do total produzido, passou-se a destinar 30% à estocagem, a mesma quantidade às exportações e os restantes 40% à queima, conhecida como "quota de sacrifício" (Abreu, 2010, p.5). Consciente ou não dos efeitos anticíclicos dessa medida sobre a manutenção da renda, o fato é que, aliada a outros motivos, a política fiscal sob a gestão Aranha foi claramente expansionista ao incorrer em déficits orçamentários em todo o período.[12]

Em que pese a importância do café para a economia brasileira naquele momento, a principal incumbência de Aranha – que extrapolou a sua gestão na Fazenda, uma vez que dela também se ocupou na embaixada de Washington e na chancelaria – foi a longa e tortuosa renegociação da dívida externa, que se estendeu, sob Vargas, até 1943. A impossibilidade de acumular divisas decorrente dos problemas enfrentados pelo setor exportador, aliada ao colapso das linhas de financiamento pós-1929, impeliu o governo brasileiro a interromper o pagamento da dívida por diversas ocasiões no decorrer dos anos 1930.

Representantes dos países credores, notadamente a Inglaterra e os Estados Unidos, não recomendavam a concessão de um terceiro *funding loan* – agrupamento de várias dívidas antigas em um novo empréstimo.[13] O relatório do comissário britânico Otto Niemeyer, publicado em julho de 1931, sugeria, por seu turno, a simples adoção de uma política econômica ortodoxa: equilíbrio fiscal, estabilização da moeda e a criação de um Banco Central (Abreu, 1974). O abandono do padrão-ouro por parte da Inglaterra, em setembro daquele ano, desnudou a incisividade da crise, levando o governo brasileiro a

---

um eufemismo para, entre outros detalhes, conceder perdão a parte expressiva das dívidas dos fazendeiros.

12 Segundo dados apresentados por Abreu (2014, p.84), os déficits fiscais mantiveram-se acima de 12% dos gastos agregados entre 1931 e 1933, período a partir do qual a base monetária também voltou a crescer.

13 A impressão que *sir* Niemeyer tirara das duas consolidações anteriores não era, de fato, das mais alvissareiras: "O homem que afunda três vezes em geral se afoga" (apud Abreu, 2001, p.16). Anos depois, quando do acertado pela "missão Aranha", em 1939, o mesmo representante dos Rothschild sugeriu que, caso não honrasse seus compromissos, "seria ignorado, com repugnância, como um caloteiro" pela *city* londrina (apud Abreu, 1975, p.60).

declarar a suspensão parcial do pagamento do serviço de sua dívida externa no mesmo mês.

A partir daí, não restava alternativa aos credores que não renegociar uma nova consolidação, à qual o futuro ministro Oswaldo Aranha se opunha frontalmente – tendo cabido, ironicamente, a ele próprio assinar o novo empréstimo, no início de 1932. Pelo acordo, concertou-se o pagamento integral do serviço dos *funding loans* anteriores (1898 e 1914) e o lançamento de novos títulos, com juros de 5% a.a., correspondentes ao novo *funding*, que venceria em 1934. As amortizações relativas àqueles dois empréstimos foram suspensas, reduzindo o pagamento anual do serviço da dívida de 24 para 12 milhões de libras (Abreu, 2010, p.5).

O alívio trazido pelo acordo, porém, foi insuficiente, uma vez que os atrasados comerciais seguiram se acumulando. Em 1934, o ministro articulou um novo acordo, conhecido como "esquema Aranha", pelo qual se classificaram os empréstimos externos (das três esferas de governo) em oito categorias por ordem decrescente de "qualidade"; quanto mais bem classificado o empréstimo, maior a proporção de amortizações e juros contratuais que seriam pagos. Tratava-se de um ajuste condicionado ao desempenho da balança comercial – cuja capacidade de pagamento acertado entre os credores em torno de 9 milhões de libras por ano (Abreu, 1975, p.50) –, naquilo que Aranha classificou como "um supremo esforço para pagar tudo quanto é possível pagar" (apud Hilton, 1994, p.178).

O ministro procurou desde sempre envolver sua conduta em uma retórica patriótica, alegando lidar com "as imposições autoritárias e dominadoras daqueles que, senhores do dinheiro do mundo, em dado momento fizeram um empréstimo ao Brasil" (Aranha, 1934b). De todo modo, as circunstâncias diplomáticas permitiram-lhe sujeitar as negociações a um discurso ufanista.[14] Referindo-se

14 A postura menos belicosa adotada pelos negociadores norte-americanos refletia a política da boa-vizinhança adotada por Roosevelt, a qual decorria, por sua vez, das graves ameaças geopolíticas que rondavam a América Latina nos anos 1930. A Inglaterra, por seu turno, aumentava a influência na Argentina proporcionalmente ao crescimento de sua desimportância no Brasil, uma vez que os déficits comerciais em que aqui incorriam os Estados Unidos garantiam-lhe o espaço distinto na diplomacia

aos credores como "senhores sempre dos nossos destinos" (Aranha, 1934a), Oswaldo elevava o tom de seu discurso na mais ousada e nacionalista empreitada de sua primeira gestão à frente da Fazenda.[15]

A postura altiva do governo brasileiro alcançou um novo patamar a partir do golpe do Estado Novo, em novembro de 1937. Sem que a situação do balanço de pagamentos assim o exigisse, Vargas determinou, à revelia de Aranha, embaixador em Washington, a interrupção do acordado em 1934, reintroduziu o monopólio cambial e decretou a moratória do serviço da dívida externa. Buscando cooptar o apoio das Forças Armadas, o presidente justificou o rompimento do contrato tendo em vista a necessidade de importação de material bélico e ferroviário. A real motivação do calote, entretanto, foi sucinta e didaticamente descrita por Abreu (1975, p.87): o governo abandonava a estratégia do "qual o mínimo que os credores aceitarão" para abraçar a do "qual o máximo que podemos pagar sem limitar as importações".

A solução para o impasse deu-se somente após o convite de Roosevelt para que Aranha o visitasse na Casa Branca, em fevereiro de 1939. A chamada "missão Aranha" marcou o início de uma nova relação entre os países, uma vez que, para além da dívida externa, dela se colheram diversos resultados positivos para o Brasil, incluindo questões comerciais e de investimento.[16] No que tange à negociação

brasileira. Essa disputa nada velada entre os dois principais credores levou o representante britânico a afirmar que os Estados Unidos enxergavam o Brasil "como seu próprio quintal", aborrecendo-se "quando qualquer outro vem brincar nele sem ser convidado" (apud Abreu, 2001, p.23).

15 Tentando angariar a opinião pública, Aranha divulgou que o país pagaria praticamente um terço da dívida contratual pelos quatro anos seguintes ao acordo. A incorreção de sua declaração residia no fato de o ministro contabilizar juros e amortizações conjuntamente, sendo que sobre as últimas, nada havia sido deliberado: "Tendo o Brasil de pagar 90 milhões de libras durante 4 anos, pagando 33 milhões, receberá o *coupon* integral, isto é, a quitação dos 90 milhões, o que representa, para os erários federal, estadual e municipal, uma vantagem de 57 milhões de libras que não foram pagas" (Aranha, 1934a). De toda forma, houve uma diminuição do serviço, de 24 para até 9 milhões de libras no período do acordo, bem como redução das taxas de juros contratuais e adiamento do pagamento das amortizações.

16 Sob a coordenação de Aranha, a delegação brasileira redigiu dois documentos nos quais arrolava uma série de propostas a serem negociadas com os pares norte-americanos (*Aparelhamento econômico do Brasil* e *Cooperação agrícola*). De acordo com Corsi (2012, p.244), porém, os relatórios apresentavam divergências importantes entre

da dívida, porém, os benefícios ficaram aquém das expectativas. Em troca da retomada do pagamento de seu serviço e da liberalização da política cambial, Aranha acertou uma linha de crédito junto ao Eximbank de US$ 19,2 milhões, menos da metade do valor inicialmente requerido (Abreu, 2014).

Apesar da ampla repercussão negativa no Brasil, o chanceler procurou envolver a missão em uma aura nacionalista ao retornar ao Rio de Janeiro: "O povo brasileiro compreendeu que precisa crescer de si mesmo, com decisão e até com sacrifício, porque de outra forma o Brasil continuaria a ser o rico do deserto: a esmolar dentro de sua própria grandeza" (Aranha, 1939). Não bastasse, recorreu a analogias politicamente incorretas, aos olhos hodiernos, para diferenciar a situação do Brasil em relação a de outros países do terceiro-mundo:

> Era chegada a hora de afirmarmos que éramos um povo que se havia assenhoreado dos seus destinos; uma grande nação que resolvera tornar-se maior; uma força que queria cooperar com as demais forças americanas para que América não fosse uma África disfarçada, mas a terra eleita para a vida de povos livres, fortes, amigos, prósperos e pacíficos. (Aranha, 1939)

De modo sumarizado, a atuação de Aranha na negociação da dívida externa pode ser considerada relativamente exitosa tendo-se em vista que, no início dos anos 1930, o Brasil pagava mais do que permitia a sua balança comercial; a partir de 1937, inverteu-se a situação, tendo o governo dispendido menos recursos para honrar a dívida do que indicava a sua presumível "capacidade de pagar". Para tanto, fatores políticos fizeram-se fundamentais, como, por exemplo, a postura eminente dos negociadores brasileiros.

Além de ter frustrado a aproximação de setores das Forças Armadas brasileiras com a Alemanha nazista às vésperas da II Guerra, a aproximação de Aranha com os Estados Unidos permitiu um novo impulso no projeto de industrialização do país. Ciente de que o desenvolvimento do setor secundário só se faria possível se associado ao

---

si, principalmente no que concernia ao papel do mercado interno e do capital nacional para o desenvolvimento do país.

capital estrangeiro, Aranha declarava que o "programa Vargas de industrialização [...] deveria ser executado com crescente ajuda norte-americana" (apud Hilton, 1994, p.411). O ponto alto dessa relação deu-se com criação da Companhia Siderúrgica Nacional, em Volta Redonda, cuja negociação esteve envolta à conhecida barganha brasileira que entremeou interesses germânicos e norte-americanos. Finalmente inaugurada em 1941, a CSN contou com financiamento e tecnologia dos Estados Unidos.

O investimento forâneo não foi o único responsável pelo robusto crescimento industrial observado nos anos 1930, porém. O governo brasileiro, e em especial, o ministro Oswaldo Aranha, utilizaram-se de diversos instrumentos protecionistas para viabilizar a manufatura nacional, tais como o aumento de impostos específicos, regulação do consumo compulsório de matérias-primas de produção doméstica e proibição de importação de equipamentos para determinadas indústrias se caracterizada capacidade ociosa no setor.

Em 1934, Aranha assinou uma reforma tarifária de claro viés protecionista, por meio da qual se aumentou da tarifa específica agregada da ordem de 15% e dobrou-se o número de itens tarifados. O principal mecanismo de proteção comercial resultou, contudo, da desvalorização do mil-réis, a qual se sobrepôs às demais medidas de defesa da produção brasileira. De acordo com Abreu (2014, p.89), se não fosse uma política deliberada de proteção industrial "seria difícil explicar o aumento considerável do produto industrial que caracterizou a década a partir de 1933". Nesse mesmo sentido, Fonseca (2003, p.15), pondera que se pode "indagar até que ponto o governo tinha consciência da profundidade" de sua política protetiva, mas não se deve delegar o crescimento industrial observado a partir daquele momento a "ato fortuito, fruto do acaso, desvinculado dos novos rumos impressos à economia."

A despeito de discurso em contrário proferido havia pouco, a assinatura do acordo comercial com os Estados Unidos, em 1935, resultou, em grande medida, do empenho de Aranha. A veemência com que inicialmente se opôs ao tratado comprovou-se apenas jogo retórico, útil no âmbito da aprovação da Constituição de 1934. Por ele posteriormente classificado como "um importante acontecimento para a economia mundial" (apud Hilton, 1994, p.224), o convênio incrementou o comércio entre os países ao favorecer a entrada de mais de 30 produtos norte-americanos, ao passo que se rebaixava ou excluía a tarifa para os principais itens exportados pelo Brasil, como café e cacau. Por mais que os industriais brasileiros tenham a ele se posicionado contrariamente,[17] não se pode afirmar que houve uma liberalização excessiva aos manufaturados estrangeiros se levado em consideração o aumento tarifário ocorrido antes do início das negociações.

Diante dos fatos arrolados de forma deveras sumarizada, pode-se caracterizar a primeira passagem de Oswaldo Aranha pela Fazenda como "altamente intervencionista e nacionalista" (Simonsen, 1996, p.384). Na terminologia contemporânea, tratou-se de uma política econômica heterodoxa, a qual, naquela conjuntura, auferiu resultados benfazejos para o país. Conquanto seu pensamento tenha sofrido uma clara transformação nas décadas subsequentes, Aranha voltaria a intervir na economia, ainda que de modo distinto, ao assumir a pasta pela segunda vez. O ministro mudara; as circunstâncias também.

O segundo governo Vargas (1953-1954)

O retorno de Aranha à vida pública deu-se em meio à grave crise econômica do início dos anos 1950. Naquele momento, ao lado da aceleração inflacionária, a situação externa era, de novo, o principal problema da economia brasileira. Ao assumir o Ministério da Fazenda, em junho de 1953, o agora tarimbado político dotara-se de ideias mais liberais do que em sua primeira experiência.

Oswaldo Aranha propusera-se a manter a política econômica de seu antecessor, o industrial Horácio Lafer, que havia praticado

17 Conquanto o acordo previsse a entrada de bens de capital isentos de tarifa, medida que poderia facilitar a formação bruta de capital no país, os industriais brasileiros, liderados por Roberto Simonsen e Euvaldo Lodi, se opuseram ao acordo, pois temiam a concorrência em setores de manufaturados leves. A oposição a assinatura no Congresso Nacional só foi vencida no ano seguinte, após intensa pressão norte-americana baseada na ameaça da imposição de tarifa sobre o café brasileiro.

políticas fiscal, monetária e creditícia relativamente comedidas.[18] Nesse momento, defendia a austeridade como meio de conter a escalada dos preços: "A inflação em nosso país vem sendo esporadicamente combatida, mediante providências parciais que se invalidam porque as brechas principais da onda inflacionista permanecem geralmente abertas: os déficits governamentais [...] e a expansão imoderada do crédito bancário concedido aos setores particulares" (Aranha, 1953a).

Nesse sentido, o "Plano Aranha" conferia a um rigoroso ajuste global a centralidade da política econômica do novo ministro, cujas principais propostas podiam ser resumidas em:

> Comprimir energicamente o volume global dos gastos governamentais de bens e serviços; baixar o ritmo anual em que se expandem atualmente as obras públicas; conter prudentemente a velocidade de processo de industrialização; aplicar às importações rigorosos controles seletivos de acordo com a política de investimentos e as possibilidades do balanço de pagamentos; defender a estabilidade do poder aquisitivo interno do cruzeiro e sua paridade internacional, pela cessação das emissões [...] bem como por uma sã política de crédito (Aranha, 1953a).

Meses depois, no entanto, já se notava que os objetivos inicialmente estipulados não seriam alcançados. As políticas fiscal e creditícia não lograram a contração anunciada, alimentando o processo inflacionário. O próprio ministro resumiu a dificuldade em se promover o ajuste: "Os seis meses da minha administração não produziram os resultados mínimos que eu poderia esperar... foram de déficit e emissão, redução do poder de compra do cruzeiro, elevação do custo de vida, desequilíbrio geral" (apud Hilton, 1994, p.474). O aumento

18 Ao que consta, foi por aconselhamento de Aranha que o ministro Horácio Lafer adotou a chamada "fórmula Campos Sales-Rodrigues Alves". Em observância ao que fora executado por esses dois governantes durante a República Velha, dividir-se-ia a política econômica em dois momentos: numa primeira etapa, priorizar-se-ia a estabilidade, centrando os esforços no ajuste fiscal e no combate à inflação. Uma vez saneados tais desequilíbrios, o governo teria condições, então, de estimular a expansão da demanda agregada e, em última análise, o desenvolvimento econômico sustentado.

nominal de 100% do salário mínimo, decretado em maio de 1954, debilitou ainda mais a já frágil situação fiscal. Oswaldo obstou-se à resolução, propondo, em seu lugar, um reajuste de 33%. O acirramento da conjuntura política, entretanto, já não permitia meias-medidas.

No *front* internacional, a crise cambial não se mostrava menos severa. A deterioração do cenário externo, com a eclosão da Guerra da Coreia e a eleição do republicano Eisenhower nos Estados Unidos – menos simpático à política da boa-vizinhança na América Latina, interferindo, de fato, na liberação da segunda parcela de um empréstimo do Eximbank (US$ 60 milhões) –, aliada aos problemas na exportação de café, impuseram ao governo a adoção de um engenhoso plano de ajuste do balanço de pagamentos.

Em outubro de 1953, o governo decretou sua medida mais audaz, a Instrução 70 da Superintendência da Moeda e do Crédito (Sumoc).[19] Reprovando os males decorrentes da liberalidade cambial – cujos "efeitos se pronunciavam ao inverso das finalidades mais visadas pela lei, de atração ao capital alienígena e estímulo às exportações" (Aranha, 1953b) –, o ministro criou um mecanismo de estabilização e desvalorização cambial, atenuando, porém, seus conhecidos efeitos deletérios. Formalmente, mantinha-se o câmbio fixo, mas, na prática, institucionalizou-se o sistema de taxas múltiplas: duas categorias para as exportações (café e demais produtos) e cinco para as importações, de acordo com a sua essencialidade para o processo industrialização por substituição de importações (PSI). De forma geral, subsidiar-se-iam as importações de forma escalonada à medida da indispensabilidade para o PSI, de modo que, quanto mais "essenciais", menor o ágio a ser pago no leilão acima da taxa oficial. Para as exportações, pagava-se um bônus sobre a taxa de câmbio oficial, tornando as taxas mais atraentes para o exportador do que as praticadas no mercado livre.

---

19 Naquele momento, já amadurecido política e intelectualmente, Aranha passou a valer-se de economistas liberais para ratificar a prudência de sua medida. Citando Gottfried von Haberler, expoente da Escola Austríaca, o ministro ancorava a aprovação de sua política em bases ortodoxas. O próprio Eugênio Gudin já avalizara a plausibilidade da medida na seção de seu *Princípios de Economia Monetária* (1943) dedicada ao sistema de taxas múltiplas.

No curto prazo, os resultados colhidos foram favoráveis, uma vez que o governo logrou atenuar os efeitos mais prementes da crise cambial. A balança comercial encerrou 1953 com resultado positivo, contribuindo para que o balanço de pagamentos registrasse um pequeno superávit, invertendo a tendência do ano anterior. A inflação, entretanto, acelerou-se e atingiu 20% ao final daquele ano. Diante de tais desafios, o desenrolar da história política do país não permitiu que as medidas do ministro da Fazenda surtissem o efeito esperado. Dias antes do suicídio do presidente, Aranha buscou, ainda, modificar o sistema cambial de bonificação das exportações, tentativa que resultaria em pequeno aumento das vendas de café nos dias subsequentes.

Àquele momento, qualquer esforço resultaria inócuo, contudo. O tiro do Catete veio a encurtar sua segunda gestão na Fazenda, bem como sua própria carreira política ao interromper a vida do presidente que logrou, de fato, entrar para a história.

CONSIDERAÇÕES FINAIS

Os feitos de Oswaldo Aranha na seara internacional talvez justifiquem o destaque se lhe dá à carreira diplomática. Ainda assim, sua incursão pelo campo econômico não deveria ser diminuída. Advogado sem treinamento formal no assunto, o ministro responsável por encetar a industrialização acelerada dos anos 1930 assimilou o funcionamento da economia brasileira no decorrer dos dois governos de Getúlio Vargas.

As convicções liberais de Aranha fizeram-se úteis em suas passagens pelo Ministério da Fazenda; os ensinamentos intervencionistas colhidos no cotidiano político, para além da utilidade, mostraram-se também funcionais. A defesa do setor cafeeiro, cujas exportações representavam o centro dinâmico da economia nacional, exigia a ação direta do ente público. Conforme a explicação clássica de Celso Furtado (1982), a atuação contracíclica ajudou o país não apenas a sair da crise antes do que a maioria do mundo desenvolvido, como também logrou incentivar o setor industrial como nunca havia sido praticado até então.

Já na intricada renegociação da dívida externa, a paralisia do financiamento internacional não oferecia alternativa que não o controle das importações e reescalonamento da dívida. Diplomata por vocação, Aranha (e, posteriormente, Artur Souza Costa, ministro da Fazenda que o sucedeu) entregaram, em 1943, uma situação bem mais confortável do ponto de vista do pagamento dos compromissos financeiros do país, ainda que ao custo de um realinhamento geopolítico permeado por clara subserviência aos interesses norte-americanos.

Já nos anos 1950, além da óbvia desvalorização requerida pelo represamento do cruzeiro, o arguto sistema de leilão cambial trouxe um alívio, ainda que temporário, às contas externas. A deterioração da conjuntura política, somada às dificuldades de geração de divisas fizeram com sua segunda gestão à frente da Fazenda não galgasse o devido reconhecimento na literatura especializada.

Assim, conforme a observação de Simonsen (1996), não foi (apenas) o pensamento de Oswaldo Aranha que se transformara; o problema a ser enfrentado também havia mudado. Nesse sentido, a adoção de políticas heterodoxas por um político que professava dogmas liberais não consiste exatamente em uma contradição; antes, demonstra sua capacidade de aprendizado e sua habilidade de ação diante de uma realidade multifacetada.

REFERÊNCIAS

Fontes primárias

ARANHA, O. E. de S. A defesa da indústria pastoril. In: AITA, C.; AXT, G. (Orgs.). *Parlamentares gaúchos*. Porto Alegre: Assembleia Legislativa do Estado do Rio Grande do Sul, 1999 [1922].

ARANHA, O. E. de S. Discurso de posse na Intendência Municipal do Alegrete. In: AITA, C.; AXT, G. (Orgs.). *Parlamentares gaúchos*. Porto Alegre: Assembleia Legislativa do Estado do Rio Grande do Sul, 1999 [1925].

ARANHA, O. E. de S. Discurso proferido no Jóquei Clube do Rio de Janeiro. In: AITA, C.; AXT, G. (Orgs.). *Parlamentares gaúchos*. Porto Alegre: Assembleia Legislativa do Estado do Rio Grande do Sul, 1999 [1927].

ARANHA, O. E. de S. O sindicalismo no Rio Grande do Sul. In: AITA, C.; AXT, G. (Orgs.). *Parlamentares gaúchos*. Porto Alegre: Assembleia Legislativa do Estado do Rio Grande do Sul, 1999 [1929].

ARANHA, O. E. de S. Renegociação da dívida externa. In: LIMA, S. E. M.; ALMEIDA, P. R. de; FARIAS, R. de S. (Orgs.). *Oswaldo Aranha:* um estadista brasileiro. Brasília: Funag, 2017 [1934a].

ARANHA, O. E. de S. Nacionalismo econômico na Constituinte. In: LIMA, S. E. M.; ALMEIDA, P. R. de; FARIAS, R. de S. (Orgs.). *Oswaldo Aranha*: um estadista brasileiro. Brasília: Funag, 2017 [1934b].

ARANHA, O. E. de S. Um elogio à civilização americana. In: LIMA, S. E. M.; ALMEIDA, P. R. de; FARIAS, R. de S. (Orgs.). *Oswaldo Aranha*: um estadista brasileiro. Brasília: Funag, 2017 [1936a].

ARANHA, O. E. de S. Comparando as economias do Brasil e dos Estados Unidos. In: LIMA, S. E. M.; ALMEIDA, P. R. de; FARIAS, R. de S. (Orgs.). *Oswaldo Aranha*: um estadista brasileiro. Brasília: Funag, 2017 [1936b].

ARANHA, O. E. de S. Soluções nacionais para os problemas de cada país. In: LIMA, S. E. M.; ALMEIDA, P. R. de; FARIAS, R. de S. (Orgs.). *Oswaldo Aranha*: um estadista brasileiro. Brasília: Funag, 2017 [1937].

ARANHA, O. E. de S. Retorno da Missão aos Estados Unidos. In: LIMA, S. E. M.; ALMEIDA, P. R. de; FARIAS, R. de S. (Orgs.). *Oswaldo Aranha*: um estadista brasileiro.: Funag, 2017 [1939].

ARANHA, O. E. de S. A profile of Brazil. In: LIMA, S. E. M.; ALMEIDA, P. R. de; FARIAS, R. de S. (Orgs.). *Oswaldo Aranha*: um estadista brasileiro. Brasília: Funag, 2017 [1947a].

ARANHA, O. E. de S. The rise of interdependence. In: LIMA, S. E. M.; ALMEIDA, P. R. de; FARIAS, R. de S. (Orgs.). *Oswaldo Aranha*: um estadista brasileiro. Brasília: Funag, 2017 [1947b].

ARANHA, O. E. de S. A situação financeira e econômica do país. In: LIMA, S. E. M.; ALMEIDA, P. R. de; FARIAS, R. de S. (Orgs.). *Oswaldo Aranha*: um estadista brasileiro. Brasília: Funag, 2017 [1953a].

ARANHA, O. E. de S. O parlamento e as finanças. In: LIMA, S. E. M.; ALMEIDA, P. R. de; FARIAS, R. de S. (Orgs.). *Oswaldo Aranha*: um estadista brasileiro. Brasília: Funag, 2017 [1953b].

ARANHA, O. E. de S. Os fundamentos do Plano Aranha. In: LIMA, S. E. M.; ALMEIDA, P. R. de; FARIAS, R. de S. (Orgs.). *Oswaldo Aranha*: um estadista brasileiro. Brasília: Funag, 2017 [1953c].

Bibliografia geral

ABREU, M. de P. A missão Niemeyer. *Revista de Administração de Empresas*, v.14, n.4, jul.-ago. 1974.

ABREU, M. de P. A dívida externa pública do Brasil, 1931-1943. *Pesquisa e Planejamento Econômico*, v.5, n.1, 1975.

ABREU, M. de P. Brasil, 1824-1957: bom ou mau pagador? *Texto para discussão*. Departamento de Economia da Pontifícia Universidade Católica do Rio de Janeiro, 2001.

ABREU, M. de P. A economia brasileira 1930-1964. *Texto para discussão n.585*. Departamento de Economia da Pontifícia Universidade Católica do Rio de Janeiro, 2010.

ABREU, M. de P. Crise, crescimento e modernização autoritária, 1930-1945. In: ABREU, Marcelo de P. (Org.). *A ordem do progresso:* dois séculos de política econômica no Brasil. Rio de Janeiro: Elsevier, 2014.

AITA, C.; AXT, G. (Orgs.). Perfil biográfico. *Parlamentares gaúchos*. Porto Alegre: Assembleia Legislativa do Estado do Rio Grande do Sul, 1999.

ALMEIDA, P. R. Introdução. O estadista econômico. In: LIMA, S. E. M.; ALMEIDA, P. R. de; FARIAS, R. de S. (Orgs.). *Oswaldo Aranha:* um estadista brasileiro. Brasília: Funag, 2017.

ALMEIDA, P. R.; ARAÚJO, J. H. P. de. Oswaldo Aranha: na continuidade do estadismo de Rio Branco. In: PIMENTEL, J. V. de S. (Org.). *Pensamento diplomático brasileiro:* formuladores e agentes da política externa (1750-1964). Brasília: Funag, 2013.

BERSON, T. M. *A political biography of dr. Oswaldo Aranha of Brazil, 1930-1937*. Nova York: New York University Press, 1971.

CERVO, A. L. Eixos conceituais da política exterior do Brasil. *Revista Brasileira de Política Internacional*, v.41, n.esp. 40 anos, 1998.

CORSI, F. L. O projeto de desenvolvimento de Vargas, a Missão Oswaldo Aranha e os rumos da economia brasileira. In: BASTOS, P. P. Z.; FONSECA, P. C. D. (Orgs.). *A Era Vargas:* desenvolvimentismo, economia e sociedade. São Paulo: Editora Unesp, 2012.

CURI, L. F. B. *Nationalökonomie* nos trópicos: pensamento econômico alemão no Brasil (1889-1945). São Paulo, 2018. Tese (Doutorado em História Econômica) – Faculdade de Filosofia, Letras e Ciências Humanas, Universidade de São Paulo.

FLORES, M. *Osvaldo Aranha*. Porto Alegre: Instituto Estadual do Livro, 1991.

FONSECA, P. C. D. Sobre a intencionalidade da política industrializante do Brasil na década de 1930. *Revista de Economia Política*, v.23, n.1(89), jan.-mar. 2003.

FONSECA, P. C. D. Nem ortodoxia nem populismo: o segundo governo Vargas e a economia brasileira. *Tempo*, v.14, p.19-58, 2010.

FONSECA, P. C. D. Desenvolvimentismo: a construção do conceito. In: CALIXTRE, A. B.; BIANCARELLI, A. M.; CINTRA, M. A. M. (Orgs.). *Presente e futuro do desenvolvimento brasileiro*. Brasília: Ipea, 2015.

FURTADO, C. M. *Formação econômica do Brasil*. São Paulo: Nacional, 1982.

GAMA, C. N. da. *A administração Oswaldo Aranha na pasta da Fazenda*. Rio de Janeiro: Departamento de Imprensa Nacional, 1956.

HILTON, S. *Oswaldo Aranha:* uma biografia. Rio de Janeiro: Objetiva, 1994.

LAGO, L. A. C. do. *Oswaldo Aranha:* o Rio Grande e a Revolução de 1930. Um político gaúcho na República Velha. Rio de Janeiro: Nova Fronteira, 1996.

LOVE, J. L. O regionalismo gaúcho e as origens da revolução de 1930. São Paulo: Perspectiva, 1975.

O'DONNELL, F. T. *Oswaldo Aranha*. Porto Alegre: Garatuja; Instituto Estadual do Livro, 1976.

RICUPERO, R. Apresentação. In: LIMA, S. E. M.; ALMEIDA, P. R. de; FARIAS, R. de S. (Orgs.). *Oswaldo Aranha:* um estadista brasileiro. Brasília: Funag, 2017.

SIMONSEN, M. H. Oswaldo Aranha e o Ministério da Fazenda. In: CAMARGO, A.; ARAÚJO, J. H. P. de; SIMONSEN, M. H. *Oswaldo Aranha:* a estrela da Revolução. São Paulo: Mandarim, 1996.

9
Artur de Souza Costa

POLÍTICA ECONÔMICA EM TEMPOS DE CRISE E GUERRA

Claucir Roberto Schmidtke
Ivan Colangelo Salomão

INTRODUÇÃO

O início do século XX foi marcado por debates acerca da eficiência dos mecanismos liberais de política econômica para a promoção do bem-estar social. Diferentemente das controvérsias observadas até então, restritas em grande medida ao espaço acadêmico, foi naquele momento que a defesa da ação estatal com vistas ao desenvolvimento alçou novo patamar, adentrando o universo político como nunca antes na história do país.

A partir da ascensão de regimes abertamente antiliberais, sobretudo na Europa Ocidental, dogmas até então inquestionáveis passaram a ser, ao menos, contestados. No Brasil do século XIX, a força da prescrição liberal era tamanha que, no debate jurídico até então travado entre os jus-naturalistas (afeitos ao direito natural e de matriz liberal-iluminista) e os positivistas (defensores da ação estatal e do intervencionismo), havia apenas um ponto de consenso: a inviolabilidade do orçamento equilibrado (Fonseca, 2004). A confluência de uma série de fatores, porém, fez com que, de modo paulatino e concomitante, o último quartil do Oitocentos também assistisse ao

Burocrata autodidata de origem humilde, Artur de Souza Costa (1893-1957) foi o mais longevo ministro da Fazenda da história do Brasil. Com passagem por diversos cargos nas mais distintas áreas da administração pública, Souza Costa foi personagem central da economia brasileira durante a Era Vargas.

crepúsculo da supremacia liberal e ao longo alvorecer de sua antinomia: o desenvolvimentismo (Salomão, 2013).

Conforme já alertava a arquiconhecida obra do jovem economista John M. Keynes ([1919] 2002), as consequências econômicas da Primeira Guerra abalaram o olimpismo com que o liberalismo dominava a condução da política econômica. Do fim da conflagração mundial à eclosão da grande crise dos anos 1930, a compreensão da necessidade, bem como dos limites da ação do Estado auferiu novos contornos. Se ao ente público delegou-se, por séculos, papel acessório na marcha do desenvolvimento econômico, foi a partir do maior *crash* já observado na história do capitalismo que a teoria econômica encontrou no ensejo político a oportunidade para revolucionar o debate público.

De forma geral, pode-se afirmar que, ao menos do ponto de vista econômico, o liberalismo encontrara no Brasil terreno fértil para experimentar uma de suas mais longevas experiências políticas (Schwarz, 1992). Apesar das qualificações de diversos autores em sentido contrário – como Fishlow (1972), Peláez (1972) e Topik (1987) –, sabe-se que a economia brasileira ratificou as vantagens ricardianas de comércio internacional desde que o país passou a se reconhecer como tal. Essa realidade foi profundamente alterada quando da sucumbência da hegemonia primário-exportadora a partir da década de 1930.

A consciência dessa mudança pode ser evidenciada por meio de diversos vetores, como apontam Draibe (1985), Ianni (1996), Bastos (2008, 2012) e, sobretudo, Fonseca (2003). Se as quase duas décadas do varguismo assistiriam a mudanças de vulto na economia, na política e na sociedade brasileiras, essa estratégia de desenvolvimento intervencionista já se fazia notar antes mesmo do golpe militar que pôs fim à primazia da oligarquia paulista. Em discurso proferido em 3 de novembro, dia em que foi empossado presidente da República, Getúlio já anunciava a mudança que se observaria nas próximas décadas: "Existe um tipo de sistema político no Brasil anterior a 1930: regionalista, marcadamente oligárquico, **liberal** elitista etc., que morre em 1930" (apud Fausto, 1990, grifo nosso).

Ainda assim, sabe-se que Vargas buscou a composição. Ao nomear José Maria Whitaker para o Ministério da Fazenda – um banqueiro paulista ligado aos interesses da cafeicultura –, o presidente sabia que não poderia prescindir do apoio do grupo social dominante. A política econômica adotada nos primeiros anos do Governo Provisório foi mesmo comedida, buscando-se atenuar os efeitos deletérios da crise internacional via medidas de proteção ao sistema agroexportador (Furtado, [1959] 2007). Conscientemente ou não, fato é que, por meio de instrumentos anticíclicos, o governo logrou retirar o país da crise, sob a improvável liderança do setor industrial, antes que o mundo desenvolvido o fizesse (Fonseca, 2003).

Um dos principais operacionalizadores da (nova) política econômica desenvolvimentista foi Artur de Souza Costa, burocrata gaúcho de quem Getúlio se aproximou tardiamente. Costa assumiu o Ministério da Fazenda em julho 1934, depois de já terem passado pela mesma cadeira o já citado Whitaker e Oswaldo Aranha, conforme exposto nos capítulos anteriores. Inobstante os curtos períodos em que se afastou do cargo, os 11 anos à frente da economia do país conferem a Souza Costa a distinção – nada desprezível em um país de instituições frágeis e personalismos renitentes – de ser o mais longevo ministro da Fazenda da história do Brasil.

Nascido em 26 de maio de 1893 na cidade de Pelotas, extremo sul do Rio Grande do Sul, Artur de Souza Costa foi casado por toda a vida com Maria Câmara de Souza Costa, com quem teve seis filhos.[1] Autodidata, não chegou a cursar ensino superior, devido, mormente, a dificuldades financeiras por que havia muito passava sua família. Ainda assim, além dos conhecimentos técnicos adquiridos em sua longa trajetória na burocracia estatal, Costa não apenas fez-se fluente em inglês, francês e espanhol, como dominava rudimentos de russo e japonês. Ao final da vida, recebeu o título de doutor *honoris causa* por diversas universidades estrangeiras.

Empregou-se pela primeira vez, ainda adolescente, em uma joalheria de Porto Alegre. Em 1911, tornou-se funcionário do Banco da Província do Rio Grande do Sul, no qual ocupou os postos de tesoureiro e gerente em diversas cidades do interior, até se tornar diretor da matriz do banco, já na capital do estado. Foi nesse cargo que Souza Costa conheceu, em 1929, João Neves da Fontoura, um dos líderes da Aliança Liberal – plataforma eleitoral de Vargas no pleito que ocorreria no ano subsequente. Apesar da afinidade pessoal com ele mantida, Costa não estava, naquele momento, politicamente comprometido com a candidatura de seu conterrâneo. Sem atividade política explícita, manteve-se completamente alheio à movimentação revolucionária de outubro de 1930.

As dificuldades por que passavam os bancos brasileiros no início dos anos 1930 se refletem no número de presidentes do Banco do Brasil nos primeiros dois anos do governo Vargas: cinco. Em 1932, Getúlio convidou, então, o diretor do Banco da Província do Rio Grande do Sul, Felisberto de Azevedo, para assumir a presidência do banco oficial. Prostrado por problemas de saúde, Azevedo viu-se impedido de

1 Para uma análise detida acerca da biografia do ministro, ver, por exemplo, Villela (2014) e, especialmente, Mayer (2019).

transferir-se para o Rio de Janeiro, indicando o nome de outro diretor para a chefia do BB. Era o início da longa carreira de Artur de Souza Costa na burocracia federal.

Tão logo assumiu a fase constitucional de seu governo (1934-1937), Vargas substituiu o amigo Oswaldo Aranha – enviado para a embaixada brasileira em Washington – pelo então presidente do Banco do Brasil no Ministério da Fazenda. Após o fim do Estado Novo, Souza Costa ainda foi eleito deputado federal pelo seu estado natal para a Assembleia Nacional Constituinte. Em outubro de 1950, assumiu a presidência do Conselho Nacional de Economia, cargo que exerceu até 1955. Afastado da vida pública, faleceu em 12 de abril de 1957, aos 63 anos de idade, no Hospital da Beneficência Portuguesa, no Rio de Janeiro.

O PENSAMENTO ECONÔMICO DE ARTUR DE SOUZA COSTA

É verdade que não se pode tomar o pensamento de um agente político pelos resultados alcançados durante sua gestão à frente de determinado cargo público. Ainda assim, a passagem de Souza Costa pelo Ministério da Fazenda contribui sobremaneira para uma melhor compreensão acerca de suas ideias econômicas.

O saber prático inerente a burocratas sem educação formal em nível superior reserva desafios aos pesquisadores que se incumbem de analisar tais trajetórias. Homem de muitas leituras, Souza Costa deixou poucos escritos de sua lavra além de entrevistas e documentos oficiais. Apesar de nem sempre refletirem de forma totalmente fidedigna suas ideias, são os seus discursos os veículos mais adequados para se depreender o que ele, de fato, pensava acerca da área que comandou por mais de uma década.

Responsável pela condução da economia durante o mais intervencionista governante brasileiro desde a independência do país, faz-se intuitivo imaginar que Souza Costa negasse a proficuidade do liberalismo como meio de se atingir o desenvolvimento. Conquanto não se possa classificá-lo como ortodoxo, a análise de suas ideias sugere que ele não apenas corroborava a necessidade de uma política econômica austera como também justificava os resultados alcançados em sua gestão à luz de preceitos caros à teoria econômica *mainstream*.

Por ocasião da comemoração do décimo primeiro aniversário da chamada Revolução de 1930, o ministro Artur de Souza Costa discorreu longamente acerca das condições da economia brasileira, diretamente afetada pelas consequências econômicas da II Guerra. No centro de seu discurso, temas como equilíbrio orçamentário, inflação e dívida externa.

O ajuste fiscal pretendido pelo governo justificar-se-ia, entre outros motivos, pelas dificuldades por que passara o setor exportador nos primeiros anos da década de 1930. Ao rebater uma das mais frequentes acusações que se lhe impunham – a de que comandava um ministério perdulário –, o ministro argumentou que, diferentemente do observado no passado,[2] o "novo" governo "gastava com qualidade" e sempre de acordo com sua capacidade de arrecadação. Ciente de que o volume de despesas do governo federal era, de fato, elevado, o ministro buscava atenuar os gastos, alegando que a destinação oferecida aos recursos era a mais proveitosa possível. Nesse sentido, por mais inadiáveis que fossem as obrigações do governo, os empenhos por ele autorizados deveriam sempre observar as possibilidades de arrecadação:

> Cumpre saber se [as despesas públicas] atendem às condições econômicas do país ou, em outras palavras, se o país está em situação de suportá-las. A resposta afirmativa é corolário do simples exame da receita pública efetivamente arrecadada no período de 1930/44, a qual excedeu a receita prevista em Cr$ 282.860.122,20. Os planos de obras públicas foram sempre realizados em equilíbrio (Costa, 1945, p.26).

Ainda assim, fazia-se claro o desconforto do ministro com a situação fiscal do país. Buscando granjear a credibilidade necessária a qualquer governo, o ministro reiterou o compromisso com

---

2 Provando que pouco se cria na arte do não reconhecimento de legado alheio, Souza Costa comparou a situação (fiscal) daquele momento a dos últimos governos da República Velha, dos quais afirmou ter recebido uma "herança" pouco lisonjeira, restando à nova administração ter que lidar com o "ônus da anarquia política e econômica" (Costa, 1941, p.14).

a divulgação dos valores exatos do déficits em que incorria o novo governo – postura de quem parecia considerar transparência no manejo da coisa pública um ativo não atinente às repúblicas atrasadas: "Desde o seu início o Governo do Sr. Getúlio Vargas timbrou em seguir uma política de verdade orçamentária, tudo fazendo para reduzir os déficits, mas confessando-os lealmente em quantia exata em todas as suas prestações de contas" (Costa, 1941, p.17).

Apesar do objetivo de conter os dispêndios combinado ao aumento das receitas, as imperiosidades inerentes ao regime revolucionário[3] – sobretudo as ligadas à infraestrutura e à industrialização – resultaram nos constantes resultados fiscais negativos observados no decorrer dos anos 1930. Daí a alegada benfeitoria em se reduzir gastos administrativos em benefícios das inversões em áreas que trariam dinamismo ao setor industrial. Os gastos públicos justificavam-se, principalmente, pela necessidade inadiável de melhoramento da infraestrutura do país, um dos poucos casos em que o ministro consentia com a atuação fiscal ativa:

> Conforme já tive ocasião de dizer, os déficits correspondem, em grande parte, a inversões feitas com o aparelhamento destinado a preservar a segurança do país, com a liquidação de enormes compromissos que o Governo recebeu em 1930, com a execução de obras públicas, notadamente no domínio dos transportes, assegurando, por assim dizer, o equilíbrio de suas contas (Costa, 1941, p.17).

Por ocasião da inauguração do auditório do Ministério da Fazenda, em 1945, Souza Costa narrou detidamente os desafios que enfrentara à frente da economia brasileira. Parecendo prestar conta da tal "qualidade dos gastos", o ministro arrolou alguns dos empreendimentos industriais direta ou indiretamente subvencionados pelo governo: Volta Redonda, Vale do Rio Doce, Banco da Borracha, além

---

3 A primeira obrigação do governo revolucionário teria sido, segundo o ministro, reequipar as Forças Armadas, cujo efetivo crescera, na década e meia de Vargas no poder, 180% em relação à 1930. Além disso, a Marinha de Guerra foi contemplada com novos equipamentos bélicos; por fim, e, ainda mais importante, foi criada a terceira força do país: a Aeronáutica.

dos diversos órgãos, como conselhos, institutos e departamentos (Fonseca, 2004). Ainda assim, regozijou-se por ter entregado, mesmo durante o conflito mundial, resultados fiscais que não comprometessem a capacidade de rolagem da dívida nacional: "Finanças folgadas e prósperas num país em guerra é cousa inconcebível, mas critério sadio e seguro na sua administração é imprescindível mais do que nunca – e isso o Govêrno tem tido" (Costa, 1945, p.28).

Do ponto de vista da política monetária, Souza Costa também demonstrava preocupação com as consequências deletérias dos "excessos do papel". Não foi por outro motivo que determinara, em vez da emissão de moeda, que se recorresse ao lançamento de títulos para o financiamento da dívida interna – prática utilizada por diversos países em que a crise internacional fez-se sentir em grau ainda mais elevado.

A perniciosidade com que Souza Costa caracterizava a emissão desenfreada ultrapassava a argumentação comum; para ele, os reflexos do descontrole monetário eram "injustos e antieconômicos". Injusto, porque promovia transferência indireta de bens entre classes: a inflação corroía o poder de compra e o portfólio de produtos obteníveis das camadas de menor poder aquisitivo, sendo marginalmente nulo, *ceteris paribus*, o efeito sobre as classes abastadas. E antieconômico, pois desvalorizava a força de trabalho nacional: com a depreciação do câmbio daquela resultante, o trabalhador brasileiro teria que laborar mais horas para adquirir uma mesma quantidade de determinado produto importado.

Assim, Souza Costa procurava evitar que uma disfunção fiscal acarretasse um problema monetário no contexto de incerteza trazido pela guerra. Ao cotejar a política monetária adotada por ocasião dos dois conflitos mundiais, o ministro buscou diferenciar os objetivos de cada oportunidade:

> Se compararmos a razão das emissões no período de 1914/18 com as que orientaram o Govêrno no período de 1939/45, verificaremos que enquanto no primeiro período foi preponderante a emissão para a cobertura dos *déficits* orçamentários, no segundo as emissões foram substancialmente destinadas ao financiamento da exportação (Costa, 1945, p.49).

No que concernia ao combate à inflação, um dos graves problemas da economia brasileira desde sempre, o ministro reforçava sua convicção no préstimo de uma política monetária ortodoxa. Em analogia simplória, Souza Costa externalizava sua crença na "sanidade do papel-moeda" ao compará-la com vias de transporte: enquanto estas fomentavam a circulação e, consequentemente, a quantidade de bens produzidos, a emissão, ao desvalorizar a moeda, depunha contra a manutenção do poder de compra dos salários, reduzindo, consequentemente, produção e emprego. Sugeria, assim, que a contenção do custo de vida da população dar-se-ia pela diminuição da oferta de moeda.

Mesmo ciente dos objetivos de desenvolvimento industrial do governo, ponderava que a emissão de papel-moeda poderia ser prejudicial ao crescimento econômico sustentado e intertemporal. Buscando-se equilibrar entre a sobriedade fiscal e o intento industrializante do governo, considerava a emissão uma medida, ao fim e ao cabo, lesiva ao bom funcionamento do sistema econômico. Corroboram sua simpatia por uma política monetária convencional diversas declarações que poderiam ser consideradas em linha com a teoria quantitativa da moeda (TQM). De acordo com o ministro, "o aumento do meio circulante só se explica quando também existe o aumento das transações comerciais. Não havendo este aumento, só pode ser nocivo, porque excede às necessidades legítimas" (Costa, 1942, p.24).

Ao justificar as medidas de expansão dos meios de pagamentos adotadas após o início da II Guerra, Souza Costa reconhecia a perniciosidade inflacionária da conjuntura excepcional: "Se a administração do Govêrno, longe do descalabro que se anuncia, está em harmonia com os princípios financeiros, como se explicam as emissões de papel-moeda em tão grande volume, causa principal da inflação que sofremos? [...] Como se explica a alta de preços que todos sentimos, sobretudo a partir de 1940?" No mesmo sentido, insistia que as necessidades da praça requeriam um alargamento monetário inevitável em contexto de guerra: com "esse objetivo de impedir dificuldades às transações indispensáveis, o Govêrno [...] já não podia deixar de ampliar os meios de pagamento, e, portanto, provocar a alta dos preços" (Costa, 1945, p.40).

Por outro lado, e de forma complementar, argumentava que o próprio fortalecimento do sistema produtivo nacional poderia atuar como um vetor anti-inflacionário. Souza Costa entendia que tanto o parque industrial como o complexo agropecuário poderiam combater a perda do poder de compra da moeda brasileira: ao fortalecer a oferta interna, a dependência de produtos estrangeiros – cujos preços estavam atrelados às oscilações cambiais – seria mitigada.

Ao considerar a inflação um fenômeno não apenas monetário, Souza Costa entendia que o aumento dos preços resultava, também, da expansão da demanda agregada, mormente, das despesas das famílias. Estas resultariam, sobretudo, do aumento dos meios de pagamentos não esterilizados decorrente das exportações:

> Essa política de congelamento [dos preços] não há de ser feita exclusivamente pelo Govêrno, mas, para o êxito completo é necessário que cada indivíduo colabore, evitando despesas, mesmo de caráter pessoal, que agravem a procura de artigos, aumentando-lhes o preço. "Ganhar e guardar", como tenho insistido e aconselhado, é o lema se queremos que o Brasil seja uma nação rica (Costa, 1945, p.35).

Com esse silogismo, Souza Costa sugeria que o problema da inflação não era reflexo do nível de despesas governamentais, mas, em grande medida, do fim "inadequado" dado aos recursos acumulados com as exportações. Assim, o ministro compartilhava a responsabilidade pela carestia: para além da adoção de tais medidas por parte do governo, seria necessário que a população se conscientizasse de que o excesso de despesas das famílias depunha contra política anti-inflacionária; far-se-ia necessário, portanto, impor algum tipo de controle de demanda.

A inflação decorreria, por fim, do aumento dos preços de bens importados (como matérias-primas e combustíveis), dos fretes, da lenha e da impossibilidade da importação de máquinas e peças. Em vista disso, o ministro concluiu que "tôda essa série de obstáculos à produção, pela falta de produtos importados, mostra, como dissemos, que sua influência no nível geral dos preços varia na razão direta dêstes dois fatores: o ônus da sua substituição e a elevação dos preços dos próprios produtos importados" (Costa, 1945, p.42). Daí a centralidade conferida ao processo de industrialização via substituição de importações – uma estratégia que, se não pode ser considerada eminentemente latino-americana, certamente teve nos casos brasileiro e mexicano uma experiência singular.

O terceiro aspecto recorrentemente abordado nos discursos do ministro Souza Costa dizia respeito à fragilidade das condições do balanço de pagamentos e à consequente renegociação da dívida externa, da qual participou diretamente após a moratória decretada na inauguração do Estado Novo.

Souza Costa sempre demonstrou restrição à maneira como, a seu ver, eram procedidos os empréstimos internacionais pelos governos anteriores. Destacava, por exemplo, a negligência com que os negociadores brasileiros comprometiam a arrecadação alfandegária ou as reservas em ouro, comumente utilizadas como caução. Argumentava que, diferentemente do observado no passado, a rolagem da dívida não era mais realizada com a contratação de novos empréstimos de longo prazo, uma vez que os recursos captados desde o terceiro *funding loan* (1931) eram de curto prazo, e já se encontravam quitados.

Diretamente relacionada ao quadro externo, a fixação da taxa de câmbio nominal em níveis relativamente desvalorizados durante a II Guerra também gerou críticas por parte de determinados setores econômicos. Cioso dos efeitos perniciosos sobre a inflação, Souza Costa demonstrava parcimônia em relação à medida – panaceia adotada durante a República Velha quando o setor cafeeiro enfrentava problemas de superoferta no mercado internacional. Ao apresentar a evolução dos preços dos bens comercializáveis com os Estados Unidos e Canadá entre 1939 e 1945, o ministro argumentou que os preços produtos primários aumentaram 95%, os demais, 22%. Por esse motivo, não acreditava que a desvalorização cambial poderia favorecer ainda mais as exportações, dado o limite imposto por sua elasticidade-preço; de resultado imediato, apenas pressão inflacionária.

Diante das considerações arroladas, pode-se afirmar que, apesar de não ser um homem formalmente iniciado em assuntos econômicos, Souza Costa dominava as grandes linhas da política econômica. Se simpático à austeridade, não tergiversou ao adotar medidas claramente intervencionistas, nacionalistas e pró-industrializantes durante os onze anos em que esteve à frente da Fazenda no primeiro governo Vargas.

A ATUAÇÃO DE ARTUR DE SOUZA COSTA NO MINISTÉRIO DA FAZENDA (1934-1945)

Artur de Souza Costa comandou o Ministério da Fazenda entre 24 de julho de 1934 e 29 de outubro de 1945, período que abarcou tanto o mandato constitucional quanto o ditatorial de Getúlio Vargas. Decênio de conjuntura externa hostil, Souza Costa conduziu a economia brasileira da recuperação da Grande Depressão à instabilidade da Segunda Guerra. Em sua gestão, destacaram-se a administração da dívida externa, a mudança do padrão monetário nacional e a participação brasileira na conferência de Bretton Woods.

No *front* externo, Souza Costa adotou o pragmatismo que lhe era característico, envolto, porém, na postura altiva que o governo nacionalista de Vargas buscar conferir à sua diplomacia. As relações econômicas com os Estados Unidos, já o maior parceiro comercial e financeiro do Brasil, enfrentavam pelo menos, 3 problemas: os atrasos dos pagamentos dos importadores brasileiros, reclamações dos investidores portadores de títulos da dívida externa brasileira e a posição norte-americana contrária ao comércio de compensação (por meio da troca direta dos produtos) realizado entre Brasil e Alemanha (Mayer, 2019).

A aproximação com os Estados Unidos, iniciada na gestão de Oswaldo Aranha, rendeu seu primeiro fruto em 1935. O tratado comercial assinado por Souza Costa concedia àquele país a condição de "nação mais favorecida", o que lhe garantia, entre outras prerrogativas e incumbências, a redução das tarifas incidentes sobre 34 produtos importados; em troca, 6 produtos brasileiros passavam a ter suas tarifas reduzidas, sendo que alguns dos mais relevantes – como café, cacau e cera – ficavam isentos de qualquer tipo de imposto. Apesar das críticas recebidas de ambos os lados, o acordou teve por objetivo facilitar a importação de bens de capital e favorecer a exportação da produção primária.

Às vésperas do vencimento do tratado teuto-brasileiro, Souza Costa liderou uma missão aos Estados Unidos para negociar possíveis recompensas à preferência requerida pelos norte-americanos. Os resultados do encontro foram considerados positivos. Além de atenuarem as restrições em relação ao comércio alemão, o governo brasileiro também conseguiu condições diferenciadas para a rolagem de sua dívida externa e recursos (da ordem de US$ 60 milhões) para a criação do banco central (Mayer, 2019).

O maior desafio enfrentado pela equipe econômica, contudo, dizia respeito à dívida externa. Ao buscar distanciar o governo Vargas da política externa das administrações passadas, Souza Costa alegava que o problema da dívida brasileira "multiplicou-se mais em consequência de operações de consolidação e de '*fundings*' do que da utilização de recursos de capital para obras reprodutivas" (Costa, 1945, p.7). Tratava-se de uma clara tentativa de distinguir objetivos: durante a República Velha, sugeria, captavam-se recursos para satisfazer as necessidades da lavoura cafeeira; sob Vargas, almejava-se a formação bruta de capital fixo com vistas ao financiamento do desenvolvimento industrial.

Com a queda do preço do café durante a década de 1930, as possibilidades de pagamento da dívida externa se agravaram. Em uma medida envolta a condicionalidades políticas, Vargas decidiu suspender o pagamento do serviço da dívida quando do golpe do Estado Novo, em novembro de 1937 (Abreu, 2014). A principal justificativa para a medida brusca era de natureza qualitativa. Apesar das dificuldades enfrentadas pelo balanço de pagamentos, o governo buscava, ao fim e ao cabo, reposicionar o país no xadrez geopolítico internacional.[4]

Durante todo o período em que Vargas esteve no poder, duas foram as negociações diretas travadas com os credores e governantes

---

4 Nacionalista, ainda que cauteloso. Sabedor da relevância da credibilidade externa para o desenvolvimento econômico de um país periférico, Souza Costa não se mostrara exatamente simpático à interrupção do pagamento do serviço da dívida externa em 1937. Defensor do que chamava de "sentido de cooperação" entre os países, considerava a moratória um ato de contraproducente, pois o ônus a ser pago no futuro anularia qualquer benefício presente.

nos Estados Unidos: a de 1934, comandada por Oswaldo Aranha,[5] e a da década de 1940, liderada diretamente por Souza Costa. A despeito do recrudescimento da guerra, as condições comerciais e financeiras do Brasil permitiram que, em 1943, houvesse uma nova rodada de negociação junto ao governo norte-americano. Embora prudente, a argumentação de Souza Costa não deixava de revelar, no entanto, a aura nacionalista em que o governo pretendia envolver a negociação: "Mantendo negociações com os representantes dos portadores de nossos títulos e com os governos dos respectivos países, defendendo nós o ponto de vista da necessidade de reduzirmos nossos compromissos ao nível de nossa capacidade efetiva" (Costa, 1945, p.9).

Com base nas possibilidades de pagamento do país, a missão Souza Costa apresentou dois planos (A e B) aos credores. De acordo com o primeiro, manter-se-ia o mesmo capital circulante, sob responsabilidade dos devedores e com taxa de juros média de 2,5%, cujo pagamento anual resultaria em aproximadamente US$ 31 milhões. No plano B, o governo federal assumiria o capital circulante, cuja contrapartida se daria na redução do volume em 37%, cabendo ao governo o desembolso imediato de US$ 92 milhões. A taxa de juros seria de 3,75% e o pagamento anual na ordem de US$ 33 milhões. Souza Costa demonstrava certa preferência pela segunda opção, pois, apesar da necessidade de um pagamento imediato, o valor seria obtido por meio de empréstimos internos e o vencimento com juros seria menor. Ademais, como o prazo seria mais dilatado, a possibilidade de o país obter crédito de outras fontes estrangeiras, aumentaria.

Segundo ele, o alegado triunfo do acordo com os credores não refletia uma estratégia de minimização de perdas por parte deles, mas da confiança depositada na economia e no governo do Brasil. A chancela do setor externo mostrava-se fundamental para o êxito do projeto de desenvolvimento estadonovista. Nesse sentido, Souza Costa calculava que a renegociação da dívida externa traria alívio para as finanças públicas e permitiria, sobretudo, a canalização dos

---

5 A responsabilidade pela negociação da dívida externa foi dividida com o ministro que o precedeu, Oswaldo Aranha, o mesmo que viria a se tornar embaixador em Washington (1934-1937). Por esse motivo, foi mais bem explicada no capítulo 8 deste livro.

recursos provenientes das exportações para as inversões em infraestrutura de que necessitavam o setor industrial.

Outra medida na qual Souza Costa esteve diretamente envolvido foi a mudança do padrão monetário vigente no Brasil desde o tempo colonial. Em novembro de 1942, por meio do decreto lei 4.791, estabeleceu-se o cruzeiro como a nova moeda nacional.[6] A partir daquele momento, um mil-réis (1$000) passou a corresponder a um cruzeiro (Cr$) e, consequentemente, um conto de réis (1:000$000) passou a ter a importância de mil cruzeiros.[7]

A justificativa para a alteração histórica também reflete detalhes do edifício político-econômico do governo a que o ministro servia. A mesma denominação monetária já havia sido decretada em 1926.[8] A motivação e o objetivo das duas oportunidades, porém, distanciavam as medidas. Referindo-se à experiência anterior, o ministro alegou – talvez com algum grau de ironia – que, naquele momento, "substituir o meio circulante, exclusivamente para se estabelecer uma medida de incontestável simplificação e colocá-la em harmonia com o da maioria das outras nações, não parecia, só por si, razão bastante para se fazer a modificação" (Costa, 1942, p.21). Agora, a mudança justificava-se por dois motivos não necessariamente interligados, mas com

6 As notas do padrão antigo não foram inutilizadas imediatamente. Com vistas à economia de recursos, a substituição das cédulas ocorreu de forma lenta e gradual, com exceção da nota de 500 mil-réis. De acordo com Souza Costa, havia a percepção de que a referida cédula era entesourada pela população. Assim, o próprio chamamento para a troca consistia numa estratégia de circulação do dinheiro retido.

7 Apesar de uma mudança fugaz durante a ditadura militar (1964-1985), o cruzeiro manteve-se como padrão monetário brasileiro até 1986, quando, a partir do Plano Cruzado, uma série de novas moedas foram introduzidas até o final estabelecimento do real, em julho de 1994.

8 O debate acerca da conveniência de se adotar um novo padrão monetária não era exatamente novo. Em crônica de 1889, Machado de Assis assim abordou o tema: "Tem a Inglaterra a sua libra, a França o seu franco, os Estados Unidos o seu dólar, por que não teríamos nós nossa moeda batizada? Em vez de designá-la por um número, e por um número ideal – vinte mil-réis – por que lhe não poremos um nome – cruzeiro – por exemplo? Cruzeiro não é pior que outros, e tem a vantagem de ser nome e de ser nosso. Imagino até o desenho da moeda; e de um lado a efígie imperial, do outro a constelação... Um cruzeiro, cinco cruzeiros, vinte cruzeiros. Os nossos maiores tinham os dobrões, os patacões, os cruzados etc., tudo isto era moeda tangível; mas vinte mil-réis... Que são vinte mil-réis? Enfim, isto já me vai cheirando a neologismo." (apud Franco, 2008, p.98).

objetivos igualmente desenvolvimentistas: a necessidade de simplificação requerida pelas novas empresas que se estabeleciam no país e a eliminação da lembrança do período colonial:

> Nesta hora, porém, em que o Governo deliberou recolher o meio circulante, é evidente que se impunha a criação do Cruzeiro, ou a modificação se faria agora, ou, então, dever-se-ia desistir da ideia. E, como, incontestavelmente, a medida oferecia grandes vantagens de simplificação e, sobretudo, eliminava esse resquício que ainda havia da Colônia, pareceu ao Governo que era a oportunidade apropriada para se modificar a denominação da moeda. (Costa, 1942, p.21)

Por fim, a última participação relevante de Souza Costa no Ministério da Fazenda foi a chefia da delegação brasileira na conferência de Bretton Woods, em julho de 1944. Conquanto o governo não tenha se manifestado oficialmente nesse sentido, Souza Costa emitia sinais de simpatia em relação à proposta de Keynes para a nova arquitetura financeira internacional.[9] O ministro considerava essencial a criação de "organizações internacionais, para coordenar a política monetária relativamente ao comércio mundial e orientar as correntes de capital de uns para outros países. Não se poderá contar com um mundo melhor, sem alvitrar uma instituição permanente de reequilíbrio dos balanços de pagamentos" (Costa, 1944, p.7).

A criação do Fundo Monetário Internacional e do Banco de Reconstrução e Desenvolvimento consistia, para ele, em um *necessário* sistema de cooperação sistematizada entre as nações para promoção do reequilíbrio das contas externas dos países signatários. Receoso de que o término do conflito resultasse no mesmo caos monetário observado após o concertado em Versalhes, Souza Costa via no compartilhamento de responsabilidades a saída para o equilíbrio harmônico dos respectivos balanços de pagamentos. Em sua

9 Sabe-se que, a despeito do mérito da proposta patrocinada pelo governo britânico, bem como da reputação de seu representante oficial, John M. Keynes, o peso da diplomacia da potência hegemônica que emergia no pós-II Guerra fez com que, ao final da conferência, o projeto norte-americano saísse vitorioso (Boughton, 2002).

opinião, tratava-se do antídoto econômico que poderia ter obstado o fortalecimento de ideais nazifascistas. Para ele, não teria havido, em 1919, "um controle automático do padrão ouro e também não existia um centro eficiente de coordenação política monetária, [...] deixando emergir movimentos de nacionalismo extremo ou de isolacionismo quase que completo" (Costa, 1944, p.6). Os trinta "anos dourados" do capitalismo pós-II Guerra, especialmente no que se refere às transações econômicas internacionais, parecem ter ratificado o entendimento do ministro brasileiro.

Apesar do claro triunfo dos interesses da diplomacia norte-americana, Souza Costa considerou positivo o resultado obtido na conferência. Para o ministro, Bretton Woods "marcou um sentido novo à orientação econômica do mundo, baseada na cooperação internacional, na boa vontade entre as nações, condições fora das quais é absolutamente impossível realizar qualquer plano seguro." (Costa, 1944, p.38). Em adição, acreditava que "os entraves protecionistas ao comércio mundial perderam terreno e a livre circulação de mercadorias se fortaleceu" (apud Mayer, 2019, p.1), pois "quanto ao controle dos serviços de pagamento da dívida pública e privada, ou importação de mercadorias, ficou assentado que, desde a criação do Fundo, não haveria restrição de qualquer espécie, em país algum, que fizesse parte da nova instituição" (Costa, 1944, p.25).

Nacionalista, mas, antes de tudo, pragmático. Se a postura da política externa capitaneada por Souza Costa priorizou, com efeito, os interesses pátrios, o posicionamento do ministro no decorrer da longa e tortuosa negociação com os Estados Unidos demonstra que, combinado ao alinhamento plantado por Aranha, o ministro da Fazenda soube defender as causas nacionais quando à testa da principal pasta do primeiro governo Vargas.

CONSIDERAÇÕES FINAIS

A conjuntura dos onze anos em que Artur de Souza Costa esteve à frente do Ministério da Fazenda influenciou diretamente os resultados de sua gestão. Conquanto tenha se tratado do período da mais acelerada industrialização a que já havia se assistido na história do país, é certo que o contexto da Grande Depressão tenha se lhe imposto óbices não desprezíveis.

Principal *front* de sua atuação, a repactuação da dívida externa durante os anos 1940 pode ser considerada bem-sucedida. Se levada em conta a magnitude da crise internacional durante a década anterior, agravada ainda mais pela eclosão da II Guerra, não se pode deixar de reconhecer que a economia brasileira soube aproveitar-se da oportunidade inerente ao cenário de crise para consolidar os termos de seu endividamento. Ainda que o setor externo tenha representado uma adversidade não desprezível ao desenvolvimento econômico do país, as contas externas só vieram a colapsar, de fato, após as crises do petróleo dos anos 1970 e a consequente insolvência que resultou na moratória de 1987 (Salomão, 2010).

No que toca à condução das políticas econômicas instrumentais, percebe-se a observância aos limites impostos pela concretude de uma economia periférica. Zeloso com equilíbrio fiscal e a estabilidade da moeda, Souza Costa adotou políticas comedidas e condizentes com a ortodoxia liberal: dispêndios públicos não deveriam ser a fonte precípua de crescimento da demanda agregada; expansão monetária somente em momentos de crescimento da economia real, jamais para financiar gastos do governo. Declaração dada ao jornal *O Globo*, em 31 de julho de 1939, sumariza, ainda que de modo simplista, o seu entendimento acerca da política fiscal ideal: "Economizar o máximo para tributar o mínimo" (apud Villela, 2014).

Esse tipo de comportamento, reiteradamente assumido em seus pronunciamentos, permite classificá-lo como um homem pragmático, cujos ideais não se sobrepunham, porém, ao fito último do presidente da República: o desenvolvimento. Nesse sentido, Mayer (2019, p.3) afirma que, "embora fosse considerado liberal em matéria econômica, Souza Costa manteve-se sempre firme na defesa do Estado Novo e fiel à liderança de Vargas". Não por acaso, o primeiro governo Vargas (1930-1945), sob a condução do ministro Souza Costa, é reconhecido pela literatura como a mais bem-acabada experiência político-econômica do chamado nacional-desenvolvimentismo (Fonseca, 1989).

Ainda assim, o ministro reconhecia a necessidade da atuação do Estado em diversas questões, sobretudo no que se refere à promoção do desenvolvimento capitalista e à inclusão social. Souza Costa entendia que "a vida humana assenta no princípio da desigualdade, isso não liberta o Estado do dever de procurar atenuar os efeitos dessa dificuldade" (Costa, 1943, p.23). Logo, "a luta contra o predomínio dos monopólios e dos privilégios tem de temperar a verdadeira democracia, capacitando-a para o desempenho das melhores tarefas que a própria evolução da vida moderna impõe aos responsáveis pela gestão dos interêsses coletivos" (Costa, 1943, p.23). Talvez tenham sido raras as oportunidades em que o ministro tenha reproduzido cenas tão explícitas de desenvolvimentismo quanto as linhas supracitadas.

Desse modo, ainda que contraintuitivo, é possível caracterizar o ministro Artur de Souza Costa como um agente em tese simpático a certo grau de ortodoxia na administração econômica. Sem jamais depor contra os intentos da política desenvolvimentista anunciada por Vargas havia muito, Souza Costa soube conduzir os meandros da política econômica para viabilizar o objetivo maior do varguismo: a intervenção do Estado com vistas ao desenvolvimento.

REFERÊNCIAS

ABREU, M. de P. Crise, crescimento e modernização autoritária, 1930-1945. In: ABREU, M. de P. (Org.). *A ordem do progresso:* dois séculos de política econômica no Brasil. Rio de Janeiro: Elsevier, 2014.

BASTOS, P. P. Z. Ortodoxia e heterodoxia antes e durante a Era Vargas. *Revista EconomiA*, v.9, n.4, 2008.

BASTOS, P. P. Z. Ascensão e crise do projeto nacional-desenvolvimentista de Getúlio Vargas. In: BASTOS, P. P. Z.; FONSECA, P. C. D. (Orgs.). *A Era Vargas:* desenvolvimentismo, economia e sociedade. São Paulo: Editora Unesp, 2012.

BOUGHTON, J. M. Why White, Not Keynes? Inventing the Post-War International Monetary System. *IMF Working Paper*, v.52, 2002.

COSTA, A. de S. *Finanças e política:* discurso comemorativo do 11° aniversário da vitória da Revolução. Rio de Janeiro: [s/e], 1941. Disponível em: <https://archive.org/details/finanrevoluc1941souzac>. Acesso em: set. 2019.

COSTA, A. de S. *Financiamento da guerra:* exposição feita na Associação Brasileira de Imprensa, no dia 6 de outubro de 1942. Rio de Janeiro: Jornal do Commercio, 1942. Disponível em: <https://archive.org/details/financiam1942souz>. Acesso em: set. 2019.

COSTA, A. de S. Discurso proferido na Faculdade de Ciências Econômicas, de São Paulo, em 3 de novembro de 1943, por motivo de colação de grau de Doutor "Honoris Causa". Rio de Janeiro: [s.e.], 1943.

COSTA, A. de S. *Bretton Woods e o Brasil*: conferência realizada na Associação Comercial de São Paulo, a 27 de outubro de 1944. Rio de Janeiro: [s.e.], 1944. Disponível em: <https://archive.org/details/brettonw1944scost>. Acesso em: dez. 2019.

COSTA, A. de S. *Questões financeiras:* conferência realizada em 27 de julho de 1945, ao inaugurar o auditório do Palácio da Fazenda. Rio de Janeiro: Jornal do Commercio, 1945.

DRAIBE, S. *Rumos e metamorfoses:* um estudo sobre a constituição do Estado e as alternativas da industrialização no Brasil, 1930-1960. Rio de Janeiro: Paz e Terra, 1985.

FAUSTO, B. Entrevista. In: ESCOREL, E.; CASÉ, A. (Dir.). *1930, tempo de revolução.* Rio de Janeiro: Cinevideo, 1990.

FISHLOW, A. Origens e consequências da substituição de importações no Brasil. In: VERSIANI, F. R.; BARROS, J. R. M. de. (Orgs.). *Formação econômica do Brasil:* a experiência da industrialização. São Paulo: Saraiva, 1972.

FONSECA, P. C. D. *Vargas:* o capitalismo em construção. São Paulo: Brasiliense, 1989.

FONSECA, P. C. D. Sobre a intencionalidade da política industrializante no Brasil na década de 1930. *Revista de Economia Política*, v.23, n.1, p.133-148, 2003.

FONSECA, P. C. D. Gênese e precursores do desenvolvimentismo no Brasil. *Pesquisa & Debate*, v.15, n.2 (26), p.225-256, 2004.

FRANCO, G. H. B. *A economia em Machado de Assis*: o olhar oblíquo do acionista. Rio de Janeiro: Zahar, 2008.

FURTADO, C. M. *Formação econômica do Brasil.* São Paulo: Companhia das Letras, [1959] 2007.

IANNI, O. *Estado e planejamento econômico no Brasil* (1930-1970). Rio de Janeiro: Civilização Brasileira, 1996.

KEYNES, J. M. *As consequências econômicas da paz.* Brasília: Editora Universidade de Brasília, [1919] 2002.

MAYER, J. M. Verbete biográfico: Artur de Sousa Costa. Disponível em: <http://www.fgv.br/cpdoc/acervo/dicionarios/verbete-biografico/costa-artur-de-sousa>. Acesso em: nov. 2019.

PELÁEZ, C. M. *História da industrialização brasileira:* crítica à teoria estruturalista no Brasil. Rio de Janeiro: APEC, 1972.

TOPIK, S. A *Presença do Estado na economia política do Brasil de 1889 a 1930*. Rio de Janeiro: Record, 1987.

SALOMÃO, I. C. *Arroubos econômicos, legitimação política:* uma análise da moratória da dívida externa de 1987. Porto Alegre, 2010. Dissertação (Mestrado em Economia) – Universidade Federal do Rio Grande do Sul.

SALOMÃO, I. C. *O desenvolvimento em construção:* um estudo sobre a pré-história do pensamento desenvolvimentista brasileiro. Porto Alegre, 2013. Tese (Doutorado) – Universidade Federal do Rio Grande do Sul.

SCHWARZ, R. As ideias fora do lugar. In: *Ao vencedor as batatas*. São Paulo: Duas Cidades, 1992.

VILLELA, G. Ministro da Fazenda de Getúlio, Souza Costa é o mais longevo no cargo: 11 anos. *O Globo*, Rio de Janeiro, 21 nov. 2014. Disponível em: <https://acervo.oglobo.globo.com/fatos-historicos/ministro-da-fazenda-de-getulio-souza-costa-o-mais-longevo-no-cargo-11-anos-14626499ixzz65TYTcy6c>. Acesso: out. 2019.

PERÍODO DEMOCRÁTICO

(1945-1964)

10
Horácio Lafer
UM FIEL DA BALANÇA?[1]

Alexandre Macchione Saes

INTRODUÇÃO

Horácio Lafer desempenhou relevante papel como industrial – na direção do grupo Klabin – e, especialmente, como político entre as décadas de 1930 e 1960. Ingressando na vida pública por meio das associações de classe dos industriais, participou da formação do Centro das Indústrias do Estado de São Paulo (Ciesp, 1928), da Federação das Indústrias do Estado de São Paulo (Fiesp, 1931), da Confederação Industrial do Brasil (CIB, 1933) e da Confederação Nacional da Indústria (CNI, 1938), foi representante classista na constituinte de 1934, deputado federal no governo constitucional de Getúlio Vargas e membro do Conselho Técnico de Economia e Finanças do Ministério da Fazenda entre 1943 e 1950. No período do pós-Segunda Guerra Mundial se tornou ator central de momentos decisivos da história do país, como na constituinte de 1946, na liderança da maioria na Câmara durante o governo de Eurico Gaspar Dutra (1946-1951) e,

---

1 Este trabalho contou com o apoio de pesquisa de Guilherme de Mello Souza Jordi Derzi, graduando em economia pela Faculdade de Economia, Administração, Contabilidade e Atuária (FEA) da Universidade de São Paulo (USP), o qual agradecemos.

Horácio Lafer (1900-1965) foi empresário, representante da classe industrial e político brasileiro filiado ao Partido Social Democrático. Foi deputado, atuou em comissões da administração pública federal e, como ministro da Fazenda no segundo governo de Getúlio Vargas, foi peça central na elaboração do projeto de desenvolvimento do governo.

por fim, nos cargos de ministro da Fazenda no segundo governo de Getúlio Vargas (1951-1953) e de ministro das Relações Exteriores no governo de Juscelino Kubitschek (1959-1961).

O percurso de Horácio Lafer na vida pública nacional se confunde com a fase de profunda transformação da economia brasileira, com a ascensão da indústria como parte relevante da organização da vida social e econômica do país. Os primeiros discursos de Lafer nas tribunas da Câmara dos Deputados se realizaram numa economia ainda dominantemente agrária, que vivia os impasses da crise observada a partir da quebra da bolsa de Nova Iorque. No final dos anos 1950, já como ministro das Relações Exteriores, Lafer representava o Brasil como diplomata de um país em franco processo de industrialização, em meio ao Plano de Metas e à instalação das indústrias automobilísticas e pesadas. Como industrial e defensor de um projeto nacional de desenvolvimento, a personagem não poderia passar incólume sob os rumos que o país tomava ao longo de tal processo.

O presente capítulo pretende explorar o papel de Horácio Lafer no Ministério da Fazenda, durante um curto período – pouco mais de dois anos, da primeira parte do segundo governo de Getúlio Vargas –, mas que marcaria um relevante momento de consolidação de um projeto de desenvolvimento para o Brasil. Inserido num governo que se tornou objeto de grandes divergências políticas e acadêmicas, reflexo das próprias tensões políticas presentes durante o mandato de Vargas, e tendo assumido um dos mais estratégicos ministérios daquela administração, as intenções e ações de Horácio Lafer emergem como centrais para definição do caráter do governo. Para atingir tal objetivo, apresenta-se a trajetória de Horácio Lafer, especialmente por meio de seus discursos parlamentares e ministeriais, como parte de uma geração de industriais e políticos brasileiros que estiveram comprometidos com as diretrizes que alicerçaram um projeto de desenvolvimento para o Brasil em meados do século XX.

Em suma, o capítulo apresenta um homem coerente com sua trajetória de industrial e de político (representante dos grupos industriais) desde a década de 1930. Recuperando os discursos de Lafer como parlamentar e ministro, é possível compreender como, em momento algum, sua atuação no Ministério da Fazenda poderia sugerir que foi defensor de uma política econômica ortodoxa. Lafer estava definitivamente alinhado ao projeto econômico do governo Vargas, produzido a partir dos esforços da Assessoria Econômica e que estabelecia como prioridade a superação do subdesenvolvimento brasileiro via processo de industrialização. Esse projeto já estava em gestão no Estado Novo, sendo reverberado pelas associações de classe presentes em eventos como o Congresso Brasileiro de Economia, o Congresso Brasileiro da Indústria e a Conferência Nacional das Classes Produtoras. A política econômica comprometida com o saneamento econômico e o equilíbrio fiscal não negava, portanto, uma ativa postura do governo no sentido de viabilizar a industrialização do país. Naquela conjuntura do início da década de 1950, tendo herdado desequilíbrios econômicos do governo anterior, a expectativa era a de financiar o desenvolvimento por meio de recursos estrangeiros, previstos na Comissão Mista Brasil e Estados Unidos (CMBEU), e do planejamento econômico conduzido tanto por essa comissão como pela

Comissão de Desenvolvimento Industrial, órgãos diretamente subordinados ao ministério da Fazenda.

HORÁCIO LAFER, O FIEL DA BALANÇA

Buscar uma definição estritamente objetiva para o governo de Getúlio Vargas é tarefa de êxito improvável. Vargas foi governante reconhecidamente habilidoso, com significativa capacidade de diálogo e articulação entre os mais diversos atores e grupos sociais, que acabou legando importantes controvérsias sobre o significado de suas medidas, no âmbito tanto político como econômico. Neste, por exemplo, enquanto o Estado Novo aprofundou medidas de caráter centralizador e nacionalista, com Vargas cercando setores estratégicos e tomando-os para controle do Estado, as relações diplomáticas com os Estados Unidos foram marcadas por harmonia, resultando tanto na interrupção da moratória brasileira em 1939, como na garantia dos acordos necessários para a construção da Companhia Siderúrgica Nacional.[2]

O retorno do "retrato do velho" ao posto de presidente da República em 1951, tendo alcançado quase 50% dos votos numa vitória contra o udenista Eduardo Gomes, gerou elevadas expectativas por parte de diferentes setores da sociedade. A presença de Getúlio Vargas na cadeira da Presidência da República era, para a população, um resgate de símbolos e de recentes resquícios de um Estado Novo populista (Fonseca, 1989). O discurso nacionalista voltava a ecoar tanto dentro do governo, agora num ambiente democrático, como entre grupos políticos e sociais. As expectativas de que ações voltadas ao aprofundamento do processo de industrialização e, quando necessário, apoiada pela expansão das atividades estatais, voltavam

2 Para interpretações que acentuam o caráter nacionalista do governo, ver Maria Antonieta Leopoldi (1994) e Eli Diniz (1978). Fiori e Lessa (1984) chegam a caracterizar o projeto como um "sonho prussiano". Relativizando tais perspectivas, conferir as leituras que indicam que Getúlio Vargas nunca excluiu o capital estrangeiro como instrumento de financiamento de seu projeto de desenvolvimento: Pedro Cezar Dutra Fonseca (2009) e Pedro Paulo Bastos (2012).

à ordem do dia. Esse projeto nacional de desenvolvimento, que parecia estar no cerne do plano de governo de Getúlio e era reforçado com a expressiva atuação de sua Assessoria Econômica, já não dispunha de total autonomia para ser realizado como outrora durante o governo ditatorial. Assim, para parte da literatura que tratou de analisar a gestão do segundo governo Vargas, Horácio Lafer passou a ser visto como um fiel da balança, um representante de peso no Ministério da Fazenda, capaz de se contrapor ao nacionalismo do governo de viés populista.

A dificuldade de se governar num ambiente polarizado e de complexas demandas setoriais, incompatíveis com a capacidade do Estado de atendê-las, embasou interpretações que caracterizam o segundo governo de Getúlio Vargas como incoerente ou hesitante. Essa leitura, se, por um lado, lembrava vestígios das teses de um Estado de compromisso que teria existido nos anos 1930, por outro, apresenta o segundo governo Vargas numa encruzilhada, tomando de face o dramático final do governo, de um completo esgarçamento das tensões políticas ocorrido entre 1953 e 1954, para caracterizá-lo como um todo.[3] Em suma, seguindo tal leitura, ao tentar aglutinar e conciliar interesses de espectros sociais e políticos tão distintos dentro de seu governo, Getúlio Vargas teria aprofundado a instabilidade e os conflitos políticos.

É possível afirmar que Maria Celina Soares D'Araújo e Maria Antonieta Leopoldi acabam por incorrer nesse desvio interpretativo. D'Araújo (1982) defende que instabilidade não foi gerada nos meses finais do governo, mas tinha origem no próprio período da campanha, quando a candidatura personalista de Vargas refletia a fragilidade da baixa institucionalização dos partidos políticos brasileiros mesmo após a redemocratização. Trabalhando com a composição político-partidária e regional do primeiro gabinete de Vargas, a autora reitera o caráter ambíguo do governo: o chamado "Ministério da

3 Thomas Skidmore apresenta a ambiguidade da política econômica por conta das medidas contraditórias necessárias para resolver os desafios de curto prazo, como inflação e déficits no balanço de pagamentos, e os objetivos de longo prazo, como o projeto de industrialização (Skidmore, 1982).

Experiência" não conseguiu aglutinar o PTB; o governo abriu espaço para a UDN, mas esta se manteve desconfiante do projeto varguista; por fim, o governo tampouco pacificou setores militares desgostosos com algumas das nomeações regionais. A política de conciliação almejada teria sido frustrada.

No que diz respeito às polarizações existentes no campo da política econômica, Horácio Lafer emerge como nome forte para estabelecer a conciliação com os setores mais conservadores da sociedade. Segundo D'Araújo (1982), a indicação era de Ademar de Barros, que além de Lafer na Fazenda, teria levado também Ricardo Jafet para a presidência do Banco do Brasil. Mesmo que ambos fossem representantes do mesmo empresariado paulista, suas posições ilustravam a ambiguidade do governo: embora a linha de ação econômica estivesse pautada no projeto nacional-desenvolvimentista, supostamente mais alinhada com as políticas creditícias do Banco do Brasil, soluções conciliatórias e tradicionais, presentes na política de saneamento econômico do Ministério da Fazenda, expressavam a ponte entre os interesses econômicos nacionais e os do grande capital internacional.

Assim, assentada sob oposições institucionais, a interpretação de D'Araújo (1982) apresenta a política econômica do governo Vargas a partir de uma agenda conciliatória inconciliável: a Assessoria Econômica e o eixo nacionalista *versus* a Comissão Mista Brasil-Estados Unidos e o desenvolvimento mediante a colaboração externa. Em suma, Horácio Lafer, assim como o ministro das Relações Exteriores, João Neves da Fontoura, legitimariam o governo para interesses de setores conservadores e de grupos vinculados ao capital estrangeiro.[4]

Maria Antonieta Leopoldi é ainda mais explícita que D'Araújo nesse posicionamento de caráter conservador de Horácio Lafer.

---

4 Rômulo de Almeida, prefaciando a obra de Maria Celina D'Araújo, ratifica a coexistência de um setor nacionalista e da Comissão Mista Brasil-Estados Unidos na base do segundo governo Vargas. Para o autor, não se trataria de uma contradição, uma vez que, em sua visão, não que houve uma mudança de rumo do governo em 1953. Para Rômulo – um dos atores centrais do projeto desenvolvimentista do governo –, tratava-se de um ditado da realidade que Vargas tão bem sabia compreender (Almeida, 1982, p.VI).

Nas palavras da autora, "Lafer parece estar ligado aos interesses do grande capital em São Paulo, especialmente ao capital estrangeiro" (Leopoldi, 2000, p.185). Reiterando a disputa de Lafer e Jafet, Leopoldi destaca as medidas do Ministério da Fazenda no intuito de tentar transferir funções antes concentradas no Banco do Brasil, criando outros órgãos financeiros, como o Banco Nacional de Desenvolvimento Econômico e o Banco do Nordeste do Brasil.

Em outro trabalho, Leopoldi (1994, p.165) refere-se a um "difícil caminho do meio", reproduzindo a tese de Maria Celina sobre os limites de uma política de conciliação interpartidária. Para a autora, a plataforma de Vargas teria uma orientação nacionalista não ortodoxa, posição bastante marcada pelos técnicos da Assessoria Econômica, que no intuito de viabilizar a industrialização, reconheciam a necessidade de acesso aos recursos internacionais. Mas coube ao Ministério da Fazenda, que se responsabilizou pela Comissão Mista Brasil-Estados Unidos, o diálogo com os interesses estrangeiros. A autora ressalta o papel de Lafer em tornar o Decreto-lei de 3 de janeiro de 1952, que controlava a remessa de lucros, em "letra morta". Essa seria uma vitória de Lafer contra Jafet, que por meio da aprovação da Lei de Câmbio Livre, arrefeceu os ímpetos nacionalistas do presidente do Banco do Brasil (Leopoldi, 1994).

As contribuições de Lourdes Sola para a compreensão do projeto econômico e da gestão de Getúlio Vargas podem, em parte, ser inseridas nessa mesma tendência. Ao caracterizar o governo Vargas como constituído de um lado por uma equipe de técnicos nacionalistas, agrupados na Assessoria Econômica, e, de outro, por burocratas cosmopolitas, que formavam a maioria da equipe brasileira na CMBEU, a autora reproduz a leitura dicotômica dos quadros do governo empossado em 1951. Vale dizer que, diferentemente de D'Araújo e Leopoldi, Horácio Lafer não é enquadrado por Lourdes Sola como parte da linhagem cosmopolita da Comissão Mista, representados especialmente por Roberto Campos e Lucas Lopes (Sola, 1988).

O que diferencia o argumento de Lourdes Sola é o que autora chama de um nacionalismo "moderado", isto é, a preocupação do governo de reduzir a vulnerabilidade da economia para garantir o controle nacional dos setores que regulavam a dinâmica do processo de acumulação de capital. O projeto nacionalista de Vargas, caracterizado como alternativo e moderado, teria tomado impulso entre 1950 e 1952, quando estavam evidentes as dificuldades que o governo teria para financiar qualquer projeto mais robusto de desenvolvimento econômico, considerando não somente o volume necessário de investimentos para atender às demandas de infraestrutura, como também os desafios monetários e cambiais. Nas palavras da autora, "nesse período, a política de Vargas consistiu na tentativa de *compatibilizar* a implantação de um projeto *moderadamente* nacionalista de desenvolvimento com a busca *de novas formas de inserção* do Brasil no sistema de cooperação internacional, *de modo a obter o apoio oficial dos EUA para a consecução desse projeto*" (Sola, 1988, p.95, grifo nosso).

Numa outra perspectiva da literatura, a figura de Horácio Lafer caracteriza mais do que o equilíbrio entre o desenvolvimentismo nacionalista e a ortodoxia econômica: sua atuação no Ministério da Fazenda, assim como a de seu sucessor, Oswaldo Aranha, teria representado o projeto hegemônico do governo Vargas. Para leitores desavisados sobre a trajetória de vida e dos posicionamentos políticos de Horácio Lafer, que o conhecem somente por meio dessas sínteses da política econômica dos governos republicanos, uma falsa imagem sobre a personagem pode ser construída.

Tais descrições partem de uma premissa de que somente por meio da estabilização da inflação e do saneamento da economia seria possível abrir uma fase para investimentos e realizações. Essa caracterização, inaugurada com Sérgio Besserman Vianna, se sustenta em documentos produzidos no período por Aranha e Lafer (Vianna, 1987). Segundo esses documentos, o programa da nova gestão reproduziria, em um único mandato, as presidências de Campos Sales e Rodrigues Alves na Primeira República. O primeiro teria saneado a economia no contexto do acordo do *funding loan* de 1898, ao passo que o segundo teria desfrutado da estabilidade econômica para empreender uma fase de realizações, tais como as reformas urbanas de Pereira Passos na cidade do Rio de Janeiro, para gerar uma fase de significativo crescimento econômico.

O argumento de Vianna, contrastando com o que ele definia como as visões dominantes sobre o segundo governo Vargas – tanto da ambiguidade das decisões políticas, como da existência de uma estratégia abrangente de desenvolvimento econômico de construção de um modelo alternativo de capitalismo brasileiro –, se define no sentido de compreender a gestão como preocupada em estabelecer uma política econômica estabilizadora ao firmar as alianças com o capital estrangeiro (Vianna, 1987). Como o cenário econômico não se mostrou favorável para realizar a almejada estabilização da economia, tanto pela crise cambial como pelo fim da Comissão Mista Brasil-Estados Unidos, ambos em 1953, o governo teria permanecido com seu viés econômico ortodoxo. Nesse contexto, Vianna destacou os aspectos liberais da política econômica do governo Vargas, de políticas fiscal e monetária restritivas, caracterizando não somente os dois primeiros anos, mas todo o mandato como fundado numa política econômica monetária e fiscal de caráter ortodoxo (Vianna, 2014).

Noutro texto, Vianna e Villela (2011) apresentam o ministério de Vargas como conservador – que respondia à necessidade de criar um espírito conciliatório frente ao governo de caráter nacionalista – tendo viabilizado um governo de estabilização para garantir a queda da inflação. Os autores argumentam que entre, 1951 e 1952, a política econômica foi de queda das despesas governamentais, de elevação da arrecadação, gerando o primeiro superávit global da União e dos Estados desde 1926. Em suma, Horácio Lafer teria cumprido com o papel de introduzir uma política econômica ortodoxa, contrariando os ímpetos desenvolvimentistas presentes na direção do Banco do Brasil, a voz dissonante do governo varguista nos dois primeiros anos da gestão.

Pedro Paulo Bastos critica essa leitura, que teria dado excessivo poder ao Ministério da Fazenda na definição e coordenação das estratégias do governo Vargas. Para o autor, não existiriam evidências para se afirmar que Vargas tivesse autorizado Lafer a comandar a política de crédito diferentemente daquela que o próprio presidente defendia. Bastos (2005) acredita que os documentos utilizados por Vianna, com base nos quais o autor pudesse definir o projeto de Vargas a partir das gestões de Campos Sales e Rodrigues Alves, são pouco representativos. A tese de Vianna ficaria ainda mais frágil quando confrontada com a mensagem programática de 1951, com os posicionamentos públicos das personagens e com a "alentada correspondência do período" (Bastos, 2005, p.197). Por meio do estudo da produção de Horácio Lafer sobre a política monetária, Bastos (2005, p.192) afirma que "Lafer chegava ao ponto de rejeitar consciente, pública e coerentemente a ortodoxia econômica, usando argumentos teóricos e históricos sólidos", como, por exemplo, quanto ao tema da política de crédito do Banco do Brasil, em que "o crédito devia ser mais seletivo para apoiar mobilizações de capital fixo e o pleno emprego".

Conforme se argumenta neste capítulo, a trajetória política de Horácio Lafer parece indicar uma caracterização sobre sua atuação no Ministério da Fazenda bastante diversa do que parte relevante da literatura indica. Seguem-se, nesse sentido, as pegadas deixadas por outra vertente do debate sobre o projeto político de Getúlio Vargas, a qual defende a existência de uma significativa coerência entre os projetos de governo e as ações do presidente em seu mandato entre 1951 e 1954. Autores como Pedro Fonseca (1987; 2009) e Pedro Paulo Bastos (2012) demonstram como Vargas conduziu sua administração de maneira consistente tanto com a defesa de suas propostas de campanha presidencial, como com a própria Mensagem ao Congresso de 1951 – isto é, com suas diretrizes de governo.[5]

Nesse sentido, as ideias econômicas de Horácio Lafer não somente estavam alinhadas com o projeto desenvolvimentista varguista, inexistindo qualquer tipo de oposição entre as ações de Lafer e da Assessoria Econômica, como também as manifestações do ministro antes de assumir o cargo não podiam indicar nenhum desvio de suas prévias concepções sobre a economia (Bastos, 2005). Pedro Paulo faz um detalhado estudo sobre o relatório para a Câmara dos Deputados publicado sob o título *O crédito e o sistema bancário no Brasil*

5 Para Pedro Fonseca, a saída encontrada pelo governo foi a de diminuir o ritmo do crescimento a curto prazo, acreditando que a contração econômica seria conjuntural, pois esperava-se um cenário otimista com a recuperação dos preços do café e os sinais positivos de acordos com os Estados Unidos. Nesse sentido, não se pode inferir qualquer ortodoxia ou liberalismo como ideologia dominante. Nas palavras de Fonseca: "Apesar desta controvérsia sobre a condução da política econômica, como é normal em conjuntura problemática como essa, é preciso assinalar que o ideário desenvolvimentista predominava no governo como um todo e principalmente em Vargas, cujo discurso, desde a década de 1930, mostra a tentativa de conciliar o crescimento com o equilíbrio das finanças" (Fonseca, 2009, p.28).

(1948), alegando que a historiografia que caracterizou a existência de um desenvolvimentismo incoerente ou de viés ortodoxo não teria avaliado o teor das ideias de Lafer sobre o crédito. Para o autor, tanto Vargas, em seus discursos no Senado, como Lafer, como deputado constituinte ou líder da maioria do PSD, foram defensores de uma política de orçamento equilibrado, o que, todavia, tampouco reduzia a disposição dos personagens de conduzir uma coerente política desenvolvimentista no país.

Seguindo o argumento dos autores, busca-se explorar ainda mais os discursos parlamentares de Horácio Lafer, identificando como a personagem assumiu o Ministério da Fazenda defendendo um conjunto de ideias e projetos que estavam em gestação no país nas últimas décadas, especialmente com o novo papel que as lideranças industriais tinham assumido na política nacional depois de 1930. Portanto, o enquadramento dado à personagem como um *fiel da balança*, de um político que polarizava o campo ideológico, parece estar distante de sua real posição no projeto varguista em construção.

HORÁCIO LAFER E A PRIMEIRA GERAÇÃO DE INDUSTRIAIS NO GOVERNO (1930-1945)

Ainda bastante jovem, Horácio Lafer assumiria posição de destaque na vida pública do país, figurando como membro da primeira diretoria do Centro das Indústrias do Estado de São Paulo (Ciesp), fundado em 1928, menos de dois anos após o ingresso na sociedade da empresa de sua família por ocasião do falecimento de seu pai. A diversificação da economia paulista, com expansão das atividades industriais, estimulou a organização de lideranças industriais como Roberto Simonsen, Jorge Street, Francisco Matarazzo e José Ermírio de Morais, no sentido de criar uma instituição para defender seus interesses. A *raison d'être* do Ciesp, a elevação da indústria a um dos pilares econômicos de sustentação do Brasil, estava de acordo com as convicções de pessoas como Horácio Lafer, as quais vão se constituindo ao longo dos anos 1930. Na década seguinte, a partir da convergência de fatores – tanto de aspectos internos da economia brasileira, como também da própria política econômica internacional –, esse projeto de pensar o desenvolvimento nacional por meio da industrialização se torna hegemônico no Brasil, pautando o debate político sobre os rumos do país (Bielschowsky, 2000).

Muitos dos elementos desse projeto de desenvolvimento nacional, gestado em diferentes planos e propostas econômicas nos anos anteriores, acabaram por ser sistematizados na Mensagem presidencial de Getúlio Vargas ao Congresso Nacional em 1951, bem como no "guia de ação" do chamado Plano Lafer – documentos que podem ser encarados, em certa medida, precursores do próprio Plano de Metas de Juscelino Kubitscheck. Assim, avaliar o percurso dessas ideias econômicas presentes entre industriais e políticos brasileiros nas décadas de 1930 e 1940 é inserir o próprio Horácio Lafer numa geração que compartilhou um projeto que teria significativa representatividade nos rumos políticos e econômicos do país. Assim, se a posição de Lafer não teria sido alterada quando a personagem assumiu o Ministério da Fazenda, tampouco sua trajetória indica um distanciamento com esse projeto nacional desenvolvimentista. Como argumenta Celso Lafer (1988a, p.49), "à proposta de industrialização do Brasil, Horácio foi fiel na sua atuação como empresário e como homem público no correr da vida".

Horácio Lafer ingressou na Faculdade de Direito do Largo São Francisco em 1916, ambiente que permitiu o encontro com mentes e convicções muito semelhantes às suas. Não seria somente um local de estudo, tendo recebido influências teóricas de Rudolf von Jhering – jurista alemão crítico à jurisprudência dos conceitos, cujas ideias foram mais bem assimiladas na Escola do Recife –, como também seu primeiro palco de atuação junto à vida política. Essa associação com outros pensadores críticos de sua época, como Rui Barbosa, Olavo Bilac e Clóvis Ribeiro, aliado ao entusiasmo de Horácio em participar ativamente na mudança que queria para o Brasil, são evidenciados quando de sua participação na Liga Nacionalista de São Paulo (Lafer, 1988a).[6]

6 Para a Liga Nacionalista de São Paulo, ver, por exemplo, Boto (1994-5) e Levi-Moreira (1984).

Fundada em dezembro de 1916, devendo ao espírito nacionalista do início do século XX, a Liga Nacionalista reunia professores e alunos convictos da necessidade da constituição de uma solidariedade pautada no orgulho nacional; do avanço da cultura e da difusão da instrução pelo país; da promoção da educação cívica e política do povo brasileiro; da luta pela defesa nacional por meio do escotismo, alistamento militar obrigatório e fundação de linhas de tiros; e da luta contra as fraudes e corrupções que deturpavam o exercício do voto e as vontades populares. A educação estava no cerne desses objetivos, visto que o voto não era obrigatório nem permitido aos analfabetos. A cidadania viria, portanto, quando a população pudesse engajar-se politicamente, livre das amarras do voto aberto que a aprisionava em "currais eleitorais" e, em contrapasso, tivesse a obrigatoriedade de cumprir com esse seu dever. Horácio participou pessoalmente de ações em escolas noturnas, alfabetizando os operários nas próprias fábricas. Os participantes da Liga Nacionalista acreditavam em suas responsabilidades para com esse dever cívico, afinal, enquanto parte da elite nacional, devia responsabilidades por conta desse privilégio (Lafer, 1988a).

Uma vez formado, passou a advogar em São Paulo, assim como frequentou cursos de aperfeiçoamento em filosofia, finanças e economia na Alemanha (Couto, 2017). Compartilhando espaços e projetos com os industriais paulistas, sobretudo depois que assumiu efetivamente a direção da Klabin Irmãos & Cia., é notória a aproximação intelectual de Horácio Lafer com Roberto Simonsen, possivelmente a maior liderança da classe nos anos 1930.[7] Celso Lafer afirma que o discurso de Simonsen na fundação do Ciesp, "Orientação Industrial Brasileira" – que sintetizava um ideário comum dos representantes da indústria nacional –, foi "um marco no pensamento industrial, colocando a industrialização como um meio não somente

---

7 No início dos anos 1930, a formulação teórica de Roberto Simonsen já se mostrava bastante sofisticada, buscando referências internacionais, como do economista romeno Mihail Manoilesco, defensor do protecionismo como instrumento de fomento da indústria e, consequentemente, do progresso. Seria, nesse sentido, um porta-voz dos industriais brasileiros (Curi; Saes, 2015).

para a independência econômica do país, mas para o enriquecimento social" (Lafer, 1988a).[8]

Faz-se necessário notar como Lafer, nos primeiros anos da década de 1930, assim como Simonsen, expressava relativa simpatia com os ideários liberais, da livre iniciativa, da entidade privada. Para o autor, a noção de progresso econômico reservava um espaço generoso para o indivíduo e para a iniciativa privada, que estimularia o "espírito de empreendimento". Por isso, "a intervenção alheia", que limitaria a liberdade individual era prejudicial para o crescimento do país: "No Brasil [...] o Estado deve ser discreto, comedido, exercendo apenas uma ação de solidariedade humana, no amparo às classes desfavorecidas e dentro de um sistema de providências que não ataquem a iniciativa privada e antes a aproveitem e desdobrem" (Lafer, 1988 [16.12.1933], p.129).

Se a defesa do capital privado nacional era uma parte importante da concepção econômica, Lafer não deixou de problematizar sobre os limites do mercado como garantidor do bem social e do desenvolvimento econômico. Refletia, assim, a ascensão de personagens críticos aos princípios do liberalismo de século XIX, ao padrão-ouro e à centralidade das leis do mercado na regulação social. Para Lafer, nem o "liberalismo econômico individual exclusivista", tampouco "o coletivismo ético-social" seriam adequados para resolver as questões econômicas e sociais do período (Lafer, 1988 [16.12.1933], p.124).[9]

Ponderando historicamente, reconhecia que o progresso econômico em solo nacional dificilmente poderia se realizar nas mesmas bases do que ocorria no exterior. Em suma, a iniciativa privada

---

8 Como expressava o discurso de Simonsen, o Ciesp defenderia a racionalização dos métodos de trabalho como alternativa aos conflitos na produção, bem como a planificação das atividades econômicas como meio de viabilizar a industrialização. Com o projeto industrial em curso, associado à harmonização social, seria possível atingir o objetivo de unidade nacional (Curi, 2016).

9 Angela de Castro Gomes ressalta a posição de Lafer que, como Simonsen, não desejava a plena intervenção do Estado, afinal à iniciativa privada caberia função decisiva para o desenvolvimento econômico: "Era preciso cuidar para que não se chegasse aos exageros de um movimento que, visando combater as desigualdades sociais, abdicasse da completa liberdade individual e do respeito à livre iniciativa. Horácio Lafer ilustra admiravelmente esta posição" (Gomes, 1978, p.90).

deveria ser preservada e incentivada, mas o autor já reconhecia os limites sociais do país, os quais exigiam um "sistema de providência". Ilustrava essa perspectiva o relato de sua participação numa comissão que apresentou ao presidente da República, em 1928, um projeto para uma pioneira legislação social. Anos mais tarde, o deputado reiteraria sua posição: "Sendo o primeiro postulado da moral e da solidariedade humana, o Estado deve proteger os fracos, amparar os desvalidos, auxiliar o proletariado, exercer, enfim, uma função reparadora das misérias da terra" (Lafer, 1988 [30.05.1935], p.232).

Tal postura é ratificada quando a temática era a nascente indústria brasileira. Horácio Lafer criticou Agamenon Magalhães, em debate na Câmara dos Deputados, em dezembro de 1933, quando o jurista alegou que as indústrias brasileiras eram artificiais e a recuperação brasileira da Grande Depressão deveria se efetivar pelo estímulo das atividades agrícolas. A intervenção de Lafer considerava que, se o conceito de "indústria artificial" era empregado aos países que se valiam de políticas protecionistas, seria preciso caracterizar toda a indústria inglesa como artificial (Lafer, 1988 [11.12.1933], p.153). Em seus discursos na Assembleia Constituinte, e mesmo no mandato como deputado, interrompido pelo Estado Novo, são raros os momentos em que o industrial fez menção a autores, mas é notória como sua argumentação sobre a importância da indústria na economia nacional segue de maneira muito próxima as posições de Roberto Simonsen.

Em discurso de 1934, realizado também na Câmara dos Deputados, Lafer tratou de outro tema que lhe era caro: o equilíbrio orçamentário e a necessidade de disciplina do Estado. Defendia que cobrir déficits com empréstimos estrangeiros era "acorrentar cada vez mais ao problema cambial um provável equilíbrio orçamentário" (Lafer, 1988 [16.01.1934], p.131). A experiência econômica recente certamente influenciava a posição de Lafer, observando a dificuldade de manutenção do balanço de pagamentos positivo num período de crise internacional e queda das exportações. O endividamento externo, sem rendas para cumprir com os compromissos da dívida, comprometia o equilíbrio no orçamento. Tal postura estava de acordo com sua leitura de que a ordem financeira representava a ordem política, em que o equilíbrio orçamentário significava dever e respeito por parte dos representantes do povo (Lafer, 1988 [16.01.1934], p.132).

Meses mais tarde, voltando ao tema, ainda como resultado do ambiente da crise internacional, observava a dificuldade de se recuperar o balanço de pagamentos por meio da expansão das exportações. Diante tal cenário, defendia a necessidade de buscar a atração de capitais estrangeiros enquanto rejeitava a postura de recorrer a novos empréstimos externos (Lafer, 1988 [09.03.1934]). Sua leitura sobre a importância de se contar com o capital estrangeiro no desenvolvimento econômico nacional seria ainda mais intensa a partir do período da Constituinte de 1946, quando o ambiente do pós-II Guerra parecia abrir novas oportunidades de financiamento das atividades econômicas com recursos do exterior em associação ao capital nacional (Lafer, 1988 [28.08.1946]).

Num longo discurso realizado em maio de 1935, agora como deputado federal eleito por São Paulo, Lafer fez uma aprofundada análise das finanças e da economia brasileira. Nela é possível identificar outro elemento de sua concepção histórica sobre a realidade econômica nacional. Para o deputado, os efeitos da crise econômica no país eram ainda mais perversos por conta de sua frágil posição na economia internacional, resultante de sua dependência financeira em relação às exportações de café. Quase adiantando a análise de Celso Furtado sobre o deslocamento do centro dinâmico, Lafer ressaltava de maneira enfática o sucesso do governo "revolucionário" em promover "medidas de verdadeira salvação pública", como com a queima de milhões de sacas de café. Essas políticas teriam revertido a situação de crise econômica e o desemprego do país muito antes de diversos países industrializados (Lafer, 1988 [30.05.1935], p.233-7).

Com o fechamento do Congresso Nacional pelo golpe do Estado Novo, em novembro de 1937, Lafer se distanciou da política para se dedicar à administração dos negócios da família Kablin.[10] Sem

10 Valendo-se de antigas amizades de Wolf Klabin com Oswaldo Aranha e Getúlio Vargas nos tempos do Rio Grande do Sul, Horácio Lafer aproveitou sua influência para promover uma das mais importantes expansões do grupo Klabin no período (Couto,

discursar no parlamento, como também sem se manifestar publicamente em jornais, suas intervenções somente voltariam a ser mais regulares com a redemocratização. Antes, contudo, Horácio Lafer retorna ao governo em 1942, integrando a III Reunião de Consulta dos Ministros das Relações Exteriores das Repúblicas Americanas, momento em que o Brasil romperia suas relações com os países do Eixo. No ano seguinte, Lafer passou a integrar o Conselho Técnico de Economia e Finanças do Ministério da Fazenda, órgão que teria papel importante de definir instrumentos para a administração financeira e tributária de municípios e governos estaduais, buscando padronização dos orçamentos dos entes subnacionais. O conselho foi um canal importante de comunicação entre o empresariado e o governo.

Se sua participação no Conselho Técnico de Economia e Finanças representava sua crença na necessidade de municiar o governo com órgãos técnicos, por outro lado, diversos temas discutidos por Lafer na década de 1930 apareceriam em três relevantes iniciativas promovidas pelos empresários nacionais.[11] Entre 1943 e 1945, foram realizados os Congressos Brasileiros de Economia e da Indústria e a Conferência Nacional das Classes Produtoras, oportunidades em que se reuniram as principais entidades e representantes das atividades econômicas, definindo diretrizes para o desenvolvimento do país.[12]

2017). A construção da planta industrial de Monte Alegre, no Paraná, contou com significativo apoio do governo Vargas por meio do incentivo à importação de máquinas, de financiamento de longo prazo, de apoio na construção da infraestrutura externa e, acima de tudo, da garantia de compra de parte da produção da fábrica. Para Ronaldo Costa Couto, "o nascente projeto em Monte Alegre se encaixava à perfeição na política industrial de Vargas. Substituição significativa de importações, empreendimento nacional, matéria-prima verde-amarela, maior segurança no estratégico setor de celulose e papel" (Couto, 2017, p.219).

11 Na década anterior, ainda como deputado, Lafer defendera a necessidade de se fiscalizar os gastos públicos por meio de um Tribunal de Contas, reiterando sua postura de defender a criação de órgãos de caráter eminentemente técnico (Lafer, 1988 [16.01.1934]).

12 Horácio Lafer, durante o período em que se manteve distante do governo, criou outra associação civil, rival da Fiesp, a Federação dos Sindicatos de Empregadores do Estado de São Paulo, que seria dissolvida com a reorganização das entidades pelo Decreto Lei nº 1.402 de 1939. Possivelmente, essa disposição de criar outra associação revelava um desentendimento político com Roberto Simonsen, o que explicaria o fato de Lafer não ter participado dos congressos organizados por Simonsen (Callicchio, 2010).

No I Congresso Brasileiro de Economia, mais de duzentos comerciantes, industriais, agricultores, banqueiros e economistas encontraram-se no Rio de Janeiro entre os dias 25 de novembro e 18 de dezembro de 1943.[13] Entre os organizadores do evento estavam Euvaldo Lodi, presidente da Confederação Nacional da Indústria (CNI), e João Daudt d'Oliveira, presidente da Federação das Associações Comerciais do Brasil. Participaram do congresso quase duzentas entidades como Associações Comerciais, Faculdades, Sindicatos e Institutos econômicos. Durante o congresso foram criadas comissões, coordenadas por personagens como Roberto Simonsen, Eugenio Gudin e José Carlos de Macedo Soares, que elaboraram propostas para diferentes dimensões da economia nacional, das atividades produtivas, passando pela circulação e pelo investimento. Para além das atividades produtivas, também não escaparam do evento propostas de caráter social, concernentes ao atendimento de demanda dos trabalhadores. Na solenidade de abertura, ao lado do presidente Getúlio Vargas, Roberto Simonsen discursou pontuando os objetivos do Congresso. Considerava que era hora de construir um "justo programa de prosperidade nacional, capaz de propiciar melhores condições de vida para o povo", exigindo que para isso fosse necessário se despir de preconceitos a doutrinas exóticas ou ortodoxas (apud CBE, 1943, p.95).

O auge desse movimento de reunião de representantes das atividades econômicas nacionais ocorreu em 1945, na cidade de Teresópolis, onde quase setecentos representantes de entidades do comércio, da indústria e da agricultura realizaram a 1ª Conferência Nacional das Classes Produtoras (Conclap). Conhecido como Conferência de Teresópolis, o evento foi realizado no início do mês de maio daquele ano, e reuniu, nas palavras de seus organizadores, "a totalidade das forças econômicas nacionais" (Conclap, 1945, p.1).[14]

---

13 Na abertura do congresso, o objetivo estava foi explicitamente apresentado: "O Congresso Brasileiro de Economia, a realizar-se na capital da República, por iniciativa da Associação Comercial do Rio de Janeiro, entre 25 de novembro e 18 de dezembro de 1943, destina- se especialmente ao exame e ao debate dos principais problemas econômicos brasileiros em face da situação mundial" (CBE, 1943, p.11).

14 Para uma análise do funcionamento da Conclap, conferir Diniz (1978).

Numa fase de redemocratização, João Daudt d'Oliveira, então presidente da Confederação Nacional do Comércio (CNC) e um dos organizadores da conferência, defendia que era o momento de ouvir "todas as vozes, quer representantes de classe, quer independentes, destinadas a interpretar e esclarecer as questões nacionais ligadas intimamente à evolução do país".[15] Se as realizações do I Congresso de Economia, bem como, do Congresso Brasileiro da Indústria foram bastante saudadas pelas classes produtoras, a Conferência de Teresópolis pareceria consubstanciar o momento de máxima congregação dos setores econômicos brasileiros. O evento foi marcado por pautas que se afastavam de temas explicitamente político-partidárias. Tanto a imprensa quanto os participantes reiteravam uma vocação suprapartidária, neutra e plural, uma reunião de "homens de todas as correntes políticas" movidos "pelo mesmo objetivo de são patriotismo".[16] Afinal, o encontro seria "de natureza puramente econômica" e indicaria "os anseios das classes produtoras na sua preocupação constante de trabalho pela grandeza do Brasil";[17] as pautas eram, então, centradas somente em "assuntos sociais e econômicos".[18]

Tanto foi assim que as entidades participantes estabeleceram a instalação de uma "Comissão Permanente das classes produtoras", localizada no Rio de Janeiro, como forma de manter uma colaboração contínua com as autoridades e capaz de auxiliar na tarefa de "reerguimento econômico" do país.[19] Isso tudo também pode ser conferido na própria declaração originada após a conferência, que foi amplamente divulgada e reproduzida em vários veículos da imprensa nacional a partir de seus objetivos básicos e de sua declaração de princípios: "Na consideração desses problemas [da economia brasileira], destacaram-se desde logo objetivos básicos ou aspirações fundamentais,

---

15 "João Daudt d'Oliveira fala sobre o Brasil", *Revista do Comércio*, Rio de Janeiro, ACRJ, ano 1, n.1, dez. 1945, p.39.

16 "Caminho para a libertação do Brasil", *Gazeta de Notícias*, Rio de Janeiro, 8 maio 1945, p.11.

17 "A conferência das classes produtoras", *Diário Carioca*, Rio de Janeiro, 29 abr. 1945, p.5.

18 "A conferência de Teresópolis", *Gazeta de Notícias*, Rio de Janeiro, 4 maio 1945, p.2.

19 "O planejamento da economia brasileira", *Diário Carioca*, Rio de Janeiro, 2 set. 1945, p.3.

constitutivos de uma consciência coletiva predominante na orientação de todas as atividades da Conferência, e, em complemento a esses objetivos básicos, os princípios de política econômica que formam com eles um corpo de declarações, capaz de constituir, neste momento histórico, uma Carta Econômica para o Brasil" (Conclap, 1945, p.1).

A "Carta Econômica", conhecida como "Carta de Teresópolis", trazia a público um diagnóstico dos problemas econômicos a serem enfrentados pelo país, bem como objetivos e metas a serem adotados pelo governo e pela iniciativa privada. Se se tratava de um "momento histórico" oportuno para uma intervenção das classes produtoras – visando à identificação e à proposição de soluções aos problemas econômicos mais amplos –, não deixava de se fazer notar uma "consciência coletiva" quase predominante nas discussões propostas. Essa preocupação com o coletivo, com o "bem geral", esse ideal de um progresso inclusivo, de um desenvolvimento econômico aliado à "justiça social" ocuparam lugar privilegiado nas aspirações e diretrizes definidas pelos participantes da Conferência. Em suma, tratava-se mesmo de uma aspiração por um "desenvolvimento geral do país" (ibidem, p.2).

As diretrizes listadas no documento de Teresópolis consistiam: (1) combate ao pauperismo; (2) aumento da renda nacional; (3) desenvolvimento das forças econômicas; (4) democracia econômica; e (5) justiça social. Às diretrizes econômicas, então, eram articuladas metas de cunho social. O combate ao pauperismo deveria passar de forma incontornável pelo amplo desenvolvimento dos setores produtivos. Além disso, com a proximidade do fim do Estado Novo, certa atmosfera de expectativa democrática pairava sobre amplos setores da sociedade. A Carta de Teresópolis, a um só tempo, exaltava a "vocação democrática dos brasileiros" e dava ênfase àquilo que deveria ser entendido como "uma verdadeira democracia econômica", isto é, a possibilidade de desenvolvimento pleno dos setores produtivos em todas as suas atividades e na totalidade das regiões do país (ibidem, p.2).

Desenvolvimento este que deveria contar com todo o amparo legal, institucional e administrativo – bem como com relações de cooperação com corporações e governo dos Estados Unidos. Afinal, parecia prudente escolher um dos lados entre os vitoriosos da Guerra para se alinhar política e economicamente: a defesa do capitalismo e da liberdade econômica, de um lado, e as possíveis virtudes do socialismo soviético, de outro lado. Diante de tal conjuntura – que ainda contava, internamente, com o poder de mobilização dos movimentos sociais, sindicatos e partidos mais à esquerda – os setores produtivos deram a devida importância às questões sociais em suas formulações programáticas. Em resumo, as resoluções advindas da grande conferência das classes produtoras aliavam preceitos ligados à primazia da iniciativa privada (ideias de respeito à liberdade ou à "democracia" econômica e comercial) a determinadas políticas de Estado favoráveis ao desenvolvimento, bem como a questões prementes em termos de responsabilidade e justiça social.

Apesar de não ter subscrito os documentos finais do Congresso de Economia ou a Carta de Teresópolis, ao longo das décadas de 1930 e 1940, Horácio Lafer conseguiu se colocar com significativa expressão como representante de classe, mas também como influente político nacional. Sua posição sobre os rumos da economia brasileira se aproximava em vários pontos de uma leitura de desenvolvimento nacional, que foram sistematizados nos últimos anos do Estado Novo. Lourdes Sola considera que nos anos 1940, com a Missão Cooke e o Congresso Brasileiro de Economia, houve uma significativa convergência na posição de defesa "do planejamento global da economia – técnica, científica, independente da forma de governo" (Sola, 1988, p.69).

Nesse sentido, a autora considera que um conjunto de premissas entraram em circulação no final de Segunda Guerra Mundial, fundamentando a estratégia econômica que seria denominada como desenvolvimentista, cuja síntese poderia ser expressa na: (1) elevação da renda nacional por meio da industrialização; (2) expansão e diversificação do mercado interno; (3) preocupação com temáticas sociais, tendo o Estado que criar mecanismos para canalizar recursos para programas de educação e saúde; e (4) o Estado como centro privilegiado para direcionar as políticas de transformação das estruturas por meio da técnica e do planejamento. E foi durante o retorno de Vargas à presidência que essas ideias saíram da teoria para se transformar em práxis, como defende Rômulo de Almeida: "Dificilmente alguma coisa do que se fez, depois, no país, deixou de partir das agências dinâmicas ou de fontes de recursos estabelecidos nos três anos e meio do segundo Governo Vargas" (Almeida, 1982, p.V).

HORÁCIO LAFER NO MINISTÉRIO DA FAZENDA (1951-1953)

Horácio Lafer não contou com a sorte ambicionada na mensagem de Vargas ao Congresso de 1951, que se balizava pela recuperação dos preços internacionais do café e pela sinalização positiva dos acordos com os Estados Unidos para viabilizar o referido projeto de desenvolvimento do país. Por conta da crise econômica de 1953 – tanto resultado da queda das exportações de café que levaria o país à crise cambial, como também da suspensão do financiamento da Comissão Mista Brasil-Estados Unidos, estabelecida dois anos antes –, Lafer foi vítima da reforma ministerial, tornando-se reconhecido na literatura como o ministro da Fazenda que "teria conduzido" a política nacional no sentido do saneamento da economia. Não bastasse o fato de não ter podido desfrutar da suposta fase das realizações do governo Vargas, enquanto ministro Lafer ainda se indispôs com o presidente do Banco do Brasil, Ricardo Jafet, questionando a política emissionista do banco que se opunha aos esforços de contenção da inflação do Ministério da Fazenda, o que reforçou ainda mais a leitura de que ele teria representado a ala ortodoxa do governo.[20]

Sua indicação para a Fazenda foi caracterizada como parte de um acerto para que o PSD paulista tivesse assento no governo federal – partido que ficaria também com os Ministérios das Relações Exteriores, Justiça e Educação e Saúde. Se sua presença no governo podia representar um acerto na coalização de sustentação do governo, como também de um político com trânsito internacional – o *fiel da balança* –, não é possível negar a convergência notória entre a sua

20 No terceiro depoimento de Lafer à Câmara dos Deputados, em abril de 1953, há um longo relatório do Ministério da Fazenda para o Conselho da Superintendência da Moeda e do Crédito sobre o Banco do Brasil (Lafer, 1988 [07.04.1953], p.723-730).

trajetória pretérita com o programa do governo de Vargas. Nesse sentido, vale lembrar a atuação de Horácio Lafer como líder da maioria durante o governo Dutra, tomando posições especialmente em temas econômicos: como defensor do Plano Salte (Saúde, Alimentação, Transporte e Energia); como relator na Comissão de Finanças do projeto referente ao Acordo Geral de Tarifas Aduaneiras e de Comércio (GATT); e, por fim, como contínuo interessado nos temas fiscais do Estado e nos instrumentos de crédito da economia.

A temática do planejamento econômico, que não teria aparecido ainda intensamente em suas falas da década de 1930, assumiria posição central na construção de seu projeto econômico ao longo dos anos 1940. Discursando no parlamento para defender a importância do Plano Salte, Horácio Lafer parecia reviver o debate do planejamento ocorrido anos antes entre Simonsen e Gudin. Para negar qualquer associação entre planejamento e comunismo, o autor recorreu a Mannheim para defender que a planificação não era incompatível com a democracia. Pelo contrário, afirmava Lafer, a "democracia é liberdade dentro da ordem. E, esta pressupõe programa e organização" (Lafer, 1988 [25.01.1949], p.393). Classificava o Plano Salte como obra de patriotismo, pois praticava um esforço de planificação que se afastava de qualquer improviso e, assim, sua preocupação se direcionava ao financiamento do plano. Para o deputado, era inaceitável viabilizar os investimentos necessários por meio da elevação da carga tributária.

Não sendo possível majorar os impostos, como já tinha defendido anteriormente, delegava à poupança externa o caminho para financiamento dos projetos nacionais. No cenário de debate sobre o papel do capital estrangeiro no período de redemocratização, Horácio Lafer defendia que estes deveriam prioritariamente ser aplicados no financiamento de empreendimentos nacionais ou associando-se ao capital nacional (Lafer, 1988 [28.08.1946]). Sua leitura era, dessa forma, extremamente próxima à de Vargas, no sentido de se valer dos empréstimos estrangeiros, mas por meio de instrumentos de controle e de associação ao capital nacional. Não obstante, em 1948, Lafer seria acusado de atuar para os interesses internacionais quando defendeu a conveniência de recorrer à empréstimos do Banco

Internacional de Reconstrução e Desenvolvimento (BIRD) para auxiliar a companhia canadense Light & Power em seus planos de expansão da geração de eletricidade.

Naquela altura, o líder da maioria na Câmara dos Deputados, que foi até cotado para assumir a pasta da Fazenda com a exoneração de Correia e Castro,[21] reconhecia o novo ambiente das relações internacionais como positivo para buscar essa proximidade e associação com os recursos dos Estados Unidos. Comentando a cooperação desse país, por meio de sua análise do relatório da Comissão Abbink, saudava a "nova era que se inicia nas relações americano-brasileiras", por conta de um documento altamente construtivo, realizado por técnicos nacionais e estrangeiros (Lafer, 1988 [25.05.1949], p.289).

Nesse sentido, sua opinião em relação ao GATT era também de reconhecimento da importância do realinhamento das relações econômicas internacionais, num ambiente de reconstrução do mundo após a Segunda Guerra Mundial. Contudo, sua posição favorável ao acordo de forma alguma pode ser interpretada como a de um defensor pleno do livre-comércio. Seu discurso é mediado por inúmeras ponderações sobre a diferença entre os países subdesenvolvidos e aqueles que ele chama de "superdesenvolvidos". Além disso, apresentou um estudo para mostrar a tendência de queda das tarifas nacionais entre a década de 1930 e 1940, levando o país ter se colocado no debate sobre as tarifas numa posição significativamente desfavorável. Em suma, a adesão ao acordo com a abertura do comércio internacional era desejável, mas teria que necessariamente ser operacionalizada sobre outras bases (Lafer, 1988 [23.07.1948]).

No que diz respeito à reorganização do sistema bancário no Brasil, Lafer, como presidente da Comissão de Finanças da Câmara, apresentou o relatório *O crédito e o sistema bancário no Brasil*, possivelmente a maior contribuição sistematizada do autor ao tema (Lafer, 1948). Pedro Paulo Bastos, que empreendeu estudo verticalizado sobre a obra, sugere que Lafer pode ser considerado o "primeiro político brasileiro a produzir uma defesa sistemática de políticas monetárias e creditícias distantes do dogma da conversibilidade-ouro,

21 *Folha da Manhã*, 15 de maio de 1948, p.1.

afastando-se da tradição de ortodoxia monetária herdada dos tratadistas financeiros do Império e da República Velha" (Bastos, 2005, p.203). Para Lafer, a moeda teria um "objetivo social", reconhecendo que os países subdesenvolvidos, sem capitais próprios em quantidade necessária para suas demandas, deveriam adotar políticas monetárias e aparelhamento de créditos que permitissem a estabilidade econômica das atividades internas. Isto é, os objetivos de uma política monetária e creditícia na realidade de subdesenvolvimento deveriam ser conciliados com a necessária realização de investimentos para o desenvolvimento econômico, mas mantendo o controle fiscal por meio de uma expansão seletiva do crédito. Somente o planejamento e a centralização das decisões garantiriam ampla coordenação e priorização do uso dos recursos, tais como o desenvolvimento de atividades básicas de infraestrutura, que eram vitais para dar base material ao crescimento da produção nacional (Lafer, 1948).

Esse distanciamento da tradição ortodoxa monetária, como lembrado por Bastos, era fruto de uma visão histórica que vinha se difundindo entre os economistas brasileiros. Em discurso na Câmara dos Deputados, em 1949, Lafer recorreu aos exemplos do desenvolvimento econômico da Inglaterra e dos Estados Unidos. Para o industrial, os Estados Unidos, ao longo do século XIX, conseguiram promover uma "transformação nacionalista", contrária ao internacionalismo inglês, recorrendo às armas pela independência política. Olhando para o Brasil, considerava que precisávamos "ser em economia o que os americanos foram – nacionalistas, otimistas, transformistas, inovadores e repetir como Hamilton até que penetre no subconsciente [...] o interesse nacional". (Lafer, 1988 [23.09.1949], p.256).[22]

22 Anos mais tarde, no pronunciamento de encerramento da V Série de Sessões da Cepal, no Rio de Janeiro, Horácio Lafer, em contraposição aos preceitos liberais defensores da vocação agrária do país, mostrava como a industrialização já se mostrava como algo incontornável naquele momento: "A própria ideia de que uma ênfase exagerada vinha sendo dada à industrialização foi aqui colocada em seus devidos termos, isto é, reafirmou-se o princípio básico de um desenvolvimento harmonioso dos vários setores produtivos: tecnificação da agricultura e reforma agrária, ao lado da industrialização...". *O Estado de S. Paulo*, 26 abr. 1953, p.8.

Em suma, não são poucos os elementos que estavam presentes na trajetória parlamentar e nas posições de Horácio Lafer que podem ser reconhecidos no programa do segundo governo Vargas. A Mensagem ao Congresso Nacional (CMN) de 1951, que pode ser interpretada como o programa do governo, releva um projeto de desenvolvimento para o Brasil que foi duradouro. Nas suas mais de duzentas páginas, preparadas às pressas sob a coordenação de Rômulo de Almeida e com apoio de importantes quadros do governo, posteriormente integrados à Assessoria Econômica da Presidência, há um verdadeiro detalhamento de diagnósticos e propostas para o desenvolvimento do país, com a criação de instituições e programas nas mais variadas áreas da vida nacional.

Na introdução da Mensagem, Getúlio Vargas evocava ilações populistas, identificando a eleição como a relação entre Estado e povo, e expressando sua satisfação pelo reconhecimento de sua "lealdade ininterrupta aos interesses populares". Não obstante, afirmava que a "primeira diretriz das urnas é a do Estado-serviços, com o qual o governo do povo se exerce também como governo para o povo" (MCN, 1951, p.8). Tal retórica tinha sido recorrente nas falas de Horácio Lafer desde os anos 1930, quando exigia responsabilidade fiscal do governo, pois este não era nada além do que a representação da população.

O respeito ao povo se materializava no discurso de controle das finanças, embora à questão social também tenha sido conferida centralidade no projeto de governo. Se os anos seguintes ao pós-Guerra o presidente Eurico Gaspar Dutra priorizou a liberdade econômica e a abertura comercial, com o novo governo a igualdade de oportunidade não poderia ser medida apenas no campo econômico, mas também a partir do pleno reconhecimento dos desafios sociais do país. Em suma, o governo reconhecia a expressiva desigualdade social do país, por ele caracterizada pelas "diferenças de fortuna e de nascimento", as quais impedia a escalada dos homens de origem humilde (MCN, 1951, p.10).

Tal retórica não era nova nem para Getúlio Vargas nem para os homens que tinham sido arregimentados para o governo: tanto Rômulo de Almeida, na liderança da Assessoria Econômica, como Horácio Lafer, no Ministério da Fazenda, eram insuspeitos quanto à necessidade de se priorizar as questões sociais. Lafer, desde seus primeiros pronunciamentos na Câmara dos Deputados, propugnava a construção de uma legislação social, reconhecendo a necessidade do Estado de absorver para dentro de sua estrutura o conflito entre capital e trabalho. No pós-Guerra, a defesa de uma política social ficaria ainda mais intensa, vislumbrando o cenário crescente de disputa entre modelos de sociedade. Em 1948, assim se referiu ao tema: "A rebelião das massas, fenômeno tão bem estudado e hoje crucial no mundo, é a luta, que será eterna, entre a impossibilidade da extensão de 'tudo a todos' e o anseio de cada um à participação crescente na renda nacional". Sendo assim, era responsabilidade do Estado responder às demandas sociais evitando a coletivização e seguindo o modelo da "democracia social" de Franklin Roosevelt nos Estados Unidos: "Desta rebelião das massas resultou, entretanto, um princípio hoje pacífico como dever dos governos e básico para a coexistência social: é a universalização de um mínimo de bem-estar e de conforto, como direito inalienável do homem" (Lafer, 1948, p.10).

A análise da conjuntura econômica presente na Mensagem, por sua vez, mostra a consciência da dificuldade que o governo enfrentaria no sentido de viabilizar seu programa de desenvolvimento econômico. O diagnóstico imediato sobre a economia era de desequilíbrio, apresentando um quadro orçamentário adverso em 1951 resultante de erros da gestão anterior (MCN, 1951, p.67). Frente à gravidade financeira, o plano econômico apontava para a necessária compressão das despesas, "base indispensável para prosseguir, com maior segurança e celeridade, no caminho do desenvolvimento econômico e progresso social" (MCN, 1951, p.77). Sendo parte do discurso inaugural de Getúlio Vargas para o Congresso Nacional, não é possível indicar que a política econômica colocada em prática nos meses seguintes fosse apenas resultado da posição e dos ideários de Horácio Lafer. Meses mais tarde, no primeiro depoimento de Horácio Lafer à Câmara dos Deputados, em outubro de 1951, o então ministro da Fazenda voltava aos argumentos presentes na Mensagem para já apresentar resultados: a política de "moralização" das finanças tinha conferido boa reputação do país ao capital estrangeiro, abrindo novas oportunidades de crédito (Lafer, 1988 [29.10.1951]).

A verdade é que Vargas e Lafer estavam efetivamente muito bem alinhados no que diz respeito às finanças. No discurso de posse no cargo de ministro da Fazenda, este já afirmara: "Detesto a inflação, que dá a poucos a ilusão de que enriquecem enquanto aniquila a economia dos lares de quase todos". Demonstrando pleno alinhamento com o programa, continuou: "Não vos falarei do meu programa, que não é outro senão o programa do eminente presidente Getúlio Vargas – e porque ele está em discursos, pareceres e trabalhos que traduzem minha modesta, mas sincera atuação na vida pública".[23] Assim, a posição de que a expansão das pressões inflacionárias estava comprometendo o custo de vida, como presente na Mensagem ao Congresso Nacional (MCN, 1951, p.81) era, efetivamente, um entendimento recorrente nos discursos de Lafer, e não um posicionamento político de ocasião.

Ainda no discurso de posse, Lafer repisou os argumentos que estiverem presentes em sua trajetória na Câmara dos Deputados, defendendo que boas finanças eram a representação da ordem e da moralidade, enquanto a anarquia orçamentária era um castigo que cedo ou tarde cortaria a carne do povo. Nesse sentido, o projeto de governo declarava o aumento da produção e a melhoria da produtividade como lemas básicos "do patriótico programa" de Getúlio Vargas, os quais enriqueceriam a nação.[24] Concluía que era preciso trabalhar em benefício da prosperidade coletiva; do café e algodão, os maiores alicerces da economia agrícola, assim como da indústria como base da "nossa evolução econômica".[25] Vale lembrar que, como deputado na Assembleia Nacional Constituinte de 1946, Lafer defendeu a criação de índices de custo de vida para instituir um sistema variável de salários automático, declarando que "o encarecimento excessivo do custo de vida, o surto inflacionário, a escassez ou a má distribuição de artigos essenciais ao consumo do povo afligem e torturam as maiores

23 *Folha da Manhã*, 2 de fev. 1951, p.1.

24 Pedro Paulo Bastos retoma a carta de Lafer para Whitaker, usada por Vianna (1987), para, argumentar que o ministro dava "de integral apoio à orientação do Presidente Getúlio Vargas", por meio de dois alicerces básicos: o da recuperação do crédito governamental, como instrumento para financiar o desenvolvimento econômico, e a redução dos custos de produção, que impactaria na queda dos preços finais à população (Bastos, 2005, p.200).

25 *Folha da Manhã*, 2 de fev. 1951, p.1.

camadas da população brasileira" (Lafer, 1988 [1946], p.249). É nesse sentido que, apesar da defesa do orçamento equilibrado como meio de combate à inflação, não se deve classificar Horácio Lafer como um defensor do liberalismo durante o governo de Dutra, conforme argumenta Gomes (2008).

Em suma, a Mensagem de Getúlio Vargas era explícita em relação à prioridade das tarefas do Ministério da Fazenda: "Exercer uma ação eficiente no sentido de fortalecimento interno externo da moeda, distribuição equilibrada e satisfatória do crédito, e saneamento das finanças públicas" (MCN, 1951, p.85). O governo deveria atacar a inflação com controle monetário, com aumento da produção essencial e com o combate à especulação. Mas sem perder de vista o programa de transformação da estrutura econômica, por outro lado, novamente se colocava o dilema do financiamento dos projetos de desenvolvimento. A saída que seria tomada pelo governo não diferia do que já defendia Horácio Lafer havia décadas em seus primeiros discursos na Câmara dos Deputados. Frente ao cenário de carência de capitais nacionais, a saída deveria ser o estímulo ao influxo adicional de capitais estrangeiros. Vargas, em 1951, ainda acreditava que as condições eram favoráveis para a atração de recursos externos, o que se revelaria verdade até 1953 (MCN, 1951).

Nesse sentido, mesmo negando a existência de um projeto coeso de desenvolvimento, Maria Antonieta Leopoldi não deixa de considerar a importância de Lafer e do Ministério da Fazenda na condução dos principais eixos de desenvolvimento econômico do governo. Como lembra a autora, a Comissão de Desenvolvimento Industrial – criada por Vargas, mas subordinada à Fazenda – assumiu as tarefas de planejamento dos grandes projetos do governo, como o plano de política energética, de equipamentos pesados, de carvão, o Banco do Nordeste, entre outros.[26] Paralelamente, por meio da participação direta de Lafer, a Comissão Mista Brasil-Estados Unidos estabeleceu

26 Celso Lafer, analisando o discurso de Horário Lafer na transmissão de cargo de ministro da Fazenda para Oswaldo Aranha, reitera a relevância do papel da Comissão de Desenvolvimento Industrial, cujos projetos foram a base para a política industrial de JK, para os estudos assumidos posteriormente pelo Grupo Executivo da Indústria Automobilística (Geia), setor base do crescimento econômico do período (Lafer, 1988a).

os mecanismos financeiros para a realização de parte desses projetos, bem como para aprovar, posteriormente, o projeto do Banco Nacional de Desenvolvimento Econômico (BNDE) no Congresso Nacional (Leopoldi, 1994).

Com menos de um ano de mandato, faziam-se evidentes os esforços empreendidos pelo Ministério da Fazenda no sentido de viabilizar o projeto de desenvolvimento de Vargas. Em discurso proferido na Câmara dos Deputados, Lafer ressaltava o "grande espírito de cooperação" existente entre Estados Unidos e Brasil, relatando a positiva recepção que tivera em Washington na exposição do Plano de Reabilitação Econômica Nacional e Reaparelhamento Industrial (o Plano Lafer), projeto que seguia o espírito do ponto IV do programa do presidente Truman (Lafer, 1988 [29.10.1951]).

O plano de cooperação acabou sendo financiado em parte com empréstimos junto ao BIRD e ao Eximbank, enquanto Lafer precisou se comprometer com metade dos recursos – 500 milhões de dólares – que seriam arrecadados por meio do imposto de renda e formariam o Fundo de Reaparelhamento Econômico. Os projetos existentes no plano apontavam na direção de reduzir os gargalos para o desenvolvimento econômico brasileiro, ampliando a geração de energia elétrica, a modernização dos transportes ferroviários e rodoviários, expandindo as indústrias de base e introduzindo inovações técnicas na agricultura. No retorno à Câmara após a passagem pelo governo Vargas, Lafer discorreu sobre as origens do BNDE, explicando como duas premissas estavam presentes quando levou a proposta do Plano Lafer para os Estados Unidos: (1) que o Brasil teria que assumir a mesma participação do que se solicitava no exterior; e (2) que a meta do plano era a expansão da produção, mas para isso seria necessário resolver problemas básicos dos serviços públicos (Lafer, 1988 [22.08.1956], p.398).

Para além dos projetos constituídos no Plano Lafer, que estariam na base do próprio Plano de Metas de JK, outro legado central do período em que Lafer esteve à testa da economia nacional foi a criação do BNDE. A instituição nascia com o papel de atuar tanto na elaboração dos projetos como na própria implementação das políticas de desenvolvimento. Com um quadro técnico de excelência, o

Banco Nacional de Desenvolvimento Econômico assumiria centralidade nos planos de governo Getúlio Vargas e Juscelino Kubitschek, incorporando parte das funções legadas pela Comissão Mista Brasil-Estados Unidos, que encerrou oficialmente suas atividades em 31 de janeiro de 1953. Em suma, despendendo significativo esforço e tempo para combater a inflação, Horácio Lafer tampouco poupou esforços para compor um plano coordenado de desenvolvimento, que não apenas identificava os projetos prioritários como também apontava seus meios de financiamento.

CONSIDERAÇÕES FINAIS

Mesmo tendo permanecido no Ministério da Fazenda somente entre 1951 e 1953, Horácio Lafer logrou deixar marcas duradouras na política econômica brasileira, as quais extrapolam as medidas de saneamento da economia. Assim, se o governo Vargas precisou lidar com a conjuntura de desequilíbrios fiscal e monetário, também não abandonou seu ambicioso projeto de desenvolvimento. Nesse sentido, Horácio Lafer precisou enfrentar um intenso debate em torno do controle da inflação e da recuperação das contas nacionais, ao mesmo tempo em que buscava meios de financiar o projeto desenvolvimentista de Getúlio Vargas. Ainda que aparentemente contraditórias, as intenções de Horácio Lafer tanto não estavam em desacordo com suas concepções pretéritas, como o desenho do Plano Nacional de Reaparelhamento Econômico – o já referido Plano Lafer – pode ser encarado como uma síntese do projeto de desenvolvimento econômico que vinha sendo gestado no país por aquela geração. Se foi um *fiel da balança*, Lafer não o foi no sentido de equilibrar forças e ideologias no governo Vargas, mas o foi ao oferecer respaldo técnico e apontar a viabilidade financeira para a implementação do projeto de desenvolvimento nacional.

O rápido desfecho do governo, para Lafer, e o trágico fim, para Vargas, parecem autorizar as leituras que buscam reduzir as medidas do período a ações não coordenadas por parte de um governo sem objetivos claros. Entretanto, foi das ações adotadas por esse governo que resultou a criação da Petrobras, o Fundo Nacional de Eletrificação, a Comissão de Desenvolvimento Industrial, o BNDE, o Banco do Nordeste do Brasil, entre tantas outras instituições de importância maiúscula para a história do Brasil contemporâneo. Assim, a aceleração do tempo histórico que esse governo representou para as conquistas do país deve ser compreendida como resultado de sedimentação de um projeto nacional de desenvolvimento que vinha sendo gestado havia muito, em especial, resultado da ação dos industriais e da nova geração de técnicos oriundos de instituições como o Dasp, o Banco do Brasil, a Sumoc e o BNDE.

Conquanto muitos desafios não tenham sido superados naquela quadra histórica, como a permanente questão da desigualdade social, essa geração esteve comprometida – mesmo que nem sempre com plena coesão – com um projeto de desenvolvimento nacional. O estabelecimento de instituições e programas duradouros com vistas à industrialização e à modernização do país respondeu, em parte, pelas elevadas taxas de crescimento econômico observadas por praticamente quatro décadas no Brasil.

REFERÊNCIAS

Discursos parlamentares

LAFER, H. Estado, sociedade e iniciativa privada. *Discurso na Constituinte de 1934*. Sessão de 16 de dezembro de 1933. In: LAFER, C. (Org.). *Discursos parlamentares*. Brasília: Câmara dos Deputados, 1988.

LAFER, H. Tarifa, indústria e agricultura. Declaração de voto na Constituinte de 1934. Sessão de 11 de dezembro de 1933. In: LAFER, C. (Org.). *Discursos parlamentares*. Brasília: Câmara dos Deputados, 1988.

LAFER, H. Equilíbrio orçamentário e agricultura. Discurso na Constituinte de 1934. Sessão de 16 de janeiro de 1934. In: LAFER, C. (Org.). *Discursos parlamentares*. Brasília: Câmara dos Deputados, 1988.

LAFER, H. Fiscalização dos gastos públicos. Discurso na Constituinte de 1934. Sessão de 16 de janeiro de 1934. In: LAFER, C. (Org.). *Discursos parlamentares*. Brasília: Câmara dos Deputados, 1988.

LAFER, H. A Economia e a reconstitucionalização do Brasil. Discurso na Constituinte de 1934. Sessão de 9 de março de 1934. In: LAFER, C. (Org.). *Discursos parlamentares*. Brasília: Câmara dos Deputados, 1988.

LAFER, H. A Economia e as finanças do país na década de 30. Discurso na Câmara dos Deputados. Sessão de 30 de maio de 1935. In: LAFER, C. (Org.). *Discursos parlamentares*. Brasília: Câmara dos Deputados, 1988.

LAFER, H. Normas para a ação do Estado no campo econômico-financeiro. Discurso na Constituinte de 1946. Sessão de 28 de agosto de 1946. In: LAFER, C. (Org.). *Discursos parlamentares*. Brasília: Câmara dos Deputados, 1988.

LAFER, H. A Constituinte, o poder legislativo e os problemas políticos, econômicos e sociais no governo Dutra. Discurso na Câmara dos Deputados. Sessão de 9 de outubro de 1946. In: LAFER, C. (Org.). *Discursos parlamentares*. Brasília: Câmara dos Deputados, 1988.

LAFER, H. O Acordo Geral sobre Tarifas Aduaneiras e de Comércio. Discurso na Câmara dos Deputados. Sessão de 23 de julho de 1948. In: LAFER, C. (Org.). *Discursos parlamentares*. Brasília: Câmara dos Deputados, 1988.

LAFER, H. Defesa do planejamento econômico. O Plano SALTE. Discurso na Câmara dos Deputados. Sessão de 25 de janeiro de 1949. In: LAFER, C. (Org.). *Discursos parlamentares*. Brasília: Câmara dos Deputados, 1988.

LAFER, H. A cooperação Brasil-Estados Unidos. Discurso na Câmara dos Deputados. Sessão de 24 de maio de 1949. In: LAFER, C. (Org.). *Discursos parlamentares*. Brasília: Câmara dos Deputados, 1988.

LAFER, H. Mentalidade, organização e técnica – fatores de uma política econômica nacional. Discurso na Câmara dos Deputados. Sessão de 23 de setembro de 1949. In: LAFER, C. (Org.). *Discursos parlamentares*. Brasília: Câmara dos Deputados, 1988.

LAFER, H. Primeiro depoimento na Câmara dos Deputados. O Ministro da Fazenda na Câmara dos Deputados. Sessão de 29 de outubro de 1951. In: LAFER, C. (Org.). *Discursos parlamentares*. Brasília: Câmara dos Deputados, 1988.

LAFER, H. Terceiro depoimento na Câmara dos Deputados. O Ministro da Fazenda na Câmara dos Deputados. Sessão de 07 de abril de 1953. In: LAFER, C. (Org.). *Discursos parlamentares*. Brasília: Câmara dos Deputados, 1988.

LAFER, H. Origens e funções do Banco Nacional de Desenvolvimento Econômico. Discurso na Câmara dos Deputados. Sessão de 22 de agosto de 1956. In: LAFER, C. (Org.). *Discursos parlamentares*. Brasília: Câmara dos Deputados, 1988.

Documentos oficiais

CBE. *I Congresso Brasileiro de Economia*. Rio de Janeiro: Associação Comercial do Rio de Janeiro, 1943.

CONCLAP. *Carta econômica de Teresópolis*. Conferência Nacional das Classes Produtoras do Brasil. Teresópolis, 1945.

MCN. Getúlio Vargas. *Mensagem ao Congresso Nacional*. Rio de Janeiro, 1951.

Bibliografia geral

ALMEIDA, R. Prefácio. In: D'ARAÚJO, M. C. (Org.). *O segundo Governo Vargas (1951-54)*: democracia, partidos e crise política. Rio de Janeiro: Editora Zahar, 1982.

BASTOS, P. P. Z. Ascensão e crise do projeto nacional-desenvolvimentistas de Getúlio Vargas. In: BASTOS, P. P. Z.; FONSECA, P. C. D. (Orgs.). *A Era Vargas:* desenvolvimentismo, economia e sociedade. São Paulo: Editora Unesp, 2012.

BASTOS, P. P. Z. Desenvolvimentismo incoerente? Comentário sobre o Projeto do Segundo Governo Vargas. *EconomiA*, v.6, n.3, p.191-222, 2005.

BIELSCHOWSKY, R. *Pensamento econômico brasileiro:* o ciclo ideológico do desenvolvimentismo. Rio de Janeiro: Contraponto, 2000.

BOTO, C. Nacionalidade, escola e vota: a liga nacionalista de São Paulo. *Perspectivas – Revista de Ciências Sociais*, v.17-8, 1994-5.

CALICCHIO, V. Federação das Indústrias do Estado de São Paulo. In: ABREU, A. A. et al. (Coords.). *Dicionário histórico-biográfico brasileiro – Pós-1930*. Rio de Janeiro: CPDOC, 2010.

COUTO, R. C. *A saga da família Klabin-Lafer*. Rio de Janeiro: Chermont Editora, 2017.

CURI, L. F. B.; SAES, A. M. Cuestionando las ortodoxias: Roberto Simonsen y Wladimir Woytinsky en el ambiente intelectual del período de entreguerras. *Investigaciones de Historia Económica*, v.11 (3), p.141-152, 2015.

CURI, L. F. B. *Entre a história e a economia*: o pensamento económico de Roberto Simonsen. São Paulo: Alameda, 2016.

D'ARAÚJO, M. C. *O segundo Governo Vargas (1951-54)*: democracia, partidos e crise política. Rio de Janeiro: Editora Zahar, 1982.

DINIZ, E. *Empresário, estado e capitalismo no Brasil:* 1930-1945. Rio de Janeiro: Paz e Terra, 1978.

FONSECA, P. C. D. *Vargas:* o capitalismo em construção. São Paulo: Brasiliense, 1987.

FONSECA, P. C. D. Nem ortodoxia, nem populismo: o segundo Governo Vargas e a economia brasileira. *Tempo,* dossiê n.28, p.19-60, 2009.

LAFER, C. Introdução a H. Lafer. *Discursos parlamentares*. Brasília: Câmara dos Deputados, 1988a.

LAFER, H. *O crédito e o sistema bancário no Brasil*. Rio de Janeiro: Imprensa Nacional, 1948.

LEOPOLDI, M. A. O difícil caminho do meio: Estado, burguesia e industrialização no segundo governo Vargas, 1951-54. In: GOMES, A. de C. (Org.). *Vargas e a crise dos anos 50*. Rio de Janeiro: Relume-Dumará, 1994.

LEOPOLDI, M. A. *Política e interesses:* as associações industriais, a política econômica e o Estado na industrialização brasileira. São Paulo: Paz e Terra, 2000.

LESSA, C.; FIORI, J. L. Houve uma política nacional-populista? *XII Encontro Nacional de Economia*. São Paulo: Anpec, 1984.

LEVI-MOREIRA, S. Ideologia e atuação da Liga Nacionalista de São Paulo (1917-1924). *Revista de História*, n.116, 1984.

GOMES, A. de C. A representação de classes na constituinte de 1934. *Revista de Ciência Política*, v.21, n.3, p.53-116, 1978.

GOMES, C. V. O. A transição incompleta: Horácio Lafer e a defesa do liberalismo na constituinte de 1946. Goiânia, 2008. Dissertação (Mestrado) – Universidade Federal de Goiás.

SKIDMORE, T. E. *Brasil:* De Getúlio Vargas a Castelo (1930-1964). Rio de Janeiro: Paz e Terra, 1982.

SOLA, L. *Ideias econômicas e decisões políticas*. São Paulo: Edusp, 1988.

VIANNA, S. B. *A política econômica no Segundo Governo Vargas (1951-1954)*. Rio de Janeiro: BNDES, 1987.

VIANNA, S. B. Duas tentativas de estabilização: 1951-1954. In: ABREU, M. de P. (Org.). *A ordem do progresso*. Duzentos anos de política econômica republicana. 1889-1989. Rio de Janeiro: Campus, 2014.

VIANNA, S. B.; VILLELA, A. A. O pós-guerra, 1945-55. In: GIAMBIAGI, F. et al. (Orgs.). *Economia brasileira contemporânea, 1945-2010*. Rio de Janeiro: Elsevier, 2011.

11
Eugênio Gudin
UMA ILHA LIBERAL EM MAR DESENVOLVIMENTISTA

Marco Antonio Ribas Cavalieri
Victor Cruz e Silva

INTRODUÇÃO

"Mestre", "oráculo" e "patrono dos economistas brasileiros" (Carneiro, 1979; Scalercio; Almeida, 2012; Bielschowsky, 2001). "Estadista", "patriota" e "liberal convicto" (Campos, 1994; Kafka, 1979; Bielschowsky, 1995). "Dogmático", "homem do século XIX" e "completo desconhecedor do Brasil" (Furtado, 1996). "Homem público e articulista lúcido e mordaz" (Simonsen, 1979). "Maior economista brasileiro de todos os tempos" (Fonseca, 1996). Essas são algumas das caracterizações, por vezes divergentes, por vezes inflamadas, por outras completamente irreais, dadas a Eugênio Gudin por vários autores que escreveram a seu respeito. Goste-se ou não de suas ideias, é preciso reconhecer um fato histórico: seu papel na profissionalização da economia e no desenvolvimento da academia brasileira de economia foi realmente muito importante. Por isso, é difícil discordar de Luís Simões Lopes (1979, p.VI) – primeiro presidente da Fundação Getúlio Vargas (FGV) – quando escreveu sobre o papel do liberal brasileiro e a economia no Brasil: "A história da aplicação metodológica, didática e política das ciências econômicas no Brasil está definitivamente marcada por duas épocas: antes e depois de Gudin".

Engenheiro de formação e economista liberal por vocação, Eugênio Gudin (1886-1986) chegou ao Ministério da Fazenda em 1955, no breve governo Café Filho. Sob sua administração, a política econômica brasileira pautou-se por esforços dirigidos ao controle da inflação, que Gudin julgava ser a maior das aflições da economia brasileira.

Descendente de linhagem aristocrata francesa, o engenheiro e economista brasileiro Eugênio Gudin Filho nasceu em 12 de julho de 1886 e faleceu em 24 de outubro de 1986. Viveu, então, pouco mais que um século. Passou a maior parte da vida no Rio de Janeiro, cidade que era capital de um Império à época de seu nascimento, deixando de ser a capital da República quando ele já era um adulto experiente, transformando-se em "mera" capital de estado à época de sua morte. Esse século de vida lhe permitiu mais de sessenta anos de participação ativa no debate econômico nacional. O economista publicou o último das centenas de artigos de jornal poucos meses antes de completar seu centenário, em março de 1986 (Scalercio; Almeida, 2012).

Apesar da longuíssima carreira, é possível dizer que o gosto e a dedicação de Gudin para assuntos primordialmente econômicos se deu tardiamente. Graduado engenheiro civil na Escola Politécnica do Rio de Janeiro em 1905, seria somente na década de 1920 que passaria, de maneira autodidata, a debruçar-se sobre temas concernentes à economia. Junto a um dos seus principais antagonistas, Roberto Simonsen – com quem viria a travar famoso debate nos anos 1940 –, Gudin fez parte do grupo de engenheiros que aprenderam economia em uma época na qual departamentos acadêmicos e cursos universitários na área eram inexistentes no Brasil (Cruz e Silva, 2016).

Na opinião de um dos seus mais célebres adversários, nunca abandonou a visão mecanicista da realidade social, que seria característica de sua formação (Furtado, 1985). Em entrevista concedida ao jornal *O Globo* em 1979, o próprio Gudin reforçou essa percepção: "Acho que por tendências de espírito, eu gostava das coisas positivas. Nunca apreciei conversa fiada" (apud Scalercio; Almeida, 2012). Em sua formação autodidata, de início bastante baseada em clássicos como David Ricardo, seus estudos conduziram-no à ideia de que a adaptação para a América Latina das teorias elaboradas nos países centrais do capitalismo seria o melhor caminho a trilhar. Fortemente influenciado pela literatura econômica europeia e norte-americana, Gudin se tornou um intelectual cosmopolita, atento não somente à produção clássica da área, mas principalmente a partir dos anos 1950, conhecedor do que conseguia obter da literatura que estava sendo produzida nos grandes centros acadêmicos mundiais da economia. O contato com grandes economistas de seu tempo, então, passou a ser o alicerce fundamental de sua argumentação econômica.

Provavelmente o primeiro contato de Gudin com os meios internacionais da economia se deu enquanto membro da delegação brasileira na Conferência de Bretton Woods, em 1944, oportunidade na qual pôde conversar com o principal participante do evento, John Maynard Keynes. À época, Gudin integrava a Comissão de Planejamento Econômico do governo de Getúlio Vargas (Barreiros, 2009; Campos, 1996). Gudin teve papel tão destacado na Conferência[1] que Vargas – com quem Gudin tinha sérias divergências políticas e ideológicas – viria a nomeá-lo, em 1951, representante do Brasil perante o Fundo Monetário Internacional e o Banco Mundial (Carneiro, 1979). Esse reconhecimento à capacidade de articulação internacional de Gudin seria não apenas a tônica de sua vida política como foi decisivo para sua nomeação ao Ministério da Fazenda.

---

1 Perante a incapacidade idiomática do presidente da delegação brasileira em Bretton Woods, o ministro da Fazenda Souza Costa, Campos (1996) coloca como Gudin o "grande interlocutor brasileiro" na conferência.

Do ponto de vista acadêmico, Gudin beneficiou-se da relação próxima que manteve durante décadas com dois relevantes economistas no cenário internacional que se tornaram seus interlocutores frequentes: Jacob Viner e Gottfried Haberler. Gudin teve nesses dois colegas sua principal conexão com aquilo que era produzido na fronteira do conhecimento econômico internacional. Por exemplo, Haberler e Viner comentavam artigos de Gudin antes de sua publicação, trocavam ideias sobre trabalhos recentes de outros economistas com o brasileiro e discutiam argumentos para combater as teses contrárias ao livre-comércio (Cruz e Silva, 2016; Haberler Papers, Box 13, Accession n.95048-103.04/05; Scalercio; Almeida, 2012; Viner Papers, Box 12, Folder 15). O economista argentino Raúl Prebisch foi outro importante colega com quem Gudin passou a comunicar-se frequentemente a partir dos anos 1940 (Raúl Prebisch Papers, Reel 3, Folder 57).

As relações de Gudin com a academia internacional, porém, não se dariam somente por meio dos colegas que se tornaram correspondentes próximos. Ainda na década de 1940, Gudin organizaria conferências – cujos textos eram publicados na revista acadêmica que ele fundou e editava, a Revista Brasileira de Economia (RBE) – nas quais nomes como Kenneth Boulding, Maurice Byé, Nicholas Kaldor, Douglass North, Ragnar Nurkse, Lionel Robbins e Paul Singer participariam (Faria et al., 2020). Gudin ainda se engajaria, durante reunião da Mont Pèlerin Society, em 1958, em debates com Peter Bauer, Milton Friedman, Friedrich Hayek, Ludwig von Mises e George Stigler (Plehwe, 2009). Por essa presença nos grandes círculos internacionais, Carneiro Netto (2003) afirmou que jamais um brasileiro esteve tão próximo à fronteira da ciência econômica quanto Gudin em meados do século XX.

O prestígio e a influência de Gudin, tardiamente iniciado nos ritos econômicos, não vieram, todavia, sem equivalente contrapartida, pois chama atenção a capilaridade de sua atividade na consolidação da ciência econômica no Brasil. Assumiu, em 1938, a recém-criada cadeira de Moeda e Crédito da Faculdade de Ciências Econômicas e Administrativas; publicou, em 1943, o livro *Princípios de Economia Monetária*, o primeiro livro de economia moderna em português, responsável pela formação de diversas gerações de economistas brasileiros (Simonsen, 1979); elaborou e submeteu à avaliação dos professores de Harvard, em 1944, o currículo fundador do curso de graduação em economia, que viria a ser formalizado no ano seguinte (Gudin para Capanema, 21 de agosto de 1944, Arquivos Pessoais de Eugênio Gudin, EUG c 1944.08.21; Chacel, 1979); comandou, na segunda metade dos anos 1940, a criação do Núcleo de Economia e sua transformação em Instituto Brasileiro de Economia, na FGV, e a criação da RBE, o primeiro periódico nacional voltado exclusivamente à discussão de teoria econômica e suas aplicações; finalmente, entre 1954 e 1955, durante o governo Café Filho – e, portanto, antes de haver a separação entre as autoridades responsáveis pelas políticas fiscal e monetária no Brasil –, ocupou o cargo de ministro da Fazenda, o mais alto posto da política econômica brasileira, no qual pôde transcender a teoria da sala de aula para a aplicação direta.

O PENSAMENTO ECONÔMICO DE EUGÊNIO GUDIN

A conduta de Gudin em todos os ofícios que exerceu foi marcada pela coerência entre o seu pensamento e a sua atuação. Dentro disso, determinadas posições sempre tiveram valor inalienável na maneira segundo a qual interpretava as normas sociais. Em sendo assim, determinados valores tinham o poder de *condicionar* a visão que Gudin tinha acerca da economia e da política. Antes de mais nada, portanto, e em harmonia com os círculos que frequentava, cabe dizer que Gudin permaneceria liberal ao longo de toda sua vida (Cruz e Silva et al., 2021). Com efeito, "um liberal em estado puro" é como Márcio Scalercio e Rodrigo de Almeida o definem no subtítulo de sua biografia, publicada em 2012. A seu liberalismo, Gudin associava um também inalienável conservadorismo. Conforme bem definiu Furtado (1985, p.142), Gudin, "graças a seu sentido prático, não se perdia em disquisições *à la* Viner. Com facilidade deslizava para a heterodoxia na argumentação, mas sem jamais ceder nas conclusões, sempre conservadoras". Em sua condição de "patriarca do pensamento conservador brasileiro", seu lado da trincheira era muito bem demarcado, seja em política ou em economia (Scalercio; Almeida, 2012).

Gudin não via, portanto, problemas em lançar mão de ideias de natureza heterodoxa, desde que a partir desse conjunto de ideias ele fosse capaz de sustentar seus pontos de vista liberais e conservadores. A justificativa para isso pode estar no fato que Gudin não era um economista teórico, mas um economista prático por excelência (Bielschowsky, 2001). Assim sendo, sua interpretação a respeito da economia brasileira sempre se pautou pela bússola conservadora e liberal que por vezes dominou o século XX e que, atualmente, está em voga no cenário político-social brasileiro. É importante destacar que o liberalismo de Gudin se verificava na esfera econômica, enquanto o conservadorismo marcava sua militância e sua atuação política. Retrato disso é o fato que Gudin, na ala intelectual, foi um dos grandes apoiadores do rompimento constitucional perpetrado pelas Forças Armadas do Brasil, em 31 de março de 1964 (Carneiro, 1979; Nemitz, 2016).

Dito isso, a visão que Gudin construiu acerca das engrenagens econômicas resume-se primordialmente a um diagnóstico geral e três diagnósticos particulares à economia brasileira.

A posição metodológica: "mesmas equações, diferentes parâmetros"

Em seu livro já clássico, Bielschowsky (1995) define a época entre 1930 e 1964 como o do "ciclo ideológico do desenvolvimentismo", pois era exatamente essa "escola" de pensamento econômico que dominava a discussão entre os economistas e os interessados em economia no Brasil naquele período. Foi justamente durante esse apogeu do pensamento desenvolvimentista que Gudin escreveu seus principais trabalhos e, mais ainda, foi durante esse tempo que ele formou suas ideias sobre economia. Desse modo, avaliar a posição metodológica de Gudin em contraposição ao desenvolvimentismo é parte da tarefa de colocar as ideias do liberal brasileiro em seu tempo e lugar.

Exatamente nesse sentido que ele tomava a ideia de que para estudar a economia brasileira – ou latino-americana – não seria preciso uma teoria específica como o principal pressuposto metodológico do pensamento de Gudin. Para ele, mesmo economias bastante diferentes no que diz respeito à sua estrutura produtiva e a seu grau de desenvolvimento operariam de maneira consideravelmente similar. Sendo assim, as teorias elaboradas nos países desenvolvidos estariam essencialmente corretas para qualquer economia nacional e, seriam, portanto, adequadas também para o estudo de uma economia como a brasileira (Cruz e Silva, 2016). É recorrente na literatura sobre o liberal brasileiro chamar atenção para como ele costumava resumir essa posição: "As equações são as mesmas; apenas os parâmetros variam" (Gudin, 1952, p.53). Não seria necessária uma teoria específica das economias subdesenvolvidas latino-americanas, o que era preciso seria uma adaptação nos "parâmetros".

Gudin foi, por esse motivo, incansável em seu combate às teses desenvolvimentistas e estruturalistas de economistas como Rosenstein-Rodan, Celso Furtado, Raúl Prebisch, entre outros. Ele caracterizava as ideias desses economistas como providas de "muita imaginação, mas pouca teoria". Dizia ele que os princípios ricardianos do livre-comércio haviam se mantido por um século e meio com seus postulados fundamentais inabalados (Bielschowsky, 1995). Assim, em sua militância contra as ideias de tratamento específico às economias periféricas, Gudin até mesmo enviou cópias do seminal texto publicado por Prebisch, em 1949, chamado por vezes de Manifesto da Cepal, a economistas marcadamente adeptos do livre-comércio para que esses pudessem emitir reações críticas ao manuscrito. Dentre esses, destacam-se Haberler e Viner, tendo o último, a convite de Gudin, ministrado palestras no Rio de Janeiro tecendo críticas ao pensamento de Prebisch (Boianovsky, 2012).

É importante ressaltar, contudo, que Gudin era dotado da admirável capacidade de separar o indivíduo de suas ideias. Para ele, a discordância ao pensamento de um adversário no campo intelectual não se traduzia em condição suficiente para a nutrição de animosidade perante o antagonista. Retrato disso é que, mesmo discordando das ideias de Prebisch, Gudin não criou empecilhos à publicação de tradução do Manifesto da Cepal, por Furtado, na RBE (Prebisch, 1949). Para além disso, Furtado (1996, p.67) relatou certa vez ter ouvido de Gudin o seguinte pedido: "Diga a Prebisch que deixe essa besteira de Nações Unidas, venha para o Brasil que nós precisamos dele aqui". No mínimo, pode-se dizer que esse episódio denotava o reconhecimento de Gudin à capacidade intelectual de seu oponente e à convicção de que seus préstimos poderiam ter se aplicados à solução dos problemas brasileiros.

Ademais, outro importante ponto de divergência entre Gudin e os estruturalistas serve de passagem entre os diagnósticos geral e específicos que tinha para a economia brasileira. Para os estruturalistas, em seu diagnóstico particular para as economias periféricas, as causas do crescimento desproporcional deveriam ser postas na conta do desequilíbrio no balanço de pagamentos. Alternativamente, o arcabouço gudiniano condenava a inflação como geradora de um crescimento econômico desbalanceado, sendo o desequilíbrio no balanço de pagamentos apenas o intermediário, a variável de transmissão entre a causa (inflação) e o efeito (crescimento desbalanceado). Para Gudin, portanto, desequilíbrios no balanço de pagamentos não seriam o principal causador de um mal desempenho econômico (Boianovsky, 2012). Especificamente, Gudin denunciava o processo inflacionário desestabilizador na América Latina como produto da substituição dos regimes oligárquicos por governos democraticamente eleitos a partir de arranjos políticos perversos, e condenava a aplicação do sufrágio universal em sociedades atrasadas em nível econômico e educacional como o Brasil (Campos, 1979; Carneiro, 1979).

Para Gudin, o resultado desse processo seria uma combinação de total ausência de responsabilidade administrativa com populismo. Com efeito, de acordo com seus biógrafos, às acusações dos opositores desenvolvimentistas acerca de sua ligação com o capital estrangeiro, Gudin respondia terem sido seus denunciantes corrompidos pelo canto da sereia, entoando "as melodias da demagogia populista e da inflação" (apud Scalercio; Almeida, 2012, p.41). Aos olhos de Gudin, portanto, a inflação não possuía causas e consequências unicamente econômicas; a inflação seria também um problema político, com profundas raízes nas sociedades latino-americanas.

Diagnóstico específico: a economia brasileira

Por identificar como uma pré-disposição política e teórica a enxergar os malefícios da inflação como as principais ameaças à estabilidade e ao desenvolvimento de um sistema político, econômico e social, Gudin sempre direcionou os esforços de seus estudos à solução da inflação brasileira, crônica e persistente – situação que não viu solucionada em vida. Seu maior objetivo, via de regra, sempre foi debelar o processo contínuo de aumento dos preços que assolava a economia brasileira. As raízes da centralidade ocupada pelo controle da inflação no pensamento de Gudin, portanto, podem ser identificadas no fato de que a sua concepção do processo inflacionário era produto da integração entre as teorias desenvolvidas nos círculos acadêmicos internacionais que frequentava – e que, em sua maioria, condicionavam a estabilidade macroeconômica à estabilidade de preços – e o diagnóstico específico que possuía para a economia nacional (Kafka, 1979). Dentro disso, Gudin concebeu três ideias bastante particulares para explicar o funcionamento da economia brasileira: ele enxergava a economia de seu país como *reflexa* e predominantemente marcada por *hiperemprego* e *baixa produtividade*.

Gudin parte, portanto, da ideia de que a economia brasileira seria integrante do conjunto de *economias reflexas*, termo por ele cunhado para representar as economias cujo desempenho seria condicionado pela performance das economias líderes ou centrais. O princípio que embasa essa ideia alicerça-se sobre a percepção de que as fases do ciclo pelas quais passam as economias líderes repercutem de maneira severa nas economias reflexas (Gudin, 1947, 1954). Como resultado, parcela considerável do comportamento da economia brasileira estaria completamente à mercê de decisões políticas e econômicas tomadas pelas economias líderes. Os formuladores de política brasileiros seriam, então, responsáveis apenas por regular o comportamento de uma parcela da performance econômica do país (Arquivos Pessoais de Eugênio Gudin, EUG pi GUDIN, E. 1940.07.17). Embora Furtado (1996) defendesse que todo o princípio subjacente à teoria da *economia reflexa* fosse equivalente à teoria cepalina da dependência, as evidências históricas indicam que essa ideia efetivamente foi concebida e desenvolvida por Gudin, sobretudo na *Lecture* que ofereceu aos alunos de Harvard e Córdoba, em 1940 (Arquivos Pessoais de Eugênio Gudin, EUG pi GUDIN, E. 1940.07.17).

Embora não se possa estabelecer uma relação de causalidade, a tese da economia reflexa de Gudin estava em larga escala correlacionada às suas considerações sobre dois fenômenos que verificava na economia brasileira: a existência do que chamou de *hiperemprego* e a *baixa produtividade do trabalho*. Não há, ao que se consta, uma definição hermética e bem formalizada de tais conceitos nos livros e artigos de Gudin. É possível, entretanto, a partir de alguns documentos específicos, aproximarmo-nos do que entendia por esses fenômenos.

Faria (2017) pontua que a noção gudiniana de hiperemprego se dá pela conjunção de três princípios apresentados pelo autor durante debate que ficou conhecido na historiografia da economia brasileira como *Controvérsia do Planejamento*, na qual Gudin defendia o livre-comércio e questionava o planejamento estatal, exageradamente associado em sua obra a uma "perversão socializante" (Campos, 1994, p.242). O primeiro princípio estabelece que, uma vez empregados todos os fatores de produção em determinada região, uma situação de "emprego total" emergirá, na qual novos investimentos terão impacto sobre o nível de preços, mas não sobre a produção total. O segundo princípio, por sua vez, aplica o primeiro ao caso brasileiro e utiliza-o – mesmo sem a apresentação de uma base empírica – para enquadrar a situação da economia nacional em meados da década de 1940. Em sendo assim, a recomendação é pelo controle inflacionário, pois a atuação no sentido de aumentar a produção seria inócua. O terceiro princípio, finalmente, sugere que os novos investimentos devem se dar respeitando um equilíbrio não inflacionário com as atividades voltadas à produção de bens de consumo. Aqui, a referência se dá explicitamente pelo controle dos investimentos de ordem estatal (Faria, 2017; Gudin, 2010 [1945]). É a partir, portanto, desses três princípios, que Gudin afirmava ser criada a situação de hiperemprego (Gudin, 2010 [1945]).

O documento que viria a caracterizar de maneira mais acurada o hiperemprego, todavia, seria apresentado por Gudin somente no nono encontro da Mont Pèlerin Society, em 1958, no qual o economista brasileiro teceu considerações sobre o processo inflacionário de seu país. Esse documento, intitulado *On Inflation*, refere-se à transcrição da participação de Gudin em debate no qual apresentou a seus pares o caso inflacionário do Brasil. É significativo que Gudin confiasse suficientemente em seu diagnóstico da situação de hiperemprego na economia brasileira para apresentá-lo perante tão célebres interlocutores, dentre os quais três viriam a receber o Prêmio do Banco da Suécia em Ciências Econômicas em Memória de Alfred Nobel – Hayek (1974), Friedman (1976) e Stigler (1982).

Segundo Gudin, então, a condição de hiperemprego poderia ser entendida como a situação na qual o nível de ocupação da força de trabalho em um país flutua entre 95% e 105%, de modo que a média seja 100%. Um nível de ocupação superior a 100% seria possível por meio da integração de camadas inativas da sociedade à força de trabalho. "*The fluctuations result from the fact that persons who do not work under ordinary conditions become willing to do so (housewives, retired people etc.) under the pull of strong demand*" (Arquivos Pessoais de Eugênio Gudin, EUG pi The Mont Pelerin Society 1958.09.13). A partir de tal ideia, Gudin rejeitava veementemente a hipótese de que o nível de emprego no Brasil seria comprometido por uma insuficiência de demanda e, logo, apontava para o seu ceticismo em relação à tese do desemprego disfarçado como adequado à representação do caso brasileiro.

Essa rejeição ao desemprego disfarçado tem relação com outro pilar da economia positiva de Gudin no que diz respeito ao Brasil: a baixa produtividade. Em sua opinião, a distinção entre o caso brasileiro e a situação do desemprego disfarçado concebida por Joan Robinson seria fundamental. De acordo com a autora britânica, o desemprego disfarçado emergiria em resposta a um declínio na demanda efetiva, com os trabalhadores sendo direcionados a atividades cuja produtividade seria menor que a das ocupações anteriores, tendendo a zero em casos extremos (Robinson, 1936). A diferença entre as duas ideias foi mais de uma vez discutida por Gudin, que condenava veementemente aqueles que explicavam as vicissitudes brasileiras através da situação concebida por Robinson. Segundo Gudin, o desemprego disfarçado não seria possível em nações nas quais a relação terra/população fosse relativamente grande (Arquivos Pessoais de

Eugênio Gudin, EUG pi The Mont Pelerin Society 1958.09.13; Gudin para Viner, 3 de agosto de 1956, Viner Papers, Box 12, Folder 15).

Dessa forma, Gudin entendia que o cenário brasileiro seria mais compatível com o caso da baixa produtividade. Dada a estrutura rudimentar da economia nacional, baseada em atividades primárias, e dada a constatação de que o Brasil era intensivo no fator necessário para a produção agrícola, isto é, terra, desempregar um trabalhador teria como resultado uma efetiva diminuição na produção total do país, que apresentaria terra ociosa e deixaria de alcançar sua fronteira de possibilidades de produção. Se, ao contrário, houvesse desemprego disfarçado, a produtividade de um trabalhador tenderia a zero, de forma que esse mesmo decremento no nível de emprego não teria efeito algum sobre o nível do produto (Arquivos Pessoais de Eugênio Gudin, EUG pi The Mont Pelerin Society 1958.09.13).

Tal caracterização da economia brasileira ainda serviu ao propósito de negar a hipótese oriunda dos trabalhos do economista romeno Mihail Manoilescu, segundo a qual a industrialização seria a única forma de um país atrasado (ou reflexo) desenvolver-se. Manoilescu era profundo defensor de ideias como protecionismo, industrialização e nacionalismo, e serviu de grande inspiração a Simonsen na já mencionada Controvérsia do Planejamento. Outrossim, Gudin percebia o Brasil como um "paraíso de Manoilescu" (Gudin para Viner, 29 de janeiro de 1959, Viner Papers, Box 12, Folder 15). Protecionismo e nacionalismo eram rejeitados por Gudin *a priori*. A ideia de industrialização, por outro lado, não contava *per se* com a resistência de Gudin. O que ele recusava a qualquer custo era a ideia de que a industrialização seria o único caminho para o aumento da produtividade e o desenvolvimento. Nesse sentido, defendia que: "*To compare labour productivity in a properly equipped factory with that of a man on the land who is only provided with an axe and a hoe is like comparing the productivity of high grade agriculture with that of an artisan with a manual loom*" (Arquivos Pessoais de Eugênio Gudin, EUG pi The Mont Pelerin Society 1958.09.13). Não necessariamente, portanto, o Brasil precisaria de indústrias, mas de aumento da produtividade. Isso poderia ocorrer mesmo na agricultura, levando o país a um nível mais elevado de renda *per capita*. Por vezes, isso fez com que Gudin fosse colocado como o defensor dos interesses agrários, ao passo que Simonsen era tido como o representante dos interesses industrialistas (Mantega, 1984). Existe, naturalmente, uma parcela de verdade nessa caracterização, mas se faz necessário reconhecer que, na verdade, Gudin simplesmente defendia que o Brasil assumisse sua vocação agrária como o meio menos penoso para aumentar a produtividade total da economia e, consequentemente, o nível de renda *per capita*. Em carta escrita a Viner, Gudin é categórico em relação a isso: "*Naturally, I am considered Industry's nº 1 enemy, which is not true, because I am only enemy number one of low productivity and high prices*" (Gudin para Viner, 29 de janeiro de 1959, Viner Papers, Box 12, Folder 15).

OS 230 DIAS DE GUDIN NO MINISTÉRIO DA FAZENDA (1954-1955)

João Fernandes Campos Café Filho ascendeu ao cargo de presidente da República após a crise política que culminou no isolamento político e no suicídio de Getúlio Vargas, em 24 de agosto de 1954. De modo sumarizado, deve-se ressaltar, seguindo Vianna (1992), que a crise foi fruto da configuração do conflito de interesses econômicos entre os variados segmentos da sociedade brasileira.

Embora prometesse dar continuidade aos compromissos firmados por Getúlio, a primeira providência de Café Filho – que havia sugerido a recomposição com Getúlio em 21 de agosto, rompendo com ele, porém, dois dias depois – foi formar um ministério privilegiando os setores mais antigetulistas da sociedade. Eugênio Gudin, assim, chegou oficialmente ao posto de ministro da Fazenda em 25 de agosto, em substituição a Oswaldo Aranha, com a incumbência de atacar os problemas econômicos fundamentais à época: a inflação, acima de tudo, e a crise no balanço de pagamentos.

O economista liberal foi nomeado ministro a reboque de seu prestígio internacional e após ser crítico tenaz do reajuste de 100% no salário-mínimo outorgado por Vargas, em maio daquele ano. Para Gudin, esse reajuste tornava inócuos quaisquer esforços no sentido de tentar conter a inflação, entendida por ele como o grande mal produzido por Getúlio em sua segunda passagem pela Presidência da República.

Especialmente nessa matéria e em suas críticas à Petrobras, Gudin – de forma pouco surpreendente, dada sua já mencionada orientação conservadora – alinhava-se aos principais opositores do governo varguista: os udenistas (Pinho Neto, 1992; Skidmore, 1982).

O *dream team* de Gudin e o combate à inflação

Pragmático, Gudin reconhecia, em artigo publicado quando já era ministro da Fazenda, só haver um remédio para a solução da inflação, o problema mais urgente com o qual trataria: "Uma redução substancial dos investimentos e [...] uma cessação do aumento do consumo" (Gudin, 1954, p.34). Portanto, de maneira coerente com o que defendia havia anos, já em seu discurso de posse, Gudin deixava claro que o Ministério da Fazenda por ele conduzido entendia serem os sintomas do constrangimento econômico brasileiro provenientes "do excesso de iniciativas e empreendimentos em quase todos os setores [...], a par de uma procura também excessiva de mercadorias e serviços para consumo, [...] sustentada por injeções monetárias cujo ritmo importa, urgentemente, reduzir" (Scalercio; Almeida, 2012, p.191). Dessa forma, então, Gudin indicava que o propósito maior do novo governo seria o combate ao que via como as principais causas da inflação: "E nesta época de demagogia quem terá coragem de dizer isso às massas? E quem executará esse programa de austeridade e sacrifícios?!" (Gudin, 1954, p.34). Pois, respondendo à sua própria pergunta, anunciou e levou a cabo medidas bastante impopulares: restrição de crédito, redução de gastos e enxugamento da liquidez monetária.

Para ajudá-lo na consecução de seus objetivos à frente da política econômica brasileira, Gudin montou o que Roberto Campos classificou como um *dream team*: o ministro escalou Octávio Gouveia de Bulhões, conhecedor de finanças públicas, para dirigir a Superintendência da Moeda e do Crédito (Sumoc), e Clemente Mariani, para a presidência do Banco do Brasil (Campos, 1994).[2] Ambos viriam a

2 Um atestado em favor da qualidade dos dois nomes escolhidos por Gudin para ocupar tais cargos é o reconhecimento de que ambos viriam a exercer a função de ministro da Fazenda: Mariani, em 1961, com Jânio Quadros, e Bulhões, entre 1964 e 1967, já no governo militar, com Castelo Branco.

desempenhar papel crucial nas políticas de Gudin à frente do ministério e, posteriormente, também na sua decisão de deixar o cargo.

Sob protestos, a primeira medida de Gudin foi reduzir o subsídio ao petróleo, visando reduzir as despesas governamentais e o efeito multiplicador que tinham sobre o nível de preços, além de aumentar as receitas por intermédio do ágio sobre a gasolina. Conquanto a opinião pública e seus opositores considerassem que a elevação do preço da gasolina apresentasse efeito inflacionário, Gudin defendia que, para sustentar o subsídio, seria necessário um maior déficit do Tesouro, gerando maior volume de emissão de papel-moeda e, por conseguinte, surtos inflacionários (Bulhões, 1979).

Para além dessa medida, todavia, o instrumento cardinal de Gudin na condução da economia brasileira seria a faculdade a ele concedida pelo Decreto-Lei 7.293, de 2 de fevereiro de 1945, que criara a Sumoc e a subordinara ao ministro da Fazenda. Foi por meio da Sumoc que Gudin realizou seus principais atos à frente do ministério: emitiu, em 22 de outubro de 1954, a Instrução n.108, e, em 17 de janeiro de 1955, a famosa e polêmica Instrução n.113.

A primeira, "considerando ser necessário coibir a excessiva expansão dos meios de pagamento através do sistema bancário", e "considerando que se impõe a diminuição do ritmo de crescimento das aplicações oriundas dos aumentos de depósitos" (Sumoc, 1954c, p.1), exigia que 14% dos novos depósitos à vista e 7% dos depósitos a prazo fossem compulsoriamente conservados em caixa na Superintendência (Sumoc, 1954c). Gudin e Bulhões revogavam, assim, os níveis impostos pela Instrução n.91 para compulsórios sobre depósitos à vista e a prazo (6% e 3%, respectivamente, abaixo dos 8% e 4% estabelecidos originalmente pelo Decreto-Lei 7.293) e retiravam do Banco do Brasil a prerrogativa de ser o destinatário desses depósitos compulsórios (Brasil, 1945; Sumoc, 1954a).

O objetivo da medida era reduzir os recursos disponíveis para crédito por parte dos bancos comerciais e esterilizá-los, impedindo que o Banco do Brasil aumentasse o crédito disponível com base nesses montantes. Bulhões (1979) alegava ter sido essa a primeira vez que os depósitos compulsórios efetivamente cumpriram o objetivo de esterilizar os depósitos dos bancos comerciais. Assim, Eugênio Gudin pôde controlar a expansão dos meios de pagamento a fim de tentar arrefecer as pressões inflacionárias decorrentes do excesso de divisas. Junto às instruções n.105 e n.106, que fixavam os juros sobre depósitos e aumentavam a taxa de redesconto, a Instrução n.108 constituía o núcleo da política de austeridade e estabilização posta em operação por Gudin (Pinho Neto, 1992).

O ministro não conseguiu, todavia, debelar o processo inflacionário da forma como gostaria. Por trás de seu sucesso apenas parcial, Gudin identificava o já citado reajuste de 100% nos salários concedido por Getúlio. Uma vez já fora do cargo, Gudin escreveria ao seu sucessor, em balanço geral de seu período no ministério: "Como a remuneração do trabalho representa, direta e indiretamente, mais de 50% dos custos de produção, não havia como evitar a alta dos preços. Tudo quanto eu podia fazer era procurar controlá-la". Criticava a opinião pública e seus antagonistas por sua insensibilidade ao não identificarem seus méritos na condução desse processo, que, segundo ele, poderia ter sido muito maior do que foi. Deixa claro seu ressentimento ao ilustrar a interpretação que davam ao seu comando da política econômica: "Se os preços continuavam a subir era porque o professor de Economia, que assumira a pasta da Fazenda, era um teórico alheio às realidades ou um incapaz" (Gudin para Whitaker, 13 de abril de 1955, Arquivos Pessoais de Clemente Mariani, CMa pbb c 1955.04.04).

A crise externa e a Instrução n.113 da Sumoc

A crise externa que se via no balanço de pagamentos em muito decorria da política de preço mínimo do café que o governo getulista havia imposto em junho de 1954. Gudin identificava essa crise como "uma política desastrada de preços de café no exterior" (Gudin para Whitaker, 13 de abril de 1955, Arquivos Pessoais de Clemente Mariani, CMa pbb c 1955.04.04).

Essa política estrangulou o balanço de pagamentos brasileiro na medida em que reduziu drasticamente as receitas em dólar do país. Gudin, então, em reunião anual do FMI, já em setembro de 1954, tratou de negociar um empréstimo com instituições bancárias internacionais. Impressionou muito positivamente seus interlocutores, mas conseguiu angariar somente US$ 80 milhões junto às fontes oficiais estadunidenses, valor bem abaixo dos US$ 300 milhões que julgava serem necessários. Junto a um consórcio de bancos privados nova-iorquinos, entretanto, Gudin foi capaz de levantar adicionais US$ 200 milhões, para os quais deu como garantia as reservas brasileiras em ouro (Pinho Neto, 1992). Assim, foi capaz de aliviar a situação cambial brasileira. Trouxe consigo, também, a admiração do que Pinho Neto (1992) chamou de "ortodoxia financeira internacional", materializada na definição a ele dada pelo *The New York Times*, em artigo intitulado *Dr. Gudin of Brazil*: "*he showed a clear understanding of the economic character of Brazil's inflation problem.* [...] *Brazil would seem to have in Dr. Gudin the right man, in the right place, at the right time*" (Dr. Gudin, 1954).

A necessidade que Gudin encontrou em captar recursos junto aos bancos privados, contudo, reafirmava a política estadunidense de não disponibilizar recursos públicos ao Brasil e aos demais países latino-americanos. É nesse contexto de insuficiência de crédito externo e de necessidade de políticas que visassem a desafogar o balanço de pagamentos, afirma Bulhões (1979), que a celebrada Instrução n.113 da Sumoc deve ser localizada e entendida.

A Instrução n.113 foi concebida por Gudin e sua equipe "considerando a necessidade de simplificar a regulamentação sobre o licenciamento de importações que independam de cobertura cambial, bem como as vantagens de criação de um clima favorável para os investimentos de capitais estrangeiros no país". A Instrução, portanto, consistia em um facilitador à entrada de investimentos estrangeiros no Brasil, retirando a exigibilidade de cobertura cambial ao capital a ser internalizado. Às empresas, então, oferecia-se a possibilidade de importar equipamentos e adicioná-los ao ativo sem a contrapartida no passivo, desde que as entidades importadoras comprovassem dispor do equipamento no exterior ou deter os meios para seu pagamento (Sumoc, 1955a, p.1). Desta forma, a Instrução n.113 tornou muito mais vantajosa a importação de equipamentos, pois permitiria ao investidor fugir à recompra de licenças de importação, que oneravam sobremaneira os empresários. Além disso, o mecanismo consolidou a legislação vigente até ali, reduzindo o processo burocrático pelo qual deveriam passar aqueles que intencionassem realizar importações sem cobertura cambial – já contemplada pela legislação anterior (Pinho Neto, 1992).

Graças à concepção da Instrução n.113, Bulhões – que, na condição de Diretor Executivo da Sumoc, foi quem assinou o documento – classificaria Gudin, ao final dos anos 1970, como aquele que superava o que qualquer outro indivíduo havia feito pelo progresso industrial brasileiro a partir do Ministério da Fazenda (Bulhões, 1979). Tal classificação é, no mínimo, curiosa, pois cabe lembrar que Gudin era visto, em suas próprias palavras, como o inimigo número um da indústria. Em entrevista ao CPDOC, no ponto em que se discute a Instrução n.113, Bulhões atribuiu toda a concepção do instrumento a Gudin, e, quando questionado sobre a usual classificação de Gudin como adversário da indústria, é categórico: "Para ver como é que se diz coisa errada" (Bulhões, 1989, p.103).

230 dias depois: a saída política e o legado nacional

A atuação de Eugênio Gudin como ministro da Fazenda, contudo, especialmente com a aproximação das eleições de 1955, viu-se tolhida e abreviada pelos movimentos partidários. O ministro, que já havia tido sua proposta para aumento da arrecadação tributária rejeitada pelo Congresso, dessa vez encontraria no arranjo eleitoral a fim de beneficiar Juarez Távora na eleição contra Juscelino Kubitscheck, o capítulo derradeiro de seu período à frente da Fazenda. Nesse episódio, que ficou conhecido como Acordo Jânio-Café, consta que devido à pressão do governo de São Paulo, Café Filho prometera a Jânio Quadros, então governador do estado, as pastas da Fazenda e de Viação e Obras Públicas, desde que Jânio retirasse seu nome da corrida presidencial (Arquivos Pessoais de Café Filho, CF c 1955.04.00). Aqui, o comprometimento do Ministério da Fazenda em muito se devia à pressão cafeeira, sobretudo paulista, contra o chamado "confisco cambial" realizado pelo ministro Gudin, que teria alegadamente prejudicado os exportadores de café de maneira substancial (Pinho Neto, 1992).

Nesse processo, o movimento definitivo para que Gudin solicitasse sua demissão do cargo de ministro da Fazenda, em 4 de abril de 1955, foi o constrangimento de sua coalizão anti-inflacionária, materializado na "solicitação do cargo" de Clemente Mariani da presidência do Banco do Brasil feita por Café Filho (Gudin para Café Filho, 04 de abril de 1955, Arquivos Pessoais de Clemente Mariani, CMa pbb c 1955.04.04). Três dias mais tarde, Gudin escreveria ao presidente, a fim de se explicar por sua renúncia: "Permita-me dizer, Senhor Presidente, que o timoneiro de um barco em mar bravio não pode deixar de ter seu homem de confiança na casa de máquinas". Em seguida, Gudin acrescentou: "Eu não podia ter, na atual conjuntura econômico-financeira, um presidente do Banco do Brasil escolhido por outros e de outros dependente". Finalmente, dado seu conhecimento das medidas impostas pelo estado de São Paulo ao presidente em exercício, que entendia como inflacionárias, Gudin observa: "Não foi o ambiente deturpado dos últimos acontecimentos políticos que me levou à renúncia e sim a impossibilidade, nas novas condições criadas, de prosseguir na minha tarefa, com qualquer esperança de sucesso" (Gudin para Café Filho, 07 de abril de 1955, Arquivos Pessoais de Clemente Mariani, CMa pbb c 1955.04.04).

No dia seguinte à demissão de Gudin, Mariani, endossando a atitude do amigo e mentor, também entregaria o seu pedido de exoneração; em 7 de abril, escreveria a Café Filho para agradecer a confiança nele depositada: "Lastimo que as circunstâncias me houvessem imposto a necessidade de antecipar-me às consequências inelutáveis da atual conjuntura política" (Mariani para Café Filho, 07 de abril de 1955, Arquivos Pessoais de Clemente Mariani, CMa pbb c 1955.04.04).

Então, o paulista José Maria Whitaker, que havia sido o primeiro ministro da Fazenda de Vargas, em 1930, assumiu o posto até ali ocupado por Gudin. Em 5 de maio de 1955, Whitaker já aliviaria a política monetária restritiva, revogando as instruções n.106 e n.108 da Sumoc, através da Instrução n.116 (Sumoc, 1955b). Dessa forma, estavam restabelecidos os níveis de depósitos compulsórios anteriores, impostos pela Instrução n.91, de 6% sobre os depósitos à vista e

3% sobre os depósitos a prazo, além de estarem suspensos os níveis escalonados da taxa de redesconto indicados pela Instrução n.106, retornando-se ao nível de 6%, indicado pela Instrução n.9 (Sumoc, 1945; 1954a; 1954b; 1955b). Esse movimento levou à renúncia do terceiro e último dirigente do *dream team* de Gudin: Bulhões, em protesto, abandonou o comando da Sumoc (Skidmore, 1982), em decisão que foi lamentada pelos círculos econômicos e financeiros da capital "devido às suas extraordinárias qualidades técnicas e morais e aos relevantes serviços que prestou ao país" (Demitiu-se, 1955). Estava desfeita a coalizão anti-inflacionária de Gudin.

Vianna e Villela (2011) apontam o período de Gudin à frente da Fazenda como "um dos mais ortodoxos programas de estabilização da história econômica contemporânea", no qual as medidas restritivas engendraram grande crise de liquidez, elevação do número de falências e queda significativa na formação bruta de capital fixo – mal ou bem, resultados condizentes com a meta estabelecida por Gudin: arrefecer a atividade econômica nacional a fim de debelar o processo inflacionário.

Em números, os esforços de curto prazo de Gudin e seus correligionários efetivamente mostraram-se capazes de reduzir sensivelmente a expansão tanto do crédito quanto dos meios de pagamento, além de controlar a inflação em níveis abaixo do que se poderia esperar. A contrapartida desse fenômeno, entretanto, e de maneira nada surpreendente, foi a desaceleração da economia nacional, algo que jamais foi bem apreciado às vésperas de uma eleição (Pinho Neto, 1992).

CONSIDERAÇÕES FINAIS

A atuação de Eugênio Gudin Filho no Ministério da Fazenda contou com o antagonismo das conjunturas econômica e política. Apesar disso, Gudin manteve seus ideais de combate àquilo que identificava como a grande ameaça à sociedade brasileira: a inflação. Em carta a Mariani logo após a saída de ambos do comando da economia brasileira, Gudin resumiria o trabalho deles como sete meses nos quais "juntos travamos uma luta encarniçada e ininterrupta contra as forças da inflação, que vinham há 15 anos minando o organismo econômico da nação". Gudin via, ainda, uma vitória completa nos setores comandados pelo Banco do Brasil e pela Sumoc, sob responsabilidade de Mariani e Bulhões, respectivamente. Reconhecia, entretanto, não ter tido o mesmo sucesso perante o orçamento público (Gudin para Mariani, 11 de abril de 1955, Arquivos Pessoais de Clemente Mariani, CMa pbb c 1955.04.04).

Por fim, o legado de Gudin no ministério pode ser dividido em duas dimensões: uma efetiva e a outra ideal. A primeira refere-se à utilidade dada às medidas por ele adotadas. A Instrução n.113 foi crucial no processo de industrialização de Juscelino Kubitschek, facilitando a entrada de capitais externos e, assim, beneficiando o Plano de Metas, essencial para o legado de JK (Loureiro, 2006). Sérgio Werlang afirmou, em depoimento aos biógrafos de Gudin, que a Instrução n.113 "foi o arcabouço com que mais tarde Juscelino industrializou o Brasil mais rapidamente" (apud Scalercio; Almeida, 2012, p.197). Foi também a Instrução n.113 que permitiu o enraizamento da indústria automobilística no Brasil. Adicionalmente, de acordo com Bulhões (1979), a pertinácia de Gudin ao reduzir o subsídio à importação de petróleo, em 1954, fez com que o choque internacional do petróleo, quase duas décadas depois, não tivesse um impacto ainda mais desastroso sobre a economia brasileira.

Para além de suas medidas, no plano das ideias, Gudin mostrou que não precisa haver um divórcio entre teoria e prática. Pode-se discordar de seu pensamento, bem como questionar até que ponto suas medidas foram eficazes, mas o fato é que, efetivamente, o liberal e conservador Gudin mostrou-se capaz de aplicar – dentro do que as amarras constitucionais o permitiam – o receituário que pregava em sua atuação no Ministério da Fazenda. A experiência de Gudin à frente da economia brasileira, contudo, serviu também para mostrar a ele que forças externas ao livro-texto são, por vezes, grandes demais para serem ignoradas. Escreveria ele a Café Filho, ainda explicando seu pedido de demissão: "Vossa Excelência talvez não se dê conta do que era a pressão diária ininterrupta, direi quase infernal, que eu sofria de membros do Governo" (Gudin para Café Filho, 7 de abril de 1955, Arquivos Pessoais de Clemente Mariani, CMa pbb c 1955.04.04). Nesse sentido, Bielschowsky (1995, p.367) ressalta que "Gudin provavelmente se apercebera de que não basta coragem para implementar uma política de estabilização, sendo necessária também a força política".

REFERÊNCIAS

Fontes primárias

ARQUIVOS PESSOAIS de Café Filho. Centro de Pesquisa e Documentação de História Contemporânea do Brasil. Fundação Getúlio Vargas, Rio de Janeiro, RJ.

ARQUIVOS PESSOAIS de Clemente Mariani. Centro de Pesquisa e Documentação de História Contemporânea do Brasil. Fundação Getúlio Vargas, Rio de Janeiro, RJ.

ARQUIVOS PESSOAIS de Eugênio Gudin. Centro de Pesquisa e Documentação de História Contemporânea do Brasil. Fundação Getúlio Vargas, Rio de Janeiro, RJ.

BRASIL. Decreto-lei n.7.293, de 2 de fevereiro de 1945. Cria a Superintendência da Moeda e do Crédito, e dá outras providências. *Diário Oficial da União*, Rio de Janeiro, 3 fev. 1945.

GOTTFRIED HABERLER PAPERS. Hoover Institution. Stanford University, Stanford, CA

JACOB VINER PAPERS. Seeley G. Mudd Manuscript Library. Princeton University, Princeton, NJ.

RAÚL PREBISCH PAPERS. Besa Garcia, José F. (Ed). Archivo de Trabajo. Cepal, Santiago, Chile.

SUMOC. Instrução n.9, de 29 de novembro de 1945. *Diário Oficial da União*, Rio de Janeiro, 3 dez. 1945.

SUMOC. Instrução n.91, de 29 de abril de 1954. *Diário Oficial da União*, Rio de Janeiro, 29 abr. 1954a.

SUMOC. Instrução n.106, de 14 de outubro de 1954. *Diário Oficial da União*, Rio de Janeiro, 14 out. 1954b.

SUMOC. Instrução n.108, de 22 de outubro de 1954. *Diário Oficial da União*, Rio de Janeiro, 23 out. 1954c.

SUMOC. Instrução n.113, de 17 de janeiro de 1955. *Diário Oficial da União*, Rio de Janeiro, 18 jan. 1955a.

SUMOC. Instrução n.116, de 05 de maio de 1955. *Diário Oficial da União*, Rio de Janeiro, 7 maio 1955b.

Bibliografia geral

BARREIROS, D. de P. Atuação da delegação brasileira na formulação do acordo internacional de Bretton Woods (1942-1944). *História*, v.28, n.2, p.515-570, 2009.

BIELSCHOWSKY, R. *Pensamento econômico brasileiro*: o ciclo ideológico do desenvolvimentismo. Rio de Janeiro: Contraponto, 1995.

BIELSCHOWSKY, R. Eugênio Gudin. *Estudos Avançados*, v.15, n.41, p.91-110, 2001.

BOIANOVSKY, M. Celso Furtado and the Structuralist-Monetarist debate on economic stabilization in Latin America. History of Political Economy, v.44, n.2, p.277-330, 2012.

BULHÕES, O. G de. O Ministro Eugênio Gudin. In: *Eugênio Gudin visto por seus contemporâneos*. Rio de Janeiro: Editora da Fundação Getúlio Vargas, 1979.

BULHÕES, O. G de. *Octávio Gouvêa* de Bulhões (depoimento). Centro de Pesquisa e Documentação de História Contemporânea do Brasil, FGV, Rio de Janeiro, 1989.

CAMPOS, R. O fraturador de mitos e poeta incômodo. In: GETÚLIO VARGAS FOUNDATION. *Eugênio Gudin visto por seus contemporâneos*. Rio de Janeiro: Editora da Fundação Getúlio Vargas, 1979.

CAMPOS, R. *A lanterna na popa*. Rio de Janeiro: Topbooks, 1994.

CAMPOS, R. Roberto de Oliveira Campos. In: BIDERMAN, C.; COZAC, L. F. L.; REGO, J. M. *Conversas com economistas brasileiros*. São Paulo: Editora 34, 1996.

CARNEIRO, P. E. O exemplo e a lição de Eugênio Gudin – traços de sua personalidade. In: GETÚLIO VARGAS FOUNDATION. *Eugênio Gudin visto por seus contemporâneos*. Rio de Janeiro: Editora da Fundação Getúlio Vargas, 1979.

CARNEIRO NETTO, D. D. *Dionísio Dias Carneiro* (depoimento, 2000). Rio de Janeiro, CPDOC, 2003.

CHACEL, J. M. Eugênio Gudin – o professor. In: GETÚLIO VARGAS FOUNDATION. *Eugênio Gudin visto por seus contemporâneos*. Rio de Janeiro: Editora da FGV, 1979.

CRUZ E SILVA, V. Economia keynesiana ou a economia de Keynes: notas sobre a transmissão do ideário de Keynes no Brasil através do livro "Princípios de Economia Monetária" de Eugênio Gudin. Curitiba, 2016. 79 f. Dissertação (Mestrado em Desenvolvimento Econômico) – Universidade Federal do Paraná.

CRUZ E SILVA, V.; CAVALIERI, M.; CURADO, M. On the transmission of Keynes' and Keynesian ideas in Brazil through Eugênio Gudin's Principles of Monetary Economics. *The European Journal of the History of Economic Thought*, v.28, n.1, p.83-102, 2021.

DEMITIU-SE o diretor executivo da Sumoc. *O Estado de S.Paulo*, São Paulo, p.28, 13 mai. 1955.

DR. GUDIN of Brazil. *The New York Times*, Nova York, p.22, 8 out. 1954.

FARIA, I. G. *Revisitando Eugênio Gudin na década de 50*: uma investigação sobre seu aperfeiçoamento acadêmico a partir de materiais de arquivo, da *Revista Brasileira de Economia e dos Princípios de Economia Monetária*. Curitiba, 2017. 134 f. Dissertação (Mestrado em Desenvolvimento Econômico) – Universidade Federal do Paraná.

FARIA, I.; CRUZ E SILVA, V.; CAVALIERI, M. Eugênio Gudin e as influências internacionais na defesa de sua agenda econômica liberal: o hiperemprego e o livre-comércio. *Análise Econômica*, v.38, n.77, p.33-56, 2020.

FONSECA, E. G. Eduardo Gianetti da Fonseca. In: BIDERMAN, C.; COZAC, L. F. L.; REGO, J. M. *Conversas com economistas brasileiros*. São Paulo: Editora 34, 1996. Entrevista.

FURTADO, C. *A fantasia organizada*. Rio de Janeiro: Paz e Terra, 1985.

FURTADO, C. Celso Monteiro Furtado. In: BIDERMAN, C.; COZAC, L. F. L.; REGO, J. M. *Conversas com economistas brasileiros*. São Paulo: Editora 34, 1996.

GUDIN, E. *Princípios de economia monetária*. Rio de Janeiro: Livraria Agir Editora, 1947.

GUDIN, E. O caso das nações subdesenvolvidas. *Revista Brasileira de Economia*, v.6, n.3, p.47-78, 1952.

GUDIN, E. Produtividade. *Revista Brasileira de Economia*, v.8, n.3, p.9-69, 1954.

GUDIN, E. Rumos de política econômica. In: SIMONSEN, R.; GUDIN, E. *A controvérsia do planejamento na economia brasileira*. Brasília: IPEA, 2010.

KAFKA, A. Dr. Gudin e o Instituto Brasileiro de Economia da Fundação Getúlio Vargas. In: GETÚLIO VARGAS FOUNDATION. *Eugênio Gudin visto por seus contemporâneos*. Rio de Janeiro: Editora da Fundação Getúlio Vargas, 1979.

LOPES, L. S. Preface. In: GETÚLIO VARGAS FOUNDATION. *Eugênio Gudin visto por seus contemporâneos*. Rio de Janeiro: Editora da Fundação Getúlio Vargas, 1979.

LOUREIRO, M. R. A participação dos economistas no governo. *Análise Econômica*, v.17, n.2, p.345-359, 2006.

MANTEGA, G. *A economia política brasileira*. São Paulo: Livraria e Editora Polis, 1984.

NEMITZ, E. Duas retóricas? Os jornais e a *Revista Brasileira de Economia* como meios de difusão das ideias de Eugênio Gudin. Curitiba, 2016. 88 f. Dissertação (Mestrado em Desenvolvimento Econômico) – Universidade Federal do Paraná.

PINHO NETO, D. O interregno Café Filho: 1954-1955. In: ABREU, M. de P. (Org.). *A ordem do progresso*: cem anos de política econômica republicana, 1889-1989. Rio de Janeiro: Campus, 1992.

PLEHWE, D. The origins of the neoliberal economic development discourse. In: MIROWSKI, P.; PLEHWE, D. *The road from Mont Pèlerin*: the making of the neoliberal though collective. Cambridge, London: Harvard University Press, 2009.

PREBISCH, R. O desenvolvimento econômico na América Latina e seus principais problemas. *Revista Brasileira de Economia*, v.3, n.3, p.47-111, 1949.

ROBINSON, J. Disguised unemployment. *Economic Journal*, v.46, n.182, p.225-237, 1936.

SCALERCIO, M.; ALMEIDA, R. de. *Eugênio Gudin – Inventário de flores e espinhos*: um liberal em estado puro. Rio de Janeiro: Insight, 2012.

SIMONSEN, M. H. Eugênio Gudin e a teoria da inflação. In: GETÚLIO VARGAS FOUNDATION. *Eugênio Gudin visto por seus contemporâneos*. Rio de Janeiro: Editora da Fundação Getúlio Vargas, 1979.

SKIDMORE, T. *Brasil*: de Getúlio Vargas a Castelo Branco, 1930-1964. Rio de Janeiro: Paz e Terra, 1982.

VIANNA, S. B. Duas tentativas de estabilização: 1951-1954. In: ABREU, M (Org.). *A ordem do progresso*: cem anos de política econômica republicana, 1889-1989. Rio de Janeiro: Campus, 1992

VIANNA, S. B.; VILLELA, A. O pós-guerra (1945-1955). In: GIAMBIAGI, F.; VILLELA, A.; CASTRO, L.; HERMANN, J. *Economia brasileira contemporânea*: 1945-2010. Rio de Janeiro: Elsevier, 2011.

12
Lucas Lopes
AS "CONTRADIÇÕES" DO DESENVOLVIMENTO ECONÔMICO

Roberto Pereira Silva

INTRODUÇÃO

Lucas Lopes parece ter sido o tipo de técnico governamental que encarnou intensamente os dilemas do desenvolvimento econômico no Brasil. Sua trajetória envolveu uma longa carreira no serviço público, permeada por passagens pelo setor privado até sua atuação como ministro da Fazenda do governo Juscelino Kubitschek (1956-1960). Após a coordenação, em parceria com Roberto Campos, do Plano de Metas, seguida do Programa de Estabilização Monetária (1958-1959), voltou-se sobretudo para o setor privado, mas sem cortar definitivamente suas ligações com a política, ocupando o conselho e direção de empresas e bancos nacionais e estrangeiros atuantes no país.

Em sua vida pública, atuou em setores estratégicos para a economia do país, como transporte e energia elétrica, tendo participação ativa na criação da Rede Ferroviária Nacional e em grandes obras do setor energético, como Furnas, a barragem de Três Marias e a formação do complexo público-privado de energia elétrica Centrais Elétricas de Minas Gerais (Cemig). Se sua inclinação teórica apontava para o desenvolvimento com ampla participação da iniciativa privada, nacional ou estrangeira, demonstrou rara sobriedade em

Lucas Lopes (1911-1994) encarnou como ninguém os dilemas do desenvolvimento econômico na década de 1950. Um dos principais executores do Plano de Metas, foi também o Ministro da Fazenda responsável pela elaboração do Programa de Estabilização Monetária para corrigir os problemas decorrentes da rápida industrialização. Sua atuação demonstra a difícil conciliação entre desenvolvimento econômico e estabilidade monetária que marcou todo o período.

compreender os dilemas econômicos e políticos do país e protagonizou o maior projeto desenvolvimentista implementado até então: o Plano de Metas, do qual foi um dos principais mentores e executores. Neste momento, viveu na carne os dilemas do país, pois como o principal responsável pela execução do sonho de Juscelino Kubitschek de crescer "50 anos em 5", em finais de 1958 assumiu o Ministério da Fazenda com tarefa de executar o Programa de Estabilização Monetária (PEM). Seu desafio então seria garantir recursos para a conclusão do Plano de Metas e, ao mesmo tempo, lidar com a forte crise cambial e a disparada da inflação, cuja solução vislumbrada seria conciliar contenção do gasto público e manutenção dos investimentos, majorados pelas obras da construção de Brasília.

Entender a atuação de Lucas Lopes no Ministério da Fazenda implica uma retomada de seu pensamento econômico, formulado não a partir de uma matriz teórica, mas da necessidade prática de resolver problemas econômicos colocados durante sua atuação nos setores público e privado.

Para tanto, neste capítulo, além desta breve introdução, traça-se resumidamente a trajetória de Lucas Lopes; em seguida, reconstituem-se alguns temas de sua reflexão econômica, relacionando-os com sua atividade profissional; a quarta seção discute o Plano de Metas e o comando do Ministério da Fazenda, com ênfase no Programa de Estabilização Monetária. Nas considerações finais esboça-se uma reflexão de conjunto sobre sua ação e pensamento.

TRAJETÓRIA BIOGRÁFICA[1]

Mineiro de Ouro Preto, Lucas Lopes fez os estudos secundários em Belo Horizonte, onde também cursou Engenharia, compondo a primeira turma da Universidade de Minas Gerais, graduando-se em 1932. Apoiador da Revolução de 1930, iniciou sua carreira profissional na Estrada de Ferro Oeste de Minas, que depois passaria ao governo estadual sob o nome de Rede Mineira de Viação. Licenciou-se durante alguns anos para trabalhar em duas empresas privadas, a Companhia Auxiliar das Empresas Elétricas Brasileiras, subsidiária da Amforp (*American and Foreign Power*), que à época estudava modernizar seu sistema de bondes elétricos, e a Sociedade Técnica de Materiais (Sotema), sendo responsável pela oficina de montagem de vagões de trem para a recém-criada Companhia Vale do Rio Doce na estrada de Ferro Minas-Vitória. Foi Secretário de Agricultura, Indústria e Comércio de Minas Gerais no governo do interventor Benedito Valadares (1933-1945), tendo atuado na criação da Cidade Industrial e da Usina de Gafanhoto. Durante a Segunda Guerra Mundial compôs a seção de Minas Gerais da Comissão de Mobilização Econômica. Ainda nos anos 1940, integrou a Comissão do Vale do São Francisco, quando propôs a construção da barragem de Três Marias (MG), e diversos planos de distribuição de água e construção de reservatórios, entre os quais os de Sobradinho e Paulo Afonso. Com o fim do Estado Novo, colaborou na comissão criada após a Constituição de 1946 para estudar a mudança da capital federal para o interior do país.

A despeito das importantes funções que ocupou, foi na década de 1950, durante o governo de Juscelino Kubitschek em Minas Gerais

1 Para a reconstrução da trajetória de Lucas Lopes, utilizamos Lopes (2006) e Mayer e Abreu (2001).

(1951-1955), que o engenheiro mineiro ganhou projeção nacional. O futuro presidente da República apresentou um programa de governo estadual elaborado por Lucas Lopes que seria conhecido como Binômio Energia e Transportes, uma espécie Plano de Metas a nível estadual, que incidiria sobre os dois principais gargalos para o desenvolvimento industrial de Minas Gerais. Lucas Lopes assumiu a gestão do programa de energia, elaborando um plano de eletrificação para o estado que previa a construção e a ampliação de usinas e a implantação de um sistema unificado de distribuição.

Um dos resultados mais importantes desse projeto foi a criação das Centrais Elétricas de Minas Gerais (Cemig), do qual foi responsável técnico pela formulação dos sistemas de produção e distribuição de energia. Além disso, respondeu pela arquitetura jurídico-financeira da empresa, decidindo-se pela mobilização não apenas de recursos públicos, mas incluindo a iniciativa privada, criando companhias regionais, controladas por uma *holding*, a Cemig, da qual assumiu a presidência entre 1952-1953.

Sua atuação nos projetos de transporte e energia em Minas Gerais lhe trouxe prestígio como técnico, o que o conduziu do Ministério da Viação dos governos Café Filho e Nereu Ramos à Comissão Mista Brasil-Estados Unidos e, após a criação do Banco Nacional de Desenvolvimento Econômico (BNDE), assumiu uma cadeira no conselho de administração e, depois, a presidência do banco entre 1956 e 1958.

Após receber a faixa presidencial em 1956, Juscelino Kubitschek lançou o Plano de Metas, um audacioso plano de investimentos, com trinta objetivos, priorizando os setores de energia, transporte e indústrias de base. Lucas Lopes e Roberto Campos foram os responsáveis pela elaboração e execução do Plano, que contaria com a disponibilidade de recursos públicos e privados, nacionais e estrangeiros. O BNDE teria papel estratégico na viabilização dos estudos e na gestão dos recursos do plano, cujo centro executivo era o Conselho de Desenvolvimento. Lucas Lopes ocuparia, simultaneamente, a diretoria do Banco e uma cadeira do Conselho.

A execução do Plano de Metas, durante conjunturas externa e interna difíceis em termos econômicos, passou a apresentar problemas financeiros, como crescentes déficits orçamentários do governo federal e problemas no balanço de pagamentos devido à queda dos preços do café, principal produto de exportação brasileiro e fonte maior de divisas para importação. É em meio a uma aguda crise econômica, agravada pelas dificuldades de negociação de um empréstimo internacional do Eximbank que necessitava do aval do Fundo Monetário Internacional (FMI), que o então ministro da Fazenda, José Maria Alkmin renuncia ao cargo.

Lucas Lopes assumiu a pasta com a função de equilibrar as contas públicas, retomar as tratativas do empréstimo com as autoridades internacionais e viabilizar a continuidade do Plano de Metas e de sua meta-síntese, a construção de Brasília. A proposta do Programa de Estabilização Monetária ensejou diversas críticas de organizações sindicais, das classes produtivas e mesmo de alas do próprio governo, que viam nele o risco de uma diminuição ou do fim dos investimentos industriais e uma reversão do desenvolvimento econômico. Lucas Lopes se desligaria do Ministério da Fazenda em finais de maio de 1959, logo após sofrer um infarto; em seguida, o Plano de Estabilização Monetária seria abandonado, junto com as discussões com o FMI, por Juscelino Kubitschek nas semanas seguintes.

A partir dos anos de 1960, Lopes se tornou titular de um cartório de imóveis no Rio de Janeiro e teve uma atuação ligada ao setor privado, compondo o conselho de bancos e de empresas do setor de mineração e energia e também formando, com outros economistas e técnicos com passagem pelo governo a Sociedade Civil de Planejamento e Consultas Técnicas (Consultec), empresa de consultoria de projetos industriais que tinha entre seus membros, além de Lucas Lopes, Roberto Campos, Mário Henrique Simonsen, Dênio Nogueira, John Cotrim, entre outros. Lucas Lopes faleceu no Rio de Janeiro, em 1994.

O PENSAMENTO ECONÔMICO DE LUCAS LOPES

É possível afirmar que o pensamento econômico do engenheiro Lucas Lopes se formou em resposta aos problemas impostos pela sua atuação profissional. Em uma época em que ainda inexistiam cursos de economia no país, as verdadeiras "escolas" práticas de economia eram as empresas, públicas e privadas, que vivenciavam o intenso desenvolvimento industrial do país (Loureiro, 1997; Diniz, 2008). Lucas Lopes soube transformar as exigências e desafios profissionais em estímulos para o aprendizado teórico. Autodidata na área econômica, refletiu sobre o papel do Estado na economia, a relação entre os agentes públicos e privados, a programação e o planejamento econômico e as formas de ação e de intervenção na economia.

A programação e a planificação

Sua atuação na seção de reparos de locomotivas da Rede Mineira de Viação, a partir de 1932, o colocou diante de problemas de racionalização do trabalho, processos e rotinas. Sob sua direção, as Oficinas Divinópolis passaram por um processo de reorganização e concentração de atividades em uma única planta, adotando um sistema de racionalização da produção visando a eliminar a capacidade ociosa em um setor específico de reparos, enquanto outros ficavam sobrecarregados.

Nesse momento, Lucas Lopes deu grande importância às estatísticas de produção, à investigação das causas dos acidentes e às necessidades de reparo, compreendendo que o papel de um administrador é controlar o conjunto das atividades, fazendo um acompanhamento contínuo e, ao mesmo tempo, projetando o trabalho futuro através de planos e orçamentos racionais e detalhados. Para ele, "um programa, útil a cada oficina, não deve ser apenas um esquema de orçamento, mas apontar normas de ação e prever métodos de administração para cuja aplicação se deve detalhar" (Lopes, [s.d.] apud Lopes, R., 2006, p.28). Aqui começava a germinar a ideia de planejamento enquanto coordenação e prospecção, bem como a importância de coleta de dados e a elaboração de estatísticas.

Os problemas da programação econômica continuariam a ocupar Lucas Lopes na sua passagem pela Secretaria de Agricultura de Minas Gerais. No final de seu mandato, Lopes reuniu um conjunto de técnicos para elaborar o relatório "Contribuições para o Planejamento Industrial de Minas Gerais", no qual destacava a necessidade de um mapeamento prévio dos recursos naturais e econômicos do estado como ponto de partida para o planejamento:

> Sobre bases seguras e adotando métodos racionais, devemos traçar planos e definir tarefas que deverão ser cumpridos em prazos prefixados. Esses planos não deverão ser criações abstratas nem poderão derivar do simples arbítrio de vontades, mas devem resultar do conhecimento profundo das forças econômicas em jogo e das tendências e possibilidade de seu desenvolvimento (Secretaria de Agricultura, 1946 apud Lopes, R., 2006, p.50).

Na década de 1940, enquanto membro da Comissão do Vale do São Francisco, Lucas elaborou uma definição de planejamento baseada na imbricação entre metas e execução: "Planejar é estabelecer um método de ação para atingir objetivos relacionados. Planejar é o inverso de improvisar" (Lopes, 1955, p.65). Lucas Lopes defendia o caráter técnico e metódico, que deve prevalecer durante a elaboração, mas também durante sua implantação: "Um plano não é um fim em si, é um método para se atingir a objetivos desejáveis. Não pode, todavia, estar sujeito aos caprichos de algumas vontades" (Lopes, 1955, p.66.). Além disso, afirmava que "o esforço de planejamento é característico de um trabalho de equipe, de um grupo de homens capazes de investigar longamente, de prever e projetar com plena consciência dos fatores em jogo" (Lopes, 1955, p.68).

A execução do planejamento econômico, portanto, colocava problemas do ponto de vista de sua arquitetura técnica e política, sobretudo ao se considerar um país de dimensões continentais como o Brasil, propício a divergências entre interesses nacionais e regionais. Atento a isso, Lucas Lopes, refletindo a partir da Comissão do Vale do São Francisco, discutiu o papel da União enquanto agência unificadora do projeto de desenvolvimento. Nesta situação, o ideal de planejamento, incorporando metas e objetivos que impactariam na economia nacional, deveria ter precedência sobre os interesses regionais:

> A eleição de uma bacia hidrográfica que ocupa parte substancial de cinco unidades da Federação e tem sua economia vinculada a vários outros estados para a área de planejamento e ação do governo da União é um novo

> conceito com repercussões evidentes no estreitamento de nossos laços federativos, a sugerir e abrigar o aperfeiçoamento das relações de vários Estados entre si e com o governo Central (Lopes, 1955, p.24-25).

Dito de outra forma, o caráter técnico de qualquer plano deve resguardar-se de injunções políticas. Ao nível nacional, o primado da técnica se afirmaria pelo controle de metas e execução pela União, o que garantiria que os interesses nacionais prevalecessem sobre os regionais.

O técnico e a política

Esta definição essencialmente técnica do planejamento e da programação, por sua vez, é reveladora de certa visão característica das elites burocráticas no Brasil (Sola, 1998), a qual pressupunha uma separação rígida entre o técnico e o político, na qual o último por vezes pode sacrificar as medidas de caráter técnico para obter ganhos políticos e/ou eleitorais.

Tema importante do pensamento de Lucas Lopes, as relações entre Estado e burocracia apareceram em diversos momentos de sua carreira nos altos escalões do serviço público. Dada a presença da atuação estatal na economia brasileira, cobrindo o espaço deixado pela iniciativa privada e estimulando os investimentos em infraestrutura, o corpo burocrático e organizacional do Estado deve estar preparado para suas funções empresariais. Enquanto ocupou a Secretaria de Agricultura, Indústria, Comércio e Trabalho, entre 1943 e 1945, Lucas Lopes implementou modificações no organograma do órgão, concentrando na pasta o planejamento do setor elétrico, como condição para iniciar o Plano de Eletrificação do estado. O secretário passou então a contar com departamentos de Economia, Produção Vegetal, Produção Animal, Ensino Técnico, Terras, Matas e Colonização, Comércio e Fomento Industrial, dando autonomia aos setores técnicos e integrando a comunicação entre eles. Nisso, percebe-se a preocupação, antes mesmo de iniciar o Plano de Eletrificação, de cercar-se de pessoal técnico e de isolar ou diminuir a interferência política na execução.

Essas reflexões de Lucas Lopes sobre planejamento econômico e a relação entre técnicos e políticos estão diretamente relacionadas com a grande questão da economia brasileira desde os anos 1930: o desenvolvimento econômico centrado na indústria e o papel do Estado nesse processo. As tarefas e os limites estatais na promoção do desenvolvimento são outro tema recorrente nas reflexões do engenheiro mineiro.

Estado e a intervenção na economia

O envolvimento de Lucas Lopes com o transporte ferroviário, ainda no início de sua carreira, o levou a refletir sobre o destino e a viabilidade econômica do setor no Brasil. Considerando-se que na década de 1930 as ferrovias necessitavam se modernizar, Lopes defendia o lucro econômico das empresas como forma de viabilizá-las. Para ele, cumprida a etapa histórica que coube às ferrovias na penetração do interior do país, a forte concorrência das rodovias impôs a transformação de "nossas ferrovias em empresas industriais [...]. Não se compreende mais que a eficiência da ferrovia como meio de transporte seja sacrificada em nome de um princípio econômico de tão duvidoso precedente e bases tão movediças" (Lopes, s/d apud Lopes, 2006, p.30). O papel do Estado é estimular as atividades econômicas, mas não as monopolizar. Assim, uma administração fundada na competição e na competitividade seria salutar para o conjunto do sistema econômico.

O trabalho no setor de transportes, durante os anos 1930, o convenceu da necessidade de retirada do Estado, pois a administração das tarifas inviabilizava os custos operacionais e a modernização das ferrovias. No entanto, essa concepção não era absoluta.

Durante a Segunda Guerra Mundial, enquanto Secretário da Agricultura de Minas Gerais, Lucas Lopes ficou responsável pela seção estadual da Comissão de Mobilização Econômica. Sua ação pautou-se pelo controle do aumento dos preços agrícolas e ampliação da produção para atender à expansão industrial e ao esforço geral da economia durante o conflito bélico. Nessas condições, a secretaria buscou melhorar a produtividade das culturas enviando técnicos às fazendas, bem como subsidiou a compra de máquinas e equipamentos. No que concernia à pecuária, foi criada a Escola Superior de Veterinária de Belo Horizonte, além de um programa de orientação técnica para os criadores de gado.

Nesse sentido, além da importância do planejamento centralizado, Lucas Lopes destacou a importância do progresso tecnológico para o desenvolvimento econômico: "Abandonemos este *slogan* de independência econômica e passemos a nos referir apenas a progresso técnico [...], lutemos por um progresso tecnológico, pelo aperfeiçoamento dos métodos de trabalho, pelo aumento dos rendimentos, pela racionalização da produção, por uma maior eficiência de nosso trabalho" (Lopes, [s.d.] apud Lopes, R., 2006, p.45). Neste ponto, o desenvolvimento econômico e o progresso técnico disponibilizado pelo Estado em um setor em dificuldades se sobrepõem à liberdade econômica. O mesmo princípio aparece na criação do Instituto de Tecnologia Industrial, subordinado à Secretaria e ligado à Escola de Engenharia de Minas Gerais. No discurso de inauguração, Lopes destacou: "O desdobrar das relações sociais exige hoje governos atuantes, que saibam e não temam criar novas formas de progresso social e econômico [...]. Para o Brasil, país jovem [...] é necessário um governo criador, evolutivo e precursor" (Lopes, 1944 apud Lopes, R., 2006, p.47).

Durante a Comissão do Vale do São Francisco, o engenheiro retomou a importância da intervenção do Estado na economia:

> Não é mais discutível a conveniência de o Estado incluir no âmbito de suas atividades a realização de atos puramente econômicos ou de interferência normativa da economia privada, visando à realização de seus fins políticos. A evolução das relações sociais tornou hoje sem valor, sequer ideológico, a definição de Jean Baptiste Say: 'o governo ideal é o governo barato e que atua pouco'. Bem ao contrário, o desdobrar dos contatos humanos entre os povos modernos exige hoje governos atuantes, que saibam e não temam criar novas formas de progresso social e econômico.
>
> O Estado capaz de interferir em muitos setores da economia privada, para imprimir-lhe o cunho do interesse coletivo, sem sufocar e anular a iniciativa individual é a síntese desejável entre a tese liberal e individualista do

> capitalismo puro e as servidões mornas do Estado Leviathan, que os totalitarismos modernos seguiram (Lopes, 1955, p.177).

Assim, a intervenção estatal não era vista como fruto de voluntarismo político, mas característica de um momento histórico. Contudo, é preciso indicar que se trata de uma intervenção que não sufoca, mas convive, estimula, dirige a iniciativa privada para alcançar o progresso social e econômico coletivos. Outro aspecto da intervenção estatal se dá pelo caráter irradiador de desenvolvimento econômico que seus investimentos podem produzir. Lucas Lopes, embora atribua papel importante à iniciativa privada, destacava que o Estado deveria atuar nos setores em que esta não apresenta condições, e caberia a essa atuação propiciar aumentos de produtividade para o conjunto da economia.

Dessa forma, é preciso interpretar tais pronunciamentos não como uma contradição, mas uma resposta a desafios que exigiam soluções diversas, dadas as variáveis do problema: Lopes teve a sobriedade de subordinar concepções estanques e idealistas às questões objetivas que enfrentava, rechaçando aplicar qualquer princípio universal aos problemas da economia brasileira.

Contudo, a resposta efetiva que Lucas Lopes ofereceu para estes temas pode ser mais bem captada em sua participação, ao lado de Roberto Campos, no maior projeto de desenvolvimento econômico até então levado a cabo no Brasil, o Plano de Metas. Embora tenha se tratado de um programa cujo alcance requer análise pormenorizada, cabe revisitá-lo como expressão prática das ideias de Lucas Lopes, cristalizando sua reflexão sobre a relação entre o Estado e a economia.[2]

---

2 Uma observação importante é que tanto o Plano de Metas (Lopes, 1991, p.165-169) quanto o Programa de Estabilização Monetária (Lopes, 1991, p.231) não foram assinados por Lucas Lopes e derivam da cooperação de diversos técnicos, além do reaproveitamento de relatórios e documentos de outras comissões econômicas, secretarias e ministérios. Diante disso, no que se seguirá, considera-se o pensamento de Lucas Lopes uma certa forma de reunir e hierarquizar problemas e diagnósticos, assim como o endosso a propostas que podem não ter origem em sua pena, mas que se inserem pragmaticamente em seu pensamento econômico. Dado o estado ainda incipiente de reedições e reunião de artigos de Lucas Lopes, esta análise não pode confrontar estes documentos oficiais com textos coetâneos de sua autoria dispersos por jornais,

O Plano de Metas

Lançado ainda na campanha presidencial de Juscelino Kubitschek, o primeiro esboço do plano, assinado por candidato (Oliveira, 1955), foi redigido por Lucas Lopes com a ajuda de Julio Soares; depois, foi ampliado com o apoio de outros técnicos do ministério da Viação do governo Nereu Ramos e do BNDE (Lopes, 1991, p.168). Em sua versão final, o plano trazia cinco objetivos principais, subdivididos em 30 metas, de acordo com a destinação de recursos: energia (43,4%), transportes (29,6%), alimentação (3,2%), indústrias de base (20,4%) e educação (3,4%). Após seu lançamento, foi acrescentada a meta-síntese, a construção de Brasília.

Quanto aos aspectos teóricos do plano, a seleção e a importância relativa dos setores escolhidos derivam dos conceitos de "pontos de estrangulamento" e "pontos de germinação" que serviam como conceitos articuladores dos projetos e dos resultados esperados (Lafer, 1978; Lessa, 1982; Campos, 1994).

Os primeiros indicavam setores cuja incapacidade em atender à demanda pré-existente colocavam em xeque o crescimento da economia e a continuidade do desenvolvimento econômico. Mostravam-se insuficientes as áreas de energia, transporte e alimentação. Já os pontos de germinação produziriam melhorias em infraestrutura, criando condições para novos investimentos industriais: a construção de Brasília, a expansão da malha rodoviária e a implantação da indústria de base são os melhores exemplos.

A execução do plano não se deu no Ministério da Fazenda. A seleção e as decisões referentes à implementação dos projetos estavam centralizadas em um órgão específico, o Conselho de Desenvolvimento (CO), presidido por Roberto Campos e tendo como secretário-executivo o presidente do BNDE, Lucas Lopes. O conselho era composto por representantes de todos os ministérios, das Casas Civil e Militar, e pelo presidente do Banco do Brasil. Com isso, as decisões gozavam de autonomia técnica: aprovadas pelo Conselho, seguiam para o aval do

---

revistas e no seu arquivo pessoal, atualmente no Centro de Documentação sobre História Contemporânea (CPDOC/FGV) no Rio de Janeiro.

presidente da República e os projetos, depois de analisados eram remetidos ao corpo técnico do BNDE, que os financiaria ou simplesmente autorizaria a sua execução. Esse esforço de centralização técnica aparecia como uma forma de blindar-se das disputas políticas e dos interesses regionais, o que levou analistas como Lafer (1978) e Benevides (2001) a qualificarem essa engenharia organizacional de "administração paralela", pois os projetos não passavam pelo Congresso Nacional.

Assim, para o grupo responsável, a organização, a planificação e a coordenação dos investimentos estavam indissociavelmente ligadas à possibilidade de execução, estando o conjunto subordinado a critérios exclusivamente técnicos.

No que se refere ao financiamento do plano, houve uma repartição entre o setor público e o privado. Contudo, em nenhum momento foi especificada a origem dos recursos públicos e, dado o grande engessamento do governo para aumentar a tributação, uma vez os esgotados os recursos provenientes de fundos setoriais (Fundo de Reaparelhamento Econômico, Fundo Federal de Eletrificação, por exemplo), a principal forma de financiamento terminou por ser a emissão monetária, com graves problemas inflacionários e para as contas públicas.

O setor público ficou encarregado dos projetos de grande porte, os quais apresentavam elevados custos, complexidade de operação e baixa rentabilidade, como os de infraestrutura. Isso porque mostravam-se fundamentais para o conjunto do projeto industrial proposto, especialmente na "ampliação da oferta energética, na gerência do setor de transporte e na produção interna de certos insumos básicos, notadamente produtos siderúrgicos" (Lessa, 1982, p.100). Para fazer frente a esses investimos, a metodologia do Plano de Metas exigiria uma estrita coordenação de prazos, previsão da demanda futura e esquemas contínuos de financiamento. Para tanto, foram criadas ou expandidas autarquias federais, incorporando-se diversas empresas a *holdings* estatais, a exemplo do que Lucas Lopes propusera para a Cemig. Na prática, os recursos para o Plano de Metas saíram dos fundos setoriais e da injeção de recursos públicos nestas autarquias.

No que se refere ao setor privado, sua participação na execução do Plano de Metas se fez por meio dos Grupos Executivos: reunião de empresários e de técnicos governamentais com a "função de dimensionar os programas setoriais para as atividades industriais prioritárias, baixar normas, e conceder estímulos ou sugerir a outros órgãos federais a concessão de estímulos" (Lessa, 1982, p.109), sendo o mais importante deles o Grupo Executivo da Indústria Automobilística (Geia).

Os investimentos privados foram estimulados pela reserva de mercado para os produtos já fabricados no Brasil, via lei dos similares, pela reforma cambial de 1957, que garantia câmbio preferencial "para a importação de todo o equipamento destinado a setores prioritários" (Orenstein; Sochaczewski, 1990, p.179), e pelos créditos de longo prazo e baixa taxa de juros fornecidos pelo BNDE e pelo Banco do Brasil.

Quanto aos resultados do plano, embora alguns objetivos não tenham atingido as estimativas previstas, as metas vitais para a industrialização foram cumpridas, ou se aproximaram de seu desiderato. Comparando-se o conjunto do governo de Juscelino Kubitschek, o PIB cresceu a uma taxa anual de 8,1% entre 1956 e 1960. Mas a principal mudança se deu na modificação do peso de diversos setores relativos em sua formação. Se em 1955 as participações dos setores agropecuários e industrial eram da 23,5% e 25,6%, em 1960 essa relação se alterou para 17,8 % e 32,2%, respectivamente, enquanto a indústria de transformação (importante índice da capacidade de a economia produzir para atender a outras indústrias) atingiu 25,6%. O papel do setor público no investimento também aumentou, com a formação bruta de capital fixo/PIB (que indica o esforço do Estado em investimentos produtivos) saindo de 13,5% em 1955 para atingir seu pico em 1959, com 18% (Villela, 2011). Além disso, aumentou-se a capacidade de geração de energia em 1.650 mil KW, de extração de petróleo para 75 mil barris/dia, construíram-se 17 mil quilômetros de rodovias, e incrementou-se a produção de aço em 650 mil toneladas e, de cimento, em 870 mil. No setor automobilístico, atingiu-se a fabricação de 133 mil carros e caminhões/ano, com índice de nacionalização de peças de 75% e 74%, respectivamente (Orenstein; Sochaczewski, 1990; Lafer, 2002).

Assim, o Brasil iniciou os anos 1960 com um sistema industrial integrado, setores produtores de bens de capital e insumos básicos, ampliação da oferta de energia elétrica que garantiria a continuidade de crescimento e uma inédita integração (ainda incompleta para o conjunto do território, mas de inegável amplitude) via sistemas ferroviário, rodoviário, aeroviário e marítimo. Esse grande avanço, por sua vez, determinou uma mudança importante no centro dinâmico da economia, superando restrições às importações e colocando o mercado interno como o núcleo impulsionador do desenvolvimento econômico.

No entanto, o governo não esteve livre de problemas políticos, sociais e econômicos que colocariam em risco a conclusão do Plano de Metas. Se o engenheiro mineiro foi um dos grandes arquitetos de formulação e execução do plano, teve que assumir, de certa forma, o papel de algoz de seu próprio projeto, quando a situação de elevada inflação, crise cambial e descontrole das contas públicas o retiraram do Conselho de Desenvolvimento e do BNDE para assumir o Ministério da Fazenda.

A ATUAÇÃO DE LUCAS LOPES NO MINISTÉRIO DA FAZENDA (1958-1959)

Uma série de dificuldades foram se acumulando no decorrer do governo Kubitschek, algumas em consequência da própria execução do Plano de Metas, outras de ordem econômica independente. De fato, se em 1955 a taxa de inflação era de 12,1%, em 1956 ela já estava em 24,5%, e encerrou o ano de 1958 a 24,4%, embora tenha acelerado consideravelmente no segundo semestre (Sola, 1998, p.182). O aumento inflacionário soou um alerta para o governo. Além disso, desde 1955, os preços do café no mercado internacional caíam constantemente e o governo procurou compensar a queda com uma política de preços mínimos de compra e armazenamento do produto, o que majorou os gastos correntes, comprometendo parte das receitas e impondo limites à capacidade de importar. Por fim, as condições de financiamento de organismos multilaterais, fonte de recursos para importantes projetos do Plano de Metas, se modificaram, e passou-se a exigir, em alguns casos, o aval do FMI para novos empréstimos. Com isso, o governo se viu, no ano de 1958, enfrentando sérios problemas internos e externos, com restrições a novos empréstimos e adoção de medidas de ajuste das contas públicas e de contenção de gastos de acordo com recomendações do Fundo Monetário Internacional.

Esses problemas desgastaram o ministro da Fazenda José Maria Alkmin, que renunciou ao cargo em finais de junho de 1958 para concorrer às eleições legislativas. Lucas Lopes assumiu a pasta com a recomendação de implementar um programa de estabilização monetária para equilibrar o balanço de pagamentos e o orçamento, mas sem comprometer o Plano de Metas.

O Programa de Estabilização Monetária (PEM)

A escolha de Lucas Lopes, um dos homens mais engajados na execução do Plano de Metas não era contraditória com as tarefas exigidas. Além de competência técnica, o engenheiro tinha circulação internacional, pois enquanto secretário do governo mineiro se reunira com importantes organismos de financiamento no exterior para angariar recursos para obras no setor de energia elétrica em seu estado natal. Além disso, não escondia a necessidade de disciplinar os gastos do setor público e encarava como inevitável um ajuste monetário para reequilibrar as contas públicas e manter o programa de desenvolvimento em marcha. Lucas Lopes, em depoimento posterior, relatou que já em 1956 encomendara estudos sobre o tema para os técnicos que agora o assessoravam no Ministério da Fazenda (Lopes, 1982, p.234). O PEM, portanto, um plano de estabilização feito sob a condição de manter o crescimento econômico ou, na análise de Lourdes Sola (1997, p.176), uma "proposta de estabilização-com-crescimento".

Nesta perspectiva, o programa trazia uma leitura da economia brasileira e dos problemas a serem enfrentados, uma vez que o conjunto das propostas não resultou de um credo abstrato na aplicação de princípios econômicos, mas de um diagnóstico ciente de que os desafios à continuidade do desenvolvimento econômico e do Plano de Metas implicariam uma reorganização do financiamento dos investimentos, do gasto público, dos mecanismos cambiais e das receitas tributárias. Além disso, o plano ponderava, dentro de certos limites, fatores extraeconômicos, como as demandas dos assalariados, dos exportadores de café, das classes de elevadas rendas que se beneficiavam com a inflação e dos interesses políticos atuando tanto na esfera nacional quanto regional.

A finalidade do programa foi anunciada como "um esforço de estabilização monetária" o qual permitiria que "o desenvolvimento do país se pudesse realizar em condições de equilíbrio econômico e estabilidade social". Ora, a despeito do impulso de desenvolvimento econômico proporcionado pelo Plano de Metas, surgiram, ao longo do processo, "pressões inflacionárias severas", em concomitância a uma "adversa conjuntura de preços internacionais de produtos primários" que agravaram problemas cambiais. Dessa forma, o esforço do plano seria corrigir tanto os problemas advindos das conjunturas interna, quanto externa (Ministério da Fazenda, 1958, fl. II).

Calcado no cenário econômico que se agravava mês a mês, o programa foi dividido em duas fases: a primeira, de outubro de 1958 ao final de 1959, é de transição e reajustamento, na qual "procurar-se-ia reduzir drasticamente o ritmo de incremento dos preços que temos sofrido ao longo de todo o período de pós-guerra"; a segunda fase, de estabilização, com início em 1960, iria "limitar a expansão de meios de pagamentos ao ritmo de incremento do produto real, com vistas a assegurar um grau razoável de estabilidade de preços internos, assim como o reequilíbrio do balanço de pagamentos" (Ministério da Fazenda, 1958, fl. II). Esta segunda parte, contudo, aparece de forma reduzida no documento, pois, uma vez controlado os problemas de inflação e de déficit do balanço de pagamentos, tratar-se-ia sobretudo de um monitoramento da expansão monetária de acordo com a elevação do produto.

Na própria concepção do programa de estabilização, por sua vez, constava a preocupação em manter o plano de Juscelino Kubitschek: "O esforço de estabilização é perfeitamente compatível com a execução do Programa de Metas do governo. Este foi, aliás, formulado com a preocupação explícita de condicionar a sua execução às possibilidades de obtenção de recursos não inflacionários, quer de origem interna, quer provenientes de investimentos e financiamentos internacionais" (Ministério da Fazenda, 1958, fl. III).

De maneira geral, portanto, as medidas do programa não comprometeriam o Plano de Metas e se concentrariam em dois aspectos: (1) contenção da expansão monetária e (2) redução do desequilíbrio financeiro do setor público, via maior canalização e orientação dos investimentos e redução dos gastos de consumo. Nesse ponto, cabe destaque à projeção do programa de que a maior parte das obras do Plano de Metas estaria concluída em 1960, o que, por si só, diminuiria o esforço de investimento do setor público.

A partir de tais princípios gerais, faz-se oportuno analisar quais as principais medidas de política econômica preconizadas pelo Programa de Estabilização Monetária.

Para controlar a inflação, que chegaria a 17% nos três primeiros trimestres de 1958, o plano propôs um teto para expansão dos meios de pagamentos. Estes teriam um limite de 12,7 bilhões de cruzeiros para o segundo semestre, o que significava um aumento de aproximadamente 4% em relação à primeira metade do ano. Para 1959, deveria limitar-se a 33,5 bilhões, 10% a mais do que o esperado para 1958. Além disso, previam-se limites para o saldo de papel-moeda em circulação, o montante de recursos emitidos por meio da Carteira de Redescontos e as linhas de crédito do Banco do Brasil. Ademais, restringia-se fortemente o financiamento expansionista do setor público, via transações entre o Banco do Brasil e o Tesouro Nacional.

No que tange ao desequilíbrio financeiro do setor público, o programa tocava em pontos importantes da estratégia de conciliação do ajuste monetário com a continuidade dos investimentos. Recomendavam-se, assim, as seguintes medidas: execução de despesas excedentes subordinadas à existência de recursos não inflacionários; "melhor distribuição social da carga tributária federal" (Ministério da Fazenda, 1958, p.8), e recuperação de seu volume, dado que seu montante caiu de 10,4% do PIB em 1954 para 8,4% em 1956; racionalização das despesas públicas e destinação a investimentos produtivos, e não a despesas de consumo – estas últimas representavam 55% da receita total em 1948 e passaram a 88% em 1956; e a utilização da conta de ágios e bonificações como fonte exclusiva para manutenção da política de compra e retenção dos estoques de café.

Em conjunto com tais medidas, o programa previa uma redução de 3 bilhões de cruzeiros na despesa total, insistindo em um novo plano de reclassificação e de reajustamento dos salários dos servidores públicos "em virtude da elevação do custo de vida", ainda que de forma escalonada no tempo e subordinada a novas fontes de receita tributária. Na prática, propunha-se o início dos reajustes em julho de 1959, "presumida a aprovação pelo Congresso das majorações tributárias" pretendidas pelo Programa (Ministério da Fazenda, 1958, p.8-9). Quanto às autarquias federais, os reajustes salariais estariam vinculados à revisão das tarifas e à redução de custos para não impactar o Tesouro Nacional.

Sob o ângulo da receita, o programa traz em anexo projetos de lei que visavam ao aumento dos tributos sobre renda, consumo, selo e taxas e emolumentos, que implicariam em uma elevação total de 13 bilhões de cruzeiro na arrecadação (Ministério da Fazenda, 1958, p.9). Ainda assim, previa-se um déficit de 10 bilhões no orçamento, que poderia ser coberto, sem gerar inflação, pela colocação de Letras do Tesouro junto aos bancos e operações de crédito do Banco do Brasil para não sufocar o mercado de empréstimos.

Sobre a questão da política salarial, os vencimentos privados deveriam crescer acompanhando o nível de elevação da produtividade, respeitando-se as disparidades regionais e evitando desníveis decorrentes de elevações do salário-mínimo real "demasiado altas" (Ministério da Fazenda, 1958, p.12). No que se referia ao salário mínimo, a revisão seguinte deveria unicamente recompor o poder compra do trabalhador, na proporção do aumento do custo de vida a partir de julho de 1956.

O último ponto desta primeira fase do Programa de Estabilização Monetária referia-se ao desequilíbrio do balanço de pagamentos. As sugestões de política econômica direcionavam-se para: incentivo à exportações; redução de subsídios cambiais e equalização dos valores interno e externo da moeda; redução das importações financiadas por crédito dos fornecedores (*suppliers credits*), dado o curto prazo de amortização e as altas taxas de juros; e, finalmente, "subordinar a execução de novos projetos de desenvolvimento econômico de grande intensidade de capital e longo período de construção à obtenção de financiamentos em moeda estrangeira a longo prazo" (Ministério da Fazenda, 1958, p.15).

Observava-se, portanto, um conjunto de propostas visando: conter a expansão monetária decorrente da emissão de moeda; diminuir o déficit público recuperando a receita do setor público; implementar uma política salarial condizente com as restrições monetárias; e adotar uma política cambial que desestimulasse importações supérfluas e retomasse a competitividade do setor exportador. Algumas dessas medidas estavam organizadas com previsão mensal, como nos casos de controles de expansão monetária e dos gastos do setor público, o que indicava o nível de preocupação e minúcia do relatório.

De uma perspectiva mais ampla, estas diretrizes de política econômica estavam norteadas por uma leitura conjuntural economia brasileira. Nesse sentido, a compreensão plena do programa exige a exploração desse diagnóstico.

Uma das questões mais importantes do período foi a política de proteção do café. Ela aparecia apenas de forma indireta no programa, na necessidade de ajustamento entre os valores externo e interno da moeda – o que significava, entre outras coisas, que o setor cafeeiro se beneficiava da diferença entre o preço de venda do café em moeda estrangeira e sua conversão para moeda nacional, custeada pelo governo federal – e na recomendação de utilização exclusiva dos recursos do fundo de ágios e bonificações para financiamento desta política. Para se ter ideia da magnitude do problema, segundo Orenstein e Sochaczewski (1990, p.191), os gastos com a compra dos estoques de café foram de 3 a 4 vezes maior do que os custos da construção de Brasília. Assim, embora por razões políticas o Programa de Estabilização Monetária não tenha discutido abertamente o problema, era visível que parcela importante do desequilíbrio das contas governamentais estava na proteção do setor, custeado pelo conjunto da sociedade brasileira.

O segundo ponto era o financiamento inflacionário das despesas do governo, cuja raiz estava na própria institucionalidade desses mecanismos de financiamento dos déficits públicos. O Programa de Estabilização Monetária se detinha longamente sobre a criação de regulamentações (via decretos e projetos lei a serem votados pelo

Congresso) para controlar a expansão monetária oriunda de transações entre o Tesouro Nacional e o Banco do Brasil. Daí o teto para emissão monetária colocado logo nas primeiras páginas do programa. Isso indicava, por sua vez, a preocupação de Lucas Lopes com a ausência de uma centralização da política econômica, dada a divergência entre as medidas programadas pelo Ministério da Fazenda e a atuação de banco comercial e de banco financiador do governo e emissor de moeda protagonizada pelo Banco do Brasil.

O terceiro e último ponto do diagnóstico referia-se à causa da inflação existente no Brasil, tema largamente discutido no programa. De acordo com o PEM, a inflação do período era uma inflação de demanda: "Esse excesso de procura sobre a oferta real fez-se possível porque o sistema bancário (Autoridades Monetárias e Bancos Comerciais) pôs à disposição das entidades públicas, empresas privadas e indivíduos, quantidade excessiva de meios de pagamento (papel-moeda e depósitos à vista)" (Ministério da Fazenda, 1958, p.18).

Visto em perspectiva, Lucas Lopes identificava características diversas para a inflação brasileira da década de 1950. Em sua concepção, o Brasil teve, até 1954, uma inflação de investimentos, "caracterizada pela tentativa do governo e dos particulares de efetuarem investimentos acima da propensão a poupar da comunidade, do ingresso líquido de recursos provindos do exterior, ou mesmo da disponibilidade real de fatores necessários" (Ministério da Fazenda, 1958, p.18). Após esse momento, observou-se uma inflação de custos, "caracterizada pela espiral-preços salários, sem contribuição líquida para o aumento da taxa de inversão". Segundo Lopes, todo processo inflacionário persistente tornava-se uma inflação de custo, comprometendo a possibilidade de crescimento e de desenvolvimento econômico do país. Os crescentes déficits governamentais para financiar investimentos e a política de recuperação dos salários nominais acabavam por intensificar os aumentos de preços.

Em suma, o Programa de Estabilização Monetária, ao trazer um diagnóstico da inflação como resultado de uma expansão monetária maior do que a quantidade de bens e serviços na economia mirou os principais canais de transmissão de crédito e de financiamento do governo. No que concernia à continuidade do Plano de Metas, embora diversos projetos efetivamente tivessem fontes próprias de financiamento, até que a estabilização tivesse resultado, os investimentos em andamento e que dependessem de aportes do setor público, como Brasília, poderiam ficar comprometidos. É justamente sobre esta linha tênue entre projeções e resultados possíveis que se tecem as considerações finais.

CONSIDERAÇÕES FINAIS

O Programa de Estabilização Monetária foi abandonado por Juscelino Kubitschek em meados de 1959, logo após o infarto sofrido por Lucas Lopes em 30 de maio, que motivou sua retirada da vida pública. O abandono fez parte de um conjunto de mudanças no governo federal, pois não só Lucas Lopes deixou a Fazenda, mas Roberto Campos também saiu do BNDE, o país rompeu com o FMI em 17 de junho e, onze dias depois, o então presidente do Banco do Brasil, cuja atuação foi tão criticada no programa, assumiu o Ministério da Fazenda.

É possível entender que o abandono da política de estabilização se devesse à relutância do chefe do Executivo, que enxergava nele, apesar de todas as precauções e preocupações de Lucas Lopes, uma ameaça à conclusão do Plano de Metas e à construção de Brasília. O engenheiro mineiro lembraria, inclusive, que o presidente não concordava com o diagnóstico da inflação como decorrente da expansão dos meios de pagamentos, aproximando-se, nesta questão, da interpretação formulada pela Comissão Econômica para América Latina e Caribe (Cepal), segundo a qual ela era expressão de desequilíbrios entre uma estrutura industrial incompleta e desigual e da incapacidade de produção de produtos agrícolas na escala demandada pela economia.

Contudo, a recusa do programa ultrapassava as preferências individuais do presidente, devendo ser buscada na difícil conjuntura política, a qual, ao contrário dos problemas econômicos, talvez não tivesse sido levada em consideração na elaboração do programa. De fato, o PEM recebeu duras críticas de diversos setores da sociedade: trabalhadores e sindicatos viram na proposta de política salarial, e sobretudo no adiamento do reajuste, uma política de arrocho (Benevides, 2001; Sola, 1998; Lopes, 1991). Por sua vez, o Congresso Nacional logo percebeu a impopularidade de aprovar aumentos dos impostos que incidiriam sobre a renda e o consumo; os setores industriais temeram pelo fim do crédito para novos investimentos decorrentes das propostas de rigidez de emissão de papel-moeda e de controle dos empréstimos do Banco do Brasil; os cafeicultores viam nas propostas o fim do programa de preços mínimos de compra e estocagem do café. Some-se a isso o empenho pessoal do presidente em concluir o Plano de Metas e Brasília, emoldurando, assim, a complexidade do cenário enfrentado por Lucas Lopes, o arquiteto do Plano de Metas e sua inglória tarefa de controlar a inflação, as contas públicas e prosseguir com o crescimento econômico do país.

Analisado em perspectiva histórica, pode-se afirmar que o Programa de Estabilização Monetária foi uma tentativa de ampliar a atuação da administração direta, aumentando o controle do Ministério da Fazenda sobre instituições e funções então dispersas. Na ausência de um Banco Central, na vigência da lei da usura, que inviabilizava o financiamento da dívida pública com a emissão de títulos, e diante das funções de banco comercial e de banco emissor assumidas pelo Banco do Brasil, torna-se fácil compreender que a estabilização monetária passaria pela reorganização desses órgãos. Nesse sentido, o PEM, mais do que um conjunto de medidas de equilíbrio econômico, trazia um projeto de organização dos mecanismos de política econômica que foi, naquele momento, rejeitado.

O emprego do termo contradição entre aspas no título deste capítulo pretende indicar como a formação prática do pensamento econômico de Lucas Lopes o preparou para conduzir a maior experiência de desenvolvimento econômico planejado já realizado no Brasil. Sua trajetória de engenheiro e técnico que participou de projetos no setor ferroviário, sua atuação no projeto de desvio do curso do São Francisco, o trabalho com Juscelino Kubitschek no governo de Minas Gerais, o protagonismo no Binômio Energia e Transportes e a criação da Cemig e de outros projetos de produção e geração de energia deram-lhe não apenas o cabedal de conhecimentos técnicos, mas alimentaram o aprendizado no confronto com imposições do cotidiano.

Lucas Lopes foi, desde o início de sua carreira, talhado na técnica do planejamento econômico. Tarefas que o levaram a reconhecer que a despeito de sua predileção pela liberdade da iniciativa privada, compreendeu os problemas contemporâneos e, a eles, respondeu. Entre o Plano de Metas e o Programa de Estabilização Monetária, portanto, antes que uma contradição, dois estímulos diversos para um pensamento amadurecido pela experiência: se o primeiro exigiu um aumento da esfera de atuação do Estado sob o desiderato do planejamento econômico e da instalação e integração de um complexo parque industrial, o segundo mobilizou precisamente a capacidade de conter o descontrole desta intervenção, com um chamado à ordem monetária, essencial para restabelecer o sistema de estímulos irradiado do mercado, refreando a inflação e recolocando o sistema de preços como orientador de investimentos públicos e privados. Contradições de um pensamento apenas na medida em que encarnou os difíceis problemas do país.

REFERÊNCIAS

BENEVIDES, M. V. de M. *O governo Kubitschek:* desenvolvimento econômico e estabilidade política (1956-1961). Rio de Janeiro: Paz e Terra, 2001.

BRASIL. Ministério da Fazenda. Programa de estabilização monetária para o período de setembro de 1958 a dezembro de 1959. Rio de Janeiro: Ministério da Fazenda, 1958.

CAMPOS, R. de O. *A lanterna na popa*. Rio de Janeiro: Topbooks, 1994.

DINIZ, C. C. Lucas Lopes, o visionário do desenvolvimentismo. *Revista do Arquivo Público Mineiro*, v.44, n.2, p.80-95, 2008.

LAFER, C. O Planejamento no Brasil – observações sobre o Plano de Metas, 1956-1961. In: LAFER, Betty M. *Planejamento no Brasil*. São Paulo: Perspectiva, 1978.

LESSA, C. *Quinze anos de política econômica*. São Paulo: Brasiliense, 1982.

LOPES, L. Discurso de paraninfo na Escola de Agronomia do Estado de Minas Gerais. [s.d.].

LOPES, L. Discurso de paraninfo na Escola de Veterinária do Estado de Minas Gerias, 27 de dezembro de 1944.

LOPES, L. Estudo sobre oficinas ferroviárias. *Revista Mineira de Engenharia*. Belo Horizonte: Sociedade Mineira de Engenharia, 1941.

LOPES, L. *O vale do São Francisco*. Rio de Janeiro: Ministério da Viação e Obras Públicas, 1955.

LOPES, L. *Memórias do desenvolvimento*: Lucas Lopes – (depoimento). Rio de Janeiro: Centro da Memória da Eletricidade no Brasil; Memória da Eletricidade, 1991.

LOPES, R. *Sonho e razão:* Lucas Lopes, o planejador de JK. São Paulo: Arx, 2006.

LOUREIRO, M. R. *Economistas no governo*. Rio de Janeiro: Fundação Getúlio Vargas, 1997.

MAYER, J. M.; ABREU, A. A. Lucas Lopes. In: ABREU, A. A. et al. (Eds.). *Dicionário histórico-biográfico brasileiro, pós-1930*. Rio de Janeiro: Fundação Getúlio Vargas, 2001.

OLIVEIRA, J. K. de. Diretrizes Gerais do Plano Nacional de Desenvolvimento. s/n, 1955.

ORENSTEIN, L.; SOCHACZEWSKI, A. C. Democracia com desenvolvimento: 1956-1961. In: ABREU, M. de P. (Org.). *A ordem do progresso*: cem anos de política econômica republicana, 1889-1989. Rio de Janeiro: Campus, 1990.

SECRETARIA DE AGRICULTURA. *Contribuições para o planejamento industrial de Minas Gerais*. Minas Gerais: Imprensa Oficial do Estado de Minas Gerais, 1946.

SOLA, L. *Ideias econômicas, decisões políticas*. São Paulo: Edusp, 1998.

VILLELA, A. A. Dos “anos dourados” de JK à crise não resolvida (1956-1963). In: GIAMBIAGI, F. et al. (Orgs.). *Economia brasileira contemporânea (1945-2004)*. Rio de Janeiro: Elsevier, 2011.

13
Walther Moreira Salles
O BANQUEIRO FIADOR DO BRASIL

Rafael Moraes

"Ele tinha mais crédito internacional do que o país que servia".

INTRODUÇÃO

As palavras do embaixador Marcos Azambuja, transcritas na epígrafe acima, constituem excelente início de conversa para qualquer relato sobre Walther Moreira Salles, ou apenas "o embaixador", como era conhecido. Elas sintetizam a enorme familiaridade com que o mineiro de Pouso Alegre circulava pelos corredores da diplomacia econômica internacional ao longo de seus anos como embaixador do Brasil nos Estados Unidos, e justificam sua escolha por diversas lideranças políticas nacionais para cargos econômicos, sobretudo em momentos conturbados de nossa história.

Nascido em 28 de maio de 1912, coincidentemente no mesmo ano em que morria José Maria da Silva Paranhos – Barão do Rio Branco, o patrono da diplomacia brasileira –, Walther se mudou ainda jovem para a vizinha Poços de Caldas, onde desde muito cedo viu despertar seu interesse pelas atividades comerciais, trabalhando e

Banqueiro, com livre circulação no sistema financeiro internacional, Walther Moreira Salles (1912-2001) assumiu o Ministério da Fazenda, em setembro de 1961, logo após a posse de João Goulart. Sua postura conciliatória e sua credibilidade internacional não foram suficientes para pôr fim à crise política e econômica que caracterizou o período.

auxiliando na expansão dos negócios de seu pai, João Moreira Salles, originalmente ligados ao setor cafeeiro.

Ao longo dos anos 1920, o empreendimento comercial cafeeiro dos Moreira Salles passou a atuar também no ramo bancário. Em 1936, Walther, recém-formado em Direito no Largo de São Francisco, assumiu o cargo de diretor do Banco Moreira Salles, resultado da fusão da instituição financeira de seu pai com a Casa Bancária de Botelhos e o Banco Machadense. Sob seu comando, o banco familiar com sede em Poços de Caldas se transformaria, em 1967, no quinto maior conglomerado financeiro do Brasil, a União dos Bancos Brasileiros – Unibanco, que se fundiu, no ano de 2008, ao Banco Itaú S/A, dando origem ao Itaú Unibanco Holding, então o maior banco privado da América Latina (Brandão, 2015) e umas das maiores instituições financeiras do mundo (Itaú, 2018). Como empresário, Moreira Salles esteve à frente de uma rede de empresas capitaneada pelo

Unibanco, atuando em diversos segmentos no país e no exterior.[1] Os Moreira Salles seriam, inclusive, reconhecidos como "a mais internacionalizada família de banqueiros brasileiros" (Brandão, 2015, p.2).

O empresário de sucesso em suas atividades privadas também se destacou como mecenas das artes nacionais. Além de financiar exposições e museus, presidiu o Museu de Arte Moderna (MAM-Rio), entre 1968 e 1974, foi membro do Conselho da Presidência do Museu de Arte Moderna (MoMA), em Nova Iorque, de 1991 até sua morte, em 2001, além de ter fundado, em 1992, o Instituto Moreira Salles, instituição que até hoje mantem três casas de cultura em Poços de Caldas, Rio de Janeiro e São Paulo.

A ação pública do banqueiro Moreira Salles não se restringiu, entretanto, à sua ligação com as artes. Sua facilidade em desfrutar da intimidade e da confiança de lideranças políticas nacionais o levou a posições de destaque no cenário político ao longo dos anos 1950 e 1960. Essa aproximação de Walther com a cúpula política nacional iniciou-se ainda em Poços de Caldas, quando dava os primeiros passos no comando dos empreendimentos da família.

Ao longo dos anos 1930, a pequena cidade localizada no sul de Minas Gerais havia se tornado um reconhecido balneário, que atraía grande parte da elite política e cultural brasileira, a começar pelo próprio presidente Getúlio Vargas. Foi desfrutando do convívio familiar desses ilustres frequentadores de sua cidade que Moreira Salles se inseriu definitivamente na alta sociedade brasileira (Nassif, 2001).

Sua trajetória política teve início com o convite de Guilherme da Silveira, então presidente do Banco do Brasil, no governo do general Eurico Gaspar Dutra, para presidir a Carteira de Crédito do Banco do Brasil, em 1948. Três anos depois, em 1951, já no governo Getúlio Vargas, assumiu, a convite do próprio presidente, a diretoria da Superintendência da Moeda e do Crédito (Sumoc).

---

1 Além do setor financeiro, os empreendimentos comandados pela família Moreira Salles atuavam nos setores comercial, energia, siderurgia, química, petroquímica, máquinas e equipamentos, mineração, atividade agrícola, turismo e na área cultural (Brandão, 2015; Mayer, 2010; Nassif, 2001).

A aproximação entre o banqueiro e Getúlio Vargas, aliás, seria alvo de questionamentos da oposição, especialmente após as denúncias envolvendo o apoio financeiro de Moreira Salles e Ricardo Jafet à Samuel Wainer – jornalista simpático a Vargas – quando da fundação do jornal *Última Hora* (Mayer, 2010). As denúncias do jornalista Carlos Lacerda, líder da oposição a Vargas, levaram à instauração de uma Comissão Parlamentar de Inquérito, em 1953, ao final da qual não ficou comprovado o favorecimento a Wainer.

Sem embargo, não seria sua proximidade das lideranças políticas nacionais o maior trunfo do homem público Walther Moreira Salles. Influente no circuito financeiro norte-americano, amigo pessoal de Nelson e David Rockfeller, com os quais possuía uma fazenda em sociedade no estado do Mato Grosso, Walther seria o porto seguro de governos com dificuldades de relação com Washington e Nova Iorque. Foi assim, ainda como presidente da Sumoc, que Walther foi enviado como representante brasileiro na IV Conferência de Consulta dos Chanceleres Americanos, em Washington, com o objetivo de garantir o apoio financeiro daquele país aos projetos de desenvolvimento industrial brasileiros. Tais esforços se enquadravam na aproximação pretendida pelos Estados Unidos com os países da América Latina, no contexto de acirramento da Guerra Fria, empenho depois conhecido como Política da Boa Vizinhança (Mayer, 2010).

Pouco menos de um ano depois, em junho de 1952, Moreira Salles era recebido em Washington como Embaixador do Brasil nos Estados Unidos. Sua missão: garantir os empréstimos necessários para o financiamento dos projetos elencados pela Comissão Mista Brasil-Estados Unidos.

Entretanto, a eleição de Dwight Eisenhower no final do mesmo ano alterou os rumos da política externa norte-americana, deixando em suspenso o volume de recursos esperado pela gestão Vargas. A despeito do maior alinhamento brasileiro à política econômica defendida pelos Estados Unidos, como no caso da liberalização cambial por meio da Lei do Mercado Livre (Vianna, 1990; Fonseca, 1990), os empréstimos efetivamente conquistados junto ao Eximbank (em torno de US$ 300 milhões) não atingiram o somatório de recursos esperado pelo governo.

A saída de Moreira Salles da embaixada brasileira em Washington, em agosto de 1953, coincidiu com o início de um período tenso nas relações econômicas brasileiras com os Estados Unidos e instituições internacionais como Banco Internacional para Reconstrução e Desenvolvimento (BIRD) e o Fundo Monetário Internacional (FMI), que se estenderia ao menos até 1958, já no governo Juscelino Kubitscheck. Foi, aliás, ainda sob JK que Walther Moreira Salles retornou ao posto de embaixador nos Estados Unidos, em julho de 1959, menos de um mês depois do rompimento formal do governo brasileiro com o Fundo Monetário Internacional.

Ficava claro, uma vez mais, o papel de fiador de estabilidade perseguido por meio da figura do banqueiro-embaixador frente ao sistema financeiro internacional. Afinal, "ele tinha mais crédito que o país". Se às lideranças políticas faltava credibilidade externa, Moreira Salles a tinha em abundância. Foi com este espírito que o embaixador foi convocado pelo presidente Jânio Quadros a compor o grupo encarregado da renegociação da dívida externa brasileira junto a credores europeus e norte-americanos, em 1961.

Nesse contexto de revisão da política econômica ativa de JK, Jânio Quadros promoveu uma reforma cambial, decretada por meio da Instrução 204 da Sumoc, que tinha como objetivo desvalorizar a taxa de câmbio e unificar o mercado cambial. A nova política foi bem recebida no exterior e o governo teve êxito nas negociações, conseguindo novos empréstimos e um reescalonamento da dívida a vencer entre 1961 e 1965 (Abreu, 1990).

A missão mais delicada na carreira de fiador de credibilidade, tarefa à qual já se habituara Moreira Salles, entretanto, ainda estava por vir. Homem prático, de ideias simples e construídas a partir de sua atuação na iniciativa privada, Salles mantinha boas relações com um espectro ideológico que ia de Getúlio Vargas e João Goulart à Lincoln Gordon e David Rockfeller. Em 1952, seu nome havia sido cogitado para o cargo de ministro da Fazenda no segundo governo Vargas, o que acabou não se concretizando (*Jornal do Brasil*, 1952). Pouco menos de dez anos depois, contudo, o desfecho seria outro.

Em meio à crise que se sucedeu à renúncia de Jânio Quadros em agosto de 1961 e a turbulenta posse do presidente João Goulart,

Moreira Salles foi mais uma vez aventado para o Ministério da Fazenda. Dessa vez, no entanto, o convite foi feito e prontamente aceito. Empossado em 9 de setembro de 1961, o embaixador Moreira Salles seria, então, o responsável pela economia ao longo dos primeiros doze meses do governo Goulart, e teria pela frente talvez a mais difícil tarefa de sua vida como homem público: conceder legitimidade e credibilidade entre as elites econômicas nacionais e internacionais a um governo, cuja liderança maior era historicamente identificada com interesses das classes trabalhadoras.

Sua curta experiência no ministério demarcou sua vida como homem público. O desfecho do governo Goulart, com o golpe de 1964, deu início a uma ditadura que se estenderia por mais de duas décadas. Nesse período, Walther Salles se afastou não apenas do meio político, mas do próprio país. Suas passagens pelos governos Vargas e Goulart lhe trouxeram problemas com o regime militar. Em 1968, alguns grupos dentro do governo Costa e Silva chegaram a aventar a possibilidade de cassar Moreira Salles. O então ministro da Fazenda, Antonio Delfim Netto, afirmou em depoimento ao Instituto Moreira Salles que teria sido ele próprio o desarticulador da ideia. Ainda segundo Delfim, seu diálogo com Costa e Silva foi curto, bastando afirmar que "as relações de Walther Moreira Salles com o sistema bancário internacional e o governo norte-americano eram tão fortes que sua cassação fecharia as portas para novos financiamentos, essenciais para a rolagem da dívida externa brasileira", para que o general fosse demovido da ideia (Paula, 2018).

Após o governo militar, Moreira Salles teria ainda mais uma importante missão – dessa vez informal, após o convite do presidente José Sarney para participar da equipe encarregada das renegociações da dívida externa brasileira em 1987.

Morto aos 88 anos, em 27 de fevereiro de 2001, Moreira Salles deixou além de quatro filhos – Pedro, Fernando, Walter e João – um importante legado como homem público de seu tempo. A construção de seu pensamento e sua passagem pelo Ministério da Fazenda, mais do que um recorte fundamental de nossa história, podem ser lidos como lição imprescindível às gerações futuras. Da mesma forma que suas contradições, seus erros e seus acertos podem ser vistos como reflexos do momento em que viveu, mas também como elementos a contribuírem no entendimento dos problemas atuais.

O PENSAMENTO ECONÔMICO DE WALTHER MOREIRA SALLES: UM LIBERAL PRAGMÁTICO

Discreto e pragmático, o embaixador Walther Moreira Salles era reconhecido por sua habilidade diplomática e sua capacidade de circular em meio às mais diversas tendências ideológicas. Muito próximo do presidente Vargas, foi entusiasta de sua política desenvolvimentista, apesar de considerar-se um liberal.

Como homem prático, moldou seu pensamento a partir das relações que construía e de sua própria atividade profissional e política. Em sua carreira como banqueiro, aproximou-se de figuras de peso do sistema financeiro internacional, o que propiciou uma precoce dinâmica internacionalizante em seus negócios. Do ponto de vista do homem público, contudo, essas ligações externas se cristalizaram na defesa de relações construtivas do país frente ao capital e ao sistema financeiro internacionais.

A busca de uma relação estável e saudável entre o Brasil e seus principais credores – em especial, os Estados Unidos – tornou-se uma constante em sua atuação como embaixador e como ministro. Nesta seara, a despeito de suas posições sempre diplomaticamente colocadas, é possível perceber que Salles tinha ressalvas a uma tese corrente ao longo do período em que atuou como ministro da Fazenda: o controle das remessas de lucros.

O debate em torno do controle do envio de lucros pelas empresas estrangeiras que atuavam no Brasil ganhou força no início dos anos 1960 devido aos crescentes desequilíbrios no balanço de pagamentos. Diante da queda nas exportações e do aumento das importações de alguns bens ligados ao processo de industrialização transcorrido ao longo da década de 1950, a escassez de divisas tornou-se um dos principais problemas do país. Por outro lado, o aumento do número de empresas estrangeiras atuando no Brasil acarretou uma elevação dos saldos enviados ao exterior na forma de lucros e dividendos remetidos a matrizes e acionistas localizados nos países centrais.

Frente a este quadro, de um lado colocavam-se aqueles que defendiam maiores controles à remessa de lucros e dividendos, limitando-os a um percentual fixo do volume de capitais ingressos no país, medida que possibilitaria não apenas uma redução na saída de dólares, mas um aumento do reinvestimento de capitais na economia nacional. Por outro lado, prevalecia entre os contrários ao referido controle a ideia de que as restrições ao capital externo apenas reduziriam os incentivos para o ingresso de novos capitais, trazendo obstáculos à manutenção do processo de desenvolvimento industrial tendo em vista que o mesmo ainda era dependente de financiamento e tecnologia internacionais.

Em meio ao debate, pouco mais de dois meses após a posse de João Goulart na Presidência da República e de Moreira Salles no Ministério da Fazenda, o Congresso Nacional aprovou o projeto de lei do deputado mineiro Celso Brandt, do Partido Republicano (PR), que limitava a remessa de lucros anual feita pelas empresas em 10% de seu capital social. A polêmica lei aprovada não foi sancionada de imediato pelo presidente, o que veio a ocorrer apenas em setembro de 1962 (Loureiro, 2016).

Diante do quadro apresentado, as posições pragmáticas de Moreira Salles foram tomando forma por meio de pronunciamentos e artigos publicados na imprensa. Sua visão sobre os fatos sucedidos pode ser percebida, por exemplo, quando afirmava que "nos interessa não apenas disciplinar, mas tornar o Brasil um país em que o capital alienígena encontre atrativos e segurança para aqui vir exercer sua ação fecunda" (*O Estado de S.Paulo*, 28.12.1961, p.48). Tais declarações destoavam diretamente das posições mais céticas quanto às vantagens do investimento externo, visto mostrar-se o ministro estar "convencido de que a assistência técnica estrangeira e a colaboração do capital alienígena são indispensáveis ao nosso progresso material e à nossa evolução política" (*Revista Bancária Brasileira*, 1962, n.349, p.13). Neste sentido, tentativas de conter artificialmente o ingresso ou dificultar a circulação destes capitais apenas trariam prejuízos a economia local. Para Salles, os investimentos externos deveriam ser acolhidos "sem prevenções descabidas, como fonte que é[são] de novos empregos, criador[es] de novas riquezas e de novas indústrias subsidiárias, como fator de aumento do produto bruto nacional" (*Revista Bancária Brasileira*, 1962, n.349, p.13).

Em meio ao turbulento cenário político e econômico do início dos anos 1960, ficava nítida a preocupação de Moreira Salles em manterem-se estáveis e favoráveis as condições para o ingresso de capitais externos no Brasil. A análise de seu pensamento, nesse aspecto, revela grande entusiasmo diante da ampliação do aumento da inter-relação entre as nações do mundo. Sua vertente liberal faz-se cristalina nos discursos em que enaltecia os incentivos ao progresso e ao aprimoramento técnico de nossa indústria, possibilitados pela competição internacional e pelo ingresso de novas tecnologias. Nota-se aqui um primeiro elemento explicativo das restrições a seu nome quando anunciado para a pasta da Fazenda em segmentos da base de apoio do presidente Goulart, muito mais identificados com um pensamento desenvolvimentista de corte nacionalista, no qual difundia-se, inclusive, algum nível de aversão ao capital estrangeiro.

Quanto às questões domésticas, sua preocupação com a estabilidade da economia e a credibilidade do governo eram sempre destacadas como fundamentais para o desenvolvimento. Neste sentido, a aproximação de Salles das ideias desenvolvimentistas, via Vargas, não o afastou de um posicionamento que hoje seria visto como ortodoxo no que concernia ao combate à inflação e da necessidade de austeridade fiscal e monetária. Salles era crítico dos excessos na oferta monetária, das despesas públicas desmedidas e da ausência de controles à expansão do crédito (*O Estado de S.Paulo*, 20.01.1962, p.22).

É certo que tais posições, em muitos aspectos, impunham-lhe contradições insuperáveis, como ficou claro em sua passagem pelo Ministério da Fazenda, ao longo do governo Goulart (Fonseca, 2004). Nesse sentido, o ministro não destoava de seus pares no governo, ou mesmo fora dele. A coerência entre o discurso e as políticas econômicas ao longo da primeira metade dos anos 1960 foi um recurso escasso entre os homens públicos brasileiros, em grande parte devido à própria complexidade dos problemas econômicos e sociais que então se impunham. Tais problemas decorriam do contexto em que, após o grande salto estrutural vivido pela economia brasileira ao longo da década de 1950, o próprio esgotamento do processo de substituição de importações demandava transformações mais profundas no país visando a uma reconfiguração de suas estruturas sociais.

De acordo com o pensamento estruturalista, alicerçado pela escola da Comissão Econômica para a América Latina e o Caribe (Cepal), tais reformas passavam pela superação de entraves que impediam a economia de alcançar o mesmo nível de desenvolvimento dos países centrais. Tal superação não ocorreria naturalmente a partir das forças do mercado, uma vez que as condições históricas de sua formação impunham aos países latino-americanos, dentre os quais o Brasil, uma condição própria de inserção na economia internacional. Apenas a intervenção estatal poderia corrigir os elementos estruturais que impediam a manutenção do crescimento. Essa correção de rumos foi sintetizada ao longo do governo Goulart na ideia de Reformas de Base (ou Reformas Estruturais). A despeito de a reforma agrária ter se tornado a mais conhecida, outras medidas compunham o elenco de políticas pretendidas pelo presidente e por seus apoiadores, tais como as reformas bancária, tributária, da administração pública, até a educacional, a eleitoral e a urbana (Viana, 1980; Furtado, 1997).

Mas essa não era a única alternativa vislumbrada como saída da crise. Ao contrário, grande parte das elites políticas e econômicas traçavam um diagnóstico diverso para aquele momento vivido pelo país. Para estes, após alguns anos de significativo crescimento econômico, práticas "populistas" e "irresponsáveis" por parte dos gestores públicos teriam resultado em prejuízos significativos às contas públicas e, em consequência, à economia nacional. Aumentos exorbitantes nos salários dos servidores do setor público, cujo efeito se propagou para o setor privado, ao lado de gastos desmesurados e do pouco cuidado com o equilíbrio fiscal, teriam levado a um grande problema nas contas públicas. Ao mesmo tempo, uma retórica ideológica contaminada por discursos e práticas de um nacionalismo xenófobo teriam reduzido a confiança e, com isso, a atratividade do Brasil frente aos fluxos de capitais internacionais. Inflação alta e redução dos índices de crescimento eram, sob esse ponto de vista, as faces visíveis desses problemas. A correção dos rumos passava pelo aumento da responsabilidade no controle das contas públicas, com o fim das medidas "populistas" e a reversão das políticas externas danosas à credibilidade do país dentre os credores internacionais.

A despeito do discurso liberal quanto ao combate à inflação e ao saneamento das contas públicas – baseado em sua origem social e aos sólidos vínculos que mantinha com o sistema financeiro internacional –, a análise dos posicionamentos de Salles não permite conclusões imediatas. Ao longo do início dos anos 1960, não era incomum ouvir ou ler em seus discursos e pronunciamentos, mesmo os voltados essencialmente para um público de banqueiros, a defesa de pilares da ideologia desenvolvimentista, como a intervenção estatal, a melhor distribuição de renda e até mesmo de alguma espécie de reforma agrária, como se nota nesse discurso proferido na Associação Comercial do Rio de Janeiro e publicado pelo jornal *O Estado de S.Paulo*, em dezembro de 1961: "Está em pauta uma reforma agrária. Que se efetue essa reforma [...]. Em lugar, pois, de rejeitarmos a ideia de uma reforma agrária, esforcemo-nos em apressar essa reforma e torná-la boa, útil, profícua" (*O Estado de S.Paulo*, 28.12.1961, p.48).

Não é razoável sugerir, por outro lado, que o embaixador fosse um adepto das reformas de base, nem que endossasse as visões mais "à esquerda" que circulavam dentre apoiadores do presidente Goulart. Diante destas aparentes contradições percebidas ao longo da trajetória política e intelectual de Walther Salles, fazem-se especialmente relevantes duas considerações.

A primeira delas diz respeito ao pragmatismo com que o embaixador tomava suas decisões e determinava seus posicionamentos, aparentemente sem a preocupação prévia de se respaldar nesta ou naquela corrente teórica ou grupo político. Este ponto talvez explique suas ligações com homens públicos de diferentes espectros ideológicos e políticos, no Brasil e no exterior.

A segunda, e talvez mais significativa, pode ser sintetizada a partir de uma crença na possibilidade de um desenvolvimento assentado na paz social. Tal afirmação pode ser confirmada em diversos discursos nos quais ficam claros os anseios pacificadores de Salles, isolando os extremos, à esquerda e à direita, como causadores da perene instabilidade política vivida em seu tempo. Em discursos a empresários, reclamava a percepção de seus pares quanto aos diversos aspectos da pobreza, do aumento do custo de vida e da degradação social, destacando os riscos de, ao não se atentarem para estes problemas, estarem alimentando tensões na forma de "conflitos de classe ou conflitos de ideias que os inimigos da democracia, sempre atentos e disciplinados exploram e agravam" (*Revista Bancária Brasileira*, 1962, n.349, p.1). Nota-se claramente uma visão otimista do desenvolvimento econômico quanto ao seu potencial efeito apaziguador das tensões sociais. Para tanto, parecia bastar que os extremos fossem evitados e que a política econômica se voltasse à redução das disparidades dentro da ordem estabelecida.

As bases de seu pensamento não se distanciavam da solução conservadora, acordada desde cima, pautada no potencial do desenvolvimento econômico em equacionar os problemas sociais mais imediatos, tornando inócuos e descabidos quaisquer pleitos de uma revolução social. Sua posição intelectual era, sob todos os sentidos, a de um homem de seu tempo, em total sintonia com o modelo varguista.

Seu posicionamento conservador e seu discurso conciliatório e moderado, entretanto, em nada se aproximariam da radicalização que marcou a segunda metade dos anos 1960. Naquele momento, já ficava claro que o "pacto social" desenvolvimentista não era viável, e que qualquer alternativa de conciliação de classes estava obstruída.

Respaldada por sua trajetória pessoal e por suas ideias pacificadoras, a atuação de Moreira Salles à frente do Ministério da Fazenda entre, 1961 e 1962, parece, sob esse sentido, o último suspiro de um projeto agonizante. Não seria por outra razão que o conservador Walther Salles se encontraria em 1964, no lado oposto ao dos vitoriosos, ainda que suas posições políticas e econômicas, bem como seus laços empresariais, em nada o aproximassem dos derrotados.

ATUAÇÃO NO MINISTÉRIO DA FAZENDA: O FIADOR DE CREDIBILIDADE NO INTENTO DE CONCILIAÇÃO NACIONAL

O governo do gaúcho João Belchior Marques Goulart iniciou-se, em 7 de setembro de 1961 após forte crise política envolvendo a renúncia do presidente Jânio Quadros em agosto e o veto militar à posse constitucional do vice-presidente, o próprio João Goulart. Após diversos arranjos entre políticos e militares, aprovou-se às pressas no Parlamento uma emenda à Constituição alterando seu capítulo referente ao sistema de governo, do presidencialismo ao parlamentarismo. O acordo – na prática, uma improvisação jurídica – foi aceito pelo então vice-presidente, como a condição para ser alçado à chefia do Executivo. Com tal medida, entretanto, grande parte dos poderes constitucionais do chefe de governo foram transferidas da presidência para a recém-criada figura do primeiro-ministro.

Assim, o presidente de direito assumiu o poder com seus poderes reduzidos, tendo como fiel da balança um gabinete parlamentarista comandado pelo deputado do Partido Social Democrático (PSD) mineiro, Tancredo Neves. O gabinete, que tinha por base a ideia de conciliação nacional, apresentava entre seus membros – a maioria deputados – representantes dos principais partidos, em especial do PSD, agremiação com o qual ficaram além do cargo de *premiê* e ministro da Justiça, acumulados por Tancredo Neves, as pastas da Educação e Cultura (Oliveira Brito), Agricultura (Armando Monteiro) e Indústria e Comércio (Ulisses Guimarães) – todos deputados.

A opositora União Democrática Nacional (UDN) também teve direito a seu quinhão. Virgílio Távora, da UDN/RJ, foi indicado ministro de Viação e Obras Públicas, e Gabriel Passos (UDN/MG) ocupou a pasta de Minas e Energia. O espaço reservado ao grupo político do presidente Goulart acabou tão reduzido nessa solução pactuada, que seu próprio partido, o PTB (Partido Trabalhista Brasileiro) ficou com apenas três representantes no ministério: o deputado pernambucano Estácio Souto Maior, com a pasta da Saúde, o baiano Hermes Lima, na Casa Civil e o também deputado Francisco San Tiago Dantas, do PTB de Minas Gerais, no Ministério das Relações Exteriores.

Completavam o gabinete, os representantes do PDC (Partido Democrata Cristão), com o também deputado André Franco Montoro de São Paulo, no Ministério do Trabalho e Previdência Social, além dos ministros militares Amaury Kruel, no Gabinete Militar, João de Segadas Vianna, ministro da Guerra, Ângelo Nolasco de Almeida, ministro da Marinha, Clóvis Monteiro Travassos, ministro da Aeronáutica e Oswaldo de Araújo Mota, escolhido para chefiar o Estado Maior das Forças Armadas.

O único ministro não militar que não era filiado a partido algum era exatamente o banqueiro Walther Moreira Salles, escolhido, "por interferência pessoal do presidente João Goulart" (Affonso, 2014, p.190) para o Ministério da Fazenda. Seu nome mais do que nunca representava a credibilidade que se buscava para um governo cuja liderança era exercida por um presidente historicamente identificado com ideias de esquerda e pouco palatável aos sistemas financeiros nacional e internacional (Salomão; Moraes, 2016; Monteiro; Fonseca, 2012; Fonseca, 2004).

Se a ideia consistia em acalmar os interesses financeiros, o novo ministro, um "banqueiro, vinculado aos Rockfeller", desagradava importante ala de sustentação do governo – sua base política no PTB. Ao encaminhar a votação que aprovaria o Conselho de Ministros na Câmara Federal, o deputado Almino Affonso, líder do PTB, destacou em discurso "o profundo desagrado pelo nome do Dr. Walter Moreira Salles, cuja visão econômica e social não se coadunava com a política nacionalista que se esperava pôr em prática" (Affonso, 2014, p.191).

Apesar de desagradar parte de suas bases históricas de apoio, a postura conservadora da administração Goulart durante o Gabinete Neves é entendida por parte da literatura como uma decisão orquestrada visando à conquista de credibilidade junto à sociedade civil e aos organismos internacionais. A credibilidade frente a uma postura conservadora do governo seria um componente essencial para o êxito de suas políticas desenvolvimentistas. Isso porque, a percepção generalizada de que Goulart poderia não se comprometer com políticas econômicas mais duras no combate à inflação poderia levar os agentes a se anteciparem a um possível recrudescimento do processo inflacionário, conformando assim uma disputa distributiva. Em outras palavras, os empresários adiantariam suas elevações nos preços e os trabalhadores suas reivindicações salariais, inviabilizando qualquer intento estabilizador do novo governo (Monteiro, 1999).

Se a credibilidade era crucial para o sucesso econômico do governo, a necessidade de legitimidade política também estava na raiz do consentimento de Goulart com a guinada conservadora no início do seu governo. É possível afirmar que parte do conservadorismo visto no ministério foi fruto da própria concertação que colocou fim à crise em torno da posse de Goulart. Claramente, durante o Gabinete Neves, o presidente não apenas não governou diretamente como, tudo leva a crer, teve pouca ou nenhuma autonomia na escolha dos quadros de seu governo. Os pronunciamentos de Goulart durante o período deixavam clara sua insatisfação com tal situação. Este teria sido, no entanto, o preço a pagar pela saída compactuada, aceita por Goulart, após a renúncia de Jânio Quadros.

Do ponto de vista econômico, o cenário que antecedeu a posse de Goulart não era menos turbulento. Após mais de uma década de crescimento constante do PIB, a produção apresentava sinais de desaquecimento, como os vistos na redução dos investimentos privados. Além disso, o Estado, o grande sustentador do dinamismo econômico ao longo dos anos 1950, não apresentava situação confortável do ponto de vista fiscal. As contas públicas estavam deterioradas, o que se refletia também na aceleração do processo inflacionário. O setor externo, como já foi destacado na seção anterior, também impunha limites à política econômica. A Tabela 13.1 apresenta um panorama dessa situação.

Como é possível notar na referida tabela, a situação crítica da economia já se arrastava desde o governo de Juscelino Kubitscheck (1956-1961), sendo, contudo, encoberta pelos significativos resultados alcançados pela produção interna e pelo grande fluxo de investimento direto externo. Os déficits nas contas públicas, por exemplo – que desde 1956 oscilaram entre 2 e 3% do PIB –, impunham, pela ausência de outro mecanismo de financiamento, uma expansão monetária com consequências diretas na aceleração da inflação, que chegava em 1959 a 39%. A dívida externa, por sua vez, crescia em alta velocidade a partir

TABELA 13.1 – INDICADORES ECONÔMICOS SELECIONADOS (1956-1964)

Governo	Ano	PIB %	Inflação %	Resultado Tesouro % PIB	Conta corrente	Conta capital	Dívida externa	FBKF %PIB
Juscelino Kubitscheck	1956	2,9	24,5	-3,2	57	151	1.580	14
	1957	7,7	7,0	-2,6	-264	255	1.517	17
	1958	10,8	24,4	-2,0	-248	184	2.044	18
	1959	9,8	39,4	-1,1	-311	182	2.234	21
	1960	9,4	30,5	-1,0	-478	58	2.372	17
Jânio Quadros	1961	8,6	47,8	-2,2	-222	288	2.835	15
João Goulart	1962	6,6	51,6	-2,9	-389	181	3.005	18
	1963	0,6	79,9	-2,4	-114	-54	3.089	18
	1964	3,4	92,1	-2,9	140	82	3.160	17

Fontes: Ipeadata; IBGE, 1989; Abreu, 1990a. PIB: variação percentual real anual; Inflação: IGP-DI (variação percentual); Resultados da Conta Corrente e a Conta Capital do BP a preços correntes em milhões de dólares; Dívida Externa: Total Registrada a preços correntes em milhões de dólares; Resultado do Tesouro percentual do PIB, FBKF: Formação bruta de capital fixo (investimentos) como porcentagem do PIB.

do acúmulo de sucessivos déficits na conta corrente do balanço de pagamentos, que eram, em grande medida, financiados com empréstimos externos.

Nesse contexto, a gestão de Moreira Salles decidiu priorizar a manutenção das taxas de crescimento do PIB e a desaceleração da inflação. Sua primeira ação foi a apresentação de um programa de combate à inflação denominado "Ação de Emergência". De modo a controlar a escalada dos preços, o programa propunha cortar gastos e reduzir o crédito ao setor privado para evitar a continuidade dos excessos de expansão monetária. Na área cambial, a proposta era perseguir a unificação das taxas de câmbio em patamar realista, seguindo a tendência vigente, sem, contudo, abrir mão do controle das importações de produtos "não essenciais" (Fonseca, 2004; Mesquita, 1992).

Em sua essência, o plano constituía-se em um receituário ortodoxo de combate à inflação, inserido, entretanto, em uma relação de metas e políticas de caráter desenvolvimentista, como a manutenção da taxa de crescimento do PIB em ao menos 7,5% ao ano, a incorporação da população subempregada ao mercado formal de trabalho e a redução das desigualdades de renda e dos desequilíbrios regionais (Melo; Bastos; Araújo, 2005).

À época, o programa foi considerado ambicioso e incoerente por parte da literatura econômica, ao apresentar políticas contraditórias e excludentes, como argumenta Mesquita (1992). O próprio texto do documento destacou essa incoerência: "Estes objetivos não estão aqui apresentados em ordem de prioridade e, de certa forma, não são todos plenamente compatíveis entre si" (Conselho de Ministros, 1961 apud Mesquita, 1992). Ainda de acordo com Mesquita, a dificuldade em se definir prioridades e políticas "mais realistas" respondia ao próprio tom conciliatório de "União Nacional" que caracterizou o gabinete Neves e que, em alguma medida, caracterizava o próprio titular da Fazenda.

Do ponto de vista monetário, foi lançada logo no início do governo a Instrução 214 Sumoc, por meio da qual se visava ampliar o controle seletivo de crédito do Banco do Brasil, bem como impor o recolhimento compulsório de 80% do aumento dos depósitos à vista no sistema bancário ocorrido após julho de 1961. Tal medida significava que uma parcela maior dos depósitos captados pelos bancos comerciais deveria ficar à disposição da autoridade monetária e, portanto, não poderia ser emprestada ao público. Tal intento, porém, não foi suficiente para reduzir a aceleração da expansão monetária no último trimestre de 1961. O déficit público seguia a tendência de aceleração e, com ele, o processo inflacionário. O resultado negativo de 137 milhões de cruzeiros registrado pelo caixa do Tesouro Nacional em 1961 foi mais que o dobro do valor de 1960, quando o saldo negativo foi de 64 milhões de cruzeiros (Sochaczewski, 1993).

Ficava claro que os esforços contracionistas do governo eram limitados pelas pressões políticas por maiores incentivos aos investimentos, especialmente via crédito, e pelo acirramento do conflito distributivo entre lucros e salários, o que fazia com que as possibilidades de controle das contas públicas ficassem parcialmente inviabilizadas. A opção de redução dos gastos esbarrava nas crescentes demandas por mais crédito e gastos públicos, fruto do próprio processo de desenvolvimento pelo qual passava o país. Por seu turno, a ampliação da receita tinha como obstáculos a redução do crescimento econômico e a resistência política a aumentos de impostos. Por fim, a opção de financiamento público, via emissão de títulos, era vedada pelo limite imposto à taxa de juros oficial, em 12% ao ano (Lei da usura), o que tornava impraticável a tomada de dívida pública face a índices inflacionários acima desse percentual.

Diante da possibilidade de um novo déficit estimado em 500 milhões de cruzeiros, no início de 1962 foram adotadas novas medidas contracionistas visando ao controle da criação de moeda bancária e do déficit público. A nova política previa o corte em 40% nas despesas orçamentárias variáveis da União, a transferência de investimentos e restos a pagar para o exercício de 1963, além da cobrança de empréstimo compulsório no Imposto de Renda das Pessoas Jurídicas (Sochaczewski, 1993; Mesquita, 1992). Concomitantemente, foi enviado ao Congresso um projeto que reajustava alguns impostos federais visando a ampliar as receitas fiscais. O reajuste, entretanto, não foi aprovado, sendo declarado inconstitucional pelo Supremo Tribunal Federal por aumentar impostos depois de aprovado o Orçamento (Monteiro, 1999). Além dessas medidas fiscais, o controle do crédito estipulava o teto de 12,7% para o crescimento dos empréstimos ao setor privado concedidos pelo Banco do Brasil ao longo do ano, além de novo aumento do depósito compulsório dos bancos comerciais. Na contramão de tais ações, entretanto, em abril de 1962 foi concedido um reajuste salarial de 40% para o funcionalismo público, e, logo depois, foi decretada a ampliação dos subsídios às empresas públicas (Mesquita, 1992).

Em julho do mesmo ano, em um cenário de manutenção da pressão inflacionária e acirramento das tensões políticas, o Gabinete Tancredo Neves foi dissolvido, dando lugar a um novo grupo de ministros sob o comando do gaúcho Francisco de Paula Brochado da Rocha, do PSD. A despeito de o novo gabinete ser chefiado por um político muito mais alinhado ao social-desenvolvimentismo, a manutenção de Moreira Salles na pasta da Fazenda indicava a continuidade do tom das políticas econômicas.

As previsões quanto ao déficit público para o ano seguinte seguiam ruins, mesmo com a adoção de uma série de medidas contracionistas. Em meio às previsões pessimistas, o governo solicitou ao Congresso delegação de poderes para a concretização de reformas financeiras visando ao combate mais efetivo do processo inflacionário. Dentre estas medidas, destacavam-se a criação de um Banco Central e a permissão para a emissão de títulos indexados. A rejeição pelo Parlamento, e uma nova crise militar envolvendo a pressão pela convocação de um plebiscito questionando a manutenção do parlamentarismo levou à dissolução de mais um gabinete em menos de três meses, sendo que desta vez o ministro da Fazenda também foi substituído. Chegava ao fim a passagem de Walther Salles ao governo, dando lugar ao baiano Miguel Calmon, também ligado ao setor bancário. O novo gabinete, chefiado por Hermes Lima, duraria até janeiro do ano seguinte, quando as eleições plebiscitárias decidiram pela volta ao presidencialismo.

Os problemas econômicos estavam longe de serem resolvidos. A inflação em 1962 superou os 50%, chegando perto de 100% em 1964, último ano do governo Goulart. As políticas recessivas, que não lograram controlar a inflação se somaram aos elementos estruturais, reduzindo fortemente as taxas de crescimento da economia.

A dívida externa e o déficit público continuariam crescendo. Um novo programa conciliador seria intentado após a instauração do presidencialismo; sob o nome de Plano Trienal, foi elaborado e conduzido pelo ministro do Planejamento, Celso Furtado. Ainda que o governo tenha tentado até as vésperas do golpe referendar seu programa de desenvolvimento entre as classes produtoras, movimentos conspiradores cresciam entre civis e militares; assim, acirravam-se as tensões políticas e econômicas, culminando no golpe de Estado perpetrado em abril de 1964 (Moraes, 2014).

CONSIDERAÇÕES FINAIS

Este capítulo buscou apresentar as contradições vivenciadas pelo governo Goulart e por seu ministro da Fazenda no cenário vivido ao longo dos primeiros anos da década de 1960. Somavam-se dificuldades estruturais com problemas e tensões conjunturais de naturezas política e econômica. Nesse contexto, pressões de todos os lados se sobrepunham, refletindo-se na própria organização do Estado. É só a partir das disputas sociais colocadas naquele momento, relacionadas aos desdobramentos futuros do desenvolvimento do país, que se faz possível entender as contradições internas do governo Goulart. Apenas nesse sentido é possível captar plenamente os espaços de ação de cada segmento social refletidos no governo.

A busca por uma saída pactuada de ação reformista foi intentada por Goulart até seu limite. Adepto de um reformismo pacifista e pactuado, aos moldes de Getúlio Vargas, Goulart buscou conciliar os interesses de frações das classes produtoras com demandas populares, visando a construir uma nação desenvolvida e menos desigual.

Para tanto, a participação de Walther Salles no governo, ainda que breve, teve papel de reconhecido destaque. Suas posições conservadoras, sua origem empresarial, seus fortes laços com o sistema financeiro internacional, aliados à visão agregadora e à defesa de um pacto social em torno do desenvolvimento, o gabaritaram para aquele engenho em que o acaso da história o colocou. Dele, esperava-se que cumprisse a difícil tarefa de legitimar o governo nos espaços em que era visto com desconfiança; ao mesmo tempo, pretendia-se que solidificasse o apoio dos grupos em que construíra sua base histórica de apoio.

Não se tratava de uma tarefa simples, ainda mais quando se considera que seu sucesso passava por equacionar demandas quase opostas, como elevar os gastos públicos e reduzir a inflação, incentivar os investimentos privados e ampliar a massa de salários, manter o apoio das elites políticas e econômicas e patrocinar uma reforma agrária e manter boas relações com os Estados Unidos e com as economias socialistas em plena Guerra Fria.

Os anos que se seguiram à derrubada de Goulart mostraram que para cada uma dessas questões, uma alternativa deveria ser escolhida. Os espaços para a conciliação estavam vedados.

Qualquer similaridade desta breve história com os coevos governos conciliatórios e seus banqueiros de legitimação não deve ser mera coincidência. Os espaços para conciliação parecem sempre estar vedados! Mas essa é uma outra história.

REFERÊNCIAS

Fontes primárias

IBGE. *Estatísticas Históricas do Brasil*: séries econômicas, demográficas e sociais de 1550 a 1988. Rio de Janeiro: IBGE, 1989.

IPEADATA. Disponível em <www.ipeadata.gov.br> Acesso em: 20 jan. 2019.

ITAÚ Unibanco Holding. Quem somos. Disponível em: <https://www.itau.com.br/itaubba-pt/sobre-o-itau-bba/quem-somos/itau-unibanco-holding> Acesso em: 28 ago. 2018.

JORNAL DO BRASIL. Diversos números.

O ESTADO DE S.PAULO. Diversos números.

MAYER, J. M. Válter Moreira Salles. In: ABREU, A. A. de et al. (Coords.). *Dicionário histórico-biográfico brasileiro, pós-1930*. Rio de Janeiro: CPDOC, 2010.

PAULA, S. de G. Walther Moreira Salles e os museus [3]. Acervos. Walther Moreira Salles. 7 nov. 2018. Disponível em <https://ims.com.br/por-dentro-acervos/walther-moreira-salles-e-os-museus-3/>. Acesso em: 24 jan. 2019.

REVISTA BANCÁRIA BRASILEIRA. Diversos números.

WALTHER Moreira Salles: um perfil. IMS. Disponível em: <https://ims.com.br/2017/06/11/acervo-walther-moreira-salles/> Acesso em: 19 nov. 2018.

Bibliografia geral

ABREU, M. de P. (Org.). *A ordem do progresso. Cem anos de política econômica republicana. 1889-1989*. Rio de Janeiro: Elsevier, 1990a.

ABREU, M. de P. Inflação, estagnação e ruptura. In: ABREU, M. P. (Org.). *A ordem do progresso. Cem anos de política econômica republicana. 1889-1989*. Rio de Janeiro: Elsevier, 1990b.

AFFONSO, A. *1964 na visão do ministro do trabalho de João Goulart*. São Paulo: Imprensa Oficial/Fundap, 2014.

BRANDÃO, R. V. da M. Os Moreira Salles, os Setúbal e os Villela: finanças e poder no Brasil. In: BRANDÃO, R. V. da M.; CAMPOS, P. H. P. (Orgs.). *Os donos do capital*: a trajetória das principais famílias empresariais do capitalismo brasileiro. Rio de Janeiro: Autografia, 2017.

FONSECA, P. C. D. *Vargas*: capitalismo em construção. São Paulo: Brasiliense, 1999.

FONSECA, P. C. D. Legitimidade e credibilidade: impasses da política econômica do governo Goulart. *Estudos Econômicos*, v.34, n.3, p.587-622, 2004.

FURTADO, C. *A fantasia desfeita*. São Paulo: Paz e Terra, 1997.

LOUREIRO, F. P. A aprovação da lei de limitação de remessa de lucros no governo Goulart e o empresariado nacional e estrangeiro (1961-1964). *Revista Brasileira de História*, v.36, n.71, 2016.

MELO, H. P. de; BASTOS, C. P.; ARAUJO, V. L. Um governo sitiado: a política econômica do Governo Jango. In: VII CONFERÊNCIA INTERNACIONAL DE HISTÓRIA DE EMPRESAS, 2005, Conservatória, Valença. *Anais*... Niterói: ABPHE, 2005.

MESQUITA, M. *1961-1964: a política econômica sob Quadros e Goulart*. Rio de Janeiro, 1992. Dissertação (Mestrado em Economia) – Pontífice Universidade Católica.

MONTEIRO, S. M. M. *Política econômica e credibilidade*: uma análise dos governos Jânio Quadros e João Goulart. Porto Alegre, 1999. Tese Doutorado em Economia – Universidade Federal do Rio Grande do Sul.

MONTEIRO, S. M. M.; FONSECA, P. C. D. Credibility and Populism: the Economic Policy of the Goulart Administrations in Brazil. *Estudos Econômicos*, v.42, p.511-544, 2012.

MORAES, R. O governo João Goulart e o empresariado industrial: tensões e rupturas na última valsa do social-desenvolvimentismo no Brasil (1961-1964).

Anuario (Centro de Estudios Económicos de la Empresa y el Desarrollo), v.6, p.83-114, 2014.

NASSIF, L. Memória: banqueiro foi personagem do século 20. *Folha de S.Paulo*. Mercado. 28 fev. 2001.

SALOMÃO, I. C.; MORAES, R. Das urnas às ruas: uma análise comparada das políticas econômicas dos governos João Goulart e José Sarney sob a ótica da reputação política. *Economia Ensaios*, v.31, p.183-204, 2016.

SOCHACZEWSKI, A. C. *Desenvolvimento econômico e financeiro do Brasil 1952-1968*. São Paulo: Trajetória Cultural, 1993.

VIANA, C. da R. *Reformas de base e a política nacional de desenvolvimento*. Rio de Janeiro: Civilização Brasileira, 1980.

VIANNA, S. B. Duas tentativas de estabilização. In: ABREU, M. de P. (Org.). *A ordem do progresso*. Rio de Janeiro: Elsevier, 1990.

REGIME MILITAR

(1964-1985)

14
Octávio Gouveia de Bulhões
PARA ALÉM DO NEOLIBERALISMO NO BRASIL

Marcelo Luiz Curado

> *"A evolução do mundo foi acentuada no século XX. Uns enveredaram para o comunismo e, sem sombra de dúvida, retrocederam, à luz do marco implantado por Adam Smith. Outros, seguindo a orientação da Rerum Novarum, evoluíram, revendo e retificando o liberalismo econômico"*
>
> (BULHÕES, 1977, P.10)

INTRODUÇÃO

Nascido em 7 de janeiro de 1906, Octávio Gouveia de Bulhões foi em seu tempo um dos mais importantes intelectuais e homens públicos do Brasil. No campo estritamente acadêmico, merece destaque, entre outros feitos, sua participação na criação da Fundação Getúlio Vargas (FGV) e a intensa colaboração da *Revista Brasileira de Economia* (RBE), na qual atuou como membro do Conselho Editorial por quase quatro décadas e publicou vinte artigos científicos (Faro, 1990).

Além de suas contribuições acadêmicas ao lado de Eugênio Gudin, essenciais para o desenvolvimento e a difusão do pensamento

Diretor-executivo da SUMOC (1954-1955 e 1961-1962) e Ministro da Fazenda (1964-1967), Octávio Gouvêa de Bulhões (1906-1990) se notabilizou como um dos mais influentes homens públicos de sua época. Sua trajetória foi marcada pela coesão em torno de uma visão liberal de mundo, ajustada ao momento histórico e às condições objetivas de funcionamento da economia brasileira.

neoliberal no Brasil, destacou-se como homem público dos mais ativos e importantes na área de economia. Sua carreira teve início em 1926, ao ingressar na Diretoria Geral do Imposto de Renda do Ministério da Fazenda, antes, portanto de se graduar pela Faculdade de Direito do Rio de Janeiro, em 1930.

Foi nomeado chefe da seção de Estudos Econômicos e Financeiros do Ministério da Fazenda em 1939 (Beloch; Abreu, 1984). No exercício desta função, merece destaque o seu papel na criação da Superintendência da Moeda e do Crédito (Sumoc). Foi de Bulhões a sugestão de criação do órgão em 1939, e coube a ele a redação do Decreto-Lei nº 7.293, de fevereiro de 1945, quando da instalação da Sumoc, na qual exerceu a função de Diretor-executivo em dois momentos, entre 1954-1955 e entre 1961-1962 (Motta, 1995). De acordo com Bulhões, a criação do órgão foi fruto de um esforço coletivo, pois "resultou de conversações frequentes entre os funcionários do Banco do Brasil, do Ministério da Fazenda e de alguns empresários. E, sobretudo, da orientação do professor Eugênio Gudin" (Bulhões, 1990).

Entre 1964 e 1967 foi ministro da Fazenda do primeiro governo militar. Neste período, ao lado de Roberto Campos, que ocupava o cargo de ministro do Planejamento, foi responsável pelas intensas transformações econômicas levadas a cabo sob a égide do Programa de Ação Econômica do Governo (PAEG) e da promoção de um conjunto de reformas estruturais, especialmente no mercado de trabalho e nos sistemas financeiro e tributário. Vale ressaltar que os desafios de Bulhões à frente do Ministério da Fazenda estiveram longe de ser singelos. Em 1963, somavam-se à turbulência política, resultados econômicos pífios, especialmente o baixo crescimento do PIB, a elevação do desemprego, a aceleração da inflação e a deterioração das contas externas e das finanças públicas.

Neste capítulo, abordam-se dois aspectos essenciais das contribuições de Bulhões. O primeiro, centrado na produção acadêmica do autor, analisa a sua contribuição intelectual. É amplamente reconhecido que Bulhões foi um dos líderes intelectuais do neoliberalismo no Brasil, como apontado por Bielschowsky (1988). No entanto, ainda que esta classificação esteja correta, uma análise mais acurada permite ampliar a percepção sobre a importância de sua contribuição intelectual. Para atingir este objetivo, analisa-se um conjunto de artigos acadêmicos publicados pelo autor na *Revista Brasileira de Economia*.

O segundo aspecto, tratado na seção 3, diz respeito às ações efetivamente conduzidas por Bulhões no período em que ocupou o cargo de ministro da Fazenda. Dada a importância histórica, também se apresentam as principais medidas adotadas em suas gestões como Diretor-executivo da Sumoc. Finalmente, na seção 4, são tecidas as considerações finais.

O PENSAMENTO ECONÔMICO DE OCTÁVIO GOUVEIA DE BULHÕES

Octávio Gouveia de Bulhões e Eugênio Gudin são reconhecidos pela literatura dedicada ao estudo do pensamento econômico como expoentes intelectuais do neoliberalismo brasileiro no imediato pós-Guerra. Em essência, essa corrente de pensamento "defendia a prioridade da livre movimentação das forças de mercado como meio de atingir a eficiência econômica" (Bielschowsky, 1988, p.33). O objetivo central do neoliberalismo era adaptar a visão liberal clássica às condições vigentes na economia brasileira após 1930, o que implicava, sob certas condições e de forma limitada, supor a necessidade de intervenções pontuais do Estado no domínio econômico.

No que tange especificamente ao tema mais relevante dos debates do imediato pós-Guerra – o papel da industrialização para o desenvolvimento – vale a pena assinalar as críticas elaboradas por Gudin e Bulhões ao ativismo estatal e à indução do processo de industrialização pretendida pelos desenvolvimentistas. Não se tratava de negar a importância da diversificação das atividades produtivas, desde que este processo fosse conduzido prioritariamente a partir de decisões de mercado. Nesse sentido, é possível afirmar que os neoliberais concentraram suas críticas ao processo de industrialização liderado pelo Estado, especialmente a partir da Era Vargas, que se caracterizava pela primazia da lógica e das ações governamentais na alocação de recursos, relegando as decisões de mercado a um plano secundário.

O processo de desenvolvimento econômico não tinha, desta perspectiva, um recorte setorial, tal como apresentado por Curado (2013). Diferentemente de desenvolvimentistas, que enxergavam na indústria características essenciais para o desenvolvimento, o relevante, para Bulhões, era que o processo de alocação de recursos produtivos ampliasse a produtividade, independentemente do setor; fosse ele a agricultura, a indústria ou o setor de serviços. A elevação da produtividade, decorrente de novos investimentos produtivos, era considerada a variável central para o desenvolvimento de uma nação.

Tal como outras correntes de pensamento, o baixo nível de poupança doméstica era tido como um entrave à expansão dos investimentos e da produtividade. A solução para o problema encontrava-se em promover políticas de incentivo à poupança doméstica e atrair capitais estrangeiros, especialmente os de natureza produtiva. Finalmente, dentre os elementos marcantes da retórica neoliberal liderada por Gudin e Bulhões, cabe destacar a argumentação favorável à abertura comercial. A ampliação da competição externa era tida como essencial para tornar mais eficiente a estrutura produtiva doméstica.

Ainda no contexto desta breve caracterização da corrente neoclássica liderada pelos autores supracitados, deve-se ressaltar a preocupação com o problema inflacionário, fruto, em essência, da expansão monetária utilizada como mecanismo de financiamento dos desequilíbrios fiscais. Em diversos momentos, o controle da inflação foi considerado a tarefa prioritária do governo; elemento que os distanciava dos desenvolvimentistas, tendo em vista que, para estes, o controle da inflação, ainda que importante, não poderia se sobrepor à transformação da atividade produtiva resultante do processo de industrialização.[1]

No intuito de avançar para além destes elementos gerais e promover uma análise mais acurada e diversificada do pensamento de Bulhões, revisaram-se os artigos por ele publicados na *Revista Brasileira de Economia* (RBE) entre 1947 e 1964, ano em que assumiu o Ministério da Fazenda. A escolha desta estratégia para abordar o tema repousa sobre duas vantagens. A primeira é que delimita de forma precisa o material analisado; a segunda, pelo fato de fornecer uma amostra das preocupações e análises de Bulhões sobre um conjunto amplo de temas.

Bulhões publicou seu primeiro artigo na RBE em 1947. O trabalho, em coautoria com Jorge Kingston, intitulado "A política monetária para 1947" apresenta uma minuciosa análise da evolução dos meios de pagamento e das condições de crédito para aquele ano. O trabalho conclui que o superávit comercial era a principal fonte de ampliação dos meios de pagamento durante os anos da Guerra.[2] A associação

1 Para os desenvolvimentistas, especialmente na década de 1950, a ampliação da capacidade produtiva ajudaria a conter o processo de inflação. Políticas fiscais e monetárias contracionistas, ao criarem barreiras ao processo de industrialização, contribuiriam para manter os patamares inflacionários ao invés de reduzi-los. Para uma discussão sobre o tema, recomenda-se, por exemplo, Curado e Cavalieri (2015).

2 Vale lembrar que durante o período da II Guerra, o Brasil registrou uma forte expansão em seus superávits comerciais, fruto do aumento do valor das exportações e das restrições às importações derivadas do esforço de guerra. Em dólares correntes, o superávit comercial brasileiro saltou de US$ 51,4 milhões em 1940 para US$ 332,6 milhões em 1945.

entre a expansão dos meios de pagamento e a inflação já se encontrava presente, diagnóstico apresentado pelos autores nos seguintes termos: "Persiste, de maneira latente, a fonte de inflação do Tesouro" (Bulhões, 1947, p.22).

Ainda que o foco do trabalho seja a análise da expansão dos meios de pagamento e do crédito, apresenta-se uma discussão sobre as perspectivas da economia brasileira. O foco, no que tange especificamente às expectativas, encontrava-se na preocupação com os efeitos depressivos que poderiam advir da redução da demanda externa a partir do fim do conflito e o retorno de produtores tradicionais ao mercado internacional. Bulhões não se restringiu, no entanto, apenas à elaboração do diagnóstico. O artigo apresenta um rol de medidas de política econômica que tinham como objetivo constituir "um conjunto harmônico de medidas monetárias e amonetárias como programa de combate à inflação e de cautela contra a depressão" (Bulhões, 1947, p.29).

Em 1948, Bulhões publicou o artigo "Índices de preços no Brasil". Trata-se de um trabalho técnico, cujo objetivo era promover uma discussão, comum na época, sobre o significado e a metodologia mais adequada para a formulação dos índices de preços. O autor destacava a existência de problemas nos índices calculados pelo IBGE, especialmente no que tange à limitação na composição da cesta de bens analisada. Seu caráter técnico, no entanto, torna o material menos rico no que se refere à análise de seu pensamento econômico. Vale a pena registrar, ainda assim, a preocupação do autor com a precisão da mensuração da variação dos preços.

Em 1949, a RBE publicou um extenso material com o título "Lei monetária: exposição perante a Comissão de Indústria e Comércio". O documento é composto por quatro elementos: (1) o texto do Projeto de Lei Monetária, apresentado pelo deputado Alde Sampaio; (2) o parecer do deputado Daniel Faraco; (3) o voto do autor contrário ao parecer do relator; e (4) a exposição do professor Octávio Gouveia de Bulhões, à época chefe da seção de Estudos Econômicos e Financeiros do Ministério da Fazenda, na Comissão de Indústria e Comércio. De forma geral, o principal objetivo da coletânea, destacado tanto pelo parecer de Daniel Faraco, quanto pela exposição de Bulhões, era estabelecer um conjunto de regras para a emissão monetária, reduzindo substancialmente o grau de discricionariedade da política monetária a fim de promover "a regulação automática do meio circulante" (Bulhões, 1949, p.128).

A exposição oral de Bulhões transcrita pela RBE, incluindo os questionamentos dos debatedores, deixa claro o posicionamento favorável à construção de regras para nortear a execução da emissão de moeda que, após o abandono do padrão-ouro, havia se tornado alvo de extrema discricionariedade. O autor, no entanto, apresentou severas críticas ao caráter automático da proposta, uma vez que a mesma buscava "procurar dar uma precisão mecânica à dosagem dos meios de pagamento" (Bulhões, 1949, p.137).

O artigo "Economia e nacionalismo", de 1952, apresenta elementos-chave da crítica neoliberal ao nacionalismo econômico. O texto critica a opção pela nacionalização da propriedade do subsolo – que implicava na propriedade estatal do petróleo e outros recursos minerais – e o movimento contra a transferência de lucros para o exterior. Para o autor, a limitação da atuação do capital estrangeiro no setor de petróleo, assim como os entraves à transferência de lucros ao restringirem a possibilidade de investimentos estrangeiros, contribuiriam para atrasar o desenvolvimento econômico do país.

Nesse sentido, Bulhões apontava que o argumento nacionalista incorreria num erro básico: confundir a proteção de produtores nacionais com bem-estar social. Bulhões partia da premissa smithiana de que "o consumo é a finalidade dos atos econômicos" (Bulhões, 1952, p.92) e que a competição é o móvel para o processo de ampliação das inovações e da produtividade, pois "se o mercado for aberto, exclusivamente, para um determinado grupo de produtores... Estes preferirão seguir o caminho da rotina e da escassez" (Bulhões, 1952, p.93).

Bulhões imputava a Friedrich List boa parte dos equívocos nacionalistas ao confundir progresso e bem-estar econômico com o desenvolvimento das "forças de produção" de prosperidade nacional. Para Bulhões, o bem-estar econômico seria obtido, na terminologia atual, por meio da maximização do consumo da sociedade, pouco importando a origem de propriedade do capital responsável pela produção.

A política de restrição ao capital estrangeiro beneficiava apenas um grupo restrito de produtores em detrimento do bem-estar global.

Ainda nos anos 1950, o autor discorreu, também, sobre metodologia e teoria econômica. O artigo "Previsão Econômica e Investimentos", publicado em 1956, é um exemplo deste tipo de preocupação. O trabalho analisa os limites das previsões realizadas pela ciência econômica, especialmente em comparação com a acurácia preditiva das ciências da natureza, como a Física. Bulhões destacava a impossibilidade de prever os "atos lógicos" e os "não lógicos" dos indivíduos para compreender os limites da ciência econômica. Apesar dessas limitações decorrentes da natureza do objeto investigado – o comportamento humano –, Octávio sustenta que a teoria pode ajudar na compreensão das trajetórias econômicas, especialmente do processo de crescimento do produto. Para tanto, em leitura explicitamente influenciada pelo modelo de Harrod, argumentava que a análise da dinâmica econômica deve concentrar seus esforços em entender a determinação dos níveis de investimento e consumo. Em suas palavras, "o problema do investimento [...] expressa a tendência da evolução econômica" (Bulhões, 1956).

O trabalho "Algumas considerações sobre valor e formação de preços", publicado em 1957, revela o caráter eclético de sua formação intelectual. Trata-se de uma análise de natureza teórica sobre a formações de preços, valor e o papel do excedente. Chama atenção a diversidade de abordagens teóricas trabalhadas para abordar o tema, que passa por discussões de autores contemporâneos como Pirou, Samuelson e Kaldor, mas também por autores clássicos como Smith, Ricardo e Marx, austríacos, como Bohm-Bawerk, e institucionalistas como Veblen. Faz-se notória a relevância depositada nas discussões sobre questões teóricas como a determinação "do valor", tendo em vista que "o estudo do valor constitui o alicerce das cadeiras que têm ligação mais direta com os problemas da vida econômica" (Bulhões, 1957, p.53).

A discussão sobre alocação de recursos, especificamente a relação entre consumo, poupança e investimento, é outro tema abordado no artigo. "Se se reconhece que a expansão dos investimentos exige a utilização de parte apreciável do acréscimo da renda, não há lugar para o aumento do consumo. Se ao contrário, se opta pelo consumo, então dever-se-á renunciar aos investimentos" (Bulhões, 1957, p.54). Bulhões comungava, assim, da visão dominante à época entre analistas de diversas matrizes, tais como Gudin e Prebisch, sobre a necessidade de ampliar a poupança para alavancar os investimentos.

O autor travou também um conhecido debate com Celso Furtado. Em "Contribuições à análise do desenvolvimento econômico", Furtado sustentava que, nos países desenvolvidos, os salários seriam determinados a partir da produtividade marginal do trabalho, enquanto nos países subdesenvolvidos prevalecia o princípio do "mínimo de subsistência". Para Bulhões, o que determinava o baixo salário da agricultura brasileira, por exemplo, era sua parca produtividade, elemento que limitava a remuneração ao nível de subsistência. Ampliações na produtividade teriam como consequência uma elevação dos salários, desde que mantida a escassez do fator de produção.[3] Finalmente, vale realçar a sugestão final do autor sobre a forma para se encontrar um "desenvolvimento equilibrado". Para Bulhões, ainda que seja uma tarefa complexa, o "aumento dos salários, em função do acréscimo de lucros de cada empresa é o caminho mais acertado para alcançar-se um desenvolvimento equilibrado" (Bulhões, 1957, p.64).

Em 1958, publicou em parceria com Margaret Hanson da Costa, o artigo "Pressão dos financiamentos sobre o produto nacional". Os autores definem a pressão por financiamento como "a evolução desproporcionada da parcela do produto nacional que se destina a financiar as despesas de consumo do governo e os investimentos públicos e privados" (Costa; Bulhões, 1958, p.29). A partir de um conjunto de evidências empíricas, sustentam que, entre 1950-1956, a pressão por financiamento foi significativa, já que seu crescimento foi superior ao do produto.

3 É interessante notar que a crítica de Bulhões parece desconsiderar a justificativa central de Furtado para que os salários nos países subdesenvolvidos fossem determinados pelo "mínimo de subsistência": justamente a existência de um excedente estrutural de fator trabalho, característica distinta dos subdesenvolvidos.

Dois aspectos centrais se sobressaem no texto. O primeiro é que os autores identificam no crescimento dos investimentos um elemento-chave para o desenvolvimento. Ao comentar o crescimento dos financiamentos para as inversões, sustentam que "sem sobra de dúvida é esse o caminho aconselhável para chegar-se ao progresso". Finalmente, caberia enfatizar a preocupação dos autores com o crescimento das despesas do governo e dos déficits orçamentários. Importante notar também que para os autores, já em 1956, "a expansão inflacionária... tem como causa preponderante o déficit orçamentário".

Este último tema é especialmente importante sob a ótica da história de seu pensamento. Vale lembrar que neste momento, o pensamento estruturalista cepalino, como pode ser observado em trabalhos de Furtado, sustentavam que a inflação brasileira era estrutural, fruto do processo de industrialização, desvinculando-a do resultado fiscal, tal como observado por Boianovsky (2012) e Curado e Cavalieri (2015). Em outros termos, a conclusão de Costa e Bulhões (1958) é um exemplo da leitura que ajudou na construção da visão sobre as causas primárias da inflação e seus vínculos com o financiamento dos desequilíbrios fiscais.

Ainda em 1958, Bulhões publicou mais um artigo na RBE. "Mercado e planificação" é um exemplo da produção de natureza mais teórica do autor. Trata-se de um longo trabalho no qual discute temas como a divergência entre "preços de mercado" e "preços de equilíbrio", bem como a discordância entre os interesses privado e social na alocação de investimentos produtivos. Sobre este segundo ponto, chama atenção a vinculação entre a definição dos investimentos e a inflação. Em sua visão, boa parte das distorções existentes na alocação de investimentos em países subdesenvolvidos decorria de problemas inflacionários. "Em ambiente de intensa e sistemática desvalorização da moeda, os investidores passam a aplicar seus recursos em conflito com os interesses gerais" (Bulhões, 1958, p.42). A inflação e a elevação da incerteza que ela produz promoveriam uma concentração em investimentos de curto prazo, em detrimento de inversões de maturação mais alongada.

O artigo é também um exemplo de que Bulhões afasta-se de uma discussão rasa do tipo: mercado x Estado. Como ponto de partida, admite que "o afastamento dos preços do nível de equilíbrio decorre da inadequada política governamental e *não do fato de o Estado intervir no domínio econômico*" (Bulhões, 1958, p.46, grifo nosso). Trata-se, portanto, muito mais de um problema vinculado ao instrumento utilizado para promover a intervenção do que propriamente o ato de intervir. Neste sentido, tece duras críticas ao uso de instrumentos monetários, especialmente cambiais, para promover intervenções no sistema. Em sua visão: "O sistema fiscal é um excelente instrumento de intervenção do Estado no domínio econômico, porque é capaz de proporcionar incentivos à produção ou de disciplinar suas forças, bem como as tendências de consumo, sem provocar desequilíbrios no mercado de preços" (Bulhões, 1958, p.50).

Já em 1960, Bulhões publicou o artigo "Algumas considerações sobre as fases do desenvolvimento econômico", no qual apresenta suas reflexões sobre um conjunto de trabalhos apresentados na *International Economic Association Conference*, realizada em Konstanz, na Alemanha. Como tema central dos debates foi escolhido o modelo de fases de desenvolvimento elaborado por Rostow no trabalho "*Leading sectors and the take-off*" e as considerações críticas elaboradas por Kuznets. Apesar do reconhecido valor acadêmico dos trabalhos, Bulhões criticou tanto o trabalho de Rostow como os comentários de Kuznets. Sua conclusão sobre o tema está longe de ser um libelo à humildade: "Das considerações feitas por Rostow e das críticas alinhadas por Kuznets, cheguei à conclusão de que o documento que eu preparara para a conferência continha observações mais exatas do eu mesmo supusera ao redigi-las" (Bulhões, 1960, p.8).

Em essência, Bulhões retomava o argumento já apresentado sobre a relevância dos investimentos para o crescimento. Há, no entanto, um elemento novo: a separação analítica do que define como "investimentos materiais e imateriais"; estes últimos especialmente vinculados aos esforços educacionais. "O esforço que se desenvolve atualmente no sentido de medir os vários elementos que contribuem para a taxa de acréscimo da renda nacional, poderia, a meu ver, ter maior significação se nos orientássemos pela divisão dos investimentos em materiais e imateriais" (Bulhões, 1960, p.14). Em algum sentido, Bulhões intuitivamente incorporou à sua análise sobre o crescimento, ainda que de forma rudimentar, o elemento educacional que, nas décadas seguintes, a partir das contribuições de Robert Lucas e Paul Romer, bem como do desenvolvimento dos modelos de crescimento endógeno, tornar-se-ia o centro da teoria de crescimento de longo prazo.

Para além da exposição das ideias econômicas do acadêmico, faz-se relevante analisar a atuação do homem público Octávio Gouveia de Bulhões, estabelecendo, na medida do possível, as correlações existentes entre suas formulações acadêmicas e sua ação concreta na Sumoc e no Ministério da Fazenda.

BULHÕES: DA SUMOC AO MINISTÉRIO DA FAZENDA

Na introdução deste capítulo, ressaltou-se a extensa trajetória percorrida por Bulhões como gestor público. Antes de abordar especificamente sua atuação como ministro da Fazenda, apresentam-se alguns comentários sobre suas passagens como Diretor-executivo da Sumoc. A Instrução 103, de 16 de setembro de 1954, foi a primeira de sua gestão à frente do órgão.

Não resta dúvida de que, durante sua primeira gestão, a decisão mais importante foi a conhecida, e amplamente debatida, Instrução 113, de 17 de janeiro de 1955. A instrução versava sobre a "necessidade de simplificar a regulamentação sobre o licenciamento de importações que independam de cobertura cambial, bem como as vantagens criação de um clima favorável para os investimentos de capitais estrangeiros no país" (Instrução 113 da Sumoc, fl. 1). Em essência, a instrução permitia à Carteira de Comércio Exterior (CACEX) "emitir licenças de importação sem cobertura cambial, que correspondam a investimentos estrangeiros no país".

A instrução é considerada pela literatura especializada – como por exemplo por Lessa (1964), Saretta (2001) e Caputo e Melo (2009) – como um marco institucional para a internacionalização da economia brasileira. Seu objetivo final era promover a ampliação das importações de máquinas e equipamentos num contexto de forte restrição de divisas no balanço de pagamentos. A instrução era claramente vantajosa ao capital internacional, já que para "os investidores estrangeiros era mais vantajoso importar as máquinas e equipamentos sem cobertura cambial do que ingressar com divisas à taxa do mercado livre recomprando as licenças de importação por um valor mais alto nos leilões de câmbio" (Caputo; Melo, 2009, p.518). A Instrução 113 era consistente com a visão de Bulhões sobre a necessidade de ampliar a entrada de capitais estrangeiros no país dado o reduzido nível de poupança nacional.

Bulhões foi o responsável, em sua segunda passagem como Diretor-executivo da Sumoc, pela promulgação, entre outras, da instrução 204, de 13 de março de 1961. Num contexto de profundo estrangulamento das contas externas e iminente colapso cambial, o governo brasileiro optou por medidas restritivas no mercado cambial e promoveu uma importante desvalorização da taxa de câmbio. A taxa para as importações preferenciais, como trigo, petróleo e papel de imprensa, foi desvalorizada em 100%.

A busca por um ajuste nas contas externas não se deu apenas pelo mecanismo cambial; a instrução impunha também restrições de caráter quantitativo. Decidiu-se, por exemplo, "limitar as importações classificadas na categoria especial ao valor global que for fixado pelo Conselho da Superintendência da Moeda e do Crédito (Instrução 204, fl. 2). Finalmente, a instrução impunha aos importadores uma barreira adicional e geradora de perdas importantes ao definir como condição para as operações "o recolhimento em moeda nacional ao Banco do Brasil no prazo de cinco dias do fechamento do câmbio de importância equivalente ao contrato acima mencionado contra a entrega de letras de sua emissão a 150 (cento e cinquenta dias) a favor do importador e vencendo juros de 6% (seis por cento) ao ano" (Instrução 204, fl. 2).

Se a instrução 113 revelava-se plenamente de acordo com suas concepções no campo das ideias, o mesmo não se pode dizer da instrução 204, tendo em vista que esta última reduziu o grau de abertura da economia brasileira e impôs custos às importações. A apreciação não pode prescindir, porém, da contextualização histórica. A grave situação das contas externas impunha aos gestores a redução da demanda por divisas para importações no intuito de evitar uma crise cambial.

Antes de analisar especificamente o período da gestão de Bulhões como ministro da Fazenda, faz-se oportuno tecer alguns breves comentários sobre as condições gerais da economia. Após a forte expansão dos investimentos, especialmente públicos, decorrente do Plano de Metas na segunda metade da década de 1950, a economia brasileira adentrou os anos 1960 ainda num ritmo de expansão. Em 1960 e 1961, o PIB cresceu, respectivamente 9,4% e 8,6%. Este cenário foi radicalmente alterado em 1963, ano em que a economia registrou um crescimento do produto de apenas 0,6%. Ao mesmo tempo, a variação dos preços ao consumidor, que no início da década estava próxima aos 30%, atingiu 72,8% em 1963.

O fim do ciclo de investimentos do Plano de Metas e a elevada capacidade ociosa da estrutura produtiva, conjugados à piora nas condições internacionais e à forte instabilidade política, especialmente após o retorno do regime presidencialista (1963), são apontados como fatores essenciais para esta piora da economia segundo a literatura, tal como sintetizado por Mesquita (2014). A gestão da economia após do golpe de 1964 precisava dar conta de promover a retomada do crescimento e combater a inflação.

Octávio Gouveia de Bulhões ocupou o cargo de ministro da Fazenda entre 15/04/1964 e 16/03/1967. As linhas mestras da economia no período foram definidas no "Programa[4] de Ação Econômica do Governo" (PAEG)[5] cuja redação coube ao Ministério do Planejamento e Coordenação Econômica, liderado por Roberto de Oliveira Campos. Em suas memórias, Campos confirma, no entanto, que o PAEG foi fruto de um esforço coletivo: "Além de Octávio Bulhões, colaboraram nesse trabalho Bulhões Pedreira e Mario Henrique Simonsen. A este último se deve a sugestão da fórmula salarial" (Campos, 1994, p.607). Ainda que seja objeto de estudo de diversos autores, alguns comentários sobre o PAEG são bem-vindos para emoldurar o conjunto de sua gestão.

4 Embora o documento oficial refira-se a "Programa", é bastante comum encontrar, inclusive entre artigos de seus formuladores, a expressão "Plano".

5 O PAEG foi preparado entre abril e agosto de 1964 e divulgado como documento nº 1 do Escritório de Planejamento Econômico Aplicado (EPEA), publicado originalmente em novembro de 1964. As considerações feitas na seção tomam como base a segunda edição revisada do documento de maio de 1965.

O primeiro aspecto que salta aos olhos na leitura do PAEG é a sua amplitude temática. O programa definia um conjunto de objetivos e metas para diversos campos da vida econômica, abrangendo desde metas para crescimento do produto e emprego, combate à inflação, políticas distributivas e objetivos de política internacional. O conjunto de instrumentos era igualmente amplo, cobrindo as diretrizes essenciais da política financeira da União, as políticas monetária, bancária e do mercado de capitais, a política tributária, a política salarial, a política habitacional, as diretrizes gerais para o desenvolvimento agrícola, assim como os elementos básicos para política de comércio exterior e o tratamento para os capitais estrangeiros. Finalmente, destaca-se a presença de um conjunto de políticas e programas setoriais.

Outro aspecto relevante do plano referia-se à preocupação preliminar em definir "o sentido do planejamento numa economia democrática", subtítulo de sua introdução, no qual se defende a primazia do sistema de preços na alocação de recursos e procura-se evitar qualquer tipo de associação entre o esforço de planejamento e a experiência de planificação econômica.

Assumia-se que os determinantes da taxa de crescimento do produto real *per capita*, r, podem ser resumidos na equação:

$$r = (s-d)/v - p$$

Onde: s representa a taxa bruta de investimento, d; a proporção das depreciações no produto nacional, v: a relação incremental líquida capital/produto e p a taxa de incremento demográfica.

O resultado do modelo é que como p, v e d podem ser assumidos constantes, a taxa de crescimento do produto depende essencialmente da taxa bruta de investimentos. O PAEG estimava que, dada a taxa de crescimento demográfica do período de 3,5% a.a., e assumidos valores hipotéticos para p e v, se a taxa de investimento fosse de 16% do PIB, o produto real *per capita* cresceria 2% a.a. Do ponto de vista da análise da história do pensamento não deixa de ser interessante resgatar a utilização de um instrumental de inspiração keynesiana, com nítida ênfase no papel dos investimentos para o crescimento do produto, na formulação do plano governamental.

O programa pretendia alcançar um crescimento médio do produto de 6% a.a. para o período de sua vigência, e preparar as condições econômicas para retomar a média histórica de crescimento de 7% a.a. do PIB. Além das metas de crescimento, destacava-se a expectativa de geração de um milhão e cem novas ocupações por ano, com intuito de "evitar a proliferação do desemprego estrutural". O elemento fundamental da política de criação de empregos deveria "consistir na própria política de incentivo aos investimentos" (PAEG, 1965, p.37).

Além da retomada do crescimento econômico e da geração de postos de trabalho, apresentavam-se como objetivos explícitos do Programa a contenção do processo inflacionário, a atenuação dos desequilíbrios regionais e setoriais e a busca do equilíbrio no balanço de pagamentos.

O diagnóstico sobre as causas do processo inflacionário sustentava-se na ideia de que havia "três causas tradicionais da inflação brasileira: os déficits públicos, a expansão de crédito às empresas e as majorações institucionais de salários em proporção superior à do aumento da produtividade" (PAEG, 1965, p.28). Neste contexto, o combate ao desequilíbrio fiscal, a condução de uma política de crédito adequada e a instituição de uma política salarial que impedisse aumentos salariais superiores ao crescimento da produtividade eram considerados os elementos centrais da política de controle da inflação.

Um aspecto interessante do programa é que, diferentemente do que geralmente se divulga, o PAEG não tinha por objetivo "quantificar estreitamente as taxas de aumento de preços para 1964, 1965, 1966" (PAEG, 1965, p.33). Na realidade, foram definidas as taxas de expansão dos meios de pagamento, em 70% para 1964, 30% em 1965 e 15% em 1966. O programa assumia que as metas de crescimento seriam alcançadas e que a velocidade-renda de circulação da moeda seria estável. Dadas estas hipóteses e utilizando a equação geral das trocas, ponto de partida da teoria quantitativa da moeda (TQM),[6] projetava-se uma inflação de 25% em 1965 e 10% em 1966.

---

6 De acordo com a Teoria Quantitativa da Moeda (TQM) em sua forma mais elementar, tem-se a seguinte igualdade: MV = PY, onde M: representa a quantidade de moeda, V: a velocidade-renda de circulação da moeda; P: o nível de preços e Y: o nível de produto. Dados Y e V assumidos como constantes, P seria determinado por M.

No que tange especificamente à questão das contas externas, o programa enunciava como essencial a necessidade de expandir o valor das exportações brasileiras a partir da adoção de um conjunto de políticas, dentre as quais destacavam-se:

- manutenção de taxas cambiais realísticas para a exportação;
- racionalização do processo burocrático da exportação;
- isenção de ônus fiscais sobre a exportação;
- simplificação do processo de restituição dos direitos aduaneiros; e
- ampliação do financiamento à exportação de produtos de manufaturas exportáveis.

A apresentação dessas breves considerações sobre os objetivos principais do programa permite concluir que não se pode considerar o PAEG como um mero programa de controle da inflação. O plano apresentava um diagnóstico bastante completo de diversos aspectos da vida econômica brasileira a partir de um amplo conjunto de observações empíricas, e contava, em diversos temas, com embasamento teórico compatível com o desenvolvimento da teoria econômica. Campos, Bulhões, Simonsen e a equipe técnica do ministério não elaboraram apenas um programa de combate à inflação, mas um amplo diagnóstico sobre aspectos essenciais para o desenvolvimento econômico, do qual o controle da inflação era evidentemente parte integrante.

No que concerne aos resultados obtidos pela equipe econômica liderada por Bulhões entre 1964-1967, os dados podem ser lidos com certa ambiguidade. No que se refere à condução efetiva da política macroeconômica sob o comando do Ministério da Fazenda, chamam atenção os bons resultados obtidos pela política fiscal. Os déficits orçamentários foram reduzidos de 3,2% para 1,1% do PIB entre 1964 e 1966. Outro aspecto importante na condução da política fiscal, especialmente no que tange aos seus efeitos sobre a inflação, é que a forma de financiamento do déficit foi profundamente alterada. O financiamento através da expansão monetária, comum ao longo das gestões anteriores, foi substituído integralmente pela emissão de títulos de dívida pública em 1966, tal como apresentado por Resende (2014).

Os bons resultados obtidos no campo fiscal não foram repetidos no campo creditício e monetário. A meta de expansão monetária fixada pelo PAEG para 1965 (30%) não foi atingida, uma vez que se registrou aumento de 83,5% neste ano. Resende (2014) sustenta que este resultado foi, em grande medida, fruto da incapacidade da política monetária em neutralizar os efeitos sobre os meios de pagamento do superávit comercial obtido em 1965. De toda forma, como sustenta o autor, até o primeiro semestre de 1966, a liquidez real da economia esteve "folgada", contrariando os objetivos de redução da liquidez, elemento que, de acordo com os formuladores do PAEG, era essencial para controle da inflação. O aperto monetário proposto pelo programa ocorreu apenas nos últimos três trimestres de 1966.

Há grande polêmica, por vezes motivada por razões mais ideológicas do que técnicas, sobre os resultados obtidos no período da gestão Bulhões no Ministério da Fazenda. A Tabela 14.1 apresenta o comportamento de algumas variáveis essenciais para compreensão do período.

TABELA 14.1 - VARIÁVEIS ECONÔMICAS BÁSICAS (1964-1967)

Ano	PIB (taxa de variação anual)	FBCF/PIB (em %)	Balança Comercial (US$ 106)	Preços ao consumidor (taxa de variação anual)	Salário-mínimo em termos reais (1980=100)
1964	3,4	15,0	343,4	91,8	142,8
1965	2,4	14,7	654,9	65,7	126,3
1966	6,7	15,9	438,0	43,3	106,8

Fonte: *A Ordem do Progresso* (2014). Anexo estatístico.

O crescimento do PIB ficou abaixo do planejado, exceto em 1966, mas nem de longe os resultados observados configuram um período recessivo. Em parte, seguindo o referencial teórico adotado pelo PAEG, pode-se sustentar que o baixo crescimento foi o resultado da incapacidade de ampliação dos investimentos, fruto de um conjunto de fatores, sobretudo: (1) a adoção de políticas restritivas, especialmente no campo fiscal, contribuiu para manter o nível de demanda relativamente baixo, tal como observado, entre outros, por Serra (1983); e (2) a manutenção de elevados níveis de capacidade ociosa certamente desincentivou a realização de novos investimentos. As projeções para a inflação também não foram atingidas, mas é inegável a mudança de trajetória da variável no período. Os preços ao consumidor que registraram um crescimento de 91,8% em 1964, mas foram reduzidos para 43,3% em 1966.

Os resultados obtidos no cenário externo, por sua vez, podem ser considerados positivos. Em todos os anos foram registrados superávits comerciais, especialmente em 1965, fruto da combinação de elevação das exportações com redução das importações. Vale lembrar que os termos de intercâmbio pioraram levemente no período. De toda forma, os resultados do comércio contribuíram para uma melhora global do balanço de pagamentos, especialmente em 1965.

Finalmente, apresenta-se na Tabela 14.1 o comportamento do salário mínimo em termos reais. A fórmula adotada para reajuste,[7] elaborada por Simonsen, contribuiu para a redução do poder de compra dos trabalhadores, o que ajudou no controle da demanda e no combate à inflação. Ao mesmo tempo, a redução no poder de compra também contribuiu para os resultados abaixo do esperado em termos de crescimento, tendo em vista os elevados níveis de capacidade ociosa da estrutura produtiva.

O período da gestão de Bulhões à frente do Ministério da Fazenda foi marcado também por um conjunto de reformas estruturais no mercado de trabalho, no sistema tributário e no sistema financeiro, tal como apresentado por Hermann (2011). De modo geral, pode-se afirmar que esse conjunto de reformas modernizou o aparato institucional da economia brasileira, com elementos que até os dias atuais afetam a nossa realidade.

O fim da estabilidade no emprego do setor privado para trabalhadores com mais de dez anos de registro laboral e sua substituição pelo Fundo de Garantia do Tempo de Serviço (FGTS) foi um marco no processo de modernização das leis trabalhistas no país. Por um lado, promoveu-se a necessária flexibilização no mercado de trabalho e terminou com a prática, comum entre as empresas, de demissões quando o trabalhador se aproximava de atingir o tempo necessário para alcançar a estabilidade. Ao mesmo tempo, os recursos do FGTS

7 Resende (2014) apresenta uma discussão detalhada sobre o tema.

constituíram um importante fundo para o financiamento de investimentos no setor imobiliário. Note-se, portanto, que a alteração promovida no mercado de trabalho encontrava-se em pleno acordo com a visão de Bulhões, e de toda a tradição neoliberal brasileira, ao promover uma maior flexibilidade no mercado de trabalho e, ao mesmo tempo, ampliar os fundos disponíveis para a ampliação dos investimentos.

A reforma do sistema tributário foi marcada pelo aumento das receitas, necessárias para a promoção do equilíbrio fiscal, bem como pela modernização da base de incidência de tributos no país. No que tange a este último aspecto, podem ser destacadas, entre outras, a instituição da arrecadação de impostos por meio da rede bancária e a extinção dos impostos do selo, sobre profissões e diversões públicas. Ao mesmo tempo foi criado o Imposto sobre Serviços (ISS), arrecadado pelos municípios, e o imposto estadual sobre vendas, incidente sobre o faturamento das empresas, foi substituído pelo Imposto sobre a Circulação de Mercadorias (ICM), incidente sobre o valor adicionado. Além disso, ampliou-se a base de incidência do imposto de renda de pessoas físicas.

A reforma foi eficiente para elevar a carga tributária bruta – que saltou de 16% em 1963 para 21% do PIB em 1964 – elemento-chave para os bons resultados obtidos no campo fiscal. Ao mesmo tempo, ao fundar o sistema tributário nacional em impostos indiretos, contribuiu para acentuar o caráter regressivo do sistema fiscal. A centralização de receitas no âmbito federal foi outro aspecto problemático da reforma, ainda que tenha sido parcialmente contornado através da criação do Fundo de Participação de Estados e Municípios (FPEM).

Finalmente, há que se destacar os esforços empreendidos pelo governo para a modernização do Sistema Financeiro Nacional (SFN). Não é exagero afirmar que boa parte dos elementos centrais do SFN foram criados neste momento. O aparato regulatório foi profundamente alterado com a extinção da Sumoc e a criação do Conselho Monetário Nacional (CMN) e, sobretudo, do Banco Central do Brasil para promover as políticas monetária e financeira do governo.

O desenho institucional adotado na Lei nº 4.728, de 1965, foi baseado na segmentação de mercado, em modelo similar ao adotado à época nos Estados Unidos. Nela, de acordo com Resende (2014), definiam-se claramente as funções dos bancos comerciais, bancos de investimento, sociedades de crédito e financiamento, sociedades corretoras e distribuidoras de títulos e valores e as sociedades de crédito imobiliário. Longe de dar fim ao amplo conjunto de reformas, vale a pena ainda destacar a criação, através da Lei nº 4.380, do Sistema Financeiro da Habitação, em torno do Banco Nacional de Habitação.

Por fim, há que se ressaltar uma das mais controversas e impactantes alterações realizadas no funcionamento do sistema financeiro, a instituição do mecanismo de correção monetária, que, na prática, aboliu a "cláusula ouro", como apontado por Hermann (2011). A adoção de uma estratégia gradualista do combate à inflação tornou essencial, na visão de Bulhões e Campos, a implementação do mecanismo para "(1) preservar o estímulo à poupança; (2) atualizar pelo seu valor real os ativos das empresas; (3) desencorajar a protelação dos débitos fiscais; (4) criar um mercado voluntário de títulos públicos" (Campos, 1994, p.612).

É importante notar que Bulhões e Campos concordavam com a adoção da medida, criticada pelo Fundo Monetário Internacional (FMI), mas entendiam que esta deveria ser utilizada apenas temporariamente, até que a estabilidade de preços fosse alcançada. Como se sabe, o processo de indexação perpetuou-se na economia brasileira e acabou se transformando num dos elementos-chave para a criação da inércia inflacionária, raiz do descontrole inflacionário da década de 1980, como apontado, entre outros autores, por Bresser e Nakano (1984).

CONSIDERAÇÕES FINAIS

Este capítulo buscou compreender o papel de Octávio Gouveia de Bulhões em seu tempo, tanto da perspectiva estritamente acadêmica, no campo das ideias, quanto sua atuação como homem público, especialmente a sua participação como ministro da Fazenda entre 1964 e 1967.

A revisão dos trabalhos publicados por Bulhões na RBE até sua entrada no ministério fornece uma amostra do espectro bastante amplo de temas e áreas de interesse. O autor foi muito além das questões estritamente relacionadas à política monetária, tema em que suas contribuições são mais reconhecidas. Permite também verificar que Bulhões dedicava-se ao estudo da ciência econômica sem restrições de natureza ideológica ou dogmática e que, em diversos temas, encontrava-se atualizado em relação à fronteira do conhecimento teórico. A revisão permite ainda compreender Bulhões para além da reconhecida, e certamente correta, classificação como um dos líderes intelectuais da corrente neoliberal no Brasil.

Como homem público, destacam-se as passagens como Diretor-executivo da Sumoc e sua gestão no Ministério da Fazenda, marcadas por resultados positivos e alguns fracassos; no cômputo geral, é possível sustentar que deixou um legado positivo para o país. No que tange especificamente à gestão da política macroeconômica, destacam-se os bons resultados da política fiscal e o fim, ao menos no período, da utilização do financiamento inflacionário dos déficits públicos. A mudança de trajetória da inflação, apesar da manutenção de patamares elevados, e a melhora das contas externas, também podem ser entendidos como resultados positivos de sua gestão no Ministério da Fazenda. Finalmente, não há como desprezar o legado derivado do processo de modernização do mercado de trabalho, da estrutura tributária e do SFN.

Ao mesmo tempo, é necessário lembrar que a gestão da política macroeconômica entre 1964 e 1967 contribuiu, ao lado de elementos estruturais, para os resultados abaixo do esperado em termos de ampliação das taxas de investimento, crescimento do produto e geração de emprego.

A questão distributiva é outro tema que precisa ser observado criticamente. A política salarial do período contribuiu para uma redução do poder de comprar do salário-mínimo em termos reais, piorando, portanto, as condições de vida de parcela importante da classe trabalhadora. A reforma do sistema tributário, assentada na ampliação de tributos indiretos, contribuiu para perpetuar o processo de concentração da renda. É bom lembrar que a década de 1960, na qual se insere a gestão de Bulhões, foi marcada por uma concentração da renda. A participação do 1% mais rico aumentou, entre 1960 e 1970, de 11,9% para 14,9% da renda total, enquanto a participação dos 50% mais pobres foi reduzida de 17,4% para 14,9% do total.[8] Não pode deixar de ser considerado do fato de que o 1% mais rico detivesse uma parcela muito próxima ao total dos 50% mais pobres.

Não há como esquecer também que, em sua gestão, foi instituída a correção monetária, elemento essencial para entender a hiperinflação da década de 1980. Em sua defesa, pode-se argumentar que Bulhões, assim como Campos, nunca defenderam a perpetuação do instrumento; seu uso era de natureza transitória, limitado ao período necessário para debelar a inflação.

Finalmente, há que se destacar que Bulhões apresentou ao longo de sua trajetória uma invejável coerência entre suas posições acadêmicas e as ações como homem público. A preocupação com a questão fiscal, com a modernização das relações de trabalho, assim como a busca por uma maior internacionalização da estrutura produtiva são alguns exemplos desta coerência. Em certos momentos, no entanto, a urgência da realidade levou o homem público a tomar decisões que, em certo sentido, contrariavam seus princípios. A instrução 204 da Sumoc é um exemplo desta situação. De toda forma, o que se sobressai é a coesão em torno de uma visão liberal de mundo, porém ajustada ao momento histórico e às condições objetivas de funcionamento da economia brasileira, elemento que coloca Bulhões no seleto grupo dos mais influentes intelectuais e homens públicos brasileiros do século XX.

REFERÊNCIAS

BELOCH, I.; ABREU, A. A. de (Coords.). *Dicionário histórico bibliográfico brasileiro*. Rio de Janeiro: Fundação Getúlio Vargas-CPDOC/ Forense-Universitária, 1984.

BIELSCHOWSKY, R. *Pensamento econômico brasileiro*: o ciclo ideológico do desenvolvimentismo. Rio de Janeiro: Ipea/Inpes, 1988.

8 Para uma discussão sobre o tema no pós-Guerra, recomenda-se a leitura de Serra (1983).

BOIANOVSKY, M. Celso Furtado and the Structuralist-Monetarist debate on economic stabilization in Latin America. *History of Political Economy*, v.44, n.2, 2012.

BRESSER-PEREIRA, L. C.; NAKANO, Y. Fatores aceleradores, mantenedores e sancionadores da inflação. *Revista de Economia Política*, v.4, jan.-mar., 1984.

BULHÕES, O. G. de. Índices de preços no Brasil. *Revista Brasileira de Economia*, v.2, n.2, p.49-91, jun. 1948.

BULHÕES, O. G. de. Lei monetária: exposição perante a Comissão de Indústria e Comércio. *Revista Brasileira de Economia*, v.3, n.2, p.53-148, jun. 1949.

BULHÕES, O. G. de. Economia e nacionalismo. *Revista Brasileira de Economia*, v.6, n.1, 91-117, mar. 1952.

BULHÕES, O. G. de. Previsão econômica e investimentos. *Revista Brasileira de Economia*, v.10, n.3, p.5-25, set. 1956.

BULHÕES, O. G. de. Algumas considerações sobre "valor e formação de preços" (Aspectos
teóricos e práticos). *Revista Brasileira de Economia*, v.11, n.2, p.39-87, jun. 1957.

BULHÕES, O. G. de. Mercado e planificação. *Revista Brasileira de Economia*, v.12, n.2, p.29-65, jul. 1958.

BULHÕES, O. G. de. O mercado dos consumidores e dos produtos. *Revista Brasileira de Economia*, v.12, n.3, p.5-25, set. 1958.

BULHÕES, O. G. de. Algumas considerações sobre as fases do desenvolvimento econômico. *Revista Brasileira de Economia, v.*14, n.3, p.5-15, set. 1960.

BULHÕES, O. G. de. Alguns aspectos da ação do mecanismo dos preços. *Revista Brasileira de Economia*, v.15, n.2, p.5-20, jun. 1961.

BULHÕES, O. G. de. O significado de A Riqueza das Nações para o desenvolvimento da Ciência Econômica. *Revista Brasileira de Economia*, v.31, n.1, p.5-11, jan.-mar. 1977.

BULHÕES, O. G. de. *Depoimento. Memória do Banco Central.* Programa de História Oral do CPDOC/FGV. Brasília: BCB/Demap, 1990.

BULHÕES, O. G. de; COSTA, M. H. Pressão dos financiamentos sobre o produto nacional. *Revista Brasileira de Economia*, v.12, n.1, p.29-42, mar. 1958.

BULHÕES, O. G. de; KINGSTON, J. A política monetária para 1947. *Revista Brasileira de Economia*, v.1, n.1, p.9-50, set. 194

CAMPOS, R. de O. *A lanterna na popa*. Rio de Janeiro: Topbooks, 1994.

CAPUTO, A. C.; MELO, H. P. A industrialização brasileira nos anos de 1950: uma análise da Instrução 113 da Sumoc. *Estudos Econômicos*, v.39, n.3, p.513-538, 2009.

CURADO, M. L. Industrialização e desenvolvimento: uma análise do pensamento econômico brasileiro. *Economia e Sociedade*, Campinas, v.22, n.3 (49), dez. 2013.

CURADO, M. L.; CAVALIERI, M. A. R. Uma crítica à interpretação inflacionista do desenvolvimentismo. *Economia & Sociedade*, v.24, n.1 (53), p.57-86, abr. 2015.

FARO, C. Octávio Gouveia de Bulhões e a *Revista Brasileira de Economia*. *Revista Brasileira de Economia*, v.44, n.4, p.489-491, 1990.

HERMANN, J. Reformas, endividamento externo e o "milagre" econômico (1964-1973). In: GIAMBIAGI, F. et al. (Orgs.). *Economia Brasileira Contemporânea*. Rio de Janeiro: Campus, 2011.

LESSA, C. *Quinze anos de política econômica*. São Paulo: Brasiliense, 1981.

MESQUITA, M. M. C. Inflação, estagnação e ruptura: 1961-1964. In: ABREU, M. de P. (Org.). *A ordem do progresso*: dois séculos de política econômica no Brasil. Rio de Janeiro: Elsevier, 2014.

MOTTA, M. S. da. Histórias de vida e história institucional: a produção de uma fonte histórica. In: XVIII SIMPÓSIO NACIONAL DE HISTÓRIA/ANPUH. *Anais...* Recife, 1995.

RESENDE, A. L. Estabilização e reforma, 1964-1967. In: ABREU, M. de P. (Org.). *A ordem do progresso*: dois séculos de política econômica no Brasil. Rio de Janeiro: Elsevier, 2014.

SARETTA, F. Octavio Gouveia de Bulhões. *Estudos Avançados*, São Paulo, v.15, n.41, 2001.

SERRA, J. Ciclos e mudanças estruturais na economia brasileira do pós-guerra. In: BELLUZZO, L. G. de M.; COUTINHO, L. (Orgs.). *Desenvolvimento capitalista no Brasil*: ensaios sobre a crise. São Paulo: Brasiliense, v.1, 1983.

Documentos consultados

INSTRUÇÕES DA SUMOC. Disponível em: https://www.bcb.gov.br/acessoinformacao/instrucoessumoc. Acesso em: 15 jan. 2019.

PROGRAMA DE AÇÃO ECONÔMICA DO GOVERNO (PAEG). Ministério do Planejamento e Coordenação Econômica, 2.ed, 1965.

15

Antonio Delfim Netto

A MODERNA RETÓRICA ECONÔMICA

Gian Carlo Maciel Guimarães Hespanhol
Alexandre Macchione Saes

INTRODUÇÃO

Nas últimas cinco décadas, Antonio Delfim Netto tem sido personagem ativa no debate econômico brasileiro. Um *enfant terrible* que ascendeu rapidamente da universidade para o governo, tornando-se não somente ministro da Fazenda (1967-1974) aos 39 anos, mas também assumindo a posição de um dos homens mais poderosos do regime militar (1964-1985). Sua liderança intelectual no Departamento de Economia de Universidade de São Paulo, por outro lado, faz-se presente ainda hoje, tendo sido responsável por influenciar o processo de reformulação do perfil do curso de economia na passagem para a década de 1960, que culminaria com a formação do Instituto de Pesquisas Econômicas (IPE/USP) em 1966, a Pós-Graduação do curso de Economia da Faculdade de Economia e Administração da USP. Essa reformulação na estrutura do curso e da própria retórica empregada no debate econômico ilustrava o percurso que a ciência econômica brasileira percorreria nas duas décadas subsequentes, de um campo interdisciplinar para um ambiente restrito a iniciados, impondo uma retórica científica e circunscrita aos especialistas.

Antônio Delfim Netto (1928) foi um dos responsáveis pela reestruturação do curso de Ciência Econômica da Universidade de São Paulo (USP) na década de 1950, ao assimilar a moderna teoria econômica americana. Por meio de modernas ferramentas estatísticas, o economista se valeu de poderosos instrumentos retóricos para enfrentar o debate econômico do início da década de 1960.

Este capítulo analisa a trajetória intelectual de Delfim Netto nos anos 1950 e no início dos anos 1960, cotejando-a com o movimento de instrumentalização da ciência econômica e de sua profissionalização nos Estados Unidos. Foi durante essas duas décadas que o economista conquistou respeito nacional e fixou seus principais pilares teóricos e retóricos no debate econômico. Foi durante o período anterior à sua designação para o governo federal (1967) que ficou evidente o esforço de Delfim Netto para incorporar o que se produzia de mais atualizado nos centros econômicos do exterior. Essa assimilação da teoria econômica, associada ao conhecimento dos instrumentos de análise estatística, permitiu que ele ascendesse ao debate público em nível nacional, apresentando uma retórica "moderna" entre os economistas.

O debate econômico brasileiro era dominado até então por "economistas práticos", isto é, por não economistas que tinham se formado nos temas econômicos em órgãos do governo ou empresas estatais e privadas, sediados geralmente no Rio de Janeiro. A principal temática no campo econômico em discussão estava embebida naquilo que Bielschowsky chamou de "ciclo do desenvolvimentismo", isto é, da problemática organizadora do debate econômico nacional naquele período, almejando a transformação social por meio da industrialização com planejamento estatal (Bielschowsky, 2000).

Delfim Netto ilustra a transição para uma nova retórica no campo da economia: enfrentando os grandes temas que estavam em disputa naquela sociedade, apresentaria argumentos supostamente mais técnicos, buscando como interlocutores os próprios economistas. Não que Delfim recusasse discutir temáticas como a industrialização e a transformação social, mas sua contribuição não buscava responder às sínteses interpretativas existentes no período. Com estudos setoriais e a aplicação de recursos estatísticos, o autor buscou se distanciar de posicionamentos que considerava ideológicos, oferecendo evidências objetivas por meio de dados e por uma metodologia supostamente mais rigorosa de verificação de seus resultados. Mobilizando também instrumentos matemáticos para a análise da economia brasileira, Delfim teve um papel central não apenas por introduzir os economistas paulistas no debate nacional, mas também em difundir novas técnicas para construir um discurso econômico baseado, por exemplo, em estudos econométricos.

Nesse sentido, o capítulo procura reconstruir o percurso de Delfim Netto entre sua formação como economista na Universidade de São Paulo e sua ascensão como homem público. Esse foi um fértil período intelectual para a personagem, marcado por uma mudança no perfil teórico e metodológico de seus artigos dos anos 1950 para os documentos de trabalho do início da década de 1960, quando incorporou novas referências conceituais e metodológicas. Esse percurso pode ilustrar o ponto de virada que a academia econômica brasileira enfrentaria nos anos seguintes, assimilando uma transformação em curso nos Estados Unidos, onde o discurso econômico se tornara muito mais técnico e dominado por métodos econométricos (McCloskey, 1996). Isso não significa que Delfim Netto tenha apresentado um pensamento econômico que possa ser considerado estritamente original, com uma contribuição teórica própria; pode-se afirmar, no entanto, que ele foi uma liderança não só na assimilação do *mainstream* econômico na Universidade de São Paulo, mas também cumpriu papel relevante na difusão do uso dessa nova roupagem retórica na análise da economia brasileira.

Assim, usando a definição clássica de Joseph Schumpeter (1960) e Mark Blaug (1989), não é possível examinar o pensamento de Delfim Netto sob a perspectiva de uma história "absolutista" do pensamento econômico. Delfim Netto deve ser analisado no campo da história do pensamento econômico, conforme a definição de Schumpeter, isto é, entre as opiniões e desejos existentes no "espírito público" da época. Ele se tornaria um protagonista na forma de conduzir os argumentos econômicos nas disputas políticas durante a década de 1960, atualizando o padrão do discurso econômico e desafiando a interpretação dominante da Cepal. De certa forma, seguindo a concepção de José Luís Cardoso (2009), esse é o espaço permitido para as tradições nacionais do pensamento econômico na periferia: à medida que ocorre a difusão internacional do conhecimento, as teorias passam pelo processo de seleção e adaptação destas à realidade nacional. No caso de Delfim Netto, a teoria internacional teve um papel retórico decisivo.

Assim, as escolhas metodológicas e teóricas de Delfim Netto influenciaram um novo perfil de economista que seria disseminado no país nas décadas seguintes. Como liderança acadêmica – um dos idealizadores do Programa de Pós-Graduação do curso da Faculdade de Economia –, e como liderança política – coordenando projetos junto ao governo do Estado de São Paulo e, mais tarde, assumindo cargos nas esferas estadual e federal –, Delfim Netto pode ser considerado o responsável por incentivar o crescente uso de métodos estatísticos, grandemente difundidos entre os economistas nos Estados Unidos, como instrumento de análise da economia brasileira.

Este capítulo, portanto, avalia a rápida mudança existente no entendimento do que era o ofício do economista por meio da trajetória de Antonio Delfim Netto entre o período de sua formação como bacharel e o momento de seu afastamento da universidade para assumir cargos no governo. Sua liderança intelectual e política no país acabou por definir a assimilação de um perfil de teoria econômica e, ao mesmo tempo, de uma estrutura de análise da economia brasileira.

A MODERNIZAÇÃO DA RETÓRICA ECONÔMICA

A teoria econômica no pós-II Guerra Mundial experimentou uma significativa transformação, resultado tanto de avanços teóricos como de um novo arcabouço instrumental. Tal momento marcava também o resultado do novo papel que os Estados Unidos passavam a desempenhar como liderança econômica e política mundial, construindo e disseminando não somente a teoria, mas instrumentos de análise econômica para o resto do mundo. Vale lembrar, por exemplo, que o Sistema de Conta Nacional, idealizado por Simon Kuznets no início da década de 1930, somente seria uniformizado ao longo dos anos 1950 pela *The Organisation for European Economic Co-operation* (OEEC), com a publicação do relatório *Sistema simplificado de contas nacionais* (Kuznets, 1934, 1937; OEEC, 1950). No que diz respeito aos avanços da teoria econômica, a chamada "síntese neoclássica" disseminada a partir dos Estados Unidos por meio de *Economics: An Introductory Analysis* (obra de Paul Samuelson, de 1948), gerou grande impacto na formação dos economistas em todo o mundo. Assim, no intuito de entender a transformação na teoria econômica difundida no Brasil faz-se relevante compreender a trajetória da teoria econômica produzida nos Estados Unidos.

Antes do grande *crash* de 1929, os debates econômicos no Brasil baseavam-se principalmente em referências europeias – como o debate sobre a política cambial das escolas bancárias e monetárias da Inglaterra ou a origem da indústria pela escola histórica alemã. Os economistas norte-americanos quase não se mostravam como referenciais teóricos, pois ainda estavam criando instituições destinadas a desenvolver sua teoria econômica "própria". Charles Dumbar, professor de Harvard naquela época, ilustra esse quadro considerando que não havia uma teoria apropriada de economia política nos Estados Unidos, "e as doutrinas resultantes compunham uma mistura de ricardianismo vulgarizado e teologia da Nova Inglaterra que oferecia pouco de relevância a vida contemporânea" (apud Coats, 1993, p.209).

Assim, até o final da II Guerra Mundial, não é possível afirmar que havia uma teoria econômica hegemônica nos Estados Unidos. Entre os anos 1880 e 1940, por exemplo, a visão de livre-comércio não era dominante, tendo importante oposição nos campos acadêmico e político. Coats (1993) descreve a criação de duas associações econômicas durante a década de 1880 que podem ilustrar esse pluralismo: o *Political Economic Club* era o espaço ideológico do liberalismo econômico, enquanto a *American Economic Association* (AEA) estava aberta a algumas visões mais heterodoxas. Ao longo de toda primeira metade do século XX, já era perceptível o crescimento progressivo das filiações na AEA, mas seu crescimento se acelerou mesmo no pós-Guerra, devido, sobretudo, à ampliação dos quadros de economistas nas universidades norte-americanas (Sigfried, 1998).

O debate econômico nos Estados Unidos, porém, pouco superou os limites da fronteira do país até os anos 1940. As contribuições dos economistas norte-americanos, conquanto relevantes, refletiam a posição ainda tímida do país na atuação política e econômica internacional. Dessa forma, no que diz respeito ao Brasil, a influência dos debates econômicos norte-americanos se limitava ao compartilhamento das experiências de política econômica, mais pelas semelhanças das estruturas continental, republicana e federativa dos dois países do que pelas doutrinas econômicas em si (Gremaud, 1997). Para além dessas influências mais gerais, presentes, por exemplo, nos discursos econômicos de Rui Barbosa, em sua defesa sobre a emissão de moeda e o sistema bancário descentralizado, o único movimento de recepção mais coeso de influências teóricas dos Estados Unidos no Brasil, antes da Segunda Guerra Mundial, ocorreu em São Paulo com a assimilação de influências da economia institucional, com a presença de expoentes do institucionalismo na Escola de Sociologia e Política de São Paulo (Cavalieri; Curado, 2014; Maza, 2004).

Em suma, o debate econômico brasileiro no contexto em que Delfim Netto ingressou na Faculdade de Economia da USP se realizava, acima de tudo, nas instituições governamentais e com poucas referências à academia norte-americana. A chamada "controvérsia do planejamento", ocorrida durante os últimos anos do mandato de Getúlio Vargas (1944-1945), é uma ilustração perfeita do contexto da primeira metade do século XX. O debate opunha o economista liberal Eugênio Gudin e o industrialista Roberto Simonsen. Enquanto Gudin mobilizou argumentos tradicionais ricardianos, Simonsen defendeu o planejamento estatal com um amplo conjunto de referências internacionais, em especial, europeias (Curi, 2014).

No entanto, no período pós-Guerra, o pensamento econômico nos Estados Unidos se tornaria mais homogêneo e dominante: com a síntese neoclássica, o novo perfil de teoria econômica pôs em segundo plano outras vertentes, tais como os institucionalistas, que haviam tido grande influência na formulação do *New Deal* nos Estados Unidos, e colocou em voga o perfil de economista que trabalhava com modelos econômicos inerentes à academia e que dominava o instrumental estatístico (Blanchard, 1991; Mankiw, 2006). Os governos, crescentemente preocupados com problemas econômicos e geopolíticos dos países periféricos, contribuíram para a presença maciça de economistas na condução das políticas governamentais. A análise econométrica tornou-se, assim, um instrumento fundamental para medir e definir as ações de intervenção governamental e os parâmetros voltados para as decisões de política econômica. Por exemplo, para a reconstrução da economia no pós-II Guerra Mundial, o recrutamento de economistas no governo tornou-se generalizado, principalmente na Europa, nos Estados Unidos, no Japão e na Austrália, dos quais se esperava a realização de projetos de desenvolvimento econômico. Em parte, a "revolução keynesiana" ajudou a consolidar esse modo de pensar. O aumento da burocracia estatal e dos bancos de dados com informações econômicas e sociais permitiu que os economistas, assim como outros profissionais versados em análises quantitativas, tivessem um papel proeminente na definição das decisões políticas e econômicas (Coats, 1989; 1993).

O surgimento da Sociedade de Econometria foi um indicativo desse movimento. Como descreve Louçã, quando Ragnar Frisch (1855-1973) tentou, em 1926, definir a econometria pela primeira vez, pretendia transformar a economia numa "ciência positivista". Em correspondência com François Divisa (1926), Frisch afirmava "que os estudos econômicos não podem hoje ficar restritos ao vago raciocínio que os economistas clássicos têm oferecido e, assim, a ajuda da matemática é necessária" (Louçã; Terlica, 2011, p.59).

Contudo, até Frisch promover a "jornada da econometria" nos Estados Unidos, esse movimento não havia se tornado dominante. O próprio

François Divisia era reticente quanto ao processo de "matematização" e "estatistização" da economia conforme aos desígnios de Frisch. E esse espírito mais plural da Sociedade de Econometria em sua origem respondia à tendência original de seus responsáveis: ainda não se obrigava que seus membros tivessem profundo conhecimento de econometria, o mais importante era convidar membros com potencial ou de reconhecimento acadêmico, como Joseph Schumpeter e Paul Samuelson (Louçã; Terlica, 2011). Contudo, conforme atesta Morgan (1990), com a publicação do artigo de Haavelmo, em 1944, terminaram os anos formativos da Sociedade de Econometria e iniciou seu período de maturidade, quando se passou a buscar maior homogeneidade entre seus associados. A econometria aplicada era finalmente canonizada na Sociedade de Econometria, a qual deveria, inclusive, subjugar premissas e até falsear teorias caso os dados as provassem equivocadas.

Um movimento similar de instrumentalização da teoria econômica – uma mudança na retórica econômica, que enfatizou as análises objetivas por meio da conclusão estatística – é claramente reconhecível ao se analisar a trajetória acadêmica de Delfim Netto por meio de seus artigos no final dos anos 1950 e início dos 1960. Na universidade, Delfim teve uma formação econômica bastante "clássica", influenciada principalmente pela economia política europeia. Na metade dos anos 1950, por outro lado, seus artigos demonstram seu interesse pela incorporação do conhecimento econométrico. Esse caminho é fortemente influenciado por seu professor de estatística, Luiz Freitas Bueno, que já lecionava alguns desses tópicos na faculdade, mas ainda limitados perto da função que o instrumental estatístico representaria posteriormente em sua trajetória. Por isso, é possível afirmar que, ao longo dos anos 1950, há um esforço do autor para absorver os primeiros modelos econométricos em suas análises, notadamente a mensuração de demandas e de ciclos agrícolas, para então, na década subsequente, incorporar a econometria como instrumento de falseamento de hipóteses, numa estrutura de pensamento mais indutivista. A trajetória intelectual de Delfim Netto ilustra, portanto, um sinal da transformação da retórica que permeou o debate econômico brasileiro a partir daquele momento.

DELFIM NETTO E O ENSINO DE ECONOMIA NA UNIVERSIDADE DE SÃO PAULO (1948-1959)

Antônio Delfim Netto se formou na terceira turma de ciências econômicas na Universidade de São Paulo, em 1951. Tornou-se imediatamente professor assistente em estatística e, quase uma década depois, o primeiro lente catedrático formado no curso de economia da Universidade de São Paulo. Essa rápida ascensão na carreira ocorreu concomitantemente à transformação que ocorreria no ensino de economia naquela instituição: de uma formação fortemente influenciada pelos clássicos da Economia Política, herança dos cursos oferecidos na Faculdade de Direito do Largo São Francisco, para um curso em que a linguagem econômica e os métodos passariam a ter presença crescente.

Delfim ingressou no curso de economia em 1948, embora seu desejo inicial fosse estudar engenharia. A regulamentação do curso de economia era recente, de 1945, quando o bacharelado em economia foi equiparado a outros cursos universitários. Antes, para se tornar economista era necessário passar pela formação comercial, conforme o Decreto n° 20.158, de 30 de Junho de 1931, o qual estabelecia a organização do ensino comercial (Saes et al., 2014). Isso reiterava o prestígio das escolas tradicionais de engenharia e direito (Canabrava, 1984), mas vindo de uma família modesta, Delfim precisava trabalhar para se sustentar – o que realmente o fez no Departamento de Estradas e Rodagem –, de modo que o curso de engenharia, em tempo integral, não o permitiria (Alberti et al., 2002). A promulgação do Decreto-Lei n° 7.988, em setembro de 1945, todavia, separou o curso de administração e finanças do de ensino comercial, determinando a criação dos cursos de ciências econômicas e de ciências contábeis e atuariais, ambos com quatro anos de duração. Esse foi o ponto de partida para a formação do curso de economia da Universidade de São Paulo. Com o Decreto-Lei n° 15.601, de 25 de Janeiro de 1946, o Interventor Federal de São Paulo, José Carlos de Macedo Soares, instituiu a Faculdade de Ciências Econômicas e Administrativas (FCEA).

A estrutura e os conteúdos do curso de ciências econômicas que Delfim frequentou eram marcados pela predominância daquilo que era ainda ensinado na Faculdade de Direito. O corpo docente, na criação do curso, era composto por 19 professores formados no Largo São Francisco, 13 na Faculdade de Filosofia e Ciências Humanas e 3 engenheiros e contadores (Pinho, 2006). As disciplinas de Geografia Econômica, Sociologia Econômica, História Econômica e História das Doutrinas Econômicas eram derivações daquelas ministradas na Faculdade de Ciências e Letras. Todas as matérias de Direito Público reproduziam os conteúdos da Faculdade de Direito. As matérias de contabilidade, por sua vez, eram espelhadas nos conteúdos das disciplinas da Fundação Escola de Comércio Álvares Penteado. Os responsáveis pelos conteúdos de matemática eram provenientes da Escola Politécnica, tanto para as disciplinas de cálculo e álgebra como para as de estatística. As matérias que poderiam ser consideradas como estritamente do campo da economia eram Moeda e Crédito e Valor e Formação de Preços, que, entretanto, eram igualmente lecionadas em cursos de engenharia e direito.[1]

Assim, o projeto colocado em prática em 1946 dialogava mais com o ensino de economia política, fosse derivado da Faculdade de Filosofia, Ciências e Letras da USP, criada em 1934, fosse daquele tradicional ensino proveniente da Faculdade de Direito, já constituído desde 1827. A mudança no perfil docente do curso, todavia, seria considerável nos anos seguintes: em 1965, dos 83 professores, 39 eram economistas formados e, em 1969, esse número chegaria a 62 entre 123 professores (Pinho, 2006).[2] Essa seria a fase de substituição de matérias tradicionais, que sustentavam a leitura dos clássicos da economia política, por um ensino baseado em manuais. Nas palavras de Delfim: "Claro que tudo isso desapareceu depois que apareceu

---

1 Os professores responsáveis pelos cursos citados eram: Dirceu Lino de Mattos (Geografia Econômica), José Ignacio Benevides de Rezende (Sociologia Econômica), Alice Piffer Canabrava (História Econômica), Paul Hugon (História das Doutrinas Econômicas e Economia Política) e Dorival Teixeira (Moeda e Crédito e Valor e Formação de Preços). *Anuário da Faculdade de Ciências Econômicas e Administrativas da Universidade de São Paulo*, 1946-47.

2 Em 1955, essa dominância dos advogados no curso ainda se mantinha, sendo 23 professores do Direito, 18 oriundos da Faculdade de Ciências e Letras e 6 economistas formados no curso de Ciências Econômicas da Universidade de São Paulo, entre eles, Antonio Delfim Netto (Pinho, 2006, p.39).

Samuelson", cujo livro foi debulhado pelo grupo de estudos liderado por Delfim, então professor da FCEA. Para ele, durante os anos 1950, o manual de Samuelson *Economics: An Introductory Analysis* "produziu um estrago de tal natureza que as pessoas acreditaram que toda a economia vinha de Cambridge, Estados Unidos" (Biderman et al., 1996, p.91).

Em suma, foi durante a década de 1950 que Delfim aprofundou suas incursões por novas referências bibliográficas, buscando alcançar o que estava na fronteira do conhecimento econômico no exterior, absorvendo novas teorias e métodos de pesquisa, relacionados tanto à síntese neoclássica como ao uso da econometria. Os trabalhos publicados por Delfim na década de 1950 podem ilustrar – por meio da análise de seus conteúdos e do perfil de referências bibliográficas utilizadas – tanto o conhecimento que ele incorporou durante seu bacharelado, como o que foi absorvido posteriormente. Durante os anos 1950, Delfim escreveu fundamentalmente em três revistas: na *Revista dos Mercados*, editada da Bolsa Mercantil de São Paulo (BMSP); no *Digesto Econômico*, publicado pela Associação Comercial de São Paulo (ACSP); e, finalmente, na *Revista de Ciências Econômicas*, publicada pela Ordem dos Economistas de São Paulo.[3]

As primeiras análises no campo da economia política produzidas por Delfim Netto estão presentes em seus artigos publicados pela *Revista dos Mercados*. Esses trabalhos tinham pouca relevância nacional, pois, embora a Universidade de São Paulo fosse reconhecida nacionalmente, o principal espaço de debates econômicos estava nas instituições governamentais no Rio de Janeiro. Assim, o caminho fundado pelo corpo docente da USP para participar do debate político federal da época foi se inserir em publicações de entidades privadas ligadas às atividades empresariais regionais.

3 Não são analisados os nove artigos publicados por Delfim Netto na revista *Digesto Econômico* entre 1957 e 1959, pois trata-se de artigos menos acadêmicos sobre temas da conjuntura econômica, sem se referir diretamente ao debate teórico. Isso não significa que estes artigos não sejam importantes, pois parte deles, nos quais a temática do café faz-se dominante, seriam trechos dos estudos apresentados como sua Tese de Livre-Docência, *O problema do café*. Outros temas, que não deixam ser estar correlatos à temática da economia cafeeira, são a inflação e o câmbio.

No total, durante os anos 1950, Delfim escreveu treze artigos na *Revista dos Mercados*. A Bolsa Mercantil de São Paulo, instituição responsável pela publicação da revista, atuava especialmente com a comercialização de *commodities*. Como a negociação do café, o mais importante produto de exportação brasileiro, era realizado na Bolsa de Santos, o principal produto da Bolsa Mercantil naquela época era o algodão. Esse fato explica, ao menos em parte, por que alguns dos textos de Delfim Netto lidavam com o mercado de algodão: preço, mercado futuro, propaganda de novas tecnologias e experimentos.

Mesmo não sendo objeto da Bolsa Mercantil, o café não deixava de ser discutido por Delfim, afinal, o aumento de suas exportações afetava a taxa de câmbio e a renda nacional, influenciando os preços de toda a economia, inclusive os do mercado algodoeiro. Além disso, as análises das políticas de valorização do Brasil, apoiando os preços do café, afetariam as decisões de produção sobre outras culturas. Em outras palavras, uma economia que tinha um produto de exportação principal sempre gravitaria em torno das políticas voltadas a este setor.

Dos artigos publicados na *Revista dos Mercados*, três deles tratam da renda nacional: um medindo-a, o outro relacionando-a com a concentração de renda e o terceiro discutindo a correlação existente entre a renda nacional dos Estados Unidos e as exportações brasileiras de café. Outros seis artigos lidam com a política cambial. Eles analisam as consequências da volatilidade da taxa de câmbio para a economia brasileira, com foco no mercado de algodão. Os quatro trabalhos restantes abordam assuntos variados. Entre eles, um sobre o mercado de algodão, correlacionando a sazonalidade do ano ao preço do algodão; o segundo tenta encontrar a relação entre a dívida pública regular e a dívida do "esforço de guerra"; o terceiro discute uma lei, que tramitava no Congresso, sobre a divisão obrigatória de lucros das firmas com os empregados; e o último discorre acerca da importância do conceito de elasticidade para a formulação de política econômica.

A influência da economia política clássica faz-se evidente nesses artigos. No trabalho intitulado "Considerações sobre as depreciações cambiais" (Delfim Netto, 1953b; Delfim Netto, 1953c), Delfim esboçou uma retrospectiva histórica de como se comportou a taxa de câmbio no mundo entre 1914 e 1945. Nele, destaca como a moeda fiduciária permitiu o enorme desenvolvimento do comércio a despeito dos limites do padrão-ouro. Assim, o objetivo do artigo era analisar como evoluíram as condições do comércio internacional a partir de 1914 com as diferentes formas monetárias, para então entender qual seria "a escolha adequada dos métodos capazes de conduzir a um reequilíbrio da balança de pagamentos". A partir de então, se valendo de argumentos de autores como David Ricardo e Friedrich List, Delfim pondera se no Brasil a melhor política não seria liberar a regulação da taxa de câmbio pelas "forças de livre-mercado".

Tais referências eram tratadas no curso História das Doutrinas Econômicas, lecionado por Paul Hugon, na FCEA durante o período em que Delfim se graduou. Tendo exposto os argumentos dos dois autores sobre o livre-comércio, Delfim discute como esse problema deveria ser enfrentado em uma economia subdesenvolvida. A seu ver, países agroexportadores, não industrializados e dependentes sofreriam mais com o livre-comércio: "Quando existe uma retração da atividade econômica dos países industrializados, caíam não só os preços, como também o volume de suas exportações [dos países dependentes de exportações]". Em consonância com as políticas de substituição de importações, Delfim acreditava que "a única forma eficaz de reduzir nosso montante de importações é passarmos a produzir os produtos importados, através de uma industrialização mais rápida" (Delfim Netto, 1953b, p.22).

Ainda sobre a mesma temática, Delfim recupera três outros autores para discutir a desvalorização cambial: Alfred Marshall, que havia demostrado que "se a soma das elasticidades da demanda em dois países trocando entre si fosse menor que um, a desvalorização levaria a um resultado desfavorável na balança comercial" (Delfim Netto, 1953b, p.15); Joan Robinson, para reforçar o argumento de que quanto mais inelástica for a demanda internacional, menor será o efeito da desvalorização na balança comercial; e, por último, Albert Hirschman, que defendia que uma desvalorização da moeda não levava necessariamente ao aumento das divisas de um país. As obras de tais autores compunham a bibliografia dos cursos Valor e formação de preços e Dinheiro e crédito. Delfim conclui o artigo afirmando que em um país dependente da exportação de poucos produtos primários cuja oferta era praticamente inelástica, não se recomendava a desvalorização (Delfim Netto, 1953b).

Delfim Netto buscava, via a leitura dos clássicos, apresentar uma análise própria sobre a questão cambial brasileira. Contrapunha-se, por exemplo, aos reconhecidos economistas do país como Eugênio Gudin que, em seu livro *Princípios de Economia Monetária*, de 1943, afirmava: "Contra a desvalorização, manifestam-se habitualmente os partidários da economia planificada como, por exemplo, o último Govêrno trabalhista inglês" (Gudin, 1956, p.254). Gudin fora, durante a graduação de Delfim, importante referência em seus estudos: "Naquele tempo, o livro-texto de todo mundo era o do professor Gudin" (Biderman et al., 1996, p.91). Apesar do reconhecimento prestado, havia uma tentativa por parte de Delfim de ir além de certas concepções liberais presentes nas teses do professor da FGV.

Em outro texto, ao discutir se seria possível a utilização da taxa de câmbio flexível no Brasil, Delfim utiliza-se novamente de curvas marshallianas para embasar seu raciocínio (Delfim Netto, 1955). Nesse sentido, era importante determinar quais seriam as elasticidades de oferta e da procura no Brasil. Em seu artigo para a *Revista de Ciências Econômicas*, Delfim tenta elucidar qual a relação existente entre as curvas de oferta e de procura de mercadorias ou de serviços, e as curvas de oferta e de procura de divisas. Para tanto, baseou-se na obra de Bresciani Turroni, *Corso di Economia Política*, de 1951, por ele classificada como uma obra "magnífica". A questão do desenvolvimento do modelo era um ponto central resgatado por Delfim no livro de Turroni. Outro tema explorado no texto era a estimação das demandas – e de suas respectivas elasticidades – que permitia ao economista valer-se da teoria para definir política econômica. Em suma, o autor italiano seria a referência central para a incorporação da teoria econômica antes da disseminação do livro de Samuelson no Brasil (Biderman et al., 1996, p.91; Silva Coelho, 2007, p.428).

Nos artigos relacionados à análise da renda nacional, Delfim se dedica à estimação do PIB nacional em dois momentos. No primeiro artigo, discute a lei de Pareto aplicada ao Brasil a fim de se tentar calcular a distribuição de renda no país (Delfim Netto, 1953). Wilfredo Pareto era leitura obrigatória do curso de Valor e Formação dos Preços. O artigo, primeiramente, apresenta as referidas leis para, depois, avaliar como elas se aplicavam ao Brasil; em um segundo momento, analisa-se o Imposto de Renda criado pela Lei Orçamentária nº 4.625, de 31 de dezembro de 1923, com o intuito de ponderar acerca da distribuição de renda no Brasil. Apesar de estimar esse coeficiente, reconhecia que se tratava de uma medida muito limitada, e, baseado em Bresciani-Turroni, afirma que tal medida serviria para revelar "a existência de uma certa 'ordem' na distribuição dos rendimentos individuais". Salienta que esses estudos, realizados para os anos 1946, 1947 e 1948 pelo professor Kingston, resultaram em coeficientes menores, significando, assim, que a desigualdade no Brasil estava "diminuindo consideravelmente".[4] Por fim, apresenta uma Curva de Lorenz, que tem nos eixos das ordenas o percentual das rendas, e nas abscissas, o percentual dos contribuintes.

De maneira geral, percebe-se que, nesses artigos publicados na década de 1950, faz-se relevante a influência das bibliografias dos cursos ministrados na FCEA. Joan Robinson e Alfred Marshall, por exemplo, eram referências básicas do curso Valor e Formação dos Preços e recorrentes nas análises de Delfim. Na bibliografia deste curso constavam *Economic of imperfect Competition*, de Robinson, e a tradução portuguesa de *Princípios de Economia Política*, de Marshall. Ambos os livros foram usados como instrumentos teóricos por Delfim para defender qual a melhor política cambial com o intuito de maximizar o crescimento econômico. A conclusão era de que a apreciação ou depreciação do câmbio deveriam obedecer às elasticidades das curvas de ofertas e demandas, tanto nacionais quanto internacionais. Para aplicar tais resultados ao mundo real, Delfim Netto já ensaiava o uso de estimações econométricas como forma de validar os modelos.

No que diz respeito ao uso de tais modelos econométricos e, especialmente, das regressões temporais, uma influência fazia-se comumente presente: Henry Schultz, um dos fundadores da econometria

4 A partir de 1939, Kingston tornou-se professor da Universidade do Brasil, ao lado de Eugenio Gudin. Com sua formação de engenheiro, e estatístico – trajetória similar à de Luiz de Freitas Bueno –, seria uma das figuras mais marcantemente citadas por Delfim em seus primeiros artigos.

(Louça; Terlica, 2011). Na cadeira cursada por Delfim, porém, o autor estudado era Harold Davis, autor de *The Theory of Econometrics* (1941) e *The Analysis of Economic Time Series* (1941). Enquanto esse autor não é mencionado em nenhum dos seus artigos, Schultz, por sua vez, é largamente utilizado. Delfim, formado em 1951, publica seu primeiro artigo na *Revista dos Mercados* no ano seguinte, utilizando-se de uma citação do livro de Henry Schultz, *The Law and measurement of demand*. Além da influência direta de Luiz de Freitas Bueno, seu professor de estatística, os trabalhos empíricos do professor Jorge Kingston também parecem ter sido incorporados em seu repertório.

Como defende Francisco da Silva Coelho, a preocupação de Delfim com a quantificação e com os métodos estatísticos, eram uma forma de se valer da razão instrumental, para pensar em problemas concretos da economia brasileira (Silva Coelho, 2007, p.430). Os métodos econométricos eram importantes instrumentos para o teste de hipóteses, em que "a aplicação mais simples dos conceitos da análise matemática, como o de função, derivada etc., deve ser utilizada sempre que a necessidade o exigir", conforme justificava Delfim Netto, "porque eles auxiliam enormemente a tarefa da teoria econômica, dando maior clareza e concisão ao pensamento" (Delfim Netto, 1955b, p.7).

Nesse sentido, a formação de Delfim foi marcada por duas influências principais que estão presentes na sua produção dos anos 1950: a economia política tradicional, resultado da presença do ensino europeu de economia naquele momento, e a técnica econométrica de mensuração de demanda e de ciclos econômicos, perspectiva de análise que auferia importância entre os economistas, absorvida por Delfim de forma quase autodidata. Essa combinação do curso de ciências econômicas – marcado pelo pluralismo supracitado – daria espaço para a construção de outro tipo de ensino de economia em São Paulo. Ainda assim, a abordagem presente nos artigos publicados por Delfim Netto na década de 1950 estava intimamente ligada aos programas existentes nas disciplinas ministradas na Faculdade de Economia, avançando gradualmente para uma nova retórica econômica, baseada em um discurso fundamentado cada vez mais nas ferramentas econométricas.

OS TRABALHOS DE DELFIM COMO ECONOMETRISTA (1960-1966)

No começo da década de 1960, logo antes de tornar-se ministro da Fazenda, seus principais trabalhos enfatizavam a aplicação dos métodos econômicos para compreender a realidade da economia brasileira. Os textos estão organizados em duas diferentes fontes: (1) uma coletânea de seis artigos publicados em diferentes revistas que tratam dos "Problemas econômicos da agricultura brasileira" (Delfim Netto, [s.d.]); e (2) três trabalhos empíricos publicados pela Associação Nacional de Programação Econômica (Anpes): "Alguns aspectos da inflação brasileira" (Delfim Netto et al., 1965), "O café do Brasil" (Delfim Netto; Pinto, 1967) e "Agricultura e desenvolvimento no Brasil" (Delfim Netto et al., 1966). Como se nota pelos títulos dos trabalhos, a temática da agricultura dominou a preocupação do autor no período.

Criada em 1964, uma época de escassez de dados domésticos, a ANPES era uma instituição privada, financiada por bancos e empresários paulistas, que publicou estudos sobre economia fundada em sólida base empírica. A associação, constituída antes do governo Castelo Branco, teve como presidente Roberto Campos e como diretor-administrativo Mario Henrique Simonsen, tendo João Paulo dos Reis Velloso se integrado ao grupo logo após o golpe militar de 1964 (Galinkin, 1989). As linhagens que formaram ANPES podem ser recuperadas no Instituto de Pesquisas e Estudos Sociais (IPES), órgão que atuou decisivamente para o êxito do golpe militar (Dreifuss, 1981).

A tentativa de se incorporar a estatística de maneira sistemática para a tomada de decisões governamentais respondia por um dos principais objetivos da associação. Buscando se desvencilhar de um perfil político, diferentemente do IPES, a ANPES tentava passar a impressão de que seus estudos eram puramente técnicos, descolados da política e de disputas ideológicas. Conforme descrito nas páginas iniciais do estudo "O café do Brasil", "na medida do possível, as atividades são orientadas num sentido pragmático, visando-se a formular recomendações concretas sobre alguns problemas urgentes" (Delfim Netto; Pinto, 1967, p.II). Assim, a instituição podia ser entendida como uma tentativa de formar órgãos análogos aos que foram criados nos Estados Unidos no período após a II Grande Guerra, quando se formaram centros de difusão de "técnicos economistas" (Klein, 2001).

Dois dos estudos de Delfim publicados pela ANPES tinham o objetivo de "falsear" a tese de que seria necessária uma reforma agrária para se conseguir aumentar a produção de alimentos no país e, assim, controlar a inflação. De certa maneira, este seria um dos grandes debates públicos na década de 1960. O Plano Trienal de Desenvolvimento Econômico e Social (lançado durante o governo João Goulart) e o Programa de Ação Econômica do Governo (PAEG, lançado durante o governo Castelo Branco) propunham, ainda que com diferença de ênfase, uma reforma agrária como base para a continuidade do desenvolvimento econômico do Brasil.[5] Por outro lado, o Programa Estratégico de Desenvolvimento (PED), implementado por Delfim durante a gestão Costa e Silva, atenuava a relevância da medida.

Já no trabalho "Alguns aspectos da inflação brasileira" (1965), Delfim explicita sua posição ao insistir que o setor agrícola responderia aos estímulos de preço, portanto, o "capitalismo" já haveria dominado a dinâmica econômica do campo brasileiro, não havendo, pois, a necessidade de se realizar uma reforma agrária. No fundo, se haveria alguma "incapacidade" do setor agrícola de responder aos estímulos de preços, essa se daria devido ao fato de os grupos oligopolistas impedirem a transferência das rendas produzidas no campo para os produtores, e não em função do arcaísmo da estrutura agrária (Delfim Netto et al., 1965).

Supondo que a reforma agrária seria inútil para combater a inflação e garantir o desenvolvimento econômico, o estudo minimizava sua relevância, uma vez que ela não resistiria "ao teste da realidade quando analisamos o caso brasileiro". Em nota de rodapé, Delfim afirma que era preciso avaliar a adequação da reforma para cada experiência particular: "No entanto, não deixa de ter validade, entre outros o caso do Chile, onde o setor produtor de alimentos, conforme os dados de preços agrícolas parecem indicar, não se ajusta ao

5 Para uma discussão detalhada sobre o debate da reforma agrária nos anos 1960 e a proposta dos planos econômicos do período, ver Hespanhol (2017), seção 4.3.

crescimento da demanda" (Delfim Netto et al., 1965, p.51). Em seu entendimento, somente por meio dos dados e da realidade econômica de cada sociedade em particular que se poderia indicar o prognóstico para a formulação das políticas econômicas. Os dados dos preços agrícolas indicavam para o Chile a reforma agrária como uma política possível; os referentes ao Brasil, não.

Por sua vez, o modelo de inflação construído por Delfim Netto no mesmo estudo indicava que os mecanismos geradores das pressões inflacionárias eram complexos e multicausais, tais como: déficits do setor público, pressões dos custos de reajustamento salariais e das desvalorizações cambiais e as pressões derivadas do setor privado. Assim, se tentava demonstrar os limites da reforma agrária para combater a inflação no Brasil, já que o campo deveria ampliar a produção e a produtividade, por outro lado, tampouco se aproximava do receituário liberal. Nesse sentido, considerava equivocado impor restrições monetárias, pois estas gerariam problemas de liquidez para o setor produtivo, ampliando, consequentemente, o desabastecimento do país.

No relatório "Agricultura e desenvolvimento no Brasil" foram analisadas separadamente as economias do Nordeste e do Centro-Oeste, regiões em que a produção agrícola vinha crescendo consideravelmente, mas cuja estrutura fundiária, porém, ainda era considerada arcaica (Delfim Netto et al., 1966). Novamente, o questionamento sobre a necessidade de uma reforma agrária aparece no relatório. Depois da exposição dos dados sobre as regiões, os autores concluem que a oferta agrícola cresceria de maneira a tornar desnecessária uma reforma agrária no Brasil: "Tal atitude é surpreendente, justamente porque todos sabemos que existe muita literatura, mas muito pouca pesquisa sôbre o setor agrícola [...]. O que se tem comparado, portanto, não são ideias sôbre uma mesma realidade agrícola, mas diferentes imagens do que se supõe que seja a realidade agrícola brasileira" (Delfim Netto et al., 1966, p.XV).

O livro-texto *Problemas econômicos da agricultura brasileira*, que era utilizado como bibliografia para o curso de economia brasileira, contém um artigo particularmente importante sobre as decisões de política econômica. Discutindo o PAEG, Delfim classifica a parte concernente à agricultura como o "capítulo mais insatisfatório do Programa, onde se repetem velhos chavões e onde, se as estimativas são um pouco melhores que as do Plano Trienal, a metodologia é tão primitiva quanto à daquele" (Delfim Netto, [s.d.], p.280). Delfim repete o argumento de que os estudos não indicavam a necessidade de se realizar a reforma agrária no país. Argumentando com base nos dados, conclui que: "Diante desses dados a terceira proposição [a agricultura não responde aos estímulos de demanda] é rejeitada. Isso mostra que a conclusão do Programa [PAEG] é uma simples crença que emergiu da abundante bibliografia cepalina sôbre o assunto" (ibidem, p.298).

A crença de que a agricultura brasileira estaria estagnada por não responder aos estímulos de demanda era, para o autor, uma farsa. Na epígrafe deste mesmo texto, Delfim, citando Popper, faz questão de salientar o que seria uma análise verdadeiramente científica da situação: "*The logic of Scientific Discovery*: '*The game of Science is, in principle, without end. He who decides one day that scientific statements do not call for any further test, and that they can be regarded as finally verified, retires from the game*'". O posicionamento de Delfim neste momento buscava superar as crenças de base estruturalista sobre a agricultura brasileira, mostrando que a questão da oferta de alimentos inelástica no longo prazo poderia ser "resguardada, como verificada finalmente" por seus estudos.

Nesse sentido, Delfim Netto vinha reproduzindo, na transição dos anos 1960, as transformações pelas quais o modelo de pensamento econômico norte-americano tinha passado na década anterior. Isto é, o processo de consolidação da econometria como nova fase de materialização da retórica dos economistas ocorreu em dois momentos: o primeiro relacionado a um grande aglomerado de economistas de diversas vertentes, reunidas sob a institucionalidade da Sociedade de Econometria, os quais tentavam distinguir-se da ciência econômica de outrora. O segundo, quando a mesma sociedade acaba por isolar-se no debate acadêmico, fez com que o antigo diálogo entre seus integrantes se transformasse em competição para selecionar aqueles com trabalhos aplicados. Posto de outra forma, o primeiro momento caracterizou-se pela utilização da econometria para estimar demandas e ciclos econômicos; o segundo, diretamente influenciado pela revolução probabilística de Haavelmo na econometria tornou a área um potente instrumento retórico.[6] Nos termos de Morgan (1994, p.67), as ideias de testar hipóteses dos primeiros econometristas seria análogo à tarefa de controle de qualidade. Contudo, com o passar do tempo, a terminologia teria acabado enveredando para a noção popperiana de testes.

DA ACADEMIA PARA A POLÍTICA: DELFIM NETTO E O MILAGRE ECONÔMICO

O projeto de construção de um novo curso de Economia na FEA/USP, com a valorização da teoria econômica moderna como defendida por Delfim Netto, viabilizou-se no início da década de 1960. O projeto baseado na capacidade de pensar as questões da economia brasileira se fortalecia com a materialização do Instituto de Pesquisas Econômicas (IPE/USP), o curso de pós-graduação em economia da Universidade de São Paulo (Saes et al., 2014).

A constituição da pós-graduação na USP não se tratava de um projeto isolado: a academia vinha se constituindo como espaço de formação de quadros e de pesquisas econômicas sobre o país. Para Bianchi (1997), a tarefa de formação de economistas, antes delegadas às chamadas escolas práticas – como a Sumoc, o BNDE, o Conselho Federal de Comércio Exterior, o Conselho Nacional de Economia –, foram gradualmente transferidas para os centros de pós-graduação. Inicialmente, os cursos da Fundação Getúlio Vargas (EPGE) e da Universidade de São Paulo (IPE) foram os primeiros a se inserir nessa nova realidade da academia brasileira.

A Fundação Getúlio Vargas, criada em 1944 no Rio de Janeiro, formaria seu programa de pós-graduação no início da década de 1960, chamado de Centro de Aperfeiçoamento de Economistas, que

6 Redman (1994, p.67), nesse sentido, defende a ideia de que a econometria foi o campo da economia que mais recebeu influências do "popperianismo", mas esta permaneceu enrustida, sem nunca gerar alarde.

atendia as diretrizes indicadas pela Agência dos Estados Unidos para o Desenvolvimento Internacional (USaid) para capacitação dos quadros da elite nacional. A Escola de Pós-Graduação em Economia (EPGE) seria resultado desse projeto preliminar, entrando em funcionamento em 1966, mesmo ano em que o IPE/USP foi instituído. Contudo, a FGV e os economistas do Rio de Janeiro já ostentavam lugar destacado na política brasileira, cenário diverso do que era encontrado em São Paulo.

Assim, se os anos 1960 marcaram uma fase de ascensão das instituições de ensino no papel da formação dos economistas brasileiros, no que diz respeito aos economistas de São Paulo essa década foi decisiva para inseri-los no debate nacional. Sob a liderança de Delfim Netto, a criação do Instituto de Pesquisas Econômicas da USP justificava-se pela necessidade de constituir na FCEA uma nova formação de economistas que, com instrumentos de pesquisa mais modernos, viabilizaria a inserção da faculdade no debate econômico brasileiro. Indo além, os institutos de pesquisas teriam servido como vitrine para o aumento da visibilidade dos economistas fora dos meios acadêmicos e para sua legitimidade como interlocutores políticos (Loureiro, 1997).

Nesse sentido, o projeto da pós-graduação partia do seguinte pressuposto: a necessária incorporação da teoria econômica contemporânea, com a disseminação de ferramentas matemáticas que auxiliassem a análise econômica, deveria ser técnica, mas também passível de aplicação pela política pública. Com isso, o diferencial do profissional formado em economia abriria oportunidades para que seus estudos balizassem as políticas econômicas, como também qualificavam os profissionais formados para alcançar cargos centrais na administração política. Tal instrumental econômico foi buscado nos Estados Unidos, onde a revolução instrumentalizada pela "cientificização" da área sedimentara-se no pós-Guerra.

Ainda que a criação do Instituto de Pesquisas Econômicas da USP tenha Delfim Netto como um relevante personagem, naquela oportunidade seus voos já ultrapassavam as fronteiras da universidade. Pouco antes do início da década de 1960, o jovem professor da Universidade de São Paulo assumia funções na equipe de planejamento do estado de São Paulo, no governo Carlos Alberto de Carvalho Pinto, participando da produção de documentos como o Plano de Ação do Governo do Estado e, posteriormente, o Plano de Desenvolvimento Integrado, do governador Adhemar de Barros. Da relevante contribuição para os planos, Delfim assumiria, em 1966, a Secretaria da Fazenda do Estado de São Paulo no governo Laudo Natel, levando para sua equipe os chamados *Delfim's boys*, professores e economistas formados na USP, que pairavam sob sua órbita.

Com a liderança de Delfim, os economistas da FCEA/USP passaram a ascender politicamente para os cargos públicos na esfera estadual. A ANPES também passaria a divulgar estudos econômicos realizados por pesquisadores sediados em instituições de São Paulo. Era a porta de entrada para uma crescente presença de professores e pesquisadores da USP na arena do debate político-econômico do país.

Nessa nova conjuntura, o agora professor catedrático em Análise Macroeconômica, título recebido em 1963, tornava-se uma relevante personalidade no campo de economia. O auge de seu prestígio se deu 1967, quando foi convidado para ocupar o Ministério da Fazenda do presidente Costa e Silva, permanecendo em tal posição até 1974. Pouco antes, Delfim Netto já circulava no âmbito federal, tendo participado do Conselho Consultivo de Planejamento (Consplan) do governo Castelo Branco.

Denominado como o milagre econômico, o período em que esteve à frente do Ministério da Fazenda foi marcado por uma fase de elevado crescimento econômico, com uma média de quase 11% ao ano, além de uma moderada taxa de inflação e da expressiva melhora das contas externas. Se de um lado o governo se beneficiava dos ajustes econômicos resultantes do PAEG do governo antecessor, por outro, a partir do Plano Estratégico de Desenvolvimento, de meados de 1968, o ministro imprimia novas diretrizes à sua gestão, com política monetária expansionista, incentivando o consumo privado, investimentos públicos e uma política de crescimento das exportações.

Essa inflexão na condução da política econômica em comparação a de seu antecessor, Octávio Gouveia de Bulhões, seguia tanto sua leitura sobre as condições para superação do subdesenvolvimento, mas também sua avaliação da conjuntura econômica nacional. Em texto de 1967, Delfim defendia que o caminho para a superação de atraso da economia nacional exigia ampliar as taxas de crescimento econômico, numa fase de elevada capacidade ociosa, sem que houvesse desequilíbrios monetários (Delfim Netto, 1967b, p.3).

Se para os formuladores do PAEG a questão da inflação foi temática central, durante sua passagem pela Fazenda o tema não foi menos importante. O controle dos preços era realizado diretamente em insumos e produtos selecionados, inicialmente sob controle da Comissão Nacional de Estímulo à Estabilização de Preços (CONEP), função exercida posteriormente pela Comissão Interministerial de Preços (CIP). A taxa de inflação que teria mantido uma média de 45% entre 1964 e 1967, ficaria abaixo de 20% durante o milagre econômico, permitindo que o governo também focasse a política econômica em outras prioridades.

O desafio do governo, desta forma, voltava-se para a garantia da acumulação de capital e da ampliação da participação da iniciativa privada em investimentos produtivos. Para atingir tais objetivos, o ministro precisava viabilizar as condições institucionais para que o mercado pudesse regular a economia, o que indicaria o percurso de reformas instauradas pelo governo – como a realizada no mercado acionário e nas instituições financeiras não bancárias; e, por outro lado, o governo deveria ampliar a taxa de poupança da economia, produzindo uma redistribuição de renda do consumo para o capital (Marineli, 2017, p.218).

O conflito distributivo daí resultante se tornaria crescentemente acirrado durante os anos 1970, devendo ser combativo com mais crescimento, isto é, com a superação da insuficiência da acumulação. O governo entrava em cena para superar a crise política, mesmo que de forma autoritária, oferecendo a devida segurança institucional para os investimentos e alimentando a poupança com os instrumentos necessários para sua expansão. O BNDE foi incessantemente utilizado para financiar os investimentos privados, empresários nacionais receberam crescentes subsídios e incentivos fiscais e empresas estatais ampliaram seus endividamentos internacionais para expandir projetos no país (Marineli, 2017, p.251).

Outro gargalo central a ser superado, conforme a perspectiva de Delfim Netto, era a participação do país no comércio internacional.

O desenvolvimento nacional dependia de divisas para a importação que promoveriam a transformação da estrutura produtiva da economia nacional. Para o ministro da Fazenda, o Brasil era extremamente dependente das exportações de produtos agrários, em especial do café, como seus trabalhos anteriores teriam demonstrado. Para que o país pudesse voltar a crescer a taxas elevadas, era preciso superar os limites do balanço de pagamentos: a diversificação da pauta de exportações passaria a ser incentivada pelo governo, com significativa expansão do crédito agrícola, para transformar o país numa "sociedade exportadora" (Delfim Netto, 1968, p.5).

A política de incentivos acabou gerando tanto a expansão das exportações brasileiras, como, e mais importante, a tão almejada diversificação da pauta exportadora. A nova política estimulou, inclusive, uma tradicional produção manufatureira, que passou a ter oportunidades de atender o mercado exterior, estimulando maior dinamismo industrial interno e o crescimento das taxas de emprego. A expansão do mercado de trabalho compensava, em alguma medida, as pressões resultantes da política salarial, a qual, mantida do PAEG, gerava a perda do poder aquisitivo dos trabalhadores, especialmente dos menos qualificados.

As políticas voltadas ao crescimento econômico iniciadas com Costa e Silva (1967-1969) seriam intensificadas durante o mandato de Médici (1969-1974) sob a égide do I Plano Nacional de Desenvolvimento. As ambiciosas metas de crescimento presentes no início do governo seriam atingidas, como a taxa de PIB *per capita*, de expansão do nível de emprego, do investimento bruto e do produto industrial (Lago, 2014, p.238). A intenção de impulsionar o capital privado para assumir um papel central na dinâmica econômica, entretanto, não se verificou. Por um lado, os instrumentos de financiamento de longo prazo permaneceram nas mãos do governo, com BNDE, Finame, Banco do Brasil e o BNH – este último para o importante programa de habitação. O crescimento da economia também dependeu significativamente das empresas estatais, que durante o milagre cresceram em tamanho e em quantidade. Para Lago, contudo, não se pode falar de aumento do grau de estatização no período, mas "sim de forte centralismo na condução da economia e de uma crescente dependência da parte do setor privado, notadamente dos setores exportadores e agrícola, de subsídios governamentais" (Lago, 2014, p.228).

O forte centralismo do Ministério da Fazenda na condução da economia, por seu turno, seria o responsável por uma das imagens marcantes do período: o crescimento econômico e da desigualdade. Como o próprio ministro narrava em 1968, "um processo de desenvolvimento é exatamente o processo onde há atritos entre setores, entre grupos, entre aqueles que estão instalados e aqueles que precisam se instalar". Esse atrito, que para Delfim se acirrava conforme a sociedade brasileira se modernizava, era um problema político sobre decidir quem iria emergir e quem ficaria para trás. Isto é, "da essência do processo de desenvolvimento produz-se a alteração na distribuição da renda", e o governo deveria ordenar o processo de disputa social, sem esperar "maiores complicações, maiores atritos, maior disputa em torno do bolo que está crescendo" (Delfim Netto, 1968, p.3).

Na década de 1970, Delfim Netto dispunha de poder político que lhe conferia grande autonomia na condução da política econômica brasileira. A conjuntura internacional favorável até a primeira crise do petróleo gerou um ambiente de liquidez monetária, financiando em parte as empresas estatais e em parte os saldos positivos da balança comercial brasileira. Tendo herdado os mais estáveis resultados da política de saneamento da economia do PAEG, também pôde praticar uma política mais expansiva, com menores restrições inflacionárias e no balanço de pagamentos. Seu passado acadêmico pode ser recuperado de maneira bastante fragmentária, com algumas ilações sobre sua perspectiva de desenvolvimento e de defesa do papel do mercado como regulador da economia. Contudo, como personagem da *práxis*, Delfim Netto não teria mais a preocupação retórica de falsear as teses econômicas. Afinal, não precisava mais: se no campo acadêmico a batalha retórica já havia sido vencida nos anos 1960, no campo da política econômica suas teses tinham se tornado dominantes.

CONSIDERAÇÕES FINAIS

A primeira década de Delfim Netto como professor da Faculdade de Economia da USP marcaria decididamente uma fase de profunda inflexão do perfil do curso lá oferecido. Essa tendência de transformação pode ser entendida como uma resposta à nova hegemonia mundial do conhecimento em economia. Nos Estados Unidos, a síntese neoclássica associada à disseminação da econometria como ferramenta para as pesquisas econômicas tornou o economista um profissional indispensável, tanto na esfera privada como na pública. Essa nova hegemonia também foi reflexo da forma de conceber o economista, isto é, um profissional que, "descolado" da política, responderia tecnicamente às questões de política econômica. Nesse sentido, ao associar teoria com a possibilidade de testá-la aos dados, seria possível oferecer respostas aos problemas da economia nacional.

Assim, ao longo da década de 1950, Delfim teria conseguido assimilar essas inovações na teoria econômica mundial, sendo um importante personagem na difusão desse novo método de análise na Universidade de São Paulo. Dessa forma, seguindo o exemplo das transformações ocorridas na área nos Estados Unidos, a teoria econômica que passava a ser disseminada no Brasil enfatizava os elementos instrumentais de estatística e matemática aplicada. É verdade que Delfim não suprimira sua bagagem teórica aprendida ao longo do curso de economia: vale destacar seu mais famoso trabalho, *O problema do café*, parte de um estudo de história econômica com a formulação de modelos econômicos para fundamentar sua posição sobre os caminhos que a política cafeeira brasileira deveria seguir durante a década de 1950.

Nos anos 1960, a trajetória de Delfim Netto rapidamente enveredou para o campo da política, levando para o debate econômico uma nova retórica, mais instrumentalizada e supostamente mais científica. A estratégia de assimilação da teoria econômica internacional – associada aos instrumentais matemáticos como suporte argumentativo – cumpriram papel relevante de confrontação das perspectivas teóricas dominantes no período. Buscando afastar-se ora de autores cepalinos, ora de interpretações liberais, Delfim Netto conseguiu encontrar um discurso econômico alicerçado numa sólida retórica para combater proposições contrárias aos seus projetos, o que pode ter lhe dado significativo respaldo para sua reconhecida atuação como ministro da Fazenda.

REFERÊNCIAS

Fontes primárias

DELFIM NETTO, A. A tendência estacional do preço do algodão paulista no período 1940-1950. *Revista dos Mercados*, São Paulo, v.2, n.22, p.23-32, 1952.

DELFIM NETTO, A. Considerações sôbre a depreciação cambial. *Revista dos Mercados*, São Paulo, v.3, n.33, p.17-29, 1953b.

DELFIM NETTO, A. Considerações sôbre a depreciação cambial, Parte II. *Revista dos Mercados*, São Paulo, v.3, n.34, p.13-25, 1953c.

DELFIM NETTO, A. A Lei de Pareto e o Imposto de Renda em 1951 no Brasil. *Revista dos Mercados*, São Paulo, v.3, n.36, p.9-12, 1953d.

DELFIM NETTO, A. O problema do algodão. *Revista dos Mercados*, São Paulo, v.4, n.39, p.9-21, 1954a.

DELFIM NETTO, A. Linhas gerais da determinação estatística da renda nacional. *Revista dos Mercados*, São Paulo, v.4, n.41, p.9-14, 1954b.

DELFIM NETTO, A. O café brasileiro no mercado dos Estados Unidos no período de 1922-39. *Revista dos Mercados*, São Paulo, v.4, n.43, p.15-20, 1954c.

DELFIM NETTO, A. Uma tabela da participação nos lucros das emprêsas. *Revista dos Mercados*, São Paulo, v.5, n.50, p.7-15, 1954e.

DELFIM NETTO, A. O sistema de taxa flexível e Brasil. *Revista dos Mercados*, São Paulo, v.5, n.54, p.5-12, 1955a.

DELFIM NETTO, A. Observações sobre o conceito de elasticidade. *Revista dos Mercados*, São Paulo, v.5, n.55, p.7-11, 1955b.

DELFIM NETTO, A. Problemas econômicos da agricultura Brasileira. São Paulo, Faculdade de Ciências Econômicas e Administrativas da Universidade de São Paulo, Boletim n.46, Cadeira XXV, [s.d.].

DELFIM NETTO, A.; HAUSNER, J. G.; STILMAN, M. O algodão brasileiro na atual conjuntura. *Revista dos Mercados*, São Paulo, v.4, n.48, p.9-16, 1954d.

DELFIM NETTO, A.; PASTORE, A. C.; CIPOLLARI, P.; CARVALHO, E. P. de. Alguns aspectos da inflação brasileira. Serie *Estudos ANPES*, São Paulo, n.1, 1965.

DELFIM NETTO, A.; PASTORE, A. C.; C., E. P. Agricultura e desenvolvimento no Brasil. *Estudo ANPES*, São Paulo, n.5, 1966.

DELFIM NETTO, A.; PÉCORA, J. F. Rendimentos reais dos títulos públicos federais em São Paulo – 1944 a 1951. *Revista dos Mercados*, São Paulo, v.3, n.30, p.7-10, 1953a.

DELFIM NETTO, A.; PINTO, C. A. A. O café do Brasil. *Estudos ANPES*, São Paulo, n.3, 1967.

DELFIM NETTO, A. Convocação para o desenvolvimento. In: BRASIL. Ministério da Fazenda, Secretaria Geral, Subsecretaria de Economia e Finanças. *Revista de finanças públicas*, Rio de Janeiro, ano XXVII, n.257, p.2-4, 1967b.

DELFIM NETTO, A. O desenvolvimento e o comércio externo. In: BRASIL. Ministério da Fazenda, Secretaria Geral, Subsecretaria de Economia e Finanças. *Revista de finanças públicas*, Rio de Janeiro, ano XXVIII, n.274, p.2-7, 1968.

Bibliografia geral

BIANCHI, A. M. Para auditórios diferentes, diferentes argumentos: retórica econômica nos primórdios da escola latino-americana. In: GALA, P.; REGO, J. M. (Orgs.). *A história do pensamento econômico como teoria e retórica*: ensaios sobre metodologia em economia. São Paulo: Editora 34, 2003.

BIELSCHOWSKY, R. *Pensamento econômico brasileiro.* Rio de Janeiro: Contraponto, 2000.

BLANCHARD, O. Neoclassical Synthesis. In: EATWELL, J.; MILGATE, M., NEWMAN, P. (Eds.). *The World of Economics.* London: Palgrave Macmillan, 1991.

BLAUG, M. *História do pensamento econômico.* Lisboa: Publicações Dom Quixote, 1989.

CANABRAVA, A. P. (Coord.). *História da Faculdade de Economia e Administração da Universidade de São Paulo,* 1946-1981. São Paulo: Personália/Faculdade de Economia e Administração da USP, 1984.

CARDOSO, J. L. Reflexões periféricas sobre a difusão internacional do pensamento econômico. *Nova Economia*, v.19, n.2, 2009.

CAVALIERI, M. A. R.; CURADO, M. L. As influências norte-americanas de Roberto Simonsen: controle social, institucionalismo e planejamento. *Seminário em História e Metodologia da Economia.* FEA/USP, 2014.

BIDERMAN, C.; COZAC, L. F. L.; REGO, J. M. *Conversas com economistas brasileiros.* São Paulo: Editora 34, 1996.

COATS, A. *The sociology and professionalization of economics*: British and American economic essays. London: Routledge, 1993.

COATS, A. Economic ideas and economists in government: accomplishments and frustrations. COLANDER, D.; COATS, A. W. *The Spread of Economic Ideas*. Cambridge: Cambridge University Press, 1989.

GALINKIN, M. *Comemoração dos 25 anos do Ipea*. Brasília: Instituto de Pesquisa Econômica Aplicada/Centro de Treinamento para o Desenvolvimento Econômico e Social, 1989.

CURI, L. F. B. *Entre a história e a economia*: o pensamento econômico de Roberto e desenvolvimento no Brasil. São Paulo, 2014. Dissertação (Mestrado) – Faculdade de Filosofia, Letras e Ciências Humanas da Universidade de São Paulo.

CURI, L. F. B. *Nationalökonomie nos trópicos*: pensamento econômico alemão no Brasil (1889-1945). São Paulo, 1981. Tese (Doutorado) – Faculdade de Filosofia, Letras e Ciências Humanas da Universidade de São Paulo.

DREIFUSS, R. A. *1964 – A conquista do Estado*. Ação política, poder e golpe de classe. Petrópolis: Vozes, 1981.

ELY, R. The American Economic Association 1885-1909. *American Economic Association Quarterly*, 3rd Series, v.11, n.1, 1910.

______. The founding and early history of the American Economic Association. *The American Economic Review*, v.26, n.1, 1936.

GREMAUD, A. P. *Das controvérsias teóricas à política econômica*: pensamento econômico e economia brasileira no Segundo Império e na Primeira República (1840-1930) São Paulo, 1997. Tese (Doutorado) – Faculdade de Economia e Administração da Universidade de São Paulo.

GUDIN, E. *Princípios de economia monetária*. Rio de Janeiro: Agir, 1956.

HESPANHOL, G. C. M. G. *Um estudo sobre o pensamento econômico de Delfim Netto*. São Paulo: Faculdade de Filosofia, Letras e Ciências Humanas, Universidade de São Paulo, 2017.

KLEIN, J. Reflections from the age of economic measurement. *History of Political Economy*, v.33, annual supplement, 2001.

KUZNETS, S. *National Income and Capital Formation, 1919-1935*. New York: National Bureau of Economic Research, 1937.

______. National Income, 1929-1932. *Senate document* n.124, 73rd Congress, 2nd session, 1934.

LAGO, L. A. C. A retomada do crescimento e as distorções do milagre, 1967-1974. ABREU, M. P. (Org.). *A ordem do progresso*. Rio de Janeiro: Campus, 2014.

LOUÇÃ, F. *The years of high econometrics*. London: Routledge, 2007.

LOUÇÃ, F.; TERLICA, S. The fellowship of Econometrics: selection and diverging views in the province of mathematical economics, from the 1930s to the 1950s. *History of Political Economy*, n.43, 2011.

LOUREIRO, M. R. *Os economistas no governo*: gestão econômica e democracia. Rio de Janeiro: Editora da Fundação Getúlio Vargas, 1997a.

LOUREIRO, M. R. A formação de quadros para o governo: as instituições de pesquisa econômica aplicada. In: LOUREIRO, M. R. (Org.). *50 anos de Ciência Econômica no Brasil*. Petrópolis: Editora Vozes, 1997b.

MANKIW, N. G. The Macroeconomist as Scientist and Engineer. *Journal of Economic Perspectives*, v.20, n.4, 2006.

MARINELI, F. *O pensamento de Antonio Delfim Netto e o milagre econômico brasileiro*. São Paulo: Faculdade de Filosofia, Letras e Ciências Humanas, Universidade de São Paulo, 2017.

MAZA, F. *O idealismo prático de Roberto Simonsen*: ciência, tecnologia e indústria na construção da nação. São Paulo: Fiesp/Ciesp, 2004.

McCLOSKEY, D. N. A retórica da economia. In: REGO, J. M. (Org.). *Retórica na economia*. São Paulo: Editora 34, 1996.

MORGAN, M.; RUTHERFORD, M. American Economics: the character of the transformation. In: MORGAN, M.; RUTHERFORD, M. (Eds.). *From Interwar Pluralism to Post War Neoclassicism*. Duke: Duke University Press Books, 1998.

PINHO, D. B. *A FEA-USP no tempo:* contribuição à memória de seus 60 anos. São Paulo: FEA/USP, 2006.

REDMAN, D. Karl Popper's Theory of Science and Econometrics: The Rise and Decline of Social Engineering. *Journal of Economic Issues*, v.28, n.1, 1994.

ROBINSON, J. *Essays in the Theory of Employment*. Oxford, 1947.

SAES, A. M.; CYTRYNOVICZ, R.; SAES, B.; HESPANHOL, G. M. G.; CURI, L. F. B. *FIPE 40 anos*. São Paulo: Fipe, 2014.

SILVA COELHO, F. Antonio Delfim Netto: formação e influência de suas análises sobre o crescimento. SZMRECSANYI, T. & SILVA COELHO, F. *Ensaios de história do pensamento econômico no Brasil contemporâneo*. São Paulo: Editora Atlas, 2007.

SCHUMPETER, J. *História da análise econômica*. Rio de Janeiro: Aliança para o Progresso, 1964.

16

Mario Henrique Simonsen

SIMBIOSE ENTRE POLÍTICA ECONÔMICA E ACADEMIA

Andrea Felippe Cabello

INTRODUÇÃO

Mario Henrique Simonsen teve vasta experiência na gestão econômica do Brasil em diversos cargos ao longo de sua trajetória. Desde o início de sua vida profissional, esteve envolvido de diferentes formas com a formulação da política econômica. Esse fato torna a análise das contribuições de Simonsen imprescindível para se compreender a evolução não apenas do debate acadêmico econômico, mas também da própria economia brasileira.

Sua influência na política econômica brasileira pode ser dividida em quatro momentos cronológicos subsequentes: (1) como assessor de Roberto Campos antes e sobretudo durante o Programa de Ação Econômica do Governo (PAEG); (2) o hiato entre o PAEG e o ministério; (3) como ministro da Fazenda e depois do Planejamento; (4) fora do governo, como diretor da Escola Brasileira de Economia e Finanças (EPGE-FGV) e colunista em diversos veículos da imprensa.

O objetivo deste capítulo é, desse modo, sintetizar as principais contribuições de Mario Henrique Simonsen ao pensamento econômico brasileiro e relacioná-las com sua trajetória pública. Ele se divide em quatro partes. A primeira traz uma breve biografia; a segunda

Mário Henrique Simonsen (1935-1997) foi ministro durante os governos Geisel e Figueiredo, mas atuou em cargos do governo federal em diversas gestões. Também teve papel importante na consolidação dos estudos em economia do Brasil durante sua atuação como diretor da Escola de Pós-Graduação em Economia (EPGE) da Fundação Getúlio Vargas.

descreve suas principais contribuições acadêmicas: a curva de Simonsen, a inflação inercial, a crítica à hipótese de expectativas racionais, a regra de endividamento prudencial e a defesa de política de rendas. A seguir, apresenta-se suas experiências no governo e no comando da economia do país. Por último, tecem-se breves comentários sobre a relação entre essas contribuições e sua trajetória de vida.

APONTAMENTOS BIOGRÁFICOS

Mario Henrique Simonsen nasceu em 1935 em uma família tradicional e de acadêmicos do Rio de Janeiro: seu avô foi catedrático na Escola de Medicina e Eugênio Gudin era seu primo – o pai de Gudin era irmão do bisavô de Simonsen, o que contribuiu para a grande influência que Gudin exerceu sobre a formação e as ideias de Simonsen. Estudou no Colégio Santo Inácio, no Rio de Janeiro, onde recebeu uma formação matemática sólida, desenvolvendo certo autodidatismo. Passou em primeiro lugar no curso de engenharia da Escola Nacional de Engenharia (ENE), onde se formou alguns anos mais tarde.

Em 1957, começou a trabalhar na Ecotec – Economia e Engenharia S.A, talvez a primeira empresa de consultoria econômica do Brasil. Em 1960, começou a trabalhar para a Consultec, criada por Lucas Lopes, Jorge de Mello Flôres, Mário da Silva Pinto e Roberto Campos, quando este deixou a presidência do BNDE em 1959; o próprio Simonsen se tornaria sócio da empresa em 1965. A empresa realizava principalmente projetos e estudos de viabilidade. Nesse período, sua relação profissional com Roberto Campos se estreitaria em parcerias que gerariam estudos importantes para a política econômica brasileira. Também foi nesse período que fundou a firma de serviços financeiros Bozano, Simonsen & Cia. Ltda., posteriormente Banco Bozano, Simonsen, e que atuou na Confederação Nacional da Indústria e na Credisan – Crédito, Financiamento e Investimento S.A. (CPDOC/FGV, 2018).

Simultaneamente, iniciou sua carreira como docente, ministrando aulas de engenharia econômica e de programação linear na própria ENE no Instituto de Matemática Pura e Aplicada (IMPA) e no Conselho Nacional de Economia. Participou também da Associação Nacional de Planejamento Econômico e Social (Anpes), na qual também atuaram Roberto Campos e Delfim Netto (Campos, 2004).

Durante sua vida acadêmica, esteve vinculado à Fundação Getúlio Vargas (FGV). Em 1961, tornou-se professor do Centro de Aperfeiçoamento de Economistas (CAE) da FGV, que, em 1966, se transformou na Escola de Pós-Graduação em Economia (EPGE), da qual Simonsen foi diretor até 1974 e novamente entre 1979 e 1993 (Leal, 1998). Na EPGE, Simonsen teve papel de destaque na principal revista acadêmica de economia do Brasil, a *Revista Brasileira de Economia* (RBE). Além de integrar o Conselho Consultivo da RBE (1961-1963), a Comissão Diretora e o Conselho Editorial (1972-1986), foi diretor da revista entre 1987 e 1993. Teve várias contribuições como autor (23 artigos no total)

– Faro (1998) comenta que Simonsen era visto como o último recurso quando não havia artigos de qualidade suficiente para publicação.

Ao longo da vida, atuou em conselhos consultivos de várias empresas importantes de diversos segmentos de atuação, como Citigroup, Mercedes-Benz do Brasil e Souza Cruz, importante credora da dívida brasileira na década de 1980 (CPDOC/FGV, 2018).

Em fevereiro de 1997, Simonsen faleceu em decorrência de um câncer de pulmão associado a anos de tabagismo, em um momento em que ainda era ativo tanto na academia quanto na discussão da política econômica nacional.

AS PRINCIPAIS IDEIAS ECONÔMICAS DE SIMONSEN

As mais relevantes contribuições pelas quais Simonsen ficou conhecido têm amplo reflexo em sua trajetória pública. Serão apresentadas aqui as cinco principais, buscando articulá-las com o contexto histórico em que se inseriram:[1] a curva de Simonsen, a inflação inercial, a crítica à hipótese de expectativas racionais, o endividamento nos países subdesenvolvidos e o uso de política de rendas.

A Curva de Simonsen

A curva de Simonsen descreve o comportamento dos salários reais durante períodos inflacionários, ou seja, a perda de poder de compra provocada pela inflação e pelas tentativas de recomposição dos picos salariais anteriores.

---

1 Além dessas contribuições, Boianovsky (2008) menciona o pioneirismo de Simonsen ao considerar, já em 1964, a restrição de *cash-in-advance* como uma desigualdade em um problema de programação não linear e construir ilustrações das soluções de interior e de canto (que corresponderiam ao caso de *money-in-the-utility-function* e ao caso de *cash-in-advance*, respectivamente). Sant'anna (2009) menciona também suas impressões sobre o conceito de desemprego estrutural, muito usado por desenvolvimentistas, e sua aplicação na economia brasileira. Cabello (2012) discute elas de maneira mais profunda.

O comportamento do salário real sob inflação foi chamado por Barbosa (1997) e Campos (1998) de Curva de Simonsen, um gráfico em formato de "dente de serra". A partir do momento em que o salário nominal é determinado, o salário real está em um "pico" e passa a perder valor continuamente devido à inflação. Essa perda de valor só é interrompida (quando atinge seu menor valor desse ciclo, em um "vale") no momento de um novo reajuste do salário nominal que busque recompor seu pico anterior. Simonsen observou que nem o pico nem o vale correspondem ao poder de compra efetivo do salário, chamando a atenção para a média entre esses dois pontos.

A Curva de Simonsen foi discutida pela primeira vez por Simonsen no livro *A experiência inflacionária no Brasil*, de 1964, em que ele exemplificou a situação por meio de dados referentes ao salário-mínimo real no estado da Guanabara entre janeiro de 1952 e março de 1964 (Simonsen, 1964). Esse já havia sido um assunto anteriormente discutido por Kaldor (1957)[2] e em relatórios da Cepal de Pazos (1969).[3] Entretanto, no Brasil, tal contribuição ficou associada a Simonsen.

A partir dessa primeira análise no livro de 1964, Simonsen percebeu que a maneira como os reajustes salariais eram feitos no Brasil até então exercia forte pressão inflacionária. Segundo Simonsen (1995), vigorava um sistema de indexação informal: "Tudo se passa como se permanecessem na confortável estabilidade dos níveis médios. As oscilações das rendas reais dos indivíduos, no entanto, deixam um importante subproduto psicológico. Os picos prévios de poder aquisitivo, ainda que fugazes, passam a representar um padrão de referência reivindicatória do qual poucos indivíduos se mostram dispostos a abrir mão" (Simonsen, 1964, p.17-18). Dessa forma, os salários reais oscilavam como descrito, pois os reajustes de preços eram contínuos, enquanto os reajustes dos salários nominais eram descontínuos. No momento de reajuste, a compensação pelo aumento do custo de vida recompunha o pico do salário real anterior.

Durante o PAEG, Simonsen propôs um mecanismo diferente para o reajuste salarial, com o objetivo de romper com a espiral

2 Como observado por Vera (2008).

3 Serrano (2010).

preços-salários. Os reajustes buscariam não mais a recomposição do pico do salário real, mas a manutenção da média do salário real.[4] A ideia da política proposta por Simonsen foi de, ao reajustar de acordo com a média e considerando o aumento de produtividade, o novo pico seria inferior ao anterior. No caso específico do PAEG, por meio da Lei n.4.725 de 1965, estabeleceu-se que o salário real médio seria calculado pela média dos salários reais dos últimos 24 meses. Já o salário nominal para o período t seria calculado considerando-se essa média, o incremento na produtividade e a metade do resíduo inflacionário (ou seja, a expectativa da inflação para o período *t*).[5]

A maior crítica à essa medida referia-se à definição do resíduo inflacionário. Argumentava-se que ele era muitas vezes subavaliado, levando a um arrocho salarial. Cabe lembrar que a regra permitia poder discricionário do governo na determinação de salários, pois cabia a ele a estimação do resíduo inflacionário, além do coeficiente de produtividade e do próprio índice de preços.[6] No entanto, essas críticas não estão relacionadas com a metodologia em si, ajustada em 1968.

A vantagem da metodologia proposta por Simonsen estava no fato de ela permitir, durante um programa de estabilização, o controle inflacionário ao padronizar tanto o percentual de reajuste quanto seu intervalo no tempo. Durante períodos de inflação crônica, os agentes buscam recompor sua parcela na renda nacional, diminuída, por sua vez, devido à queda no poder de compra. Ao limitar as formas como isso é feito pelos trabalhadores, a metodologia impediu

4 Considera-se, para isso, média do salário real do período *t-1* e taxa de inflação prevista para o período *t*. Caso a previsão esteja correta, não há diferença entre os dois métodos. No entanto, caso a inflação seja subestimada, o salário real do período *t* será inferior ao salário real do período *t-1*.

5 Simonsen (1976) chamava a atenção para uma "imperfeição metodológica": a regra não garantia a incorporação de ganhos de produtividade ao salário real como proposto. Ele sugere que talvez tivesse sido mais adequado considerar 1,5 vezes o incremento de produtividade. Esse ponto também é explorado por Barbosa (1983, p.43), que explica essa anomalia da seguinte forma: "A taxa de crescimento da produtividade, segundo a fórmula de reajuste, incide sobre o valor médio dos dois últimos anos, e não sobre o salário real do último ano. Como a média está necessariamente compreendida entre os salários reais dos dois anos, o salário médio real de cada ano não aumentará a uma taxa igual à de crescimento da produtividade".

6 Isso é algo que o próprio Simonsen admitiu e discutiu extensivamente em Simonsen (1995).

que o conflito distributivo pressionasse ainda mais a inflação. Além disso, ao incorporar somente metade da inflação prevista para o ano seguinte, a política também buscou influenciar expectativas, facilitando o processo de estabilização.[7]

Um ponto pouco enfatizado por Simonsen à época em relação à política salarial é a intervenção estatal no mercado de trabalho. Simonsen (1963) tratou disso em um contexto de desemprego. Ao discorrer sobre controles de preços, Simonsen (1970) enfatizou que tais intervenções devem ser feitas com cuidado e devem buscar os níveis de equilíbrio, sob o risco de causar danos à alocação de recursos. No caso da política salarial, essa preocupação está praticamente ausente da discussão de Simonsen.

Os princípios da política salarial propostos por Simonsen em 1964 só foram totalmente abandonados em 1979, quando se reduziu o intervalo de reajuste de salários de um ano para seis meses e passou-se a repor integralmente o aumento do custo de vida do período anterior. Discutindo os trabalhos de Friedman (1974), Gray (1976) e Fischer (1977) sobre o tema, Simonsen (1983) voltou à questão de indexação e salários, buscando mostrar que a indexação era um mecanismo perpetuador da inflação – utilizando um modelo com indexação passada e assumindo expectativas racionais, mas levando a uma relação de Phillips equivalente ao caso de expectativas adaptativas. O modelo mostra que indexação obrigatória pode levar a péssimos *trade-offs* produto-inflação. Observa-se, nesse modelo, que o problema para Simonsen (1983) não é a indexação em si, mas o tipo de indexação. Caso essa seja feita com base na inflação passada (o que, em termos práticos, é o que acontece), a inflação tende a se perpetuar (aumentando o componente inercial no modelo de realimentação) e os custos de estabilização tendem a aumentar.

Simonsen (1983) chamou a atenção, ainda, para o fato que a redução dos intervalos de reajuste de salários nominais com o objetivo de aproximar a indexação de uma indexação perfeita não é a solução, pois

---

7 Simonsen, por meio de seu modelo de realimentação, argumentava que a estabilização seria menos custosa quanto menor fosse o coeficiente de realimentação da inflação. Uma maneira de reduzi-lo seria por meio da reversão de expectativas.

isso somente aceleraria a inflação; caso o intervalo diminuísse de um ano para seis meses, a inflação anual passaria a ser a inflação semestral.

Essa conclusão inspirou Dornbusch (1985) a descrever o que ele chamou de mecanismo Pazos-Simonsen, que relaciona as contribuições de Felipe Pazos e de Mario Henrique Simonsen no estudo dos impactos da inflação sobre salários reais. Em suma, defendem que uma aceleração da inflação provoca uma queda no salário real médio, já que resíduo inflacionário inicialmente não leva essa mudança de patamar em consideração. Esse fato aciona o conflito distributivo mais uma vez, fazendo com que os trabalhadores exijam não só a recomposição da perda de poder compra, como também a redução nos intervalos de reajuste, uma vez que, quanto mais alta a inflação, maior será a corrosão do poder de compra entre os reajustes.

Essa redução no intervalo de reajustes tende a intensificar a escalada da inflação. Isso implica que os efeitos de qualquer política inflacionária tendem a ser maiores do que se espera inicialmente: se, ao acelerar a inflação, ela provocar a redução dos intervalos de reajustes de salários, o efeito será desastroso.

Como argumentado anteriormente, a Curva de Simonsen não pode ser considerada, de fato, uma contribuição original de Simonsen à macroeconomia devido às contribuições anteriores de Kaldor (1957) e Pazos (1969). No entanto, deve-se observar que, mesmo que o trabalho não tenha sido pioneiro, ele foi importante por dois motivos. Primeiro, pelo fato de que, não fosse Simonsen, tal contribuição teria, provavelmente, passado despercebida pela academia brasileira, apesar do trabalho de Kaldor ter sido publicado na RBE e ter sido baseado em uma palestra ministrada por ele na FGV. De qualquer forma, foi Simonsen quem criou uma agenda de pesquisa na área e introduziu no país o interesse por esse tema. Em segundo lugar, tal contribuição foi importante, pois permitiu a formulação de toda uma política que se sustentava nesse conhecimento, como a própria política salarial formulada no âmbito do PAEG. Esta pode ser considerada uma contribuição mais importante que a própria Curva, pois influenciou políticas e ainda justifica outra contribuição de Simonsen, a defesa das políticas de rendas.

A inflação inercial

A menção feita à inflação inercial refere-se ao modelo de realimentação proposto por Simonsen. A inovação estaria em relacionar a inflação presente com a inflação passada por meio da componente de realimentação. Proposto primeiramente no capítulo 6 do livro *Inflação: gradualismo X tratamento de choque*, de 1970, tal modelo pautou o debate de inflação no Brasil por décadas.[8]

A importância do modelo está principalmente no reconhecimento da componente de realimentação. Simonsen, mais uma vez, não foi o primeiro a tratar de uma inflação "que se repete", mas ele é o responsável pela disseminação das ideias no país. Ele propõe um modelo agregativo com foco principalmente nos dois primeiros efeitos. Para isso, ele dividiu a taxa de inflação em três componentes: (1) componente autônoma, ou a parcela da inflação que é independente da inflação do período anterior, determinada por fatores exógenos de ordem institucional ou de natureza acidental; (2) componente de realimentação, ou a parcela da inflação resultante da inflação do período anterior; e (3) componente de regulagem pela demanda, a parcela provocada pelo excesso de demanda frente à capacidade produtiva e depende das políticas monetária e fiscal. Em termos algébricos, Simonsen (1976) estabelece que:[9]

$$r_t = a_t + b_{rt-1} + g_t$$

Onde:

- r_t é a taxa de inflação do período t;
- a_t representa a inflação autônoma no período t;
- br_{t-1} é o componente de realimentação do período t (em relação ao período t-1);
- g_t é o componente de regulagem pela demanda. No modelo, b, c e n são parâmetros. O parâmetro b é chamado de coeficiente de

8 Cabello (2014) e Carvalho (2015) discutem de forma mais aprofundada essas contribuições.

9 Essa equação aparece de forma precisa somente em Simonsen (1976), apesar de já estar presente em Simonsen (1970), como observa Barbosa (1983).

realimentação, pois indica o grau de automatismo da inflação, ou seja, o impacto da taxa de inflação do período anterior sobre a taxa de inflação do período atual. Simonsen supõe que $0 < b < 1$. Em uma inflação crônica, b se aproxima de 1.

Supondo um ritmo autônomo de inflação, $a_t = a$, a taxa total de aumento de preços convergiria para o limite $\frac{a}{1-b}$. O modelo de Simonsen mostra que, com ausência de pressões de demandas e uma componente autônoma constante, se o objetivo da política for trazer a taxa de inflação à taxa limite para qual ela naturalmente converge, a estabilização pode ser feita sem crise. Caso o objetivo seja um processo mais acelerado, pode-se ativar a componente de regulagem de demanda e promover uma recessão, mas essa será temporária, desde que o objetivo seja a taxa limite. Simonsen observou que quanto maior for o coeficiente de realimentação b, mais demorado é o processo de convergência. O modelo de realimentação pode ser, assim, considerado uma formalização do gradualismo, pois mostra que um tratamento de choque não é estritamente necessário para o combate da inflação, nem mesmo uma crise de estabilização.

Além disso, no debate sobre o tema da época, havia uma grande dicotomia entre causas relacionadas à demanda e pressões de custos como principais determinantes da inflação. Simonsen introduziu ambas as componentes em seu modelo, reconhecendo que nem sempre uma causa é desconectada da outra. Ademais, o modelo enfatiza a percepção de que não se deve combater uma inflação de custos com controles de demanda – para ele, a inflação de custos é causada pela componente autônoma a_t, e reduzir a componente de regulagem de demanda g_t por meio de contração fiscal ou monetária, por exemplo, não cessaria o foco da inflação.

Simonsen defendia o uso de políticas de rendas como forma de tornar o combate à inflação menos nocivo à economia, atenuando o sacrifício em termos de queda de produto. Isso aconteceria, pois esse tipo de política poderia diminuir o coeficiente de realimentação (b no modelo), de modo que a taxa limite para a qual a taxa de inflação converge diminui, possibilitando até uma redução da inflação sem crise de estabilização.

Em termos práticos, Barbosa (1983, p.135) observa que o modelo "certamente inspirou o seu autor na formulação da política anti-inflacionária em boa parte do governo Geisel". Além disso, por meio da discussão teórica que suscitou, ele também deixou sua marca nos planos de estabilização propostos durante as décadas de 1980 e 1990.

Para justificar a existência de inércia inflacionária, Simonsen (1988a) utilizou um argumento baseado em teoria dos jogos. Situações de estabilização são vistas como jogos não cooperativos, uma vez que na hora de determinar preços, cada jogador age sem saber qual será a estratégia adotada pelos demais. Nesse ambiente de informação incompleta, Simonsen (1988a) concluiu que, caso os jogadores escolham uma estratégia do tipo maximin, ou seja, de maximizar o *payoff* obtido no pior estado de natureza, a inércia permanecerá, dado que o comportamento defensivo implicará na não interrupção das remarcações de preços. Assim, mesmo com indivíduos racionais, é possível que a inflação passada continue afetando o nível de preços atual, pois os jogadores estão incertos de como os demais jogadores irão responder ao programa de estabilização.[10]

A crítica à hipótese de expectativas racionais

Werlang (1998) lembra que a tentativa de Simonsen de explicar como surgia a inércia inflacionária passou pela crítica à hipótese de expectativas racionais. A crítica de Simonsen concentra-se nos custos de informação envolvidos com a racionalidade e como isso pode dificultar o processo de equilíbrio.

O ponto de partida da hipótese de expectativas racionais é que os agentes não cometem erros sistemáticos na previsão do futuro. Em outras palavras, as expectativas também são endógenas em relação ao modelo, e são revisadas pelos agentes quando as condições e, principalmente, o conjunto de informação disponível a

10 Simonsen (1986a) ainda argumentou que os modelos de expectativas racionais geralmente veem esse como sendo um jogo de 2 jogadores, quando na verdade, seria um jogo de n jogadores.

esses agentes se alteram. Essas expectativas somente diferirão dos valores reais devido à incerteza imprevista no sistema. Os erros de previsão de inflação, por exemplo, não podem ter um componente sistemático, pois os agentes podem melhorar sua previsão ao remover esse componente, de modo que os erros devem ser aleatórios (Sheffrin, 1983).

O impacto da hipótese de expectativas racionais foi grande devido ao contexto da época, em que modelos como a Curva de Phillips tradicional falhavam em explicar a estagflação vivida em países como os Estados Unidos[11] e pelas conclusões a que a hipótese levava. Um grande exemplo disso é a conclusão de Sargent e Wallace (1976), de que somente o crescimento não antecipado de oferta de monetária pode fazer com que a taxa de inflação efetiva difira da taxa de inflação esperada, uma vez que o público tem informações sobre a condução da política econômica, de modo que as políticas conhecidas e antecipadas por ele não tem efeito sobre o produto. Cysne e Simonsen (1995), por exemplo, propuseram um modelo nesses moldes que eliminaria uma crise de transição: bastaria que o governo anunciasse uma política austera de forma crível que a inflação se reduziria. Os autores reconhecem que essa proposição indica que há problemas com a hipótese, mas afirmam que "é mais fácil reconhecer que há algo de irracional na teoria de expectativas racionais do que identificar onde está essa irracionalidade" (Cysne; Simonsen, 1995, p.631).

A crítica de Simonsen mais importante aponta o irrealismo da hipótese de expectativas racionais. Essa crítica está relacionada com hipóteses implícitas que a macroeconomia de expectativas racionais faz. Segundo ele, essas seriam:

- agentes econômicos conhecem um modelo quantitativo que, exceto por perturbações estocásticas, determina o comportamento das variáveis endógenas em função das variáveis exógenas;

11 O motivo disso, segundo a crítica de Lucas (1976), era que os modelos econométricos da época, ao não considerarem o tipo de endogeneidade implícito na hipótese de expectativas racionais, eram falhos.

- todos os agentes têm o mesmo conjunto de informações disponíveis, formando assim as mesmas expectativas quanto ao comportamento das variáveis; e
- as informações desses conjuntos de informações idênticos são interpretadas da mesma maneira.

Cysne e Simonsen (1995) descrevem o mercado como um jogo na forma normal com informação imperfeita, e chamam a atenção para a dificuldade, nesse contexto, de se localizar imediatamente um equilíbrio de Nash, já que a própria natureza do jogo pode impedir jogadores de adotar estratégias com esse objetivo. Nesse contexto, a localização pode não ser simples, nem necessariamente certa, pois jogar uma estratégia de Nash quando outro não a joga pode ser danoso, levando o primeiro jogador a adotar estratégias mais prudentes. Entretanto, essa prudência pode ser um obstáculo à localização imediata do equilíbrio de Nash (Simonsen, 1988a). Ele ainda observa que, quando estratégias prudentes não levam a um equilíbrio de Nash, e o número de participantes é muito grande para que eles confiem uns nos outros como estrategistas de Nash ou onde a informação quanto a *payoffs* é incompleta, a localização de um equilíbrio de Nash é especialmente difícil.

Dessa forma, Simonsen (1988a) defendia que o equilíbrio de Nash representaria sabedoria *a posteriori*, no sentido em que os jogadores não se arrependem de suas escolhas, o que não implica, necessariamente em racionalidade *ex ante*. Essa racionalidade *ex ante* seria necessária à hipótese de expectativas racionais, pois ela assume implicitamente que os participantes de um jogo não cooperativo imediatamente localizam um equilíbrio de Nash.

Simonsen menciona como exemplo o caso de uma política anti-inflacionária. Mesmo que a estratégia do governo seja crível, os formadores de preço não têm incentivos para pararem de aumentar preços até terem garantias de que os outros tomadores de preços se comportarão como estrategistas de Nash (Simonsen, 1988a). Essa dificuldade de localização do equilíbrio de Nash de forma imediata levou Simonsen a distinguir em que tipo de mercado a hipótese de expectativas racionais é adequada e em que tipo ela não seria. Por trás da hipótese de expectativas racionais, está a premissa de que os custos de aquisição de informações e aprendizado econômico são nulos. Em outras palavras, para que ela funcione adequadamente, o custo de informação deve ser baixo e isso ocorre em mercados de especialistas com poucos agentes, por exemplo (Simonsen, 1986b).

Conclui-se que Simonsen não se satisfez com a hipótese de expectativas racionais, que apesar de explicitar o comportamento de otimização esperado dos agentes, não conseguiria, em algumas situações, explicar de forma satisfatória a realidade, reabilitando a hipótese de expectativas adaptativas nesses casos.

Endividamento em países subdesenvolvidos

Campos (1998) e Boianovsky (2008) apresentam a regra do endividamento prudencial, pela qual a solvência depende de incremento de juros internacionais iguais ou inferiores à taxa de crescimento do PIB. A regra de endividamento prudencial foi formalizada somente na década de 1980, mas ela já parecia ser utilizada como "regra de bolso" desde muito antes, como transparece em palestras ministradas por Simonsen quando ainda era ministro. Mesmo fora do Brasil,[12] ela ficou associada a Simonsen, tendo Krueger (1987), inclusive, cunhado o termo "identidades de Simonsen" para referenciar as equações que dão origem à regra.

Durante as décadas de 1960 e 1970, a ideia de se transferir fundos de países centrais para os subdesenvolvidos parecia natural, já que o volume de capital nos primeiros era relativamente abundante, enquanto nos segundos era escasso, de modo que os retornos sobre esse capital seriam maiores nas nações subdesenvolvidas. Isso eventualmente levaria, acreditava-se, ao fim das desigualdades entre países, expectativa não observada. Esse fluxo de capitais foi bruscamente interrompido no início da década de 1980 pelas dificuldades de pagamento enfrentadas pelos países devedores, motivando Simonsen a estudar melhor a questão e tornando-se referência mundial no

12 Cabello (2016) discute o alcance das ideias de Simonsen no exterior.

assunto. Simonsen (1983) apresentou a formalização completa. Em trabalhos posteriores,[13] Simonsen usa somente a seguinte equação que descreveria a dinâmica da dívida:

$$\dot{z} = (i - x)\, z + g$$

Onde:

- z é a razão dívida líquida/exportações e $\dot{z}$ sua derivada em relação ao tempo
- g é a razão entre o hiato de recursos e as exportações
- i é a taxa de juros média para a dívida
- x é a taxa de crescimento das exportações.

Ou seja, a regra do endividamento prudencial supõe que o equilíbrio externo será mantido enquanto os países conseguirem manter suas exportações crescendo a uma taxa superior às taxas de juros internacionais. Deve-se observar que essa regra não permite, no entanto, a garantia de solvência futura dos países, pois nada afirma sobre seu desenvolvimento futuro. Ou seja, na prática, mesmo na década de 1970, não se pode antecipar as dificuldades de balanço de pagamentos que ocorreriam no Brasil nos anos seguintes. Segundo Simonsen (1988b), logo após o primeiro choque do petróleo (1973), os bancos comerciais foram mais aptos que os organismos oficiais em canalizar os excedentes de poupança dos países exportadores de petróleo para os em desenvolvimento, carentes de poupança externa, entre outros motivos, por serem importadores de petróleo – sistema que ele chamou de "reciclagem competitiva". Esse foi o caso do Brasil, cuja estratégia era vista de forma positiva por Simonsen, afinal o país optou por um programa de substituição generalizada de importações por meio do II PND, enquanto muitos outros países se endividaram para financiar consumo presente.[14]

Nesse momento, esse endividamento, não era visto como algo negativo, uma vez que a regra do endividamento prudencial era

13 Como Simonsen (1988a; 1988b) e Simonsen e Werlang (1990).

14 Deve-se lembrar que Simonsen era ministro da Fazenda nesse período.

satisfeita. A dinâmica da dívida tornou-se desfavorável devido à resposta americana ao segundo choque do petróleo (1979), que mesclava contração monetária com flexibilidade fiscal – elevando bastante as taxas de juros em dólares – com uma contração na demanda mundial devido à crise que fez com o que o crescimento das taxas de exportações caísse.

Dessa forma, a contribuição de Simonsen foi no sentido de formalizar o modo como formuladores de política – entre eles, o próprio Simonsen – lidavam com a questão do endividamento, estabelecendo os termos do debate na década de 1980.

O uso de política de rendas

Na década de 1970, Simonsen já defendia o uso de política de rendas, ou seja, políticas que envolvem controle de preços, de salários, de divisas cambiais e reforma monetária. Ele justificava essa posição argumentando que esse tipo de política poderia reduzir o coeficiente de realimentação, tornando a estabilização menos custosa em termos de recessão.

Na década de 1980, Simonsen alterou sensivelmente sua justificativa para a defesa da adoção de políticas de rendas. Essa mudança foi motivada pela necessidade de se conciliar a existência de inércia inflacionária com a hipótese de expectativas racionais, uma vez que esta última defendia ser possível uma estabilização imediata sem crise. Simonsen (1985) criticou tal visão por sua falta de validação empírica, dado que a credibilidade da política não seria suficiente para evitar uma recessão temporária.

Assim, o motivo para a defesa do uso de políticas de renda se manteve ao fato de que elas diminuiriam os custos de estabilização, mas a justificativa passou a basear-se na teoria dos jogos. Segundo Simonsen, as políticas de rendas seriam necessárias para coordenar o comportamento individual dos indivíduos em modelos de expectativas racionais (Simonsen, 1986a).

Em jogos não cooperativos, os jogadores escolhem suas estratégias antes de saber a estratégia dos demais. Nesse sentido, Simonsen

(1988a) argumenta que não há garantias de que o equilíbrio de Nash seja atingido imediatamente, como pressupõe hipóteses como a de expectativas racionais ou a do leiloeiro walrasiano.

A ATUAÇÃO DE SIMONSEN NO GOVERNO E NO MINISTÉRIO DA FAZENDA

Conforme apresentado na introdução, a influência de Simonsen na política econômica brasileira pode ser dividida em quatro momentos.

1. *Antes e durante o PAEG.* Esse período é marcado por sua atuação na Consultec, empresa mencionada na seção anterior, que atuava principalmente em projetos de consultoria e estudos de viabilidade. Roberto Campos (1998) lembra da participação de Simonsen em estudos de viabilidade ligados ao Plano de Metas de Juscelino Kubitschek e na formulação de um plano de governo para Tancredo Neves em 1961, durante a fase parlamentarista do governo João Goulart (1961-1963). No entanto, sua atuação mais marcante nesse período ocorreu quando Roberto Campos tornou-se ministro do Planejamento. Seus primeiros trabalhos acadêmicos e ideias datam dessa época. Segundo Campos (1998, p.10-11):

> Foi importantíssima a contribuição de Simonsen à formulação, no início do governo Castelo Branco, do plano de estabilização monetária – o PAEG. Passaram-se em curta sucessão, as leis do Sistema Financeiro de Habitação e do Banco Central, a reforma fiscal, o Estatuto da Terra e a regulamentação do mercado de capitais. Simonsen foi o inspirador da fórmula salarial de 1965, que conteve a inflação de custos promovida por alguns sindicatos agressivamente politizados do governo Goulart, que se haviam transformado numa espécie de 'aristocracia do proletariado'. [...] É justo dizer, em retrospecto, que a velocidade reformista do governo Castelo Branco se deveu em parte aos trabalhos prévios do próprio Simonsen e de Jorge de Mello Flôres no IPES, uma espécie de *think tank* criado durante o governo Goulart para engenhar uma alternativa liberal à 'porra-louquice' socialista de Jango.

2. *O hiato entre o PAEG e o Ministério da Fazenda.* O Movimento Brasileiro de Alfabetização (Mobral) foi criado em 1967, ainda no governo Costa e Silva, e tinha o objetivo de eliminar o analfabetismo até 1975. Simonsen assumiu sua presidência em 1970, afirmando que o analfabetismo no Brasil seria erradicado. No entanto, até Simonsen se tornar seu presidente, não havia recursos orçamentários disponíveis para tal tarefa. Diversos relatos apontam que a principal contribuição de Simonsen para o programa foi a vinculação de um percentual do Imposto de Renda de Pessoas Jurídicas e de uma parcela do lucro da loteria esportiva – somente a partir dessa definição de recursos que ele propusera é que o programa saiu do papel (Alberti et al., 2002). Nesse momento, Simonsen também se destacava como diretor da Escola de Pós-Graduação em Economia na FGV, cargo assumido em 1965. Seu principal trabalho, *Inflação: Gradualismo X Tratamento de Choque*, é dessa época, publicado em 1970.

3. *Ministro da Fazenda no governo Geisel (1974-1979) e, durante cinco meses, ministro do Planejamento no governo Figueiredo (1979).* Ao assumir o ministério, deixou tanto a vice-presidência do Banco Bozano, Simonsen, quanto a direção da EPGE e da Consultec, para se dedicar integralmente ao novo cargo (CPDOC/FGV, 2018). Durante esse período, publicou poucos trabalhos, de modo que suas ideias podem ser mais bem auferidas principalmente por meio de discursos e relatórios oficiais.

4. *Afastado do governo, como diretor da EPGE/FGV e colunista em diversos veículos da imprensa.* Mesmo em períodos em que estava fora do governo, fez-se notável a capacidade de Simonsen de influenciar políticas, como ocorreu durante as décadas de 1980 e 1990, quando diversos planos de estabilização foram levados a cabo. Simonsen tentava persuadir os *policymakers* não somente com artigos acadêmicos, mas também por meio de publicações jornalísticas como Exame, em que buscava atingir um público mais amplo (Cabello; Santos, 2018; Campos, 1998; Leal, 1998). Além disso, os próprios formuladores de políticas e planos econômicos utilizavam-se de sua expertise para embasar suas decisões, dado que o consultavam às vésperas do lançamento de algum plano econômico (Alberti et al., 2002).

Mario Henrique Simonsen comandou o Ministério da Fazenda na segunda metade da década de 1970, logo após o final do período conhecido o "milagre econômico", cujo fim não veio desacompanhado de consequências onerosas. O vigoroso crescimento econômico que justificou a designação alegórica implicou um expressivo aumento da dependência externa do país. A ampliação da capacidade produtiva – com destaque para o setor de bens de consumo duráveis – resultou em demanda por petróleo e bens de capital que já não mais poderia ser atendida pelo parque industrial brasileiro, subordinando, pois, o crescimento da economia à sua capacidade de importação.

Na primeira metade dos anos 1970, a primeira crise do petróleo impôs condicionalidades severas ao desempenho futuro da economia brasileira. O salto no preço do combustível desencadeou aumento da taxa de juros nos países industrializados já em 1974, medida em parte responsável pela relativa queda da atividade econômica observada no biênio subsequente. A decorrente contração das exportações brasileiras impediu a geração suficiente de divisas para que se mantivessem os níveis de importação de insumos.

Tal cenário de restrição foi aliviado pela maciça entrada dos chamados "petrodólares" no mercado financeiro internacional e pela percepção de que o Brasil representava um devedor seguro e confiável por parte dos agentes intermediários. Conforme assinala Carneiro (1992), a abundância de liquidez permitiu que os déficits em conta corrente fossem financiados sem que houvesse percepção real do quadro dramático que se avistava, elevando a já vultosa dívida externa brasileira e contribuindo para reforçar a vulnerabilidade da economia do país em relação aos credores externos.

Diante dessa condição de dependência, o governo empossado em março de 1974 deparava-se com duas alternativas para materializar o ajuste externo que se mostrava inevitável. A dicotomia parcialmente imposta pelo primeiro choque do petróleo pode ser resumida pelas seguintes opções necessariamente excludentes: ajustamento ou financiamento. A primeira atrelaria o crescimento do PIB às condições do mercado internacional, o que permitiria à economia um crescimento somente quando liderado pelas exportações. Já o financiamento buscaria a possível desvinculação do cenário externo ao se investir na ampliação da capacidade de produção doméstica de energia e de bens de capital. O ajustamento caracterizar-se-ia por um modelo conjuntural e potencialmente recessivo, pressupondo, dessa forma, a provisoriedade da crise: tratar-se-ia de vicissitude temporal e não repetitiva. A segunda alternativa apostava em uma ousada estratégia de adaptação estrutural baseada na endogenização da oferta de insumos industriais e no aumento das exportações. Contudo, ambas estariam sujeitas, em algum grau, ao aval do mercado financeiro internacional (Hermann, 2011).

A despeito da reticência de Simonsen em relação à alternativa otimista que rejeitava qualquer intervalo recessivo, havia fatores extraeconômicos que viriam a embasar a opção pelo ajuste estrutural.[15] Além da forte demanda empresarial pela continuidade do crescimento econômico – uma vez que haviam sido concretizados investimentos robustos durante o período do "milagre", a maioria dos quais ainda em fase de maturação –, a credibilidade econômica requerida por um governo que se arvorara pelo delicado processo de abertura política muito contribuiu para esta decisão. Neste sentido é que não se pode negar uma manifesta vontade política ao se avalizar um plano de tamanha envergadura. Conforme destaca Sallum Junior (1996), uma resposta ortodoxa à crise conduziria a restrições econômicas imediatas, acirraria os conflitos distributivos e reduziria muito as possibilidades de o governo promover com sucesso a distensão política em que se empenhara.

Assim, a alternativa adotada foi concretizada pelo lançamento do II Plano Nacional de Desenvolvimento (II PND). Tratava-se de um audacioso pacote de investimentos públicos e privados direcionados a setores identificados como "pontos de estrangulamento", tais como: exportação, infraestrutura, bens de capital e insumos básicos, com destaque para metalurgia e petroquímica. A ousadia do plano foi precisamente resumida por Tavares e Assis (1985, p.43):

---

15 Campos (1998) testemunhou o debate travado internamente entre Mario Henrique Simonsen e os desenvolvimentistas da equipe econômica, sobretudo o ministro do Planejamento, João Paulo dos Reis Velloso. Segundo o autor, Simonsen acreditava que o governo subjugava a severidade da crise, defendendo, portanto, "contenção e austeridade". De acordo com Gaspari (2004), quando questionado acerca da plausibilidade das medidas contidas no II PND, Simonsen teria respondido: "Não leio ficção".

> Pretendia-se nada menos do que, de forma simultânea, concluir o ciclo de instalação da indústria pesada, acabar de internar a indústria de bens de capital e completar o parque industrial de insumos básicos e de bens intermediários; além de expandir os serviços de infraestrutura nos setores de energia, transportes e telecomunicações.

O financiamento das obras, principal motivo pelo qual o plano se fazia proibitivo para o chamado grupo ortodoxo da equipe econômica, contou com a ampla disponibilidade de crédito no mercado financeiro internacional. Para Carneiro (1992, p.298), as autoridades brasileiras não demonstravam conhecimento das novas restrições impostas pelo primeiro choque do petróleo. Caso o tivessem feito, "certamente a imagem da ilha de prosperidade, que só cairia no ridículo com a brusca desaceleração das exportações em 1975, não constituiria [...] o deleite da oposição ao regime".

Para os entusiastas do modelo adotado, as implicações negativas do programa deveriam ser assaz mitigadas se comparadas a seus dividendos positivos. Sem negar a escalada da dívida externa desencadeada pelo plano, Castro (1985) argumenta que, diante da crise que se avistava, de nada adiantaria contrair ou desaquecer a economia deixando a estrutura produtiva intactamente vulnerável. Para este autor, a "opção de 74" não consistia em adiar problemas e postergar soluções; sua negativa, sim, é que o faria. Em prosa alarmante, atestava que "travar a economia em 1974, depois de crescer 14% no ano anterior [...] equivaleria a promover o desmoronamento do presente e o comprometimento do futuro". Nas palavras de João Paulo dos Reis Velloso, então Secretário do Planejamento e responsável direto pela implantação do II PND, "a crise do petróleo apenas tornou o programa de 1974 imperioso e inadiável" (apud Castro, 1985, p.32).

A visão de Castro é compartilhada por diversos outros economistas de tradição estruturalista. Apesar de avalizar suas considerações, Lessa (1978), por exemplo, retrata o modelo desenvolvimentista dos anos 1970 sob uma ótica sensivelmente distinta. Para este, a racionalidade política permeou a opção adotada pelo governo Geisel. Ao afirmar que "o II PND faz da crise do petróleo a justificativa para a proclamação serena e não traumática do projeto de potência nascida no interior do aparelho do Estado", Lessa (1978) delega a estratégia adotada a motivos alheios à necessidade de internalização da estrutura produtiva de insumos básicos e de bens de capital.

Por outro lado, diversos são os analistas cujas apreciações acentuam apenas os aspectos negativos do II PND. Para Moura (1990), a opção adotada a partir de 1974 representou retrocesso irreparável para o processo de ajustamento externo da economia. Na sua visão, "a política implementada pelo governo brasileiro ampliou em boa medida o desequilíbrio da economia, acentuando sua notória vulnerabilidade externa". O autor confere à atuação governamental motivação apenas conjuntural ao resumi-la como "um exercício visando a acomodar objetivos econômicos conflitantes a curto prazo", o qual teria "simplesmente transferido para o futuro o momento de enfrentar os encargos crescentes das obrigações internacionais" (Moura, 1990, p.41).

Ainda assim, os resultados positivos do ajuste externo adotado pelo governo Geisel podem ser sumarizados em três diferentes aspectos: o avanço do processo de substituição de importações, a redução da dependência externa em relação ao petróleo e o aumento na diversificação das exportações de bens manufaturados. No curto prazo, a elevada taxa média de crescimento atingida entre 1974 e 1979 (aproximadamente 7% a.a.), garantida em grande parte pelo plano estatal, corroborou as expectativas não recessivas do governo.

Já os desdobramentos negativos do audaz plano de investimentos constituem um dos raros consensos entre os analistas. Com efeito, o II PND contribuiu em larga escala para o recrudescimento da situação das contas externas, situação que esteve na base do agravamento dos conflitos distributivos e da aceleração inflacionária dos anos 1980.[16] Na versão friedmaniana dos fatos, por que seria o Brasil eximido da obrigatoriedade de pagar pelo almoço?

---

16 Na opinião de um dos principais atores do regime militar, o ex-ministro Delfim Netto (2014), a opção pelo ajustamento pelo lado da oferta foi o maior erro econômico do regime militar: "Quem quebrou o Brasil foi o Geisel."

CONSIDERAÇÕES FINAIS

Com o passar do tempo, a análise econômica de Simonsen tornou-se mais sofisticada. Isso se deve ao fato de ele ter sido considerado um autodidata, mas surpreende, de qualquer forma, como essa evolução se deu, pois o nível de complexidade de seus trabalhos nas décadas de 1980 e 1990 é significativamente superior aos anteriores. Esse aperfeiçoamento mostra que, mesmo durante a época em que foi ministro de Estado, Simonsen se preocupou em se inserir no debate acadêmico. Um exemplo dessa observação está relacionado à defesa do uso de políticas de renda em planos de estabilização. Nos anos 1970, ele as defendia por julgar necessário reduzir o coeficiente de realimentação da inflação; na década de 1980, ele argumentou, baseado na teoria dos jogos, que ao utilizar políticas de renda, o governo estaria minimizando os problemas de coordenação em jogos não cooperativos, atuando, assim, como o leiloeiro walrasiano.

Além disso, observa-se que Simonsen sempre se preocupou em descrever o processo de equilíbrio. Parte de seus trabalhos nas décadas de 1960 e 1970 buscava entender por que as quantidades se ajustavam antes de preços durante uma estabilização – ou seja, de onde surgiriam as crises de estabilização. A discussão do modelo de realimentação tem exatamente essas crises como ponto de partida. Sua crítica à hipótese de expectativas racionais também se preocupa com esse processo.

Dessa forma, podemos concluir que: (1) Simonsen não acreditava em um equilíbrio automático. Ele via o mercado como um jogo não cooperativo que em muitas situações, principalmente aquelas permeadas por incerteza e assimetria de informação, não necessariamente convergiria para um equilíbrio de Nash. Além disso, sua preocupação com crises de transição reforça essa conclusão. Nesse sentido, a análise keynesiana, que admitia a economia fora do arcabouço walrasiano, encaixava-se melhor na visão de Simonsen; (2) Simonsen era um homem prático. Por isso, parecia acreditar que, enquanto um acadêmico se preocupava essencialmente com estática comparativa, para os formuladores de política o mais importante seriam os fenômenos de transição – mais uma vez, a importância do processo de equilíbrio, da crise de transição, e não do resultado final em si; e (3) isso não implica, entretanto, uma aceitação incondicional dos preceitos heterodoxos, por exemplo. Sua reputação como liberal, de baixa tolerância pela inflação e defensor de ajuste fiscal, corrobora esse entendimento.

Para concluir, deve-se enfatizar a dupla importância de Simonsen na academia e na política econômica brasileira na segunda metade do século XX. Por um lado, como diretor da EPGE/FGV, ele foi talvez o maior responsável pelo estabelecimento da economia como área de pensamento como se conhece hoje no Brasil. Por outro lado, nos diversos cargos que ocupou, sua influência na condução da política econômica brasileira no pós-Guerra é notória. Dessa forma, é inevitável que, talvez de forma mais clara que em qualquer outro economista brasileiro, a simbiose entre política e academia, teoria e prática, seja tão marcante em sua trajetória.

REFERÊNCIAS

ALBERTI, V.; ROCHA, D.; SARMENTO, C. E. (Orgs.). *Mário Henrique Simonsen:* um homem e seu tempo. Rio de Janeiro: Editora FGV, 2002.

BARBOSA, F. H. *A Inflação brasileira no pós-guerra:* monetarismo *versus* estruturalismo. Rio de Janeiro: Ipea/Inpes, 1983.

BOIANOVSKY, M. Simonsen, Mario Henrique (1935-1997). In: DURLAUF, S. N.; BLUME, L. R. *The New Palgrave Dictionary of Economics*. Basingstoke: Palgrave Macmillan, 2008.

BOIANOVSKY, M. Furtado and the Structuralist-Monetarist Debate on Economic Stabilization in Latin America. *History of Political Economy*, v.44, n.2, Summer 2012.

CABELLO, A. As contribuições à macroeconomia de Mário Henrique Simonsen. Brasília, 2012. Tese (Doutorado em Economia) – Universidade de Brasília.

CABELLO, A. Mário Henrique Simonsen e a Construção do Conceito de Inflação Inercial. *Revista de Economia Política*, v.34, n.2, 2014.

CABELLO, A. Reaching a Broader Audience: Mário Henrique Simonsen's International Career. *Revista Brasileira de Economia*, v.70, v.2, p.171-182, 2016.

CABELLO, A.; SANTOS, A. A interlocução da política anti-inflacionária com o público: metáforas e analogias no discurso de Mário Henrique Simonsen. *Cadernos do Desenvolvimento*, v.13, n.22, p.127-150, 2018.

CAMPOS, R. de O. Mario Simonsen: Um matemático humanista. *Revista Brasileira de Economia,* v.52, 1998.

CAMPOS, R. de O. *A lanterna na popa.* Rio de Janeiro: Topbooks, 2004.

CARNEIRO, D. D. Crise e esperança. In: ABREU, M. de P. (Org.). *A ordem do progresso*: cem anos de política econômica republicana. Rio de Janeiro: Campus, 1992.

CARVALHO, A. The Conceptual Evolution of Inflation Inertia in Brazil. São Paulo, 2015. Tese (Doutorado em Economia) – Universidade de São Paulo.

CASTRO, A. B. de. Ajustamento x transformação. A economia brasileira de 1974 a 1984. In: CASTRO, A. B. de; SOUZA, F. P. *A economia brasileira em marcha forçada.* São Paulo: Paz e Terra, 1985.

CYSNE, R. P.; SIMONSEN, M. H. *Macroeconomia.* São Paulo: Atlas, 1995.

DELFIM NETTO, A. Entrevista. *Folha de S.Paulo*, 5 abr. 2014. Disponível em: http://www1.folha.uol.com.br/poder/2014/04/1436007-quem-quebrou-o-brasil-foi-o-geisel-aforma-delfim.shtml. Acesso em: 15 mar. 2019.

DORNBUSCH, R. Inflation, Exchange Rates and Stabilization. *NBER Working Paper Series*, n.1739, 1985.

FGV/CPDOC. Simonsen, Mário Henrique. http://www.fgv.br/cpdoc/acervo/dicionarios/verbete-biografico/simonsen-mario-henrique. Acesso em: 14 fev. 2019.

FISCHER, S. Wage Indexation and Macroeconomic Stability. A supplementary series to the *Journal of Monetary Economics*, 1977.

FRIEDMAN, M. Monetary Correction: A proposal for Escalator Clauses to Reduce the Costs of Ending Inflation. *Occasional Paper*, London, 1974.

GASPARI, E. *A ditadura encurralada.* São Paulo: Companhia da Letras, 2004.

GRAY, J. A. Wage Indexation: A Macroeconomics Approach. *Journal of Monetary Economics,* v.2, n.2, p.221-235, 1976.

HERMANN, J. Reformas, endividamento externo e o "milagre" econômico (1964-1973). In: GIAMBIAGI, F. et al. (Orgs.). *Economia brasileira contemporânea.* Rio de Janeiro: Campus-Elsevier, 2011.

KALDOR, N. Inflação e desenvolvimento econômico. *Revista Brasileira de Economia*, v.11, n.1, p.55-82, 1957.

KRUEGER, A. Origins of the Developing Countries' Debt Crisis 1970 to 1982. *Journal of Development Economics*, v.27, n.1-2, p.165-87, out. 1987.

LEAL, C. I. S. Mario Henrique Simonsen. *Revista Brasileira de Economia,* v.52, 1998.

LESSA, C. T. M. R. de. A estratégia de desenvolvimento 1974-1976 – sonho e fracasso. Rio de Janeiro, 1978. Tese (Doutorado) – Universidade Federal do Rio de Janeiro.

LUCAS, R. E. Econometric Policy Evaluation: a Critique. *The Phillips Curve and the Labor Market*, Carnegie-Rochester Conference Series on Public Policy, v.1, p.19-46, 1976.

MOURA, A. R. Rumo à entropia: a política econômica, de Geisel a Collor. In: LAMOUNIER, B. et al. (Orgs.). *De Geisel a Collor*: o balanço da transição. São Paulo: Editora Sumaré, 1990.

PAZOS, F. Medidas para deterner la inflación crónica em Latino América. Ciudad Del Mexico: CEMLA, 1969.

SALLUM JUNIOR, B. *Labirintos*: dos generais à Nova República. São Paulo: Hucitec, 1996.

SANT'ANNA, F. O. Um capítulo na história do pensamento econômico no Brasil: a controvérsia entre Furtado e Simonsen acerca do desemprego estrutural. *XIV Encontro Nacional de Economia Política*, Sao Paulo, 2009.

SARGENT, T. J.; WALLACE, N. Rational Expectations and the Theory of Economic Policy. *Journal of Monetary Economics*, v.2, 1976.

SERRANO, F. O. Conflito distributivo e a teoria da inflação Inercial. *Revista de Economia Contemporânea, v.*14, n.2, p.395-421, mai./ago. 2010.

SHEFFRIN, S. M. Rational Expectations – Cambridge Surveys of Economic Literature. Cambridge: Cambridge University Press, 1983.

SIMONSEN, M. H. *A Experiência Inflacionária no Brasil*. Ipes, Rio de Janeiro, 1964.

SIMONSEN, M. H. Inflação: gradualismo X tratamento de choque. APEC, Rio de Janeiro, 1970.

SIMONSEN, M. H. Política anti-inflacionária – A contribuição brasileira. *Ensaios Econômicos da EPGE*, Rio de Janeiro, n.6, 1973.

SIMONSEN, M. H. A política antiinflacionária. In: CAMPOS, R. de O.; SIMONSEN, M. H. *A Nova economia brasileira*. 2.ed. Rio de Janeiro: Editora José Olympo, 1976.

SIMONSEN, M. H. *Dinâmica macroeconômica*. São Paulo: McGraw-Hill, 1983.

SIMONSEN, M. H. A inflação brasileira: lições e perspectivas. *Revista de Economia Política*, v.5, n.4, out.-dez. 1985.

SIMONSEN, M. H. "Rational Expectations, Income Policies and Game Theory", XIV ENCONTRO NACIONAL DE ECONOMIA, ANPEC, *Anais...*, 1986a.

SIMONSEN, M. H. Keynes versus Expectativas Racionais. *Pesquisa e Planejamento Econômico*, v.16, n.2, ago. 1986b.

SIMONSEN, M. H. Rational Expectations, Game Theory and Inflationary Inertia. In: ANDERSON, P. W.; ARROW, K. J.; PINES, D. (Orgs.). *The Economy as an Evolving Complex System*, v.5. Santa Fe: Santa Fe Institute, 1988a.

SIMONSEN, M. H. *The Developing Country Debt Status*. Rio de Janeiro: Fundação Getúlio Vargas, 1988b.

SIMONSEN, M. H. *30 anos de indexação*. Rio de Janeiro: Editora da Fundação Getúlio Vargas, 1995.

SIMONSEN, M. H.; WERLANG, S. R. C. O problema da dívida dos países em desenvolvimento: uma análise via Teoria dos Jogos. *Revista Brasileira de Economia*, v.44, n.3, p.457-83, jul.-set. 1990.

SUNKEL, O. La inflación chilena: un enfoque heterodoxo. Santiago: Fondo de Cultura Económica, 1958.

TAVARES, M. da C. de A.; ASSIS, J. C. de. *O grande salto para o caos*: a economia política e a política econômica do regime autoritário. Rio de Janeiro: Zahar, 1985.

VERA, L. A. Note on the Pazos-Simonsen Mechanism and the Early Kaldorian Contribution. Mimeo. Dez. 2008.

WERLANG, S. R. C. Simonsen, inflação, expectativas racionais e os pós-keynesianos. *Revista Brasileira de Economia*, v.52, 1998.

17

Ernane Galvêas

UM PLURIVALENTE FUNCIONÁRIO PÚBLICO CONTRA A DÍVIDA EXTERNA[1]

Victor Cruz e Silva
Matheus Assaf

INTRODUÇÃO

A centralidade que o Ministério da Fazenda auferiu na história do Brasil independente garantiu-lhe o protagonismo sobre as principais decisões no campo econômico. Ainda assim, houve momentos em que o compartilhamento decisório com outros ministros resultou em proveitosa sinergia para a política econômica. A criação do Ministério do Planejamento no governo João Goulart, em 1962, institucionalizou a gestão conjugada da economia nacional até a sua extinção, em 2019.[2] Nomes maiúsculos da economia brasileira, como Antonio Delfim Netto e Mário Henrique Simonsen, ocuparam ambos os cargos, o que demonstra a articulação profícua entre as duas pastas.

---

1 Agradecemos a gentileza do ministro Ernane Galvêas em nos conceder uma entrevista, no dia 11 de setembro de 2019, no Rio de Janeiro. Seu depoimento contribuiu sobremaneira para a redação deste capítulo.

2 A pasta do Planejamento foi extinta em janeiro de 2019, centralizando a gestão econômica no Ministério da Economia. O presidente Fernando Collor de Mello (1990-1992) já havia se utilizado do mesmo expediente ao delegar o comando da economia à ministra Zélia Cardoso de Mello.

Funcionário de carreira do Banco do Brasil, Ernane Galvêas (1922) chegou ao Ministério da Fazenda em 1980, após ter exercido uma série de cargos nos setores público e privado. Ao lado de Delfim Netto, Galvêas capitaneou a equipe econômica que, no ocaso do regime militar, foi responsável pelo combate à dívida pública que assolou a economia brasileira nos anos 1980.

De meados dos anos 1960 ao início dos 1980, Delfim Netto destacou-se entre os economistas brasileiros: ministro da Fazenda, embaixador na França, ministro da Agricultura e ministro do Planejamento. Por sua envergadura, não raro a projeção do professor paulistano ofuscou a atuação de seus pares, muitos dos quais contribuíram sobremaneira para o próprio êxito de suas gestões. Se Delfim foi, de fato, um dos mais destacados formuladores de política econômica brasileiros da segunda metade do século XX, é verdade que sua atuação não prescindiu de parcerias relevantes.

Durante os períodos em que Delfim Netto esteve à frente da economia brasileira, um de seus aliados mais próximos foi Ernane Galvêas. No período de bonança econômica, entre 1968 e 1974, Delfim comandou o Ministério da Fazenda e apontou Galvêas para o comando do recém-criado Banco Central, que teria em Galvêas seu terceiro presidente. Pelo ritmo de crescimento acelerado conjugado a taxas de inflação em desaceleração, esse primeiro período da aliança Delfim-Galvêas costuma ser identificado como milagre econômico, ao fim do qual os dois deixaram o governo.

Voltaram em 1979. Ao reassumir o comando da política econômica no governo Figueiredo (1979-1985), Delfim buscou mais uma vez seu aliado do período do milagre; Galvêas retornou à presidência do Banco Central em agosto daquele ano. Seu período no órgão foi, contudo, breve, pois já em janeiro de 1980 Galvêas assumiu o Ministério da Fazenda. Lá, uniu forças com Delfim na busca por soluções para a grande turbulência que acometeu a economia brasileira durante a transição do regime militar para a democracia. Galvêas exerceu o cargo até o final do governo Figueiredo, em março de 1985.

Ainda hoje, quatro décadas após seu ingresso no governo Figueiredo, Galvêas figura entre os mais longevos presidentes do Banco Central e ministros da Fazenda. No Banco Central, Galvêas apoiou-se na conjuntura favorável para exercer papel fundamental na política econômica do milagre. Como ministro, Galvêas teve suas expectativas de recuperação frustradas mais de uma vez, foi obrigado a negociar acordos com o FMI e precisou defender a política econômica durante profunda crise. Embora frequentemente ofuscado por Delfim na história da política econômica brasileira, diversos são os elementos que o credenciam como pano de fundo para aprofundar o debate historiográfico sobre a economia brasileira da segunda metade do século XX.

Para além da passagem pelo ministério, Galvêas ostenta uma rica e diversificada carreira, que o ajudou a pavimentar o caminho à Fazenda e o torna objeto de estudo ainda mais multifacetado: entre 1942 e 1952, trabalhou em uma agência do Banco do Brasil; já em 1952, passou a operacionalizar a política econômica brasileira na Sumoc; no fim dos anos 1950, tornou-se professor; durante o governo Geisel, após deixar o governo, passou um período ligado ao setor privado. Seu caminho até a Fazenda foi, portanto, plurivalente. Neste capítulo, apresentamos essa trajetória até o ministério e a luta de Galvêas contra a dívida externa brasileira.

A PLURIVALÊNCIA NA ATUAÇÃO DE GALVÊAS E SUA ABORDAGEM ECONÔMICA

Antes de debater o período de Galvêas no Ministério da Fazenda, esta seção explora como transcorreu sua carreira e formação nos quase quarenta anos que separam seu ingresso no Banco do Brasil de sua posse como ministro. Além disso, busca-se explorar a organização do seu pensamento econômico e suas principais influências teóricas. Para apresentar os pontos referentes à carreira e à formação de Galvêas, foram utilizados registros de história oral fornecidos pelo ex-ministro ao Centro de Pesquisa e Documentação de História Contemporânea do Brasil (CPDOC), da Fundação Getúlio Vargas, bem como as informações colhidas na entrevista por ele oferecida aos autores deste capítulo. Ademais, para identificar suas principais influências foram perscrutadas suas principais publicações com ampla discussão de teoria econômica, além dos supracitados registros de história oral.

A carreira de Galvêas entre o Banco do Brasil e o Ministério da Fazenda

Ernane Galvêas nasceu em Cachoeiro do Itapemirim, no Espírito Santo, em 1º de outubro de 1922, filho do dentista José Cardoso Galvêas e Maria de Oliveira Galvêas, ambos de ascendência portuguesa. A família oscilava entre períodos de algum conforto com outros de dificuldade financeira. Segundo o relato de Galvêas (1989), o período de maior estabilidade da família se deu nos seus primeiros anos de vida, em decorrência da ampla clientela conseguida por seu pai na cidade de Castelo, também no Espírito Santo, para onde os Galvêas haviam se mudado poucos meses após o nascimento de Ernane. Ali, se mantiveram até a eclosão da crise de 1929, que, inaugurando um período de adversidades, os obrigou a transitar de maneira mais frequente por entre as cidades do interior do Espírito Santo e o Rio de Janeiro. Assim, até 1934, ano da morte de José Cardoso, a família Galvêas morou em Castelo (ES), Mimoso do Sul (ES), Campos (RJ) e Itaperuna

(RJ), de modo que a infância de Ernane tenha sido marcada por constantes mudanças de endereço.

Com a morte do patriarca, a família viu-se obrigada a dividir-se, e Ernane voltou para Mimoso do Sul, para morar com seus tios; voltaria para Campos em 1935 para cursar o ginasial, concluído em 1940, como interno no Colégio Bittencourt. Sua formação básica, portanto, dividiu-se entre Itaperuna, Mimoso do Sul e Campos. Em 1941, já com o ginásio concluído, Ernane mudou-se para o Rio de Janeiro, para morar com sua irmã e seu cunhado; deixou o interior e partiu em direção à capital da República aspirando ser médico ou advogado. Entretanto, não se tornou uma coisa nem outra. Atendendo ao incentivo de sua família, acabou por ingressar no Banco do Brasil no ano seguinte, após ter sido aprovado em concurso público.

Galvêas afirma ter sido, antes de mais nada, um funcionário de carreira do Banco do Brasil. Ingressou na instituição em 1942, aos 19 anos de idade, e nunca a abandonou formalmente. "Eu sou funcionário do Banco do Brasil, aposentado. Nunca deixei o Banco do Brasil" (Galvêas, 1989, p.18). Importante notar que toda a plurivalente carreira construída por Galvêas tem em sua relação com o Banco do Brasil um ponto de partida e um centro de gravidade: "Muito antes de ser economista, eu era funcionário do Banco do Brasil" (Galvêas, 1989, p.54).

Os primeiros dez anos da carreira profissional de Galvêas, de 1942 a 1952, transcorreram na agência do Banco do Brasil do Méier, no Rio de Janeiro. Nesse período, Galvêas pôde tanto ter uma noção de todas as questões relacionadas às técnicas bancárias, quanto desenvolver seu interesse por assuntos relacionados, inicialmente, à contabilidade, e, posteriormente, à economia.

A prática determinou e moldou os primeiros passos de Galvêas no estudo em nível superior. Escolheu o curso de contabilidade pelas vantagens que o conhecimento adquirido poderia oferecer ao seu trabalho no Banco do Brasil. Graduou-se em Ciências Contábeis, sua primeira formação profissional, em 1945. A partir de 1952, contudo, segundo relata, seus interesses transitaram da contabilidade para a economia. Já contador, Galvêas defrontava-se com questões cambiais – nas quais o Banco do Brasil era protagonista – e com uma série de acontecimentos internacionais que exigiam um conhecimento bastante especializado. Começou, então, a cogitar aprofundar-se nessas questões e seguir carreira mais especializada dentro do Banco do Brasil (Galvêas, 1989).

Tais planos, todavia, às vésperas de sua ascensão ao cargo de Diretor Geral do Banco do Brasil, foram postos em segundo plano pelo surgimento de uma oportunidade que lhe parecia mais promissora: o ingresso na Superintendência da Moeda e do Crédito (Sumoc), criada em 1945 como um embrião do Banco Central. Assim, estimulado por seu cunhado, aceitou um emprego no órgão, sendo cedido, em 1952, pelo Banco do Brasil para a Sumoc. Esse evento marca um caminho sem volta em sua trajetória profissional: a partir de então, Galvêas se debruçaria quase que integralmente sobre assuntos econômicos (Galvêas, 1989).

Dentre os interesses que desenvolveria pela economia, Galvêas destacou três áreas (em ordem): política monetária, comércio internacional e desenvolvimento econômico (Galvêas, 1989, p.12). Seus estudos formais na área começaram quando já era o chefe adjunto do departamento econômico da Sumoc em 1953, na escola Amaro Cavalcanti – posteriormente transformada na Faculdade de Administração e Finanças da Universidade Estadual do Rio de Janeiro. Dessa forma, a busca pela formação veio pelas demandas do cotidiano profissional. O conhecimento especializado em economia seria importante para o tratamento de variáveis como taxa de juros, taxa de redesconto e câmbio. Entretanto, não foi no Rio de Janeiro que Galvêas concluiu seus estudos. Criado em 1952 no México, o Centro de Estudos Monetários Latino-Americano (CEMLA) oferecia o curso em Teoria e Política Monetária, áreas de especial interesse para Galvêas. O curso tinha duração de oito meses, o que era conveniente para o funcionário público que não poderia abandonar o cargo por muito tempo. Em 1954, Galvêas conseguiu dispensa da Sumoc para realizar o curso no CEMLA.

Galvêas (1989) afirma que o curso lhe foi especialmente importante por dois motivos. Primeiro, porque lhe permitiu ter aulas com professores do Banco Mundial e do Fundo Monetário Internacional, que lhe propiciaram uma valiosa preparação em política monetária, além de terem lhe apresentado de maneira intensiva o pensamento keynesiano. Segundo, porque o CEMLA, em convênio com a Fundação Ford, selecionava entre suas primeiras turmas dois alunos como beneficiários de uma bolsa de estudos em uma universidade americana. Assim, no final de 1957, e já de volta ao Brasil, Galvêas foi comunicado que estava à sua disposição uma bolsa de estudos para cursar mestrado ou doutorado em uma grande universidade americana à sua escolha. Galvêas optou pela Universidade de Yale, onde ingressou em setembro de 1958 e diplomou-se mestre em economia em 1959. Foi impedido de completar seu doutorado por imposição de Herculano Borges da Fonseca, seu superior na Sumoc, que exigia o retorno de Galvêas a suas funções o mais rapidamente possível e não aceitava prescindir de seus serviços por mais um ano.[3]

Durante seu período em Yale, Galvêas relatou sua mudança de percepção sobre as qualidades do regime capitalista. Voltou "muito impressionado com as possibilidades de o Brasil funcionar no estilo americano, e não no estilo [...] menos desenvolvido do capitalismo incipiente" (Galvêas, 1989, p.12). Entre os professores lembrados por Galvêas, estão especialistas em teoria monetária, como o renomado *money-doctor* Robert Triffin, o húngaro-americano William Fellner, que havia sido professor em Berkeley antes de se mudar para Yale, e o recém-doutor por Columbia Gerald Sirkin. Durante o mestrado, Galvêas esteve em contato com os principais debates da teoria monetária americana no pós-guerra, com autores como Milton Friedman, Alvin Hansen e Edward Stone Shaw (Mehrling, 1998). Era o que Galvêas (1989, p.13) chamava de "estudo de ponta a ponta" da "economia clássica e neoliberal".

Galvêas retornou à Sumoc após terminar o mestrado e lá permaneceu até o fim do governo Juscelino Kubitschek (1956-1961). Ainda durante o período JK, passou a lecionar política monetária no curso de pós-graduação do Conselho Nacional de Economia. Com a posse de Jânio Quadros, em janeiro de 1961, Galvêas deixou a Sumoc para se

---

3 Não ter completado o doutorado é um dos arrependimentos de Galvêas. Outro é ter se submetido à conclusão do mestrado em um ano. "Eu aceitei o desafio. Até hoje me arrependo um pouco, não só pelo esforço que eu tive que fazer, mas porque talvez tivesse sido melhor mesmo que eu completasse o curso de doutorado. Mas deu para fazer. Fiz em um ano" (Galvêas, 1989, p.11).

tornar assessor econômico do Ministério da Fazenda por demanda de Clemente Mariani, o novo ministro. Esse evento marca o primeiro contato direto de Galvêas com o Ministério da Fazenda. No breve governo Quadros, que enfrentava grave crise cambial, Galvêas desempenhou importante papel na elaboração da Instrução nº 204 da Sumoc,[4] que revogou as taxas de câmbio diferenciadas inauguradas pela mais conhecida Instrução nº 70,[5] e no monitoramento das relações mantidas com o Fundo Monetário Internacional (Arquivos Pessoais de Clemente Mariani, CMa pi Galvêas, Ernane 1961.00.00).

Nessa primeira passagem, Galvêas permaneceu ligado ao Ministério da Fazenda até 1963. Nesse período, foi assessor também de Walther Moreira Salles – primeiro ministro da Fazenda de João Goulart –, realizou estudos para o Banco Interamericano de Desenvolvimento e representou o Ministério da Fazenda em órgãos como a Superintendência do Desenvolvimento do Nordeste (Sudene) e a Superintendência Nacional de Abastecimento (Sunab). Esse foi um conturbado período na administração da política (econômica) brasileira, tendo o país transitado entre os regimes parlamentarista e presidencialista. Assim, após diversas trocas de ministros, Galvêas encontrou, na chegada de Carvalho Pinto à Fazenda – o sexto ministro desde que Galvêas havia sido levado ao Ministério por Mariani – sua oportunidade para voltar à Sumoc. Seu retorno, contudo, efetivou-se por apenas alguns dias; logo em seguida, Galvêas foi convocado pelo ministro da Viação e Obras Públicas, Expedito Machado da Ponte, a ser o diretor financeiro da Comissão de Marinha Mercante, cargo que exerceu até 1965.

Neste mesmo ano, Galvêas retornou ao Ministério da Fazenda por intermédio de Octávio Gouveia de Bulhões, tornando-se logo em seguida responsável pela Carteira de Comércio Exterior do Banco do

---

4 É importante ressaltar que, ao contrário do que ocorre hoje com o Banco Central, a Sumoc era um órgão formalmente subordinado ao Ministério da Fazenda.

5 A Instrução 70 estabelecia que "para efeito da distribuição de câmbio e de acôrdo [sic] com a sua maior ou menor essencialidade", ficariam as mercadorias de importação classificadas em cinco categorias distintas, com taxas de câmbio diferenciadas (Superintendência da Moeda e do Crédito, 1953, p.1). A Instrução 204, por sua vez, buscava "permitir que quaisquer operações de câmbio para a importação de mercadorias" fossem "realizadas pelo mercado de taxa livre" (Superintendência da Moeda e do Crédito, 1961, p.1).

Brasil (CACEX), órgão do qual estreitou relações institucionais com o presidente do recém-criado Banco Central. O primeiro presidente do Banco Central com quem Galvêas trabalhou foi Dênio Nogueira, que havia sido o último diretor-executivo da Sumoc e se manteve à frente do órgão condutor da política monetária brasileira após a criação do Banco Central. O segundo, já no governo Costa e Silva (1967-1969), foi Rui Leme, escolhido para o cargo por Antonio Delfim Netto, que substituíra Bulhões no Ministério da Fazenda.

Rui Leme, embora elogiado pela capacidade técnica, não era referência em termos de traquejo político. Escolhido presidente do Banco Central em março de 1967 por Delfim, Leme foi exonerado de suas funções pelo presidente Costa e Silva já em fevereiro de 1968, após desastrosa entrevista concedida em rede nacional de televisão. Delfim exerceu, então, a primeira influência direta sobre a carreira de Galvêas, ao convidá-lo para ser o terceiro presidente do Banco Central.

À época da demissão de Rui Leme, Galvêas se preparava para uma temporada no exterior a serviço do Banco Interamericano de Desenvolvimento. Pelo telefone, Delfim teria lhe dito: "Não tenho alternativa, vou pedir a você para desistir da ideia de ir para o exterior [...]. Porque com a saída de Rui Leme, eu não vejo, dentro do nosso quadro, outra pessoa para assumir o Banco Central senão você" (Galvêas, 1989, p.32; 2019). Esse evento marca o início de um período de seis anos, entre 1968 e 1974, em que Galvêas comandou o Banco Central enquanto Delfim dirigia a Fazenda. Esse intervalo coincide com o período do chamado milagre econômico e representa, até aqui, a segunda administração mais longeva do Banco Central brasileiro.[6]

Ao sair do Banco Central em 1974, Galvêas já era um funcionário aposentado do Banco do Brasil. Embora tenha circulado por uma série de órgãos públicos, jamais deixou de ter um vínculo formal com a instituição. Sua saída do governo coincide com a posse de Ernesto Geisel como presidente da República, tendo Golbery do Couto e

6 Essa primeira passagem de Galvêas pela presidência do Banco Central do Brasil iniciou-se em 21/02/1968 e encerrou-se em 15/03/1974 (2.214 dias). O único burocrata a ter exercido o cargo por período mais longo foi Henrique Meirelles, de 01/01/2003 a 01/01/2011 (2.922 dias).

Silva como o homem responsável pela administração do gabinete. Segundo Galvêas (2019), Golbery tinha um problema pessoal com a família Médici que o levou a blindar o primeiro escalão ministerial de Geisel de todos os homens de confiança do ex-presidente. Gaspari (2014), alternativamente, no terceiro volume de sua meticulosa antologia sobre o período militar, credita a substituição da equipe econômica liderada por Delfim a uma série de animosidades presentes na relação entre Geisel e Golbery, de um lado, e Delfim Netto, de outro.

Esse processo de renovação ministerial acabou por afetar diretamente Galvêas. Substituído no Banco Central por Paulo Pereira Lira, e decidido a não ocupar outro cargo nem no setor público nem no mercado financeiro (Galvêas, 1989, p.37), Galvêas, então, aceitou o convite para dirigir o vultoso projeto de investimentos da Aracruz Celulose, no Espírito Santo, sua terra natal. Desse período, lembra-se dos bons salários que recebeu, em especial quando comparados ao que receberia em seu retorno ao governo em 1979 (Galvêas, 2019).

Assim, entre 1974 e 1979, Galvêas teve como principal atividade a experiência à frente da Aracruz Celulose. A incursão no mercado privado era uma experiência que faltava a Galvêas em sua já reconhecida carreira no setor público federal. Galvêas havia sido bancário, banqueiro, assessor econômico, condutor da política monetária, diretor financeiro de autarquias federais, pesquisador, professor e, agora, alto funcionário de uma empresa privada. A única experiência faltante era a de condutor da política fiscal, que seria enfrentada a partir de 17 de janeiro de 1980, após novo período à frente do Banco Central do Brasil.

O pensamento de Galvêas: teoria econômica e economia brasileira

Após deixar o comando do Banco Central, em 1974, Galvêas passou alguns anos ligado ao setor privado. Fez uso desse período também para apresentar de maneira mais sistemática a sua compreensão da teoria econômica. Nesse sentido, duas são as publicações mais representativas de suas ideias econômicas: *Brasil: fronteira do desenvolvimento*, de 1974, e *Brasil: desenvolvimento e inflação*, de 1976.

As obras de Galvêas caracterizam-se por uma posição apologética em relação ao grupo por ele considerado "ortodoxo" no pensamento econômico brasileiro, cuja liderança atribui a Eugênio Gudin, Octávio Bulhões, Mario Henrique Simonsen e Delfim Netto. Galvêas identifica também a existência de um grupo heterodoxo no país, com Celso Furtado e João Paulo de Almeida Magalhães à frente (Galvêas, 1976). O método por ele empregado para qualificar cada um desses grupos não é exatamente claro, mas Galvêas (1989, p.45), a partir dessa identificação, coloca-se explicitamente em favor de um dos lados: "Olha, eu sou um economista de formação neoclássica, um economista ortodoxo. Não acredito em heterodoxias". Assim, é razoável afirmar que a formação de Galvêas no México e nos Estados Unidos, embora contemporânea ao desenvolvimento das teorias estruturalistas, foi mais influenciada pela teoria econômica anglo-saxônica ortodoxa da década de 1950.

Nesse sentido, Galvêas (1974, 1976) tornou-se um crítico do pensamento estruturalista latino-americano, o qual, em sua visão, teria influenciado amplamente as escolas de economia brasileiras.[7] Entre suas críticas, Galvêas sugere que a tese cepalina teria sido derrubada pelos estudos de um grupo de economistas e estatísticos ingleses, que indicavam não haver tendência alguma de deterioração relativa dos preços dos produtos primários (Galvêas, 1974, p.36; 1989, p.13).[8] Argumenta, ainda, que a tese estruturalista da Cepal havia sido desenvolvida em um momento histórico específico, não podendo ser transportada para outros contextos. Ademais, rechaça sua aplicabilidade à economia brasileira, concluindo que "não seria possível explicar, dentro da teoria estruturalista, uma inflação, por exemplo, como a que tivemos no Brasil, em que o crescimento dos preços chegou a alcançar quase 100% em um ano" (Galvêas, 1976, p.91).

7 Para mais informações sobre a relevância cepalina para a academia brasileira em meados do século XX, ver Bielschowsky (2000).

8 A partir de Love (1980) e Silva (2013), podemos inferir que as principais pesquisas a realizar a crítica à tese de Prebisch mencionada por Galvêas são Ellsworth (1956) e Lewis (1952). Cabe frisar, contudo, que apenas Lewis era britânico, como afirma Galvêas (Ellsworth era norte-americano).

Trata-se de constatação importante, uma vez que as discussões mais relevantes de Galvêas em termos de teoria econômica circunscreviam questões relacionadas à política monetária: inflação, taxa de juros, eficiência e ativismo monetário. Com frequência, tais debates referiam-se a casos concretos da política econômica brasileira. Nessas discussões, faz-se notória a familiaridade de Galvêas com os principais desenvolvimentos da teoria econômica internacional, especialmente no que tange à política monetária. Os autores a que aludia a influência de sua educação na América do Norte na década de 1950. Além dos já citados economistas da teoria monetária do pós-guerra (Friedman, Hansen e Shaw), Galvêas também demonstra conhecer teorias há mais tempo estabelecidas, apresentando teses de Eugen Böhm-Bawerk, Knut Wicksell, Gustav Cassel, Irving Fisher, Ralph Hawtrey, entre outros. Além disso, foi também o responsável por escrever a apresentação ao volume da coleção *Os Economistas* referente aos dois principais trabalhos de Thomas Malthus: *Ensaio sobre a População*, de 1798, e *Princípios de Economia Política*, de 1820, o que sinaliza também o interesse e o conhecimento sobre os autores clássicos.

A partir de seus estudos em teoria monetária, iniciados no CEMLA e em Yale, e de sua familiaridade com o pensamento desses eminentes economistas, a visão de Galvêas em relação à política monetária parte da ideia de que nem os mais fervorosos críticos à intervenção estatal poderiam negar a legitimidade da política monetária como instrumento do desenvolvimento econômico. Galvêas é taxativo ao definir que a estabilidade monetária não é um fim em si mesma, mas um meio para desenvolver uma nação. Nesse sentido, a política monetária poderia contribuir para o desenvolvimento por meio de seus mecanismos de avaliação e controle dos efeitos negativos da inflação e tudo que se relaciona à aplicação ineficiente da poupança nacional. Portanto, Galvêas vê a inflação como uma grande ameaça ao desenvolvimento econômico, e daí defende a necessidade de enfrentá-la (Galvêas, 1976).

Em seus escritos, demonstra apreço pela Teoria Quantitativa da Moeda proposta por Irving Fisher. Galvêas a considera uma das formulações mais úteis já desenvolvidas em economia monetária, pois, a partir desta relação, acredita ser possível concluir que os preços oscilam em função do total de gastos – seja no caso de um aumento do poder de compra sem a contrapartida da produção, seja no de interferências institucionais sobre salários e taxas de câmbio. Assim, Galvêas credita as pressões inflacionárias a quatro fontes principais: aos aumentos salariais, aos superávits do balanço de pagamentos, à expansão do crédito e aos desequilíbrios orçamentários. Para além destes, identifica, também, um conjunto de causas aleatórias, que incluem choques climáticos e a inflação internacional (Galvêas, 1976).

No tocante aos países subdesenvolvidos, assim caracterizados pelo problema fundamental da baixa produtividade, Galvêas identifica dois fatores adicionais de pressão inflacionária. O primeiro é que tais países, de maneira geral, apresentam maior propensão marginal a consumir, como o caso do Brasil. Isso comprometeria diretamente o nível de poupança nacional. Galvêas entende, então, que durante o processo de expansão da renda nesses países seria gerada uma expansão dos investimentos, que não encontrariam correspondência na disponibilidade de poupança interna. Essa falta de poupança interna pressionaria para cima o nível de preços. O segundo fator de pressão inflacionária característico dos países subdesenvolvidos – explicitamente creditado à palestra proferida por Ragnar Nurkse, em 1951, no Rio de Janeiro[9] – resume-se ao chamado "efeito demonstração", que compreende a reprodução dos padrões de consumo dos países mais ricos pelos mais pobres. Uma vez que os consumidores destes não possuem poder aquisitivo suficiente para emular o consumo daqueles, aumentos de demanda acabam por pressionar o nível de preços, haja vista que a própria disponibilidade de oferta é, também, mais limitada (Galvêas, 1974; 1976).

Dessa forma, por se tratar de uma economia acometida por tais tipos de pressões altistas, a economia brasileira convivia com um histórico inflacionário difícil de ser superado, segundo o diagnóstico de Galvêas. Em resumo, o ex-ministro traçava a origem da aceleração inflacionária brasileira aos erros de política econômica realizados no passado, que permitiram a existência concomitante de todos esses

9 Essa exposição em muito se assemelha às ideias de consumo conspícuo e consumo vicariante, de Thorstein Veblen (ver Almeida, 2014).

fatores. Uma vez que as pressões tinham origem em diferentes grupos sociais, seria necessário mais do que uma política monetária bem desenhada para controlar a inflação: seria necessária uma coordenação plena das políticas públicas, a saber, monetária, cambial, fiscal e salarial (Galvêas, 1976).

ERNANE GALVÊAS NO MINISTÉRIO DA FAZENDA: A RELAÇÃO COM DELFIM NETTO E A ADMINISTRAÇÃO DA CRISE DOS ANOS 1980

Essa seção apresenta a atuação de Galvêas no Ministério da Fazenda no ocaso do regime militar. Para tanto, apresentar-se-ão os bastidores do processo que levou Galvêas ao Ministério, em substituição a Karlos Rischbieter, e a relação mantida com o Ministério do Planejamento. A seguir, reconstituir-se-á o período de Galvêas na Fazenda e sua gestão da conturbada situação econômica brasileira na primeira metade dos anos 1980.

A escolha de Delfim: Galvêas assume a Fazenda

Galvêas ingressou no governo Figueiredo em agosto de 1979, após ser convidado a trocar sua bem-sucedida experiência à frente da Aracruz Celulose por um novo período como presidente do Banco Central do Brasil (Galvêas, 2019). Essa transição, por ele classificada como "compulsória" (1989), da iniciativa privada ao setor público, embora aparentemente capitaneada por Figueiredo, teve na persuasão de Delfim Netto o elemento principal. Galvêas e Delfim Netto haviam trabalhado juntos entre 1968 e 1974. Naquele momento, Delfim estava em transição da chefia do Ministério da Agricultura para o do Planejamento.[10] Nas palavras de Galvêas (1989, p.48): "Eu, na

10 Durante os governos Geisel e Figueiredo, o Ministério do Planejamento, na verdade, não recebia a denominação de ministério, sendo formalmente definido como Secretaria de Planejamento da Presidência da República (Banco Central do Brasil, 2019). Na prática, contudo, o órgão apresentava status de ministério. Retrato disso é o fato que tanto Delfim quanto Galvêas sempre se referem à pasta como Ministério do

verdade, fui para o Banco Central e para o Ministério da Fazenda pela mão do Delfim Netto. Não importa que o Figueiredo tenha me chamado, tenha me dito que a escolha foi pessoal dele".

Os laços de amizade e afinidade profissional entre Delfim e Galvêas haviam se desenvolvido nos governos Costa e Silva e Médici (Galvêas, 2015). Essa experiência, com Delfim na Fazenda e Galvêas no Banco Central, transformou o ex-professor da USP em ícone e em uma referência de homem público para Galvêas (2015, p.79): "Certamente, Delfim foi a melhor coisa que aconteceu em minha vida profissional", afirmaria décadas mais tarde. Ademais, Galvêas entende que Delfim é um dos quatro gênios produzidos na área econômica pela academia e pelo serviço público brasileiros, ao lado de Eugênio Gudin, Roberto Campos e Mário Henrique Simonsen (Galvêas, 2015).

Não por acaso, portanto, coincidem a opção de Figueiredo por Delfim para substituir Mário Henrique Simonsen à frente do Ministério do Planejamento e a escolha por Galvêas como presidente do Banco Central. Delfim, escolhido após uma primeira série de conflitos ministeriais no interior do gabinete de Figueiredo, relata ter sido convidado pelo presidente da República a deixar a pasta da Agricultura e conduzir o Planejamento para enfrentar a séria crise econômica que se insinuava (Galvêas, 1989). A nomeação escalonada de Galvêas – primeiro para o BC, depois para a Fazenda – teria respondido à estratégia política de Delfim, que gostaria de vê-lo à frente do Ministério da Fazenda, mas julgava ser necessário a passagem por outro cargo de relevo antes de chegar à Esplanada.

Dessa forma, em 17 de janeiro de 1980, após nova série de impasses ministeriais – na qual, segundo Salem (1980), Delfim e Rischbieter teriam se desentendido em relação à criação de uma corretora estatal para exportação de produtos brasileiros – Ernane Galvêas assumiu o Ministério da Fazenda, consolidando o raio de influência de Delfim Netto sobre a administração João Figueiredo. Segundo Galvêas (1989, p.46-47), "a ideia, realmente, é que o Delfim [ao se tornar ministro do

---

Planejamento. Destarte, por uma questão de clareza da exposição, utilizaremos a denominação Ministério/ministro do Planejamento em referência à Secretaria/secretário de Planejamento da Presidência da República.

Planejamento] fosse uma espécie de primeiro-ministro do governo Figueiredo". Acrescenta, ainda, que com a proximidade entre o Ministério do Planejamento, no Palácio do Planalto, e o gabinete da Presidência da República, nenhum outro ministro poderia sobrepujar a influência de Delfim Netto. Aos olhos da opinião pública, com a saída de Rischbieter e a entrada de Galvêas na Fazenda, Delfim, tornou-se um superministro, "com um ministério hegemônico sob seu controle", conscientemente "escolhido para responder pelas soluções da crise que abalava a nação" (Superpoderes, 1980, p.4).

De fato, o governo Figueiredo diferenciou-se por garantir ao Ministério do Planejamento poderes superiores aos historicamente exercidos pela pasta. Exemplo disso é que, segundo consta no documento oficial do Banco Central intitulado "Histórico da Composição do Conselho Monetário Nacional (CMN)", o único momento da história em que o CMN teve o Ministro do Planejamento como presidente vai de 11/04/1979 a 15/08/1979 – período no qual Figueiredo teve Mário Henrique Simonsen como ministro do Planejamento (Banco Central do Brasil, 2019). Com efeito, Simonsen foi um importante agente do processo que garantiu poderes extraordinários ao Ministério do Planejamento durante a administração Figueiredo. Enquanto ministro da Fazenda de Geisel, Simonsen condicionou sua permanência no governo à sua transferência ao Planejamento; ademais, identificando a existência dos dois ministérios como uma "peculiaridade da estrutura administrativa brasileira", exigiu também que se caracterizasse a "Seplan [Secretaria de Planejamento] como de Estado-Maior e o Ministério da Fazenda como órgão executivo" (Simonsen apud Gaspari, 2016, p.137).

Com a substituição de Simonsen por Delfim, a presidência do CMN voltou para o Ministério da Fazenda, mas o Ministério do Planejamento preservou seu status de baricentro da política econômica. Assim, a nomeação de Galvêas para a Fazenda também marca a posição de Delfim enquanto tutor da política econômica e sua posição privilegiada na composição ministerial do governo Figueiredo.

A ascensão de Galvêas à Fazenda, somada à consolidação do poder de Delfim Netto, garantiu a coesão e a harmonia necessárias à condução da política econômica do último governo do regime militar. Essa situação foi adiantada por Galvêas já em seu discurso de posse: “Sinto uma grande afinidade com o ministro Delfim Netto. [...] Eu estou plenamente convencido de que nós vamos trabalhar na maior harmonia” (apud Pedreira, 1980, p.2). Dessa forma, o discurso de Galvêas garantia que a condução da política econômica seria um trabalho realizado a quatro mãos. Numa análise retrospectiva, tanto Delfim quanto Galvêas confirmam que o trabalho foi efetivamente executado de maneira conjunta, tal qual havia sido no período Campos-Bulhões, entre 1964 e 1967. Na prática, eles formavam um único ministério (Delfim Netto, 2019; Galvêas, 2019).

Dessa forma, a aliança Delfim-Galvêas resolveu, mesmo que informalmente, o que Galvêas identificava ser uma sobreposição de funções, a qual resultava em “conflito permanente entre o Ministério do Planejamento e o Ministério da Fazenda”, solucionável somente pelo total alinhamento entre os responsáveis por cada uma das duas pastas ou pela eliminação de um dos dois ministérios (Galvêas, 1989, p.46). Por isso, ao ser perguntado pelo presidente eleito Tancredo Neves sobre a relação entre os dois ministérios, Galvêas (1989, p.47) alega ter respondido: “A incompatibilidade é o ministério, o senhor tem que fechar o Ministério do Planejamento. Ou cria o Ministério da Economia, fecha os dois e cria um terceiro [...], mas não pode é ficar com dois ministérios”.

Uma vez que a fusão ministerial não se viabilizou durante a administração Figueiredo, foi a partir de um alinhamento harmonioso e de um trabalho a quatro mãos que Delfim Netto e Galvêas foram os guardiões da política econômica e os responsáveis por lidar com um dos períodos mais críticos da história econômica brasileira. Entre 1980 e 1985, combateram em tempo integral uma crise na qual, nas palavras de Galvêas, cinco cavaleiros do apocalipse haviam disparado contra o Brasil: a recessão mundial, a sobrecarga do petróleo, a escalada dos juros, a perda nos termos de troca, e a política americana de valorização do dólar (Galvêas, 1984).[11] Em entrevista concedida aos

11 Em entrevista ao Valor Econômico, Galvêas relata que em um de seus “desabafos”, Figueiredo praguejara algo parecido: “Largaram os Quatro Cavaleiros do Apocalipse em cima do meu governo! Eu não mereço isso! Só falta uma praga de gafanhotos!” (Safatle, 2012). O relato, contudo, não aponta quais seriam os quatro cavaleiros identificados por Figueiredo (ou se ele sequer os identificou).

autores deste capítulo, Galvêas (2019) lembrou do período como a pior época de sua vida.

A administração Galvêas no Ministério da Fazenda

A dura jornada de Galvêas no ministério iniciou-se no dia 17 de janeiro de 1980. A princípio, o ministro ainda confiava na possibilidade de um ajuste indolor da economia brasileira. Durante a primeira metade daquele ano, ainda que diante de choques recessivos na economia internacional, a equipe econômica permaneceu otimista quanto à solução baseada no aumento das exportações. A partir do segundo semestre, entretanto, as condições externas dissiparam as esperanças de um ajuste sem recessão. À beira da inflexão da política econômica, Galvêas apresentou uma palestra na Escola Superior de Guerra (ESG) para discutir os principais desafios que o governo estaria pronto para enfrentar. O evento ocorreu no mês de julho. Ali, o ministro ainda rechaçava a solução de ajuste recessivo, mantendo o discurso em defesa do ajuste da economia baseado no crescimento das exportações induzido pelo crescimento da produtividade da agricultura. Galvêas afirmou não "subestimar os elevados custos sociais" de um ajuste recessivo que comprometeria "os objetivos nacionais de crescimento e de expansão do nível de emprego" (Galvêas, 1980, p.43). A impopularidade e o custo social causados por um ajuste recessivo eram a principal razão para a equipe econômica rejeitá-lo enquanto fosse possível. Para Galvêas, os críticos que defendiam uma posição de mais austeridade do governo "nem sequer abordam as implicações mais elementares das soluções que apregoa[m], como [...] as consequências sociais e políticas do desemprego em massa" (Galvêas, 1980, p.10). Acrescenta, ainda, que a política de recessão era "unanimemente rejeitada pelo governo e pela sociedade" (Galvêas, 1980, p.50).

Para enfrentar o desafio do ajuste, a equipe econômica apostou em um estímulo à agricultura com a intenção de acelerar o crescimento das exportações e equilibrar o balanço de pagamentos. Em sua apresentação na ESG, Galvêas apontou que o fomento do setor agrícola ainda poderia combater outros dois problemas que se agravavam em meados de 1980: a crise energética gerada pelo aumento do preço do petróleo e a aceleração da taxa de inflação.

A hipótese que fundamentava o ajuste sem recessão proposto repousava sobre o entendimento de que a taxa de crescimento das exportações poderia superar a da dívida externa. No primeiro semestre de 1980, os resultados econômicos poderiam dar algum respaldo ao otimismo de Galvêas e da equipe econômica. As exportações saltaram de US$ 12,6 bilhões em 1978 para US$ 20,1 bilhões em 1980. Por outro lado, a taxa de juros cobrada internacionalmente já atingia valores historicamente altos. A LIBOR (3 meses) subiu de 6,65% no primeiro trimestre de 1978 para 17,7% no mesmo período de 1980. Tal aumento frustrava duplamente a estratégia brasileira de ajuste ao acelerar o crescimento da dívida externa ao mesmo tempo em que induzia uma recessão global, depondo contra, pois, o crescimento das exportações.

Na apresentação na ESG, contudo, o crescimento da taxa de juros não foi o principal desafio internacional apontado por Galvêas, mas o aumento dos preços do petróleo. Ao eleger o choque de preços como elemento fundamental da crise internacional, uma estratégia de substituição de fontes energéticas apresentava-se como alternativa a uma política de austeridade. O estímulo desejado à agricultura, na visão do ministro, também poderia colaborar para o ajuste por meio de um previsto aumento da produção de energia alternativa, como o etanol. O Proálcool, programa desenvolvido com o objetivo de estimular essa mudança na matriz energética, recebeu destaque na apresentação do ministro da Fazenda como uma importante solução para a crise (Galvêas, 1980).

No segundo semestre, agravaram-se os sinais da escassez de crédito externo que restringiria a política macroeconômica durante o resto do período de Galvêas no ministério. A partir de outubro, o governo passou a adotar políticas de restrição da demanda, baseadas no controle dos reajustes salariais, no aumento da carga tributária e na restrição do crescimento dos gastos públicos – em particular, nos investimentos das empresas estatais. O ano de 1981 seria marcado pela primeira retração do PIB brasileiro desde o fim da II Guerra.

Apesar da recessão e das políticas de austeridade, a política monetária foi pouco efetiva e a taxa de inflação permaneceu em torno de 100% ao ano. A balança comercial permitiu algum otimismo de saída rápida da crise. As exportações continuaram a registrar crescimento, alcançando a cifra de US$ 23 bilhões, e a balança comercial atingiu um superávit de US$ 1 bilhão, contrapondo-se à tendência deficitária observada desde 1973.

Em dezembro de 1981, presidindo a última sessão do ano do Conselho Monetário Nacional, Galvêas demonstrou esperança na recuperação. Apontou uma desaceleração da inflação no segundo semestre daquele ano em comparação ao mesmo período do ano anterior, maior controle de gastos nas estatais e o bom resultado do balanço de pagamentos como indícios da capacidade de recuperação da economia no ano seguinte (Conselho Monetário Nacional, 1981, p.5). Na reunião do CMN, o presidente do Banco Central, Carlos Langoni, apresentou estimativas otimistas para a balança comercial em 1982, estimando, "na hipótese básica, exportações globais da ordem de US$ 28 bilhões" (Conselho Monetário Nacional, 1981, p.15). Entretanto, o resultado observado no ano seguinte para as exportações foi de US$ 20 bilhões. Apenas o serviço da dívida externa correspondia a 90% deste valor (Assis, 1984). Ao contrário de recuperação, o agravamento da crise da dívida com o *default* de Argentina e do México secou a fonte de crédito que rolava a dívida brasileira. Entre janeiro e junho, a média mensal de ingressos de divisas provenientes de crédito era de US$ 1,5 bilhão. Em julho e agosto, a mesma rubrica não atingiu US$ 2 milhões. Em setembro, durante a reunião do FMI em Toronto, o banqueiro Edmond Safra teria alertado o ministro da Fazenda brasileiro: "Galvêas, você vai levar um tranco pra [sic] valer. Previna-se. Os bancos não vão mais lhe dar dinheiro" (apud Safatle, 2012). Após o retorno de Galvêas ao Brasil, em reunião de Figueiredo com seus ministros militares e da área econômica, decidiu-se costurar um acordo com o FMI a partir do ano seguinte. Galvêas foi taxativo: "Vou negociar com o FMI e com os bancos, mas vamos ter que raspar tudo e até vender ouro" (apud Safatle, 2012).

Na primeira semana de janeiro de 1983, Galvêas e Langoni assinaram a primeira carta de intenções do governo brasileiro ao FMI, endereçada ao diretor geral do órgão, Jacques de Larosière.[12] A carta solicitava "acesso máximo aos recursos financeiros do Fundo, ao empréstimo compensatório para quedas nas exportações e ao empréstimo para financiamento de estoques reguladores" (Galvêas, 1983, apêndice). Entre as medidas prometidas em compensação, estavam o corte de subsídios e incentivos fiscais, o reajuste de preços controlados, o aumento de tributação e a política salarial "destinada ao aumento do emprego".

A carta também afirmava que o governo continuaria a incentivar exportações através de política cambial de desvalorização gradual do cruzeiro, além da continuidade do apoio ao setor agrícola, com o objetivo de equilibrar o balanço de pagamentos. Entretanto, contrariando o que havia sido prometido em termos de política cambial, no dia 21 de fevereiro a equipe econômica tomou a decisão de desvalorizar o cruzeiro em 23% para estimular as exportações. Galvêas e Langoni assinaram nova carta de intenções ao FMI no dia 24 de fevereiro, justificando essa mudança de política com base nos resultados decepcionantes da balança comercial brasileira em janeiro.[13] Quatro dias depois do endereçamento do documento, o FMI aprovou o acordo com o Brasil em reunião de sua diretoria (ver Conselho Monetário Nacional, 1983a, p.3).

Galvêas foi ao Senado Federal no dia 23 de março para explicar as razões da crise e as medidas tomadas pela equipe econômica. A narrativa apresentada começava no primeiro choque do petróleo, em 1973, e na decisão tomada pelo governo anterior de ajuste do balanço de

12 Entre janeiro de 1983 e janeiro de 1985, sete cartas de intenções foram submetidas à apreciação do FMI pelo governo brasileiro (Carneiro; Modiano, 1992).

13 Boughton (2000) escreve que Delfim e Galvêas tomaram a decisão de desvalorização do cruzeiro em fevereiro de 1983 sem avisar ao FMI. Essa informação é confirmada por Delfim (apud Safatle, 2012), que creditou esse movimento ao fato que a comunicação prévia não poderia ser feita, uma vez que o Fundo Monetário comunicaria "aos outros": "Eles são especuladores. Compram papéis". O Fundo, por sua vez, temia que uma excessiva desvalorização cambial pudesse acelerar a inflação e ter pouca eficácia como política de incentivo, mas decidiu apoiar a política após ela ter sido posta em prática. Ademais, Figueiredo temia que esse movimento pudesse ter repercussões severas, o que o levou a insistir em uma desvalorização não superior a 10%; acabou, contudo, acatando a recomendação de Galvêas e Delfim (Safatle, 2012). Para mais informações sobre a carta de Galvêas e Langoni, ver Conselho Monetário Nacional (1983a, p.333-337).

pagamentos por endividamento externo sob as baixas taxas de juros internacionais do período. O aumento dos preços do petróleo no fim da década anterior, em conjunto com "progressiva e inusitada elevação das taxas de juros no mercado internacional" (Galvêas, 1983, p.29) e a recessão mundial que derrubou os preços dos produtos exportados pelo Brasil, foram apontados como os principais culpados pela deteriorada situação econômica doméstica.[14] Galvêas apontou que a expansão monetária realizada em 1979 para financiar as exportações agrícolas acabou prejudicando os resultados da inflação. A política econômica após 1980 foi classificada como de "maior austeridade [na] política fiscal e maior rigor [na] política monetária", marcada pela "eliminação de subsídios ao consumo [...] e redução gradativa dos subsídios creditícios" (Galvêas, 1983, p.42). O ministro argumentou que as políticas econômicas adotadas começavam a fazer efeito até a próxima deterioração da conjuntura, quando os novos choques externos de 1982 teriam prejudicado o sucesso do ajuste. A partir da crise do México, em agosto, o governo precisou mobilizar recursos de curto prazo na ordem de US$ 4,3 bilhões junto ao Tesouro Americano, ao BIS e a bancos comerciais para fechar a conta do balanço de pagamentos (Galvêas, 1983).

Com o acordo junto ao FMI negociado, Galvêas dedicou boa parte de sua apresentação à explicação das funções do Fundo e das implicações de política necessárias para cumprir o acordo financeiro. Avisou "que um dos problemas mais difíceis em que se relacionam com o Fundo é o da rigidez no cumprimento das medidas adotadas", mas que "países que [...] sempre adotaram medidas adequadas para combater a inflação e fortalecer o balanço de pagamentos não têm por que recear as condicionalidades impostas pelo Fundo" (Galvêas, 1983, p.60). Argumentou que rejeitar um acordo com o FMI implicaria na declaração de uma moratória, assim como fizeram Polônia, Argentina e México. O ministro declarou ser contra essa solução, que resultaria em "consequências drásticas" para o comércio exterior brasileiro, causando danos permanentes à credibilidade do país no

14 Em 2012, Galvêas (apud Safatle, 2012) diria: "Teve ano em que pagamos em petróleo e juros mais do que o total das exportações. Não sobrava um tostão para mais nada".

estrangeiro. Traçou possíveis cenários catastróficos nos quais o Brasil não teria recursos para a importação de petróleo e carvão, as importações de bens de capital seriam interrompidas e as empresas estatais quebrariam sem a capacidade de se refinanciar (Galvêas, 1983). Até o final de sua gestão na Fazenda, o pedido de moratória nunca entrou em pauta. Interpelado pelos senadores do MDB, Roberto Saturnino e Fernando Henrique Cardoso, o ministro insistiu que o ajuste poderia ser duro, mas ainda assim a melhor opção diante das alternativas até então propostas:

> É bem possível que sugestões tenham sido apresentadas e alternativas tenham sido formuladas, sem que o Governo as acompanhasse, porque estamos colocados, na maioria das vezes, diante dessas alternativas que enunciava aqui o senador Roberto Saturnino [...]. 'Temos que romper com o Fundo Monetário' – é uma alternativa; 'Temos que mudar o modelo econômico' – é outra alternativa; 'Temos que buscar a moratória, para obrigar os banqueiros e os credores internacionais a virem [...] discutir conosco as condições da renegociação dessa dívida.' [...] se são essas as alternativas eu devo dizer que realmente elas não serão recolhidas pela Administração do Presidente João Figueiredo (apud Senado Federal, 1983, p.549).

Ao mesmo tempo em que precisava defender publicamente a necessidade do acordo com o FMI, internamente Galvêas lidava com dificuldades em cumprir as exigências necessárias para adotar o plano. Em reunião do CMN no dia 4 de abril, Langoni apresentou ao Conselho as dificuldades enfrentadas para levantar os recursos necessários para recuperar as linhas de crédito interbancárias, alertando para a ainda vulnerável situação externa do país e sugerindo que a equipe deveria estar preparada para "rever o curso de ação não traumática até agora adotada" (Conselho Monetário Nacional, 1983a, p.5).

Em sessão extraordinária do Conselho no dia 24 de maio, Langoni relatou sua missão ao FMI na semana anterior, aludindo de forma ainda mais enfática à possibilidade de o país não ser capaz de cumprir as exigências do Fundo. A equipe do FMI teria apontado que os resultados do déficit público e do crédito doméstico ainda estavam longe de aproximarem-se das metas prometidas. A aceleração inflacionária após a desvalorização do cruzeiro, junto à pressão por crédito do setor público e à indefinição da política salarial produziram na equipe do Fundo a impressão de que o ajuste não estava sendo realizado de forma efetiva. Langoni relatou ainda conversas privadas com representantes do Tesouro americano e com o presidente do Fed, nas quais estes apresentaram "manifestações de descrédito quanto à nossa capacidade para a implementação do programa de ajustamento" (Conselho Monetário Nacional, 1983b, p.4).

Para recuperar a credibilidade do ajuste, Langoni sugeriu ações emergenciais, como a desindexação dos salários e medidas para promover drástica redução do déficit público. A questão do prazo era importante, pois a credibilidade brasileira estaria agora em "seu ponto mais baixo desde o início da crise financeira". Para o presidente do BC, não haveria alternativa além de uma ação de austeridade rápida pelo governo, e que "sem uma ação coordenada nas linhas descritas [...] não ser[ia] possível evitar a derrocada do programa econômico acertado com o FMI com todas as consequências em termos de financiamento externo" (Conselho Monetário nacional, 1983b, p.6). Em junho, Langoni esteve mais uma vez no exterior para renegociar o acordo, entrando no que se chamou de "Fase II" do programa de financiamento externo (Conselho Monetário Nacional, 1983c, p.3).

Para renegociar o acordo no segundo semestre, uma das mais importantes exigências do Fundo era uma reforma na política salarial brasileira para ajudar no controle da aceleração inflacionária. Com isso, o governo promulgou o Decreto 2.045 em 13 de julho, limitando os reajustes salariais a 80% da inflação. A aprovação do novo plano de financiamento brasileiro pelo FMI estava condicionada à aprovação deste decreto no Congresso Nacional (ver Conselho Monetário Nacional, 1983d, p.3). O ajuste na política salarial ainda não seria suficiente, na visão de Langoni, para atingir as metas de inflação e déficit público para 1983-1984 exigidas pelo FMI (ver Conselho Monetário Nacional, 1983e, p.4). O presidente do Banco Central ainda defendeu que os US$ 6 bilhões de dólares oferecidos pelo Fundo deveriam ser recusados, pois não resolveriam o problema da dívida. Para ele, a contraproposta brasileira ao FMI, a ser apresentada no dia 25 de agosto, deveria ser "estritamente realista, a fim de assegurar a eliminação do curto prazo dos atrasos acumulados e, mais do que isso, garantir o financiamento do balanço de pagamentos em 1984" (Conselho Monetário Nacional, 1983f, p.3). Com o fracasso das negociações naquele mês, Langoni pediu demissão do Banco Central no dia 1 de setembro, dando lugar a Affonso Celso Pastore (Boughton, 2000).

Além das complicadas metas exigidas, a política salarial passou a sofrer forte pressão popular por meio de greves e protestos contra o arrocho salarial. No dia 20 de outubro, o Congresso revogou o Decreto 2.045, colocando o acordo com o FMI muito próximo do colapso. Na mesma semana, o governo editou novo decreto com uma proposta mais amena de ajuste salarial,[15] o que exigiu nova rodada de renegociação do acordo com o Fundo – a última havia ocorrido no dia 6 de outubro. Por essa ocasião, Pastore voou até Washington para apresentar a nova política salarial a Larosière; o chefe do FMI a aceitou, mas sugeriu novas medidas de arrocho fiscal e monetário (Safatle, 2012). Com a aprovação da nova política salarial pelo Congresso na primeira semana de novembro, Galvêas assinou junto à equipe econômica a quarta carta de intenções para o FMI no final do mês, atendendo parcialmente as exigências de Larosière (Boughton, 2000). O ano de 1983 terminou com resultados econômicos desastrosos: queda de 2,9% do PIB, aceleração da inflação para uma taxa anual superior a 200%, altas taxas de desemprego nas grandes cidades e empresas sob alto risco de falência. Por outro lado, a desvalorização do cruzeiro no início do ano, estimulando a recuperação das exportações e a retração das importações (que também respondeu à queda da demanda doméstica), permitiu que o país acumulasse um superávit de US$ 6,5 bilhões na balança comercial, superando mesmo as mais rigorosas metas do FMI (Macarini, 2008).

Após um ano marcado por diversas cartas de intenções ao FMI assinadas e solenemente descumpridas, os resultados econômicos em 1984 retomaram a esperança da equipe econômica na recuperação. O fracasso em cumprir as metas do Fundo para a economia

15 O Decreto 2.065 previa reajuste máximo de 100% do INPC para a faixa de até três salários mínimos, 80% na faixa entre três e sete, 60% entre sete e quinze mínimos e 50% para salários em patamar acima de quinze mínimos (Macarini, 2008).

doméstica persistiu – a taxa de inflação estabilizou-se próxima a 200% ao ano, enquanto o Fundo esperava resultados ao redor de 50%. Naquele ano, o PIB cresceu 5,7%, as exportações cresceram 23% e o saldo da balança comercial chegou a US$13 bilhões (Abreu, 2004). Mais uma carta de intenções para o FMI (a quinta) foi assinada no fim de fevereiro, mas os resultados da inflação exigiram que o acordo fosse renegociado durante o ano. O pouco comum cenário de alta inflação, crescimento acelerado e melhora do setor externo não deixou de confundir os analistas do Fundo e causar incerteza sobre a estabilização brasileira no médio prazo (Boughton, 2000).

Em momento de alguma ambiguidade sobre a recuperação, a incerteza foi tomada como vitória frente aos três anos anteriores de crise permeados por diversas pressões políticas externas e internas. Nos últimos meses como ministro da Fazenda, os bons resultados de 1984 permitiram a Galvêas defender o balanço final de sua gestão das variadas críticas que recebeu. O ministro pretendia enaltecer o legado da equipe econômica e se distanciar dos resultados negativos da economia, argumentando que as medidas de austeridade não foram uma escolha, mas imposição das circunstâncias; afinal, a aposta da equipe em estimular as exportações teria equilibrado a difícil situação do balanço de pagamentos.[16] O otimismo presente em discursos e apresentações do início do mandato reaparecia, como na ocasião da inauguração do parque fabril da Casa da Moeda, no dia 1 de novembro:

> São críticos, apressados e mal informados os que pretendem imputar à política econômica desses últimos anos a responsabilidade da recessão. [...]. Felizmente, hoje, podemos mostrar ao País que com a firmeza e determinação com que a política econômica vem sendo implementada evitaram não somente o aprofundamento da crise, mais do que isso, atravessamos esse período com os menores sacrifícios possíveis, para chegar agora, à retomada do processo de desenvolvimento econômico (Galvêas, 1984, p.18).

---

16 Não surpreende, portanto, que todas as narrativas apresentadas por Galvêas sobre a crise tenham como data de início o ano de 1973. Um exemplo relevante é o documento por ele preparado para ser apresentado na CPI da dívida externa, sob o título *Considerações sobre a dívida externa brasileira* (ver Câmara dos Deputados, 1984, p.4267-4281). Ver, também, diversos discursos em Galvêas (1984).

No dia 22 de novembro, no XV Congresso Nacional dos Bancos, realizado em Salvador, o ministro considerou problemas na área externa "razoavelmente bem equacionados" (Galvêas, 1984, p.25). Demonstrou, também, dúvidas sobre diagnósticos em relação à inflação que a própria equipe defendia no princípio da gestão. Galvêas apontou que o déficit operacional do governo havia saído de 7% do PIB para um superávit, mas, apesar disso, a taxa de inflação estava quatro vezes maior do que antes de assumir o ministério. Sugeriu que o sistema de indexação seria uma das causas das altas taxas de inflação, sem fazer referência, porém, às teorias de inflação inercial que estavam sendo debatidas na academia.[17] A política cambial do governo foi importante para equilibrar o setor externo e para redinamizar a economia doméstica; por outro lado, havia sido uma das principais causas da aceleração inflacionária.

Finalmente, já durante o período de transição para o ministro da Fazenda que o sucedeu – Francisco Dornelles, sobrinho do presidente eleito Tancredo Neves –, o otimismo de Galvêas enfrentaria, ainda, os últimos óbices decorrentes da dificuldade de entendimento entre o novo governo brasileiro e o Fundo Monetário. Segundo Galvêas, a transição foi diretamente conduzida por ele: "Ninguém passou o governo para o Tancredo. Quem passou o governo para o Tancredo fui eu, na casa do Dornelles [...], em Brasília" (Safatle, 2012). Nessa reunião, Galvêas teria repassado com o presidente eleito todos os contratos e acordos com o FMI e com os bancos privados, recebendo de Tancredo a garantia de que todos os compromissos seriam honrados. Galvêas recomendou, então, que algum burocrata fosse designado exclusivamente para dar seguimento às negociações junto ao Fundo, ao que Tancredo destacou o conhecimento de seu sobrinho: "Aí vi que o Dornelles seria o ministro da Fazenda" (apud Safatle, 2012).

As negociações de Dornelles com Larosière, contudo, frustraram a continuidade dos acordos, respondendo por um dos fatores do agravamento da situação econômica brasileira na segunda metade dos anos 1980. O discurso oficial era de que o Fundo precisava aguardar a

17 Ver Carvalho (2015) para um estudo sobre o conceito de inflação inercial entre economistas brasileiros na década de 1980.

posse do novo governo para, a partir de então, renovarem os acordos. Tal postura desagradou a todos os atores envolvidos: bancos privados, o governo que se encerrava e o próximo que estava por se iniciar. Nas palavras de Galvêas, Larosière "resolveu aguardar o Tancredo e o Tancredo não veio nunca" (Safatle, 2012).

CONSIDERAÇÕES FINAIS

Tancredo Neves jamais assumiu a Presidência da República, sendo substituído por José Sarney; Francisco Dornelles, ainda assim, sucedeu a Galvêas na Fazenda e inaugurou um período de instabilidade na cadeira que ele ocupara por mais de cinco anos – Dornelles seria exonerado em agosto de 1985, e o governo Sarney teria, ainda, outros três ministros da Fazenda. Desse modo, encerrou-se o regime militar, o governo Figueiredo e a passagem de Galvêas pelo Ministério da Fazenda e pela vida pública. Daí em diante, o ex-ministro se dedicaria a outros projetos não diretamente relacionados ao setor público.

Sua reconhecida carreira como economista fora extensa e bem-sucedida, credenciando-o a estar no lugar certo na pior hora possível: à frente do Ministério da Fazenda na década (até então) mais crítica da história econômica brasileira. Para Galvêas e Delfim, não havia espaço para formulação de política de longo prazo; tudo que se lhes apresentava era a imposição de restrições de curto prazo que obrigavam o governo a administrar um dia de cada vez. Apesar de todas as dificuldades apresentadas no decorrer deste capítulo, Galvêas ostenta a distinção de ter sido o quinto mais longevo ministro da Fazenda da história do país.[18]

A despeito da envergadura das adversidades enfrentadas, Galvêas sentia-se suficientemente confortável para, em dezembro de 1984, crepúsculo do regime militar, dirigir-se publicamente ao presidente da República João Baptista Figueiredo nos seguintes termos: "Senhor

18 Os únicos ministros a terem ocupado o cargo por mais tempo que Galvêas foram, em ordem de longevidade: Artur de Souza Costa, Guido Mantega, Pedro Malan e o próprio Delfim Netto.

Presidente, [...] o Brasil está mais forte e mais soberano e mais independente. Em plena democracia. Em paz e em ordem. *Era esse o objetivo. Nós cumprimos o nosso dever*" (Galvêas, 1984, p.41, grifo nosso).

Hoje, aos 98 anos de idade, Ernane Galvêas é membro do Conselho Diretor da Fundação Getúlio Vargas. Além disso, segue ativo na Confederação Nacional do Comércio, no Rio de Janeiro, da qual é Consultor Econômico da Presidência desde 1991. Organiza quinzenalmente o boletim *Síntese da Conjuntura*, demonstração de que se mantém informado do cotidiano do país às vésperas do centenário de uma longa e profícua vida dedicada aos assuntos econômicos do Brasil.

REFERÊNCIAS

Fontes primárias

Arquivos Pessoais de Clemente Mariani. Centro de Pesquisa e Documentação de História Contemporânea do Brasil. Fundação Getúlio Vargas, Rio de Janeiro, RJ.

BANCO CENTRAL DO BRASIL. *Histórico da composição do Conselho Monetário Nacional (CMN)*. Disponível em: https://www.bcb.gov.br/content/acessoinformacao/Documents/cmn/composicao_CMN.pdf. 2019.

CÂMARA DOS DEPUTADOS. *Diário do Congresso Nacional*: seção I. 24 de maio de 1984. Disponível em: http://imagem.camara.gov.br/Imagem/d/pdf/DCD24MAI1984.pdfpage=. 1984.

CONSELHO MONETÁRIO NACIONAL. *Ata da sessão n.368 realizada em 21.12.1981*. Brasília. Disponível em: https://www.bcb.gov.br/conteudo/cmn/AtasCmn/Ata_0368_CMN.pdf. 1981.

CONSELHO MONETÁRIO NACIONAL. *Ata da sessão extraordinária realizada em 04.04.1983*. Brasília. Disponível em: https://www.bcb.gov.br/conteudo/cmn/AtasCmn/Ata_CMN_Extra_1983-04-04.pdf. 1983a.

CONSELHO MONETÁRIO NACIONAL. *Ata de sessão extraordinária, de 24.05.1983*. Brasília. Disponível em: https://www.bcb.gov.br/conteudo/cmn/AtasCmn/Ata_CMN_Extra_1983-05-24.pdf. 1983b.

CONSELHO MONETÁRIO NACIONAL. *Ata de sessão extraordinária, realizada em 20.06.1983*. Brasília. Disponível em: https://www.bcb.gov.br/conteudo/cmn/AtasCmn/Ata_CMN_Extra_1983-06-20.pdf. 1983c.

CONSELHO MONETÁRIO NACIONAL. *Ata de sessão extraordinária de 25.07.1983*. Brasília. Disponível em: https://www.bcb.gov.br/conteudo/cmn/AtasCmn/Ata_CMN_Extra_1983-07-25.pdf. 1983d.

CONSELHO MONETÁRIO NACIONAL. *Ata de sessão extraordinária realizada em 08.08.1983*. Brasília. Disponível em: https://www.bcb.gov.br/conteudo/cmn/AtasCmn/Ata_CMN_Extra_1983-08-08.pdf. 1983e.

CONSELHO MONETÁRIO NACIONAL. *Ata de sessão extraordinária, realizada em 23.08.1983*. Brasília. Disponível em: https://www.bcb.gov.br/conteudo/cmn/AtasCmn/Ata_CMN_Extra_1983-08-23.pdf. 1983f.

SENADO FEDERAL. *Diário do Congresso Nacional*: seção II. 24 de março de 1983. Disponível em: https://legis.senado.leg.br/diarios/ver/4595?sequencia=1.

SUPERINTENDÊNCIA DA MOEDA E DO CRÉDITO. *Instrução nº 70*. Disponível em: https://www.bcb.gov.br/pre/Historia/Sumoc/Instrucoes/instrucao070.pdf. 09 de outubro de 1953.

SUPERINTENDÊNCIA DA MOEDA E DO CRÉDITO. *Instrução nº 204*. Disponível em: https://www.bcb.gov.br/pre/Historia/Sumoc/Instrucoes/instrucao204.pdf. 13 de março de 1961.

SUPERPODERES DE DELFIM, Os. *Jornal da República*, São Paulo, 17 jan. 1980, p.4.

Bibliografia geral

ABREU, M. P. The Brazilian Economy, 1980-1994. *Texto para Discussão n.492*, Departamento de Economia PUC-Rio, 2004.

ALMEIDA, F. Thorstein Veblen and Albert Bandura: a modern psychological reading of the conspicuous consumer. *Journal of Economic Issues*, v.48, n.1, p.109-122.

ASSIS, M. P. A crise do setor externo e o ajustamento requerido pelas opções de política econômica. *Texto para discussão interna n.62*, Instituto de Planejamento Econômico e Social, 1984.

BIELSCHOWSKY, R. *Pensamento econômico brasileiro*: o ciclo ideológico do desenvolvimentismo. Rio de Janeiro: Contraponto, 2000.

BOUGHTON, J. *The IMF and the silent revolution*: global finance and development in the 1980s. Washington, D.C.: International Monetary Fund, 2000.

CARNEIRO, D. D.; MODIANO, E. Ajuste externo e desequilíbrio interno: 1980-1984. In: ABREU, M. P. (Org.). *A ordem do progresso*: cem anos de política econômica republicana, 1889-1989. Rio de Janeiro: Campus, 1992.

CARVALHO, A. R. *The conceptual evolution of inflation inertia in Brazil*. 227 f. Tese (Doutorado em Economia) – Programa de Pós-Graduação em Economia do Desenvolvimento, Faculdade de Economia, Administração e Contabilidade, Universidade de São Paulo, São Paulo, 2015.

DELFIM NETTO, A. *Entrevista concedida aos autores do capítulo*. São Paulo, 28 de agosto de 2019.

ELLSWORTH, P. T. The terms of trade between primary producing and industrial countries. *Inter-American Economic Affairs*, 10, p.47-65, 1956.

GALVÊAS, E. *Brasil*: fronteira do desenvolvimento. Rio de Janeiro: APEC Editora, 1974

GALVÊAS, E. *Brasil*: desenvolvimento e inflação. Rio de Janeiro: APEC Editora, 1976

GALVÊAS, E. A política econômico-financeira e os três problemas cruciais: inflação, balanço de pagamentos e crise energética. *Série Palestras do Exmo. Sr. Ministro de Estado da Fazenda – Nº1 Palestra proferida para estagiários da Escola Superior de Guerra, em 14.07.80*. Brasília: Banco Central do Brasil, 1980.

GALVÊAS, E. A crise mundial e a estratégia brasileira de ajustamento do balanço de pagamentos. *Exposição do Ministro de Estado da Fazenda no Senado Federal, em 23.03.83*. Brasília: Banco Central do Brasil, 1983.

GALVÊAS, E. *1984: a retomada do desenvolvimento*. São Paulo, 1984.

GALVÊAS, E. Ernane Galvêas I. *Centro de Pesquisa e Documentação de História Contemporânea do Brasil*, FGV, Rio de Janeiro, 1989. Depoimento.

GALVÊAS, E. Amigo e mestre. IN: DRUMMOND, A. *O homem mais realista do Brasil*: as melhores frases de Delfim Netto. São Luís: Resistência Cultural, 2015

GALVÊAS, E. *Entrevista concedida aos autores do capítulo*. Rio de Janeiro, 11 de setembro de 2019.

GASPARI, E. *A ditadura derrotada*. Rio de Janeiro: Editora Intrínseca, 2014.

GASPARI, E. *A ditadura acabada*. Rio de Janeiro: Editora Intrínseca, 2016.

LEWIS, A. W. World production, prices and trade, 1870-1960. *The Manchester School*, 20(2), p.105-138, 1952.

LOVE, J. Raul Prebisch and the origins of the doctrine of unequal exchange. *Latin American Research Review*, 15(3), p.45-72, 1980.

MACARINI, J. P. Crise e política econômica: o Governo Figueiredo (1979-1984). *Texto para discussão, IE/Unicamp nº144*, 2008.

MALTHUS, T. *Princípios de economia política e considerações sobre sua aplicação política*; *Ensaio sobre a população*. São Paulo: Nova Cultural, 1996.

MEHRLING, P. The money muddle: the transformation of American monetary thought, 1920-1970. *History of Political Economy*, 30 (Supplement), p.293-306, 1998.

PEDREIRA, R. Não houve surpresa: Galvêas é o ministro. *Jornal da República*, São Paulo, 17 jan. 1980, p.2.

SAFATLE, C. A mãe de todas as crises. *Valor Econômico*, Brasília, 10 ago. 2012. Disponível em: https://valor.globo.com/eu-e/coluna/a-mae-de-todas-as-crises-do-brasil.ghtml.

SALEM, A. Os bastidores da demissão. *Jornal da República*, São Paulo, 17 jan. 1980, p.3.

SILVA, J. C. *Revisão empírica da tese de Prebisch-Singer no período pós-Bretton Woods*. 81 f. Dissertação (Mestrado em Economia) – Programa de Pós-Graduação em Economia, Instituto de Economia, Universidade Federal do Rio de Janeiro, Rio de Janeiro, 2013.

Sobre os autores

Alexandre Machione Saes – Bacharel (2003) em Sociologia pela Universidade Estadual Paulista (Unesp) e doutor (2008) em História Econômica pela Universidade Estadual de Campinas (Unicamp). Professor da Faculdade de Economia, Administração e Contabilidade (FEA) da Universidade de São Paulo (USP). Bolsista de produtividade em pesquisa do Conselho Nacional de Desenvolvimento Científico e Tecnológico (CNPq).

Amaury Patrick Gremaud – Bacharel (1986), mestre (1992) e doutor (1997) em Economia pela Universidade de São Paulo (USP). Professor da Faculdade de Economia, Administração e Contabilidade da USP, *campus* de Ribeirão Preto (USP/RP).

Andrea Felippe Cabello – Bacharel (2007), mestre (2010) e doutora (2012) em Economia pela Universidade de Brasília (UnB). Professora da Faculdade de Economia, Administração e Contabilidade e Gestão de Políticas Públicas da UnB.

Bruno Aidar – Bacharel (2004) em Economia e mestre (2007) em Desenvolvimento Econômico pela Universidade Estadual de Campinas (Unicamp). Doutor (2013) em História Econômica pela Universidade de São Paulo (USP). Professor do Instituto de Ciências Sociais Aplicadas da Universidade Federal de Alfenas (Unifal-MG).

Claucir Roberto Schmidtke – Bacharel (2004) em Economia e mestre (2007) em Desenvolvimento Regional pela Universidade Estadual do Oeste do Paraná (Unioeste). Doutor (2017) em Economia pela Universidade Federal do Rio Grande do Sul (UFRGS). Professor do Departamento de Economia da Universidade Estadual do Centro-Oeste (Unicentro).

Daniel do Val Cosentino – Bacharel (2003) em Economia pela Universidade Federal de Minas Gerais (UFMG). Mestre (2006) em Desenvolvimento Econômico pela Universidade Estadual de Campinas (Unicamp). Doutor (2016) em História Econômica pela Universidade de São Paulo (USP). Professor do Instituto de Ciências Sociais Aplicadas da Universidade Federal do Ouro Preto (UFOP).

Gian Carlo Maciel Guimaraes Hespanhol – Bacharel (2014) em Economia e mestre (2017) em História Econômica pela Universidade de São Paulo (USP).

Gustavo Pereira da Silva – Bacharel (2005) em História pela Universidade Estadual Paulista (Unesp). Mestre (2008) e doutor (2011) em Desenvolvimento Econômico pela Universidade Estadual de Campinas (Unicamp). Professor do Centro de Ciências em Gestão e Tecnologia da Universidade Federal de São Carlos (UFSCar-Sorocaba).

Ivan Colangelo Salomão – Bacharel (2007) em Administração pela Fundação Getúlio Vargas (FGV/SP). Mestre (2010) e doutor (2013) em Economia pela Universidade Federal do Rio Grande do Sul (UFRGS). Professor do Setor de Ciências Sociais Aplicadas da Universidade Federal do Paraná (UFPR).

Marcelo Luiz Curado – Bacharel (1994) em Economia pela Universidade Estadual Paulista (Unesp). Mestre (1997) em Economia pela Universidade Federal do Paraná (UFPR). Doutor (2001) em Economia pela Universidade Estadual de Campinas (Unicamp). Professor do Setor de Ciências Sociais Aplicadas da UFPR. Bolsista de produtividade em pesquisa do CNPq.

Marcelo Milan – Bacharel (1998) e mestre (2002) em Economia pela Universidade de São Paulo (USP). Doutor (2008) em Economia pela Universidade de Massachusetts em Amherst. Professor da Faculdade de Ciências Econômicas da Universidade Federal do Rio Grande do Sul (UFRGS).

Marco Antonio Ribas Cavalieri – Bacharel (2003) em Economia pela Universidade Federal do Paraná (UFPR). Doutor em Economia (2008) pela Universidade Federal de Minas Gerais (UFMG). Professor do Setor de Ciências Sociais Aplicadas da UFPR. Bolsista de produtividade em pesquisa do CNPq.

Matheus Assaf – Bacharel (2013) em Economia pela Universidade Federal do Rio de Janeiro (UFRJ). Mestre (2016) em Economia pela Universidade de São Paulo (USP) e aluno de doutorado da mesma instituição.

Pedro Cezar Dutra Fonseca – Bacharel (1977) e mestre (1980) em Economia pela Universidade Federal do Rio Grande do Sul (UFRGS). Doutor (1987) em Economia pela Universidade de São Paulo (USP). Professor titular da Faculdade de Ciências Econômicas da UFRGS. Bolsista de produtividade em pesquisa do CNPq.

Rafael Moraes – Bacharel (2007) em Economia pela Universidade Estadual de São Paulo (Unesp). Mestre (2010) em Economia pela Universidade Federal do Rio Grande do Sul (UFRGS). Doutor (2017) em Desenvolvimento Econômico pela Universidade Estadual de Campinas (Unicamp). Professor do Centro de Ciências Jurídicas e Econômicas da Universidade Federal do Espírito Santo (Ufes).

Roberto Pereira Silva – Bacharel (2006) em História pela Universidade de São Paulo (USP). Mestre (2010) em Desenvolvimento Econômico pela Universidade Estadual de Campinas (Unicamp). Doutor (2015) em História Econômica pela USP. Professor do Instituto de Ciências Sociais Aplicadas da Universidade Federal de Alfenas (Unifal-MG).

Victor Cruz e Silva – Bacharel (2013) em Economia pela Pontifícia Universidade Católica de Minas Gerais (PUC-MG). Mestre (2016) e doutor (2019) em Economia pela Universidade Federal do Paraná (UFPR). Professor de Economia da Universidade Estadual de Maringá (UEM).

SOBRE O LIVRO

FORMATO
14 x 21 cm

MANCHA
25,9 x 41,5 paicas

TIPOLOGIA
Arnhem 10,5/14

PAPEL
Off-white 80 g/m² (miolo)
Cartão Supremo 250 g/m² (capa)

1ª EDIÇÃO EDITORA UNESP: 2021

EQUIPE DE REALIZAÇÃO

COORDENAÇÃO EDITORIAL
Marcos Keith Takahashi (Quadratim)

EDIÇÃO DE TEXTO
Tokiko Uemura

PROJETO GRÁFICO E CAPA
Quadratim

IMAGEM DE CAPA
Entrada do Palácio da Fazenda, Rio de Janeiro (RJ)
Foto de Hélio Motta Mendonça (Studio Book Line)

FOTOS DO LIVRO
Arquivo Nacional
Secretaria Especial da Fazenda

EDITORAÇÃO ELETRÔNICA
Arte Final